Moderne Stationsorganisation im Krankenhaus

Christian Bamberg · Nico Kasper · Max Korff ·
Rüdiger Herbold · Tessa Fleckenstein
(Hrsg.)

Moderne Stationsorganisation im Krankenhaus

2. Auflage

Springer

Hrsg.
Christian Bamberg
ZEQ AG
Mannheim, Deutschland

Max Korff
ZEQ AG
Mannheim, Deutschland

Tessa Fleckenstein
ZEQ AG
Mannheim, Deutschland

Nico Kasper
ZEQ AG
Mannheim, Deutschland

Rüdiger Herbold
ZEQ AG
Mannheim, Deutschland

ISBN 978-3-662-67157-3 ISBN 978-3-662-67158-0 (eBook)
https://doi.org/10.1007/978-3-662-67158-0

Die Deutsche Nationalbibliothek verzeichnet diese Publikation in der Deutschen Nationalbibliografie; detaillierte bibliografische Daten sind im Internet über http://dnb.d-nb.de abrufbar.

Planung/Lektorat: Ulrike Hartmann
Springer ist ein Imprint der eingetragenen Gesellschaft Springer-Verlag GmbH, DE und ist ein Teil von Springer Nature.
Die Anschrift der Gesellschaft ist: Heidelberger Platz 3, 14197 Berlin, Germany

Vorwort zur zweiten Auflage

Zwischen der ersten und der zweiten Auflage dieses Buchs sind nun schon fünf Jahre vergangen – Jahre, die auch für Krankenhäuser zu teilweise dramatischen Einschnitten und Veränderungen führten. Die bereits in der ersten Auflage dieses Buchs 2018 zugrunde gelegten Entwicklungen sich immer weiter verschärfender Defizite bei einer wachsenden Zahl an Krankenhäusern und eines fortschreitenden Fachkräftemangels haben durch die COVID-19-Pandemie und die aktuellen Auswirkungen von historisch hoher Inflation und absurd gestiegenen Energiepreisen zum Beginn des Jahres 2023 eine neue Dimension erreicht.

Hinzu kommen einige für dieses Buch relevante Veränderungen, die durch den Gesetzgeber initiiert wurden: Mit dem Pflegepersonal-Stärkungsgesetz (PpSG) hat die Bunderegierung 2018 beschlossen, die Kosten für Pflegepersonal im Krankenhaus aus dem Vergütungssystem der Fallpauschalen herauszulösen. Die Pflegekräfte werden ab Januar 2020 über ein krankenhausindividuelles Pflegebudget nach dem Selbstkostendeckungsprinzip vollständig finanziert. Ferner trat im November 2020 die Pflegepersonaluntergrenzen-Verordnung (PpUGV) in Kraft, die Vorgaben zur pflegerischen Besetzung von Tag- und Nachtschicht in sog. pflegesensitiven Bereichen festlegt. Mit Inkrafttreten Ende 2020 legte der Gesetzgeber mit dem Krankenhauszukunftsgesetz (KHZG) ein Investitionsprogramm mit einem Fördervolumen von 4,3 Mio. € für die Digitalisierung von Krankenhäusern auf.

Vor dem Hintergrund der finanziellen Auswirkungen der letzten Jahre, der schlechten wirtschaftlichen Prognose für 2023 und die Folgejahre sowie der chronisch gewordenen Überlastung der Krankenhäuser, diskutieren Bund und Länder derzeit über eine grundlegende Reform der Krankenhausfinanzierung – dabei soll neben einer Reform des Fallpauschalensystems (z. B. bezüglich Notfall-, Kinder- und Intensivmedizin) auch eine anteilige Vergütung der Vorhaltekosten der Krankenhäuser über Vorhaltepauschalen berücksichtigt werden. Die Krankenhausplanung soll zukünftig die Versorgung stationärer Patienten in medizinischen Leistungsgruppen und in drei Stufen organisieren (Basisversorgung, Schwerpunktversorgung und Maximalversorgung), die durch entsprechende Strukturvorgaben klar unterscheidbar sein werden. Zusätzlich wird das Angebot ambulant zu erbringender Leistungen deutlich ausgeweitet werden.

Die Autoren haben die Auswirkungen der bekannten und zu erwartenden Veränderungen auf die Inhalte dieses Buchs analysiert und kommen zum Schluss, dass einer „modernen Stationsorganisation" auch im Krankenhaus der Zukunft eine herausragende Bedeutung zukommt. Die in unserem Buch herausgehobene wirtschaftliche Bedeutung und die Rolle der Stationen bei der Behandlungssteuerung bleiben erhalten – darüber hinaus wird die Stationsorganisation zu einem Erfolgsfaktor für die Arbeitgeberattraktivität: denn auch wenn Pflegekräfte zukünftig nicht mehr als „Kostenfaktor" betrachtet und Stellen im Pflegedienst vollständig refinanziert werden, bleibt die ernüchternde Erkenntnis, dass Vakanzen wegen des anhaltenden Fachkräftemangels auch zukünftig nicht ausreichend besetzt werden können. Damit kommt der Mitarbeiterbindung – aus Sicht der Autoren insbesondere über gute Arbeitsbedingungen und Arbeitsorganisation – eine herausragende Bedeutung zu!

Wir haben in die Überarbeitung dieses Buchs unsere Erfahrungen mit Stationskonzepten für mittlerweile über 150 Stationen aller Fachrichtungen einfließen lassen. In der zweiten Auflage neu hinzugekommen sind Überlegungen und Projekt-Erfahrungen zur Digitalisierung von Stationen und zu innovativen Dienstplanmodellen, die in Kombination mit einer guten Stationsorganisation einen deutlichen Beitrag zur Arbeitgeberattraktivität leisten können.

Mannheim
im März 2023

Christian Bamberg
Nico Kasper
Max Korff
Rüdiger Herbold
Tessa Fleckenstein

Vorwort

Ein Patient muss noch eine Nacht länger auf der Station eines Krankenhauses bleiben, weil eine abschließende Untersuchung zu spät angemeldet wurde. Ein anderer Patient wird mittags kurzfristig entlassen, obwohl noch in der Visite am Vormittag die Entlassung erst für den Folgetag festgelegt wurde. Die Pflegekraft erlaubt dem Patienten, feste Kost zu sich zu nehmen – was der Stationsarzt kurze Zeit später vorwurfsvoll wieder untersagt. Kaum ist der Patient von seiner Sonographie-Untersuchung wieder in sein Stationsbett zurückgekehrt, holt ihn der Transportdienst zur CT-Untersuchung in die Radiologie ab. Immer wenn sich der Patient mit einer Frage zu seinem Gesundheitszustand an die Pflegekraft wendet, bekommt er zu hören, dass er auf den Stationsarzt warten soll, der dann – als er endlich mal da ist – auf die Oberarztbesprechung am Nachmittag verweist. Immerhin gibt es Pflegekräfte, die die Ausführungen des Arztes bei der Visite auf Nachfrage des Patienten für diesen verständlich erklären. Und „irgendwie" wirkt der Alltag auf der Station hektisch und alle Mitarbeiter scheinen immer „auf dem Sprung zu sein" und unter großem Druck zu stehen.

Das sind alles Beispiele von einem „ganz normalen" Stationstag, wie er sich täglich in allen Krankenhäusern in Deutschland wiederholt.

Es geht in diesem Buch nicht darum, die Zustände auf den Stationen deutscher Krankenhäuser oder gar das dort tätige Personal klischeehaft und mit süffisantem Unterton bloßzustellen. Im Gegenteil: Auch nach Jahren der intensiven Begleitung von bis heute über 100 Stationen im Rahmen von Projekten zur Organisationsverbesserung, sind die Autoren immer noch beeindruckt vom Einsatz, den das Stationspersonal bei der Versorgung zunehmend älter und aufwändiger werdender, oft multimorbider Patienten unter schwierigen Rahmenbedingungen täglich erbringt.

Die Patientenzahlen steigen seit Jahren kontinuierlich an, die durchschnittliche Aufenthaltsdauer des Patienten hat sich deutlich verkürzt – als Folge davon ist die Arbeitsverdichtung des Stationspersonals merklich angestiegen. Gerade der Pflegeberuf, aber auch der Beruf des Krankenhausarztes, verliert mehr und mehr an Attraktivität – gleichzeitig ist der Arbeitsmarkt für Fachkräfte im Gesundheitswesen leergefegt und die Vorhaltung adäquater Personalstrukturen im Krankenhaus ist zunehmend bedroht. Schon heute wird intensiv darüber diskutiert, dass diese Entwicklung zu Qualitätsverlusten und steigenden

Risiken für Patienten führt, andererseits ist der Trend zu Innovationen und fachlicher Ausdifferenzierung in Medizin und Pflege zur Verbesserung der Behandlungsangebote weiterhin ungebrochen und verlangt von allen Akteuren immer mehr Expertenwissen und Koordinationsaufwand.

Daher erstauntes schon sehr, dass bei all den beschriebenen Herausforderungen Abläufe, Organisation und Einsatzplanung, aber auch das Selbstverständnis des Personals auf der Station seit Jahrzehnten nahezu unverändert geblieben sind – es ist nur immer mehr hinzugekommen und komplexer geworden!

Möglichkeiten, die die Digitalisierung bereits heute bietet, bleiben noch weitgehend ungenutzt. Auf zukünftige, bahnbrechende Veränderungen als Folge der Digitalisierung sind Stationen heute genauso wenig vorbereitet, wie auf den Personalengpass in allen Berufsgruppen, der sich trotz aller kurzfristig von der Politik auf den Weg gebrachten Finanzierungs- und Förderprogramme weiter verschärfen wird.

Es ist also dringend an der Zeit, der Stationsorganisation die – nicht zuletzt auch wirtschaftliche – Bedeutung zukommen zu lassen, die ihr im gesamten Krankenhausumfeld gebührt! So wie im Krankenhaus insgesamt, ist auch auf den Stationen ein wirksames Management von Nöten – neue Formen der Zusammenarbeit müssen den Patienten und den Mitarbeitern gerecht werden. Dabei rückt das berufsgruppenübergreifende Miteinander in einem multiprofessionellen Team in den Fokus.

Die Autoren haben in diesem Buch neue Ideen, bereits bewährte Konzepte und positive Projekterfahrungen zu einem facettenreichen Gesamtansatz für eine moderne Stationsorganisation zusammengetragen. Anschauliche Beispiele aus Beratungsprojekten, teilweise mit persönlichen Referenzen hinterlegt, sollen den Theorie-Praxis-Transfer für den Leser nachvollziehbar machen. Dabei sind die Möglichkeiten zur Verbesserung der Stationsorganisation mit den Ansätzen in diesem Buch noch lange nicht ausgeschöpft!

Die Autoren bedanken sich besonders bei den Projektpartnern, die dieses Buch mit ihrer Zustimmung zur Veröffentlichung von Praxisbeispielen ganz wesentlich unterstützt haben: Geschäftsführer Dr. Detlef Troppens und Pflegedienstleiterin Beatrice Marzahn sowie das pflegerische und ärztliche Team der Oberhavel-Klinken in Hennigsdorf und Oranienburg/Geschäftsführer Dieter Brünink, kaufmännische Abteilungsleiterin Sarah Sebeke, Chefarzt Dr. Martin Reckels, Pflegedirektor Andreas Dörkßen und Pflegedienstleitung Kornelia Rynas sowie das pflegerische und ärztliche Team der Klinik für Innere Medizin und Gastroenterologie des Borromäus Hospitals in Leer (Ostfriesland)/ Geschäftsführer Markus Mord, Chefarzt Dr. Stefan Reinecke, Pflegedirektor Jürgen Gerstetter sowie Jürgen Flemming und Christine Ehrenberg vom Project Management Office sowie das pflegerische und ärztliche Team des Zentrums für Innere Medizin II des Marienhospitals in Stuttgart sowie Geschäftsführer Axel Burghardt, Chefärzte Prof. Dr. Dirk Hausmann und Prof. Dr. Kinan Rifai, Pflegedirektor Ralf Harmel und Stellvertretende

Pflegedirektorin Kerstin Schmidt sowie das pflegerische und ärztliche Team der Klinik für Innere Medizin des Städtischen Klinikums in Wolfenbüttel.

Mannheim
im Mai 2018

Christian Bamberg
Nico Kasper
Max Korff
Rüdiger Herbold

Inhaltsverzeichnis

Mitarbeiterverzeichnis

Dr. Christian Bamberg ZEQ AG, Am Victoria-Turm 2, 68163 Mannheim
christian.bamberg@zeq.de

Eva M. Becker ZEQ AG, Am Victoria-Turm 2, 68163 Mannheim
eva.becker@zeq.de

Katrin Faiß ZEQ AG, Am Victoria-Turm 2, 68163 Mannheim
katrin.faiss@zeq.de

Dr. Nina Forler ZEQ AG, Am Victoria-Turm 2, 68163 Mannheim
nina.forler@zeq.de

Rüdiger Herbold ZEQ AG, Am Victoria-Turm 2, 68163 Mannheim
ruediger.herbold@zeq.de

Dr. Nico Kasper ZEQ AG, Am Victoria-Turm 2, 68163 Mannheim
nico.kasper@zeq.de

Max Korff ZEQ AG, Am Victoria-Turm 2, 68163 Mannheim
max.korff@zeq.de

Jan König ZEQ AG, Am Victoria-Turm 2, 68163 Mannheim
jan.koenig@zeq.de

Dr. Christofer Leschinger Universitätsklinikum Heidelberg, Team Medizinstrategie des Leitenden Ärztlichen Direktors, Im Neuenheimer Feld 672, 69120 Heidelberg
christofer.leschinger@med.uni-heidelberg.de

Franjo Lesko ZEQ AG, Am Victoria-Turm 2, 68163 Mannheim
franjo.lesko@zeq.de

Michael van Loo Universitätsklinikum Hamburg-Eppendorf, Geschäftsbereichsleitung Personal, Martinistraße 52, 20246 Hamburg
m.vanloo@uke.de

Christina Mundinger ZEQ AG, Am Victoria-Turm 2, 68163 Mannheim
christina.mundinger@zeq.de

Ulrike Mühle Universitätsklinikum Hamburg-Eppendorf, Zentrum für Anästhesiologie und Intensivmedizin, Martinistraße 52, 20246 Hamburg
u.muehle@uke.de

Christine Navarro Universitätsklinikum Hamburg-Eppendorf, Projektmanagement, Martinistraße 52, 20246 Hamburg
christine.navarro@uke.de

Dr. Katrin Wessolowski ZEQ AG, Am Victoria-Turm 2, 68163 Mannheim
katrin.wessolowski@zeq.de

Eva Wißmann ZEQ AG, Am Victoria-Turm 2, 68163 Mannheim
eva.wissmann@zeq.de

Teil I
Die Grundidee

Die Station – ein mittelständisches Unternehmen?!

1

Christian Bamberg

Inhaltsverzeichnis

1.1 Die Bedeutung der Normalstationen für das Krankenhaus wird latent unterschätzt

Betrachtet man ein Krankenhaus aus der Helikopter-Perspektive, geraten schnell als Brennpunkte – also Bereiche, die einerseits eine große Bedeutung haben, andererseits aber für viele als unzureichend organisiert gelten – die Notfallambulanz und Funktionsbereiche wie Zentral-OP, Katheterlabor oder Endoskopie in den Blick für Optimierungsansätze. Nicht zufällig sind das genau die Orte im Krankenhaus, an denen ein großer Teil der – oft akuten – Behandlung für den Patienten erbracht wird. Das medizinisch-pflegerische Personal fühlt sich hier in seiner fachlichen Expertise besonders gefordert. Hinzu kommt die Faszination durch das hohe Maß an Medizintechnik, die zum Einsatz kommt und von den Experten beherrscht wird. Die Akteure agieren hier nicht zuletzt auch in dem Bewusstsein,

C. Bamberg (✉)
ZEQ AG, Mannheim, Deutschland
E-Mail: christian.bamberg@zeq.de

C. Bamberg et al. (Hrsg.), *Moderne Stationsorganisation im Krankenhaus*,
https://doi.org/10.1007/978-3-662-67158-0_1

dass ihrer Arbeit durch besonders kosten- und erlösrelevante Prozeduren und/oder Vorhaltungen an Ressourcen eine hohe ökonomische Bedeutung für das gesamte Krankenhaus zukommt. Aufgrund der genannten Aspekte setzt sich seit einigen Jahren mehr und mehr die Idee durch, dass OP- oder Funktionsbereiche und auch die Notfallambulanz durch Managementfunktionen oder zumindest Koordinatoren besser gesteuert werden können. Allerdings lässt sich auch heute noch konstatieren, dass das Management der genannten Bereiche trotz der erkannten Bedeutung eher unterentwickelt ist.

Vergleichbar ist die Situation für Intensivstationen bzw. für stationäre Bereiche mit Komplexbehandlungen, wie Stroke Units – auch hier treten heute schon zunehmend organisatorische Anforderungen an die Seite der von je her ausgeprägten fachlichen Aspekte, sodass es zu einer teilweisen Übernahme von Managementaufgaben, z. B. durch die Station leitende Oberärzte und Pflegedienstleitungen, kommt (wenn auch häufig personenabhängig in stark unterschiedlicher Güte).

Demgegenüber werden Normalstationen in ihrer Bedeutung für eine funktionierende, also effektive und effiziente, und somit letztlich auch ökonomisch erfolgreiche Krankenhausorganisation latent unterschätzt. Der Begriff „latent“ wird in der Medizin meist eingesetzt, um auszudrücken, dass sich ein pathologischer Zustand der bewussten Wahrnehmung durch den Arzt entzieht. Und so verhält es sich im übertragenen Sinne auch mit der Normalstation. Entlarvend ist in diesem Zusammenhang der interne Sprachgebrauch, der sich in vielen Krankenhäusern findet, indem die Normalstation als „periphere Station“ bezeichnet wird. Etwas provokant ausgedrückt: Aus der egozentrischen Expertensicht eines Intensivmediziners oder eines Operateurs befindet sich die Normalstation „irgendwo am Rande“ seines Universums.

Das führt dazu, dass der Dienst auf der Normalstation für Ärzte nur nachrangige Bedeutung hat – die fachliche Qualifikation und Reputation erwirbt der Arzt vorrangig im OP oder in der Funktionsdiagnostik. Das betrifft in gleichem Maße die noch in Weiterbildung befindlichen Ärzte, wie auch die Oberärzte, mit der Folge, dass der Arzt im Tagesverlauf an vielen Stellen im Krankenhaus tätig wird. Dabei sind die chirurgischen Fachdisziplinen von dieser Konsequenz weit stärker betroffen als die internistischen, die in der Regel fest zugeteilte Stationsärzte stellen können. Allerdings kann eingeräumt werden, dass die Präsenz eines chirurgischen Stationsarztes über den gesamten Tagdienst hinweg nicht unbedingt erforderlich sein muss – hier reicht die Anwesenheit zu „kritischen“ Zeitfenstern aus (z. B. morgendliches Anlaufen der Stationsorganisation, Treffen der Anordnungen am Vormittag, mittäglicher Abgleich zu erfüllten und noch offenen Aufgaben mit dem Pflegedienst, nachmittägliche Sichtung der Neuaufnahmen). Damit befinden sich die Ärzte dennoch in einem grundsätzlichen Kontrast zum Pflegedienst, der sich insbesondere über die Zugehörigkeit zu einer Station definiert.

Die Erfahrung zeigt, dass die Organisation der Normalstationen in den letzten 25 Jahren vom Grundsatz her unverändert geblieben ist – es ist nur stetig mehr hinzugekommen, was in immer kürzer werdender Zeit erledigt sein muss! Verschärft hat sich das „latente“ Missmanagement durch die Zunahme an Komplexität, sei es durch die fortwährende fachliche Ausdifferenzierung der Medizin in Therapie und Diagnostik, sei es durch die Zunahme an Fachexperten in der Pflege oder die Zunahme des Versorgungsaufwands für die immer älter werdenden, oft multimorbiden Patienten. Wenn sich die Normalstationen nicht organisatorisch auf diese Veränderungen einstellen, darf befürchtet werden, dass diese in einen chronifizierten „pathologischen Zustand" geraten.

Umso erstaunlicher ist, dass sich Krankenhäuser nur wenig um die Veränderung der Organisation auf den Normalstationen kümmern!

1.2 Wunsch und Wirklichkeit prallen auf Normalstation oft aufeinander

Wir alle sind geprägt von einem geradezu idyllischen Bild des Stationslebens, wie es die Medien in zahllosen Krankenhausfilmen und -serien seit Jahrzehnten unverändert zeichnen: Ärzte und Pflegende umsorgen aufopferungsvoll die Patienten, widmen sich mit viel Zeit den persönlichen Problemen, Lebensgeschichten und Schicksalen der ihnen Anvertrauten und tauschen sich untereinander intensiv über die beste Therapie aus. In dieser heilen Welt gibt es natürlich auch keine merklichen Unterschiede zwischen Kassen- und Privatpatienten.

Was von diesem medialen Zerrbild hält der Realität auf einer Normalstation in einem deutschen Krankenhaus stand? Nun, es ist wohl vor allem die nach wie vor hohe intrinsische Motivation von Ärzten und Pflegenden, der hohe ethische Anspruch, dem Patienten – und mit ihm auch seinen Angehörigen – in bester Weise gerecht werden zu *wollen*. Doch in diesen Anspruch mischt sich bei allen an der Behandlung Beteiligten immer deutlicher das Gefühl, den Bedürfnissen der Patienten unter den wirtschaftlichen Rahmenbedingungen, der daraus resultierenden hohen Arbeitsverdichtung bei knappen Personalressourcen und eingezwängt in insuffiziente Abläufe, immer weniger gerecht werden zu *können*. Damit drohen Stationsteams nach und nach über die objektiv gestiegene Auslastung hinaus in einen Zustand empfundener Überlastung und Demotivation abzugleiten. Das Stationspersonal sieht sich als „Opfer des Systems" und beklagt, die Selbstwirksamkeit und Freiheit bei der Gestaltung der Stationsorganisation weitgehend verloren zu haben und „nur noch funktionieren" zu müssen.

1.3 Jede Normalstation ist ein kleines mittelständisches Unternehmen

Normalstationen repräsentieren einen Bereich des Krankenhauses, der einen deutlichen Beitrag zur Wirtschaftlichkeit leistet. Das beginnt schon mit der trivialen Feststellung, dass nur die stationäre Behandlungsbedürftigkeit und damit verbunden der Aufenthalt des Patienten auf einer Station die wesentliche Voraussetzung für Erlöse schafft.

Die gemäß InEK-Kalkulation (**In**stitut für das **E**ntgeltsystem im **K**rankenhaus) den Normalstationen zuordenbaren Erlöse kommen in der Größenordnung den Umsätzen eines kleinen mittelständischen Unternehmens nahe und liegen – legt man eine Stationsgröße von etwa 38 Betten zugrunde – je nach fachlicher Zuordnung zwischen 1,5 und 3 Mio. € (s. unten „Definition")! Dabei variiert der Anteil der Normalstation an den Gesamterlösen einer medizinischen Fachabteilung deutlich:

Sind chirurgischen Stationen etwa 40 % der stationären Erlöse zurechenbar, steigt der Anteil bei internistischen Stationen auf bis zu 63 %. Bei gemischt belegten Stationen ergibt sich ein Wert von etwa 50 %. Die Stationen eines Krankenhauses bilden also zu wesentlichen Teilen den wertschöpfenden Prozess ab.

Dieser Zusammenhang sei an drei Beispielen verdeutlicht (Abb. 1.1, 1.2 und 1.3).

Nimmt man den Vollkräfteanteil als Maß für den Personalaufwand einer Normalstation, wird das Bild des kleinen mittelständischen Unternehmens komplett: Über alle Schichten und Berufsgruppen hinweg kommt man für unser Musterbeispiel einer 38-Betten-Station schnell auf eine Personalstärke von über 20 Vollkräften (und oft noch deutlich mehr Mitarbeitern).

Gemäß einer Definition des Instituts für Mittelstandsforschung Bonn (IFM Bonn) bezeichnet man Unternehmen mit einer Mitarbeiterzahl von 9 bis 49 und einer Umsatzsumme von 2 bis 10 Mio. € als „kleinen mittelständischen Betrieb" (Stand 01.01.2016). Die InEK-Kalkulation spiegelt Diagnose-bezogen die stationären Durchschnittskosten der Kalkulationshäuser wider, die allen Krankenhäusern als Erlöse vergütet werden.

Will man der Vorstellung von einer Normalstation als kleinem mittelständischen Unternehmen weiter folgen, stellt sich unwillkürlich die zentrale Frage: Sind auch Management und Organisation einer Normalstation mit einem Unternehmen vergleichbar?

Die Antwort auf diese Frage zeigt sehr evident die großen Unterschiede auf: Weder werden Normalstationen als eigenständige Organisationseinheit wirtschaftlich gesteuert (z. B. Centerstruktur), noch verfügen die Mitarbeiter über eine ausreichende Transparenz über ihren wirtschaftlichen Beitrag. Es existieren weder eine übergeordnete und berufsgruppenübergreifende Managementverantwortung für die Gesamtorganisation noch relevante Steuerungsgrößen bzw. Kennzahlen, die regelmäßig an die Station berichtet werden und ein Management unterstützen können.

ZEQ

Fallzahl	CaseMix	relativer CaseMix	CMI
914	2040,859	1891,44	2,233

Beispiel chirurgische Station

Kalkulation anhand der Fallpauschalen 2017

DRG-Erlöse	Personal			Sachmittel			Personal und Sachmittel		Summe	Relativer Anteil an Gesamt (%) :
	Ärztlicher Dienst	Pflegedienst	med.-tech. Dienst Funktionsdienst	Arzneimittel	Implantate/ Transplantate	Übriger med. Bedarf	med. Infrastruktur	nicht-med. Infrastruktur		
	1	2	3	4	5	6	7	8		
1 Normalstation	460.653 €	812.452 €	45.017 €	80.232 €	7 €	86.548 €	226.115 €	691.683 €	2.402.708 €	37,9%
2 Intensivstation	202.380 €	401.897 €	8.711 €	61.651 €	20 €	74.693 €	69.437 €	174.472 €	993.264 €	15,7%
3 Dialyseabteilung	0 €	0 €	0 €	0 €		2 €	0 €	0 €	2 €	0,0%
4 OP-Bereich	295.943 €		223.097 €	18.446 €	254.509 €	238.710 €	110.580 €	161.069 €	1.302.354 €	20,5%
5 Anästhesie	195.859 €		125.543 €	15.188 €		40.581 €	26.317 €	51.093 €	454.582 €	7,2%
6 Kreißsaal	3 €		6 €	0 €		1 €	1 €	3 €	13 €	0,0%
7 Kardiologische Diagnostik/Therapie	10.274 €		11.052 €	997 €	10.961 €	33.410 €	4.435 €	7.925 €	79.054 €	1,2%
8 Endoskopische Diagnostik/Therapie	10.289 €		10.650 €	445 €	347 €	7.049 €	4.704 €	6.798 €	40.282 €	0,6%
9 Radiologie	85.151 €		76.769 €	4.531 €	58.692 €	161.704 €	33.709 €	55.959 €	476.515 €	7,5%
10 Labor	13.986 €		64.539 €	58.237 €	9 €	90.905 €	8.609 €	27.853 €	264.137 €	4,2%
11 Übrige diagnostische/therap. Bereiche	77.237 €	6.049 €	146.255 €	2.034 €	21 €	21.611 €	12.939 €	59.002 €	325.148 €	5,1%
12 Basis									0 €	0,0%
Summe	1.351.774 €	1.220.399 €	711.640 €	241.760 €	324.565 €	755.214 €	496.846 €	1.235.858 €	6.338.055 €	
Relativer Anteil an Gesamtsumme:	21,3%	19,3%	11,2%	3,8%	5,1%	11,9%	7,8%	19,5%		

DRG-Erlösbereich	Personal			Sachmittel			Infrastruktur (Personal und Sachmittel)		Summe
Summe	3.283.813 €			1.321.539 €			1.732.704 €		6.338.055,26 €
Relativer Anteil an Gesamtsumme:	51,8%			20,9%			27,3%		
Relativer Anteil an Erlösbereich:	41,2%	37,2%	21,7%	18,3%	24,6%	57,1%	28,7%	71,3%	

Abb. 1.1 InEK-Kalkulation für eine chirurgische Station – Anteil der stationären Erlöse an den Gesamterlösen

ZEQ

Fallzahl	CaseMix	relativer CaseMix	CMI
1424	1202,671	1282,22	0,845

Beispiel internistische Station

Kalkulation anhand der Fallpauschalen 2017

DRG-Erlöse	Personal			Sachmittel			Personal und Sachmittel		Summe	Relativer Anteil an Gesamt (%) :
	Ärztlicher Dienst	Pflegedienst	med.-tech. Dienst Funktionsdienst	Arzneimittel	Implantate/ Transplantate	Übriger med. Bedarf	med. Infrastruktur	nicht-med. Infrastruktur		
	1	2	3	4	5	6	7	8		
1 Normalstation	504.111 €	828.648 €	54.388 €	131.176 €	0 €	86.981 €	264.017 €	769.314 €	2.638.635 €	61,4%
2 Intensivstation	100.136 €	193.013 €	4.657 €	23.266 €	1 €	34.267 €	31.668 €	80.662 €	467.670 €	10,9%
3 Dialyseabteilung	0 €	0 €	0 €	0 €		3 €	0 €	0 €	4 €	0,0%
4 OP-Bereich	9.212 €		8.220 €	400 €	2.916 €	9.450 €	4.630 €	6.377 €	41.205 €	1,0%
5 Anästhesie	10.522 €		7.555 €	657 €		2.539 €	1.423 €	2.921 €	25.616 €	0,6%
6 Kreißsaal	1 €		2 €	0 €		0 €	0 €	1 €	4 €	0,0%
7 Kardiologische Diagnostik/Therapie	2.425 €		2.548 €	197 €	345 €	5.059 €	944 €	1.698 €	13.217 €	0,3%
8 Endoskopische Diagnostik/Therapie	33.254 €		35.800 €	1.210 €	1.205 €	20.117 €	14.923 €	21.193 €	127.701 €	3,0%
9 Radiologie	85.382 €		97.373 €	3.088 €	1.377 €	94.019 €	41.181 €	64.842 €	387.262 €	9,0%
10 Labor	17.553 €		65.875 €	20.126 €		114.805 €	8.985 €	29.787 €	257.132 €	6,0%
11 Übrige diagnostische/therap. Bereiche	96.243 €	5.484 €	129.644 €	2.994 €	85 €	24.321 €	17.295 €	62.080 €	338.145 €	7,9%
12 Basis									0 €	0,0%
Summe	858.837 €	1.027.145 €	406.063 €	183.114 €	5.927 €	391.562 €	385.066 €	1.038.876 €	4.296.590 €	
Relativer Anteil an Gesamtsumme:	20,0%	23,9%	9,5%	4,3%	0,1%	9,1%	9,0%	24,2%		

DRG-Erlösbereich	Personal			Sachmittel			Infrastruktur (Personal und Sachmittel)		Summe
Summe	2.292.045 €			580.603 €			1.423.943 €		4.296.590,42 €
Relativer Anteil an Gesamtsumme:	53,3%			13,5%			33,1%		
Relativer Anteil an Erlösbereich:	37,5%	44,8%	17,7%	31,5%	1,0%	67,4%	27,0%	73,0%	

Abb. 1.2 InEK-Kalkulation für eine internistische Station – Anteil der stationären Erlöse an den Gesamterlösen

ZEQ

Fallzahl	CaseMix	relativer CaseMix	CMI
715	1161,055	1146,66	1,624

Beispiel gemischte Station

Kalkulation anhand der Fallpauschalen 2017

DRG-Erlöse	Personal			Sachmittel			Personal und Sachmittel		Summe	Relativer Anteil an Gesamt (%) :
	Ärztlicher Dienst	Pflegedienst	med.-tech. Dienst Funktionsdienst	Arzneimittel	Implantate/ Transplantate	Übriger med. Bedarf	med. Infrastruktur	nicht-med. Infrastruktur		
	1	2	3	4	5	6	7	8		
1 Normalstation	396.435 €	671.734 €	37.948 €	65.874 €	3 €	70.938 €	187.849 €	638.511 €	2.069.293 €	53,9%
2 Intensivstation	63.551 €	121.571 €	2.688 €	15.891 €	6 €	20.723 €	23.503 €	59.645 €	307.570 €	8,0%
3 Dialyseabteilung	45 €	101 €	23 €	19 €		197 €	30 €	75 €	490 €	0,0%
4 OP-Bereich	113.279 €		90.192 €	6.100 €	85.482 €	97.764 €	46.127 €	65.100 €	504.043 €	13,1%
5 Anästhesie	82.737 €		53.445 €	5.019 €		16.624 €	10.946 €	21.704 €	190.476 €	5,0%
6 Kreißsaal	82 €		192 €	9 €		21 €	27 €	93 €	424 €	0,0%
7 Kardiologische Diagnostik/Therapie	6.181 €		6.548 €	576 €	4.379 €	20.149 €	2.583 €	4.628 €	45.043 €	1,2%
8 Endoskopische Diagnostik/Therapie	6.524 €		6.527 €	259 €	176 €	4.188 €	2.860 €	4.145 €	24.681 €	0,6%
9 Radiologie	49.727 €		46.805 €	2.815 €	27.815 €	100.312 €	19.352 €	33.529 €	280.353 €	7,3%
10 Labor	9.197 €		46.492 €	20.660 €		72.193 €	6.126 €	21.584 €	176.252 €	4,6%
11 Übrige diagnostische/therap. Bereiche	49.326 €	3.700 €	108.505 €	1.564 €	2 €	14.429 €	11.816 €	54.384 €	243.724 €	6,3%
12 Basis									0 €	0,0%
Summe	777.083 €	797.107 €	399.364 €	118.785 €	117.863 €	417.537 €	311.220 €	903.399 €	3.842.358 €	
Relativer Anteil an Gesamtsumme:	20,2%	20,7%	10,4%	3,1%	3,1%	10,9%	8,1%	23,5%		

DRG-Erlösbereich	Personal			Sachmittel			Infrastruktur (Personal und Sachmittel)		Summe
Summe	1.973.554 €			654.186 €			1.214.618 €		3.842.357,81 €
Relativer Anteil an Gesamtsumme:	51,4%			17,0%			31,6%		
Relativer Anteil an Erlösbereich:	39,4%	40,4%	20,2%	18,2%	18,0%	63,8%	25,6%	74,4%	

Abb. 1.3 InEK-Kalkulation für eine gemischt belegte Station – Anteil der stationären Erlöse an den Gesamterlösen

1.4 Die Normalstation ist die Schaltzentrale zur Steuerung des Patientenaufenthalts

Stationen kommt im Zusammenhang mit dem Patientenaufenthalt nicht allein die Bedeutung als Behandlungsort, sondern gleichzeitig auch die eines „Logistikzentrums“ zu, in dem „konfiguriert“ (Anordnungen durch den Arzt) und „disponiert“ wird (Koordination und Anforderung z. B. von Untersuchungsterminen durch Stationsassistenz oder Pflegekraft). Die Kompetenz des Stationspersonals, den Patientenaufenthalt zu steuern, beeinflusst ganz wesentlich eine Kennzahl von – nicht zuletzt auch ökonomisch – überragender Bedeutung: die ***Verweildauer.***

Die Verweildauer ist eine Kenngröße innerhalb der DRG-Systematik, die vorgibt, dass ein Patientenkollektiv – abhängig von der medizinischen-pflegerischen Einschätzung in Form von Parametern wie Haupt- und Nebendiagnosen – in einem definierten Zeitfenster entlassen wird. Damit bestimmt die Verweildauer wesentlich, wie oft ein Bett auf einer Station neu mit einem Patienten belegt werden kann. Die aktive Steuerung der Verweildauer definiert so den größten Beitrag, den eine Normalstation zur Erlössicherung eines Krankenhauses leisten kann. Der Fokus des Stationspersonals muss darauf liegen, einen Patienten so geplant wie möglich zu einem definierten Zeitpunkt zu entlassen!

Dieser Zusammenhang stellt sehr hohe Anforderungen an die Kooperation und den informellen Austausch aller auf Station tätigen Berufsgruppen. Alle relevanten Informationen zum Patienten im Verlauf seines Aufenthaltes fließen hier zusammen, müssen bewertet werden und in die weitere Planung des Aufenthalts einmünden. Vorhandene Instrumente, wie die gemeinsame Patientendokumentation oder Visiten dienen sowohl dem fachlichen Austausch als auch der Steuerung der Patientenversorgung. Alle fachlich nicht vertretbaren Gründe, die einen stationären Aufenthalt verlängern, sind dem Patienten immer schwerer vermittelbar und führen in letzter Konsequenz auch zu negativen ökonomischen Auswirkungen.

1.5 Der Aufenthalt auf Normalstation prägt ganz wesentlich die Qualitätswahrnehmung

Normalstationen haben – und das ist ganz entscheidend – den größten Anteil am unmittelbaren zwischenmenschlichen Kontakt über den gesamten Aufenthalt eines Patienten hinweg. Hinzu kommt, dass die Station in der Regel auch die Anlaufstelle für die Angehörigen ist. Damit tragen die ärztlichen und pflegerischen Mitarbeiter hier wesentlich zur Qualitätswahrnehmung von Patienten und Angehörigen bei. Mehr noch: Die Dienstleistungsqualität des gesamten Krankenhauses wird in hohem Maße durch das stationäre Umfeld und seine Mitarbeiter geprägt!

Auch hier soll ein Bild diesen Zusammenhang pointiert verdeutlichen: Jeder kennt den Aufwand, den Unternehmen aufbringen, um sich auf einen „Tag der Offenen Tür“

vorzubereiten und sich dort bestmöglich zu präsentieren – oftmals einen Tag im Jahr oder alle paar Jahre also, an dem Besucher auf das Gelände und in die Räumlichkeiten des Unternehmens kommen, um den Mitarbeitern bei ihrer Arbeit zuzusehen.

Nimmt man es nun genau, lässt sich feststellen: Krankenhäuser haben **jeden Tag** im Jahr einen „Tag der Offenen Tür"!

Aber anders als bei herkömmlichen Unternehmen, sind die Menschen, die täglich ins Krankenhaus kommen, nicht einfach nur interessierte Besucher. Sie sind hauptsächlich Patienten und Angehörige und unterliegen damit einer besonderen Psychodynamik: Ihre Wahrnehmung ist geprägt von Gefühlen der Unsicherheit und Ohnmacht, oft gepaart mit Unwohlsein und Schmerzen. Damit gleicht der Blick von Patienten und Angehörigen einem eingeschränkten „Tunnelblick" und zielt auf ein ausgeprägtes Bedürfnis nach persönlicher Wahrnehmung, nach klaren Strukturen und vor allem nach menschlichem Kontakt! Um im Bild zu bleiben: Hierauf müssen Krankenhäuser ihren Auftritt am täglich wiederkehrenden „Tag der Offenen Tür" ausrichten und den Normalstationen kommt hierbei eine besondere Rolle zu. Je akuter die Beschwerden des Patienten sind, desto wichtiger ist die fachliche Expertise – je weniger akut die Beschwerden sind, desto höher steigt die Bedeutung von Komfort und anderen Hotelleistungen, wie Essensversorgung oder Entertainment. Über alle Phasen des Aufenthalts hinweg elementar bleiben jedoch professionelle Zuwendung, strukturierte und sichere Abläufe sowie stimmige Informationen!

Patienten, die auf einer Normalstation liegen, haben – wenn ihr gesundheitlicher Zustand es zulässt – trotz der inzwischen kurzen Verweildauer ausreichend Zeit und Gelegenheit, sich eine eigene Meinung über die Organisation der Station zu bilden: empfinde ich die Abläufe als koordiniert und gut geplant, fühle ich mich durch Arzt und Pflegekraft ausreichend, zeitnah und widerspruchsfrei informiert, habe ich den Eindruck, dass hier „die linke Hand weiß, was die rechte tut"? Und auch wichtig: verstehen sich die Mitarbeiter der Berufsgruppen untereinander und arbeiten diese gut zusammen? Wie empfinde ich die Atmosphäre auf der Station und welchen Eindruck macht diese auf mich: aufgeräumt und freundlich oder unordentlich und unfreundlich? Und wenn der Patient selbst nicht in der Lage ist, sich ein Urteil zu bilden, tun dies seine Angehörigen.

1.6 Die bisherige Organisation des Unternehmens Normalstation kommt an ihre Grenzen

Die aus Sicht der Wirtschaftlichkeit und Qualität erforderliche Entwicklung einer Station hin zu mehr Effektivität und Effizienz muss einer zunehmenden Komplexität der Stationsorganisation Rechnung tragen:

- Die Arbeitsabläufe des ärztlichen und pflegerischen Personals gestalten sich zunehmend ***asynchron,*** damit ergeben sich immer weniger interprofessionelle Berührungspunkte im Stationsalltag. So ist der Pflegedienst im Schichtdienst organisiert, während der Arzt in der Regelarbeitszeit präsent ist. Beobachtet man die Stationsarbeit eine Zeit lang, gewinnt man den Eindruck, dass die Berufsgruppen eher nebeneinanderher, als miteinander arbeiten.
- Die fachliche Differenzierung führt mit steigender Tendenz zu einer ***gemischten Belegung*** von Stationen, damit steigt der Koordinationsaufwand erheblich (z. B. durch mehrfach tägliche Visiten).
- „Neue“ Berufsgruppen und Spezialisten, wie Stationssekretärinnen, Servicekräfte, Diätassistenten oder Wundmanager, führen zu mehr ***Schnittstellen*** und erhöhen den Koordinationsaufwand zusätzlich. Zudem vergrößert sich das Risiko der „Verantwortungserosion“, d. h. es gibt nahezu niemanden mehr, der sich für den Patienten und/ oder die Stationsorganisation als Ganzes verantwortlich fühlt: jeder verlässt sich auf den anderen.
- Die stationären Abläufe weisen eine hohe Abhängigkeit von sogenannten ***ausgegliederten Prozessen*** im Krankenhaus selbst oder sogar über das Krankenhaus hinaus auf (z. B. hausübergreifende Bettenbelegungssteuerung, Therapeuten, Reinigungsdienst, interner und externer Patiententransport, Diagnostik). Diese Schnittstellen können vom Stationspersonal kaum aktiv beeinflusst werden.
- Personalverantwortung und Mitarbeiterführung liegen bei den Führungskräften der jeweiligen Berufsgruppen. Infolgedessen schafft es keine Berufsgruppe alleine, die Organisation einer Station zu verändern. Das ***Stationsteam*** wird von den Mitarbeitern weniger berufsgruppenübergreifend, als vielmehr ***auf die jeweilige Berufsgruppe beschränkt*** definiert. Ferner besitzen die Mitarbeiter vor Ort nur eine ***gering ausgeprägte Entscheidungsbefugnis*** und eskalieren daher alle Entscheidungen hoch zu den Führungskräften ihrer jeweiligen Berufsgruppe.
- Die ***steigende Dokumentations*****pflicht** führt zu einem erhöhten Informationsbedürfnis und -aufkommen bei allen Berufsgruppen und hat einen steigenden Zeitbedarf zur Folge.
- Die ***Krankenhausinformationssysteme*** (KIS) bestimmen zunehmend den ***Workflow*** der stationären Abläufe – eine Effizienzsteigerung setzt allerdings eine ausreichende technische Ausstattung sowie eine hervorragende Kenntnis und Beherrschung der

Module durch alle Stationsmitarbeiter voraus, die häufig heute so noch nicht anzutreffen ist.

1.7 Eine wirksame Stationsorganisation braucht innovative Konzepte

Aus der bisherigen Darstellung wird deutlich, warum die Autoren dieses Buches der Stationsorganisation eine hohe Bedeutung beimessen. Im Rahmen einer großen Anzahl von Beratungsprojekten, die die Verbesserung unterschiedlicher Aspekte der Stationsorganisation zum Inhalt hatten, wurden Lösungsansätze gefunden, die den Bedingungen der jeweiligen Station möglichst passgenau entsprachen. Dabei stellte sich immer stärker heraus, dass es nicht **den einen** Weg zu einer wirksamen Stationsorganisation geben kann, sondern dass die Stationen – bei Beachtung wiederkehrender organisatorischer Eckpunkte – eigenständige „Mikrokosmen" sind, deren Spezifika von der Fachzugehörigkeit und nicht zuletzt von den dort tätigen Menschen ausgeprägt werden.

Stationskonzepte sind ein erfolgreicher Organisationsansatz, der hohen Komplexität durch Transparenz und Verbindlichkeit zu begegnen: Berufsgruppenübergreifend werden bezogen auf die wesentlichen Engpässe der Stationsorganisation gemeinsam „Spielregeln" für das Miteinander vereinbart und in einem Organisationshandbuch fest verankert. Die auf der Station Tätigen werden aus ihrer Ohnmacht „nichts ändern zu können" herausgeholt und zu Akteuren der Veränderungen. Damit kann es gelingen, die Mitarbeiter aus der Spirale von Überlastung und Demotivation ein Stück weit zu befreien. Die nachfolgenden Kapitel dieses Buches beschreiben die Ideen, die hinter dem Stationskonzept stecken sowie Aspekte für deren Umsetzung.

Gut und schlecht organisierte Stationen – Auswirkungen auf die Mitarbeiterzufriedenheit

2

Christian Bamberg

Inhaltsverzeichnis

2.1 Die hohe intrinsische Motivation der Mitarbeiter auf den Stationen erlahmt zusehends

Die Einführung der DRG-basierten Vergütung (DRG = Diagnosis Related Groups, „Fallpauschalen") in der stationären Krankenversorgung hat Arbeitsinhalte und Arbeitsorganisation in den Krankenhäusern in den letzten Jahren verändert. Unter anderem führte dies zu einer höheren Arbeitsverdichtung und einem Anstieg der Belastung beim ärztlichen und pflegerischen Personal. Für die Stationen bedeutete die „Ökonomisierung der Medizin" konkret bis ins Jahr 2020 und dem Beginn der Corona-Pandemie hinein einen deutlich spürbaren Anstieg der Zahl an Aufnahmen und Entlassungen als Folge der fortschreitenden Reduzierung der Verweildauer und stetiger Fallzahlsteigerungen. Bei gleich gebliebener oder gar rückläufiger Zahl belegbarer Betten sahen viele Mitarbeiter die Bettenauslastung ihrer Stationen ständig am Anschlag (und oft darüber). In den ersten

C. Bamberg (✉)
ZEQ AG, Mannheim, Deutschland
E-Mail: christian.bamberg@zeq.de

C. Bamberg et al. (Hrsg.), *Moderne Stationsorganisation im Krankenhaus*,
https://doi.org/10.1007/978-3-662-67158-0_2

„Corona-Jahren“ 2020 und 2021 verzeichneten die Normalstationen in vielen Krankenhäusern im Gegensatz zu den Intensivbereichen wegen der Verschiebung insbesondere von geplanten Behandlungen einen deutlichen Belegungseinbruch – auch wenn die Belegung der Normalstationen in der Folgezeit bis heute oftmals nicht wieder das Vor-Corona-Niveau erreicht (und vermutlich auch nie mehr erreichen wird), bleibt die Belastung des Stationspersonals sehr hoch, da sich der Personalmangel noch einmal deutlich verschärft hat.

Wer den Beruf als Gesundheits- und Krankenpfleger, Therapeut oder Arzt im Krankenhaus ausübt, verfügt über eine hohe intrinsische Motivation – auch heute noch empfinden die meisten Mitarbeiter ihre Arbeit am und mit dem Patienten als sinnstiftend; das positive Feedback und die geäußerte Dankbarkeit beflügeln dabei viele. Dennoch gewinnt man mehr und mehr den Eindruck, dass die intrinsische Motivation, die auch in der Vergangenheit schon als eher ungünstig wahrgenommene Rahmenbedingungen, wie Schichtdienst und häufigen Anfall an Mehrarbeit kompensieren konnte, zunehmend erlahmt. Dies lässt sich an Indikatoren, die den Personalausfall messen, beispielhaft ablesen:

Der Krankenstand bei Krankenpflegekräften ist in den Jahren 2012–2021 von 19,3 auf 22,3 Fehltage gestiegen. Damit liegt er nicht nur 8,4 Fehltage höher als im Durchschnitt aller Berufstätigen – bei Letzteren ist die Zahl der Fehltage im zweiten Corona-Jahr sogar von 14,6 auf 13,9 gesunken (TK Gesundheitsreport 2022). Gleichzeitig zeigt sich ein Anstieg der Teilzeitquote als Antwort auf ein zunehmendes Belastungserleben und die fehlende Vereinbarkeit von Beruf und Familie, das Statistische Bundesamt (statista) vermeldet für das Jahr 2021 bei den sozialversicherungspflichtig beschäftigten Pflegekräften eine Teilzeitquote von 49 %. Dadurch bedingt wird es immer schwieriger, die Planstellen im Pflegedienst und im ärztlichen Dienst zu besetzen und die Rahmendienstpläne aufrechtzuerhalten. Als Folge hiervon nimmt die Belastung der einzelnen, verbliebenen Mitarbeiter noch weiter zu – es entwickelt sich eine Abwärtsspirale in eine zunehmende Demotivation.

2.2 Die Organisation des eigenen Arbeitsumfelds ist die Basis für Zufriedenheit

Ungeachtet der „globalen“ Rahmenbedingungen für die Mitarbeiter aller Berufsgruppen im Krankenhaus stellt sich die Frage, inwieweit organisatorische Aspekte des unmittelbaren Arbeitsumfelds Auswirkungen auf die Zufriedenheit mit dem Arbeitsplatz haben und damit mittelbar auch die Arbeitgeberattraktivität (ausgedrückt z. B. über die Faktoren „Identifikation mit dem Unternehmen“ oder „Bindung an das Unternehmen“) beeinflussen.

Führt man eine Organisationsbefragung zu ärztlichen und pflegerischen Kernprozessen auf einer Normalstation durch, ergibt sich das Bild einer bestenfalls durchschnittlichen Zufriedenheit (zusammenfassende Auswertung übergeordneter Themen) (Abb. 2.1).

Insgesamt bin ich mit den folgenden Aspekten zufrieden:

	Pflegedienst	Ärztlicher Dienst
Patientenaufnahme	3,44	3,76
Organisation und Kommunikation	3,16	3,18
Entlassung	3,82	3,23

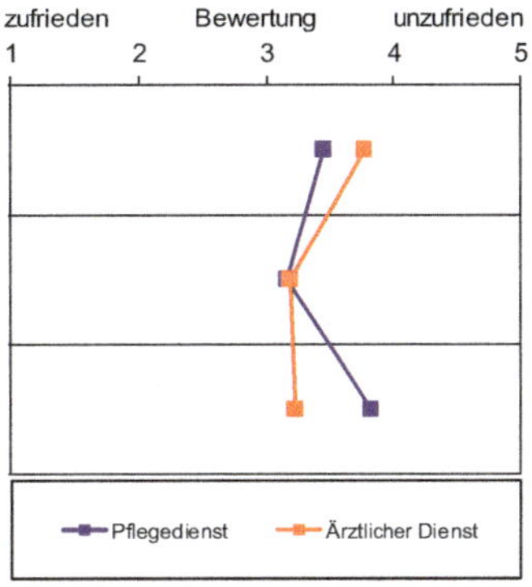

Bewertung der Ränge:
1 (trifft voll zu); 2 (trifft weitgehend zu); 3 (teils-teils); 4 (trifft kaum zu); 5 (trifft gar nicht zu)

Abb. 2.1 Beispiel für eine Organisationsbefragung von Stationsmitarbeitern. (Quelle: ZEQ AG)

Vertieft man die Analyse der Befragungsbefunde, so ergibt sich ein Muster für Organisationsdefizite, das nahezu allen untersuchten Stationen zu eigen ist. Besondere Unzufriedenheit wird in Bezug auf folgende Themen geäußert:

- rechtzeitige Information über das Eintreffen von Aufnahmen (Zeitpunkt/Anzahl)
- Kontinuität der ärztlichen Ansprechpartner auf Station
- Kommunikation/Informationsabgleich zwischen Ärztlichem Dienst und Pflegedienst
- zeitlicher Ablauf und Struktur der Visiten sowie Begleitung durch die Pflege
- Zeitpunkt und Eindeutigkeit der ärztlichen Anordnungen im Tagesverlauf
- Unterbrechung/Störung der eigenen Tätigkeiten
- Zeitpunkt und Verbindlichkeit der Entlassungen
- Einhaltung der täglichen Regelarbeitszeit

Dies wird auch durch Studien bestätigt, die den Zusammenhang zwischen der Güte der stationären Organisation und des Grads der Beanspruchung des Personals (hier: Pflegedienst) untersuchen (Abb. 2.2).

Insgesamt zeigt sich eine Form von Belastung und daraus resultierender Unzufriedenheit, die nicht primär aus den patientenbezogenen Anteilen der täglichen Arbeit resultiert, sondern von einem schlecht organisierten Arbeitsumfeld herrührt. Mehr noch: nicht der Umstand, „viel zu tun zu haben" belastet und demotiviert das Personal, sondern die Gewissheit, täglich Zeit und Energie in den immer wiederkehrenden, gleichen Alltagsproblemen zu verlieren! Hinzu kommt das Gefühl, die Selbstwirksamkeit bei der Gestaltung des eigenen Arbeitsumfelds verloren zu haben, welches sich bis zur Ohnmacht, den Rahmenbedingungen hilflos ausgeliefert zu sein, steigern kann. Nimmt man noch den Umstand der wechselseitigen Abhängigkeit der Berufsgruppen – insbesondere der Pflegekräfte von den Ärzten – hinzu, führt die fehlende Verbindlichkeit und Verlässlichkeit von

Organisationsmerkmale	und dadurch stark beanspruchte Mitarbeitende	
	Ungünstige Organisation	Günstige Organisation
Fehlende Ganzheitlichkeit der Pflege	55%	27%
Fehlende Beeinflussbarkeit der Reihenfolge der Arbeit	64%	17%
Fehlende Informationen für die Arbeit	55%	12%
Mangelndes Wissen über Befugnisse bei der Arbeit	55%	9%
Widersprüchliche Anforderungen bei der Arbeit	55%	32%
Mangelnde Unterstützung durch Vorgesetzte	48%	13%
Mangelnde Beeinflussbarkeit der Art und Weise des Vorgehens	57%	10%
Mangelnde Zuordnung von Aufgaben bei Notfällen	43%	14%
Mangelnde Möglichkeit, den Arbeitsablauf an Patientenbedürfnisse anzupassen	68%	42%
Mangelnde Möglichkeiten des Austauschs mit ÄrztInnen	52%	18%
Fehlende Lern- und Übungsangebote auf Station	50%	15%

Abb. 2.2 Zusammenhang von Organisationsmerkmalen und Beanspruchung von Pflegekräften auf ungünstig und günstig organisierten Stationen. (Quelle: Stab und Hacker 2014)

organisatorischen Absprachen schnell zu einer Wahrnehmung fehlender Wertschätzung: Die Negativspirale aus Demotivation und Unzufriedenheit dreht sich als Folge noch ein Stück weit schneller.

2.3 Schlechte Organisation führt zu steigenden Risiken auf Station

Die Weitergabe klinischer Informationen zwischen den verschiedenen Berufsgruppen im Gesundheitswesen ist einer der zentralen Prozesse in der Patientenbehandlung. Da ein Patient nicht immer von der gleichen Gruppe von Personen rund um die Uhr oder am gleichen Ort betreut werden kann, ist es wichtig, an den Übergabezeitpunkten alle relevanten Informationen möglichst ohne Verluste und Veränderungen zu übergeben.

Nahezu 80 % aller ernsthaften Fehler im Behandlungsablauf involvieren fehlerhafte (interdisziplinäre und/oder interprofessionelle) Kommunikation während der Übergabe von Patienten (López et al. 2009). Die meisten vermeidbaren unerwünschten Ereignisse lassen sich auf insuffiziente Kommunikation zurückführen. Aus diesem Grunde muss es einen schon bedenklich stimmen, wenn die Mitarbeiter im Krankenhaus die Kommunikation und den Informationsaustausch zwischen den Berufsgruppen als unterdurchschnittlich bis schlecht einschätzen.

Hinzu kommt das hohe Maß an Störungen, das sich die Berufsgruppen gegenseitig zumuten. Eine Unterbrechung meiner Stationsarbeit, sei es durch einen Telefonanruf oder durch die direkte Ansprache eines Kollegen „zwischen Tür und Angel", verringert meine Konzentration. Das führt nicht nur zu geringerer Effizienz (v. a. durch Wiederholung der unterbrochenen Vorgänge), sondern erhöht auch deutlich das Risiko, einen ersthaften Fehler zu begehen. Unterschwellig macht sich bei fast allen Mitarbeitern auf Station so das Gefühl breit, in einem unsicheren Umfeld zu agieren. Einen beträchtlichen Anteil an der Wahrnehmung der eigenen, chronischen Überlastung hat somit die Erkenntnis, trotz aller Anstrengungen immer weniger für die Sicherheit der Patienten garantieren zu können. Damit geht die Schere zwischen der erlebten Realität und dem eigenen Anspruch an die Arbeit immer weiter auseinander.

2.4 Auf gut organisierten Stationen arbeiten weniger belastete und zufriedenere Mitarbeiter

Sowohl die Grundaussage der Untersuchung in Abb. 2.2, dass eine gute Stationsorganisation zu weniger belasteten Mitarbeitern führt, als auch eine Befragung von Mitarbeitern einer Station zum Start sowie nach Beendigung eines Projekts zur Verbesserung der Stationsabläufe zeigt signifikant, dass es sich lohnt, im Konsens aller Berufsgruppen an der Optimierung der Kernprozesse und an anderen Eckpunkten der Zusammenarbeit zu arbeiten. Abb. 2.3 zeigt den Effekt, den ein solches Projekt auf die Zufriedenheit der Mitarbeiter haben kann:

Schon nach einer relativ kurzen Zeit der Implementierung neuer Absprachen (im Beispiel drei Monate „Post") verbessern sich die Zufriedenheitswerte für alle erhobenen Themenfelder deutlich – bei genauerer Betrachtung für den Pflegedienst noch stärker, als für den Ärztlichen Dienst. In dieses Ergebnis spielt hinein, dass sich die gemeinsame, berufsgruppenübergreifende Erarbeitung von „Spielregeln" für die Zusammenarbeit förderlich auf das gegenseitige Verständnis und die Wertschätzung für die Arbeit der jeweils anderen Berufsgruppe auswirken.

Haben wir im Kap. 1 u. a. dargestellt, welche wirtschaftliche Bedeutung die Station für das Krankenhaus hat, lässt sich nun die Schlussfolgerung ziehen, dass eine gute Stationsorganisation über die positive Wirkung auf die Verringerung der Belastung und die Steigerung der Zufriedenheit mit dem Arbeitsumfeld wesentlich für die Bindung des Personals an das Haus ist (Gute Stationsorganisation – ein Leitfaden für Pflegeeinrichtungen 2016). Vor dem Hintergrund von Fachkräftemangel und leer gefegten Arbeitsmärkten kommt der Verbesserung der Organisation somit eine strategische Bedeutung zu.

Insgesamt bin ich mit den folgenden Aspekten zufrieden:		
	Gesamt PD und ÄD Prä	Gesamt PD und ÄD Post
Patientenaufnahme	3,57	2,47
Organisation und Kommunikation	3,51	2,66
Entlassung	3,84	2,39

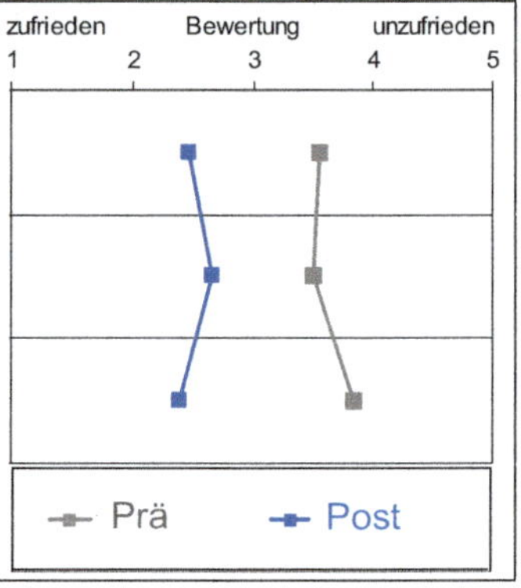

Bewertung der Ränge:
1 (trifft voll zu); 2 (trifft weitgehend zu); 3 (teils-teils); 4 (trifft kaum zu); 5 (trifft gar nicht zu)

Abb. 2.3 Beispiel für eine vergleichende Befragung von Stationsmitarbeitern zu Beginn sowie drei Monate nach Beendigung eines Reorganisationsprojekts. (Quelle: ZEQ AG)

Literatur

Gute Stationsorganisation – ein Leitfaden für Pflegeeinrichtungen (2016) Bundesanstalt für Arbeitsschutz und Arbeitsmedizin (BAuA), Januar 2016

López L, Weissman JS, Weingart SN, Cohen AP, Epstein AM (2009) Disclosure of hospital adverse events and its association with patients' ratings of the quality of care. Arch Intern Med 169:1888–1894

Stab N, Hacker W (2014) Arbeitsorganisation von Krankenhausstationen – Bedarf für Verhältnisprävention? In: Bornewasser M, Kriegesmann B, Zülch J (Hrsg) Dienstleistungen im Gesundheitssektor. Springer, Wiesbaden, S 191–215

Die Lösung – berufsgruppenübergreifende Organisation als Königsweg

3

Nico Kasper

Inhaltsverzeichnis

3.1 Die Adhoc-Problemlösungskompetenz der Stationen kommt an ihre Grenzen

Krankenhäuser sind darauf getrimmt, Patienten in lebensbedrohlichen Situationen schnell und kompetent zu helfen. Sie können innerhalb kurzer Zeit die gesundheitlichen Probleme von Notfällen diagnostizieren und flexibel anhand geeigneter Behandlungsmaßnahmen therapieren. Kliniken haben also etwas entwickelt, was man eine hohe Ad-hoc-Problemlösungskompetenz nennen kann. Dieses Prinzip – Probleme schnell erkennen und direkt lösen – haben Krankenhäuser und deren Mitarbeiter so stark verinnerlicht, dass sie damit auch versuchen, ihre organisatorischen Herausforderungen zu bewältigen. Das Ergebnis dieses Vorgehens sieht auf Station ungefähr so aus: Täglich finden Pflegende und Ärzte Antworten auf Fragen wie z. B. Wann machen wir heute Visite? Wer hat die Akten? Was machen wir mit den Aufnahmen, deren Betten noch durch zu entlassende Patienten belegt sind? Zermürbend für alle Beteiligten ist dabei, dass jeden Tag

N. Kasper (✉)
ZEQ AG, Mannheim, Deutschland
E-Mail: nico.kasper@zeq.de

C. Bamberg et al. (Hrsg.), *Moderne Stationsorganisation im Krankenhaus*,
https://doi.org/10.1007/978-3-662-67158-0_3

aufs Neue genau dieselben Fragen gelöst werden (müssen). Insoweit produzieren Kliniken routiniert Konflikte – vor allem an den Schnittstellen zwischen den Berufsgruppen.

Seit Einführung des DRG-Systems kommt das Ad-hoc-Problemlösungsverhalten von Stationen an ihre Grenzen. Typische Auswirkungen der Einführung von Fallpauschalen verbunden mit demografischen Faktoren, zunehmender Multimorbidität der Patienten und der wachsenden fachlichen Ausdifferenzierung waren in den letzten Jahren:

- steigende stationäre Fallzahlen
- deutlicher Rückgang der durchschnittlichen Verweildauer
- sinkender Stellenanteil des pflegerischen Personals
- moderater Anstieg beim Stellenanteil des Ärztlichen Dienstes

Die Patienten verbringen den größten Teil ihrer Behandlung im stationären Umfeld. Damit trägt das hier beschäftigte Personal die größte Verantwortung für die Prozessqualität einer Klinik. Diese Verantwortung wird aktuell aber (noch) nicht übernommen, vielmehr haben sich die Akteure in einer „Störkultur" verfangen, die hier mit fünf wesentlichen Merkmalen beschrieben werden soll:

1. Häufige Unterbrechungen von Patientenkontakten und Arbeitsabläufen, insbesondere durch Telefonate

Was fällt einem Beobachter schon nach kurzer Zeit in einem Stationsstützpunkt auf? Alle paar Sekunden klingelt das Telefon und jedes eingehende externe oder interne Telefonat wird stets unmittelbar angenommen! Aber auch in Situationen mit direktem Patientenkontakt, beispielsweise bei der Visite am Bett oder während der ärztlichen Anamnese, kommt es ständig zu Unterbrechungen durch Telefonanrufe. Mitarbeiter aller Berufsgruppen folgen einem unausgesprochenen Kodex: „Ruf mich an und ich gehe sicher sofort ans Telefon!". Auf diesen Umstand angesprochen, äußern (natürlich) alle Akteure, dass es wichtig sei, immer erreichbar zu sein – es könne ja um das Wohl von Patienten gehen! Analysiert man allerdings mal die Telefonate in Bezug auf Wichtigkeit und Dringlichkeit, räumen dieselben Mitarbeiter durchaus schnell ein, dass viele Telefonate eigentlich unwichtig seien, anders gelenkt hätten werden oder später hätten geführt werden können. Dennoch gibt es im Krankenhaus kaum Vereinbarungen oder „Filter-Mechanismen", um unnötige Störungen zu vermeiden. Verstärkt wird dieser Aspekt der Störkultur durch die technische Entwicklung: Lag die Hemmschwelle für das Telefonieren in den Zeiten der „Piepser" noch etwas höher, ist der Schwellenwert mit dem Einsatz von DECT-Telefonen heute auf nahezu Null gesunken. Um in diesem Telefon-Wirrwarr wirklich wichtigen Anrufen die entsprechende Bedeutung zukommen zu lassen, werden – im Sinne der nachfolgend aufgeführten „End-of-Pipe-Denke" abändern – lieber spezielle Telefone (oder Klingelzeichen) eingeführt, anstatt die Zahl der weniger wichtigen oder dringlichen Anrufe initial zu reduzieren.

Was sind nun die zwangsläufigen Folgen dieses Teils der Störkultur? Dem Patienten vermittelt jeder Anruf, den die Mitarbeiter in dessen Anwesenheit mit einem „Entschuldigen

Sie bitte …“ spontan annehmen, das Gefühl: „Bei uns ist alles andere wichtiger, als Sie!“. Und das in einem sehr sensiblen Setting, wo eine ungestörte Zuwendung zum Patienten eigentlich das Vertrauen in den Behandler begründen soll! Der Patient fühlt sich nicht nur unzureichend wahrgenommen, bei ihm steigt vielmehr die Unsicherheit, ob sein Behandler nicht als Folge der Störungen wichtige Belange des Patienten vergessen haben könnte und dieser Umstand später zu einem Risiko wird?

Für den Mitarbeiter hingegen stellt jeder unnötige Anruf eine Unterbrechung in der Konzentration auf seine gerade ausgeübte Tätigkeit (in einem Hochrisiko-Umfeld) dar – zusammen mit Stress erhöht dies die Wahrscheinlichkeit für das Auftreten von Critical Incidents oder gar Adverse Events.

Und für das Unternehmen führen die vielen Unterbrechungen zu sinkender Produktivität und zu Verschwendung durch Doppelarbeit, weil der Mitarbeiter eine Tätigkeit, die gestört wird (wie beispielsweise das Richten von Medikamenten), noch einmal ganz von vorne wiederholt.

2. End-of-the-Pipe-Denke (statt einer Philosophie des „Mach es gleich richtig!“)
Diese Denke geht davon aus, dass Dinge, die man selbst aufgrund von Unachtsam- oder Schludrigkeiten bzw. Zeitmangel unterlassen oder falsch gemacht hat, von anderen Mitarbeitern zu einem späteren Zeitpunkt behoben werden. Krankenhäuser haben in ihren Prozessen zahlreiche solche „Reparaturmechanismen“ etabliert und tun dies noch weiterhin. Nun könnte man denken, dass es doch gut ist, dass Fehler später noch entdeckt werden – der Preis hierfür und die Risiken, die damit verbunden sind, sind jedoch unannehmbar hoch. Qualität und Risikominimierung sollten nicht in die Prozesse hineingeprüft, sondern im Sinne eines „Mach es gleich richtig!“ in die Prozesse hineingeplant werden. Und nicht zuletzt: Die Rückfragen, die die späte „Reparatur“ von Fehlern in erheblicher Zahl täglich zwischen den Akteuren in Krankenhäusern aufwirft, erhöhen wiederum die Zahl der unnötigen telefonischen Störungen.

3. Große Varianz in den Abläufen, vornehmlich durch menschliche Einflussfaktoren
Ein typisches Bild bei Visiten: Formal ist der Visitenbeginn auf der internistischen Station für 10:00 Uhr festgeschrieben. Messbar über alle Visiten eines Jahres ist jedoch ein durchschnittlicher Beginn um 10:38 Uhr, dabei variiert dieser Zeitpunkt von Tag zu Tag beträchtlich.

Viele der zufälligen Einflussgrößen auf die extreme Varianz der Prozesse im Krankenhaus sind „hausgemacht“: Sie beruhen auf Planungsfehlern, dem verspäteten Erscheinen Einzelner oder auch eigentlich bekannten Unterschieden in Qualifikation oder Erfahrung, die jedoch unberücksichtigt bleiben. So erzeugt man zwangsläufig große Variation in den Stationsabläufen. Genauso wirken sich organisatorische Eigenmächtigkeiten, wie die Durchführung von Besprechungen oder Telefonaten ohne Abstimmung mit den anderen Akteuren auf Station, verzögernd auf den Beginn der Visite aus. Die Folgen: Alle Berufsgruppen, die sich auf den pünktlichen Visitenbeginn hin organisiert haben, werden zu unproduktiven Wartezeiten gezwungen. Auch die Patienten warten auf den Visitenbeginn.

Für das Krankenhaus wird die Varianz richtig teuer: Denn den verspäteten Visitenbeginn holen die Stationen innerhalb der Regelzeit hinsichtlich der Abarbeitung der Anordnungen nie mehr ein mit der Folge, dass automatisch – oft in beträchtlichem Umfang – ungeplante Mehrarbeitsstunden anfallen, die das Krankenhaus wirtschaftlich belasten.

4. (individuelle) Disziplinlosigkeit/fehlende Verbindlichkeit bei gleichzeitig fehlender Sanktionierung

Krankenhäuser sind nahezu sanktionsfreie Organisationen. Verstöße gegen Spielregeln und andere Absprachen führen zwar bei allen Betroffenen zu großem Unmut (und in der Regel auch zu Mehraufwand) – es findet sich aber kaum jemand, der aktiv gegen den Regelverstoßer vorgeht, sondern man lässt sich alles durchgehen! Klappt eine Sanktionierung schon in der eigenen Berufsgruppe oder auf der eigenen Hierarchieebene nicht, ist dies berufsgruppen- oder hierarchieübergreifend geradezu ein Tabu. Die Folge: Diejenigen, die sich Disziplinlosigkeiten leisten bzw. die es an Verbindlichkeit missen lassen, werden in ihrem schädigenden Tun noch belohnt, denn diese Personen lösen ihre Aufgaben mit geringerem eigenen Energieaufwand auf Kosten der anderen. Dies hat zur Folge, dass Qualitätsstandards eigenmächtig missachtet oder verändert werden dürfen, was zu Risiken für Patienten und Mitarbeiter sowie zu Ressourcenvergeudung insbesondere durch Warten und/oder Nacharbeit führt. Klar ist: Wenn ein Arzt persönlich entscheidet, seine Visite – entgegen allen Festlegungen – eigenmächtig später durchzuführen als vorgesehen, stockt der ganze weitere Betrieb, Mitarbeiter warten unproduktiv und letztlich wirken sich diese Verzögerungen auch auf den Patienten aus.

5. Verantwortungsdiffusion (statt klarer Verantwortungsübernahme)

Ein organisationspsychologisches Phänomen, das inzwischen für viele Kontexte wissenschaftlich belegt ist, besagt, dass sich der Mensch, wenn er in einer Situation alleine ist, anders verhält, als wenn er dieselbe Situation in einer Gruppe erlebt; Soziologen sprechen hier vom Phänomen der **Verantwortungsdiffusion.**

Nehmen wir das Beispiel Erstversorgung am Unfallort: Sind wir die ersten, die an den Unfallort kommen, handeln die meisten Menschen und verständigen mindestens Polizei und Rettungsdienst, wenn sie schon nicht anhalten und helfen (was aber auch viele tun!). Vergleichbares gilt, wenn Menschen alleine ein Verbrechen beobachten.

In der Gruppe sieht das schon ganz anders aus: Da warten Menschen lieber, bis ein anderer Zeuge den ersten Schritt tut. Für das Individuum ist dieses Verhalten durchaus sinnvoll: man analysiert unbewusst die eigene (unzureichende) Kompetenz und geht dann davon aus, dass sich unter den anderen Menschen in der Gruppe sicher jemand befindet, der kompetenter ist als man selbst und daher dem Verunfallten/dem Verbrechensopfer besser helfen kann („Ist ein Arzt anwesend?“).

Überträgt man dieses Phänomen auf Organisationen, wie beispielsweise ein Stationsteam im Krankenhaus, dann führt die zunehmende Verlagerung von Einzelaspekten der Patientenversorgung auf immer mehr Experten (mit der Folge, dass immer neue Berufsgruppen, wie Wundmanager, Pain Nurses oder Case Manager entstanden sind) ebenfalls zur Verantwortungsdiffusion: Niemand fühlt sich mehr für den Patienten insgesamt verantwortlich, sondern sieht fragmentarisch nur „seinen Teil" des Patienten, delegiert alles übrige auf das Team und mutet damit seinen Kolleginnen/Kollegen eine Störung ihrer Abläufe zu. Im schlimmsten Fall steht eine der neuen Berufsgruppen bei der Übernahme einer Partialverantwortung sogar in Konkurrenz zu bestehenden Verantwortungsträgern (z. B. Konflikt Case Manager vs. Stationsleitung). Für den Patienten besteht dabei latent das Risiko, in ein „Bermuda-Dreieck" ungeregelter Verantwortlichkeiten oder der Verantwortlichkeitsdiffusion zu fallen.

3.2 Die Logik moderner Stationsorganisation – Orientierung an berufsgruppenübergreifenden Tageszielen

Es ist also an der Zeit, das Prinzip der Ad-hoc-Problemlösung in der Stationsorganisation zu Gunsten einer berufsgruppenübergreifenden, an Teamzielen orientierten Stationsoptimierung abzulösen. Die neue Logik wird mit Hilfe des Instruments des Stationskonzepts etabliert. Dieses basiert im Kern auf sieben Grundannahmen:

1. Ausrichtung aller Akteure auf definierte Tagesziele
Häufig haben die verschiedenen Akteure ein mehr oder weniger klares Bild vom „idealen" Tagesablauf auf ihrer Station. Allerdings beruht dieses auf den Vorstellungen der jeweiligen Berufsgruppe und ist nicht mit den – meist konkurrierenden – „Bildern" der anderen Akteure abgestimmt. Das Stationskonzept ersetzt die berufsgruppenspezifischen Vorstellungen des Stationsablaufs durch eine berufsgruppenübergreifend abgestimmte, also gemeinsame Vorstellung aller Akteure. Dabei nutzt das Instrument die berufsgruppenübergreifende Festlegung eindeutiger Tagesziele (z. B. Abschluss aller Entlassungen bis 10.00 Uhr) als Anker, um daran die täglich anfallenden Aufgaben über alle Akteure hinweg (teilweise) neu zu verteilen und in ein eindeutiges zeitliches Raster zu gießen. Das Herzstück eines jeden Stationskonzepts ist ein Tagesablaufplan, der die auf Station arbeitenden Akteure und deren Aufgaben entlang der Tagesziele zeitlich strukturiert (Abb. 3.1).

2. Neue Personalkonzepte aufgrund der zielorientierten (Neu-)Verteilung von Aufgaben
Die Optimierung der Stationsorganisation erfolgt grundsätzlich unter den gegebenen personellen Rahmenbedingungen. Das heißt, Prozessprobleme werden tatsächlich behoben und nicht durch mehr Personal (kurzfristig) überdeckt. Im Laufe der Erarbeitung werden Aufgaben zwischen den Akteuren neu verteilt oder erhalten erstmals einen klar definierten

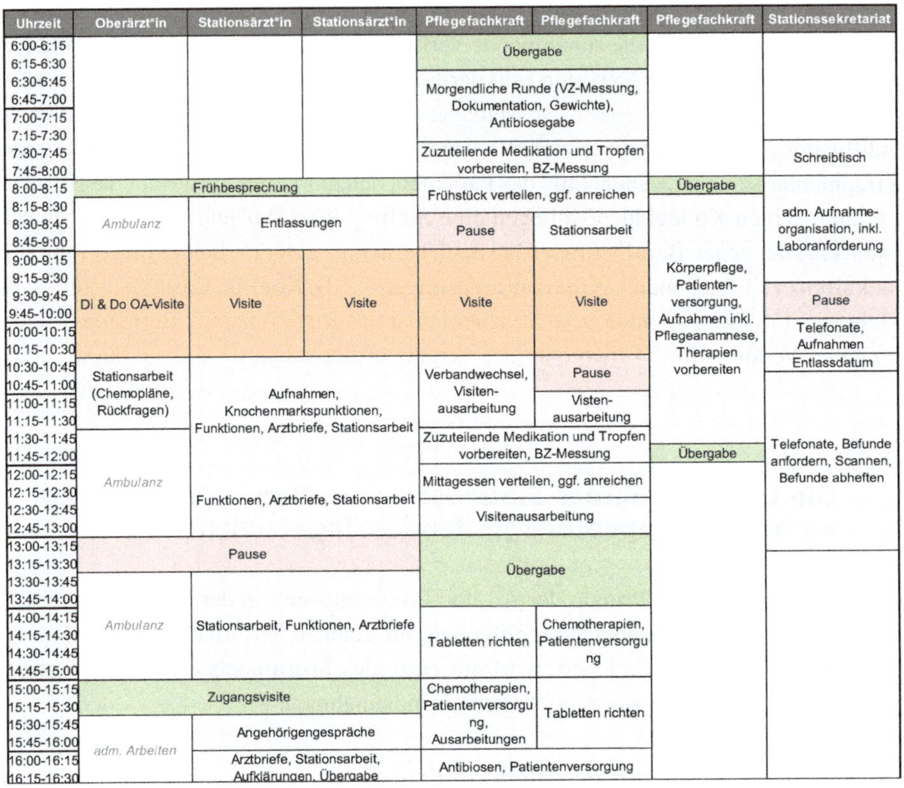

Abb. 3.1 Auszug eines berufsgruppenübergreifenden Tagesablaufplans als zentrales Element des Stationskonzepts. (Quelle: eigene Darstellung)

Zuständigen. Beides führt dazu, dass der Tagesablauf der Stationsmitarbeiter zeitlich und inhaltlich nahezu komplett „getaktet“ ist. Dies nimmt dem einzelnen Akteur einen Teil seiner heutigen Flexibilität bzw. Entscheidungsspielräume. Belohnt wird er dafür mit reibungsloseren Abläufen, weniger Konflikten und geringeren Überstunden. Das gesamte Stationsteam wird in seiner Aufgabenerfüllung verlässlicher und damit besser zu steuern (weiterführend hierzu Kap. 8 und 9).

3. Oberarzt und Stationsleitung bilden ein Managementteam

Das bewusste Steuern einer Station wird bislang nicht als gemeinsame und kontinuierliche Aufgabe des Oberarztes und der Stationsleitung verstanden. Die beiden Führungskräfte steuern lediglich die Mitarbeiter ihrer Berufsgruppen. Die Kommunikation zwischen beiden erfolgt nur im Konfliktfall – da letztere täglich auftreten, wird allerdings durchaus häufig bilateral miteinander „gesprochen“.

Im Zuge der Erarbeitung und Implementierung des Stationskonzepts wird dieses impulsabhängige Eingreifen der Führungskräfte in die Stationsorganisation durch eine kontinuierliche Steuerung der Abläufe ersetzt. Dabei werden der Oberarzt und die Stationsleitung bewusst als Managementteam benannt, das die Verantwortung für die tägliche Erreichung der definierten Teamziele trägt. Im Zuge der Umsetzungsphase werden die Führungskräfte bzgl. der gemeinsamen Übernahme dieser Verantwortung geschult und fortlaufend gecoacht (weiterführend hierzu Kap. 4).

4. Zeitgleiche Optimierung aller Prozesse
Stationskonzepte zielen stets auf die Verbesserung der Gesamtsituation der Station. Dazu müssen zwingend sämtliche Prozesse einer Station betrachtet werden. Im Zuge der Erarbeitung des Stationskonzeptes werden daher die Führungsprozesse (Stichwort: Managementteam), der Kernprozess (Weg des Patienten durch die Station) und die Stützprozesse (z. B. Essensversorgung, Patienten- und Materialtransporte, Bettenreinigung) gemeinsam optimiert.

5. Der Kernprozess wird von der Entlassung her organisiert
Die Fokussierung auf die stationären Prozesse führt in der Konsequenz zu einem Paradigmenwechseln: Prozessorientierung bedeutet, die Abläufe vom Ende her zu denken. Damit wird die Entlassung zum wichtigsten Prozess! Die traditionelle Ausrichtung der Station liegt im Sinne einer „Push-Organisation" auf der Aufnahme – der Aufnahmedruck bestimmt die weiteren Abläufe und führt zu Verwerfungen wie Hektik am Aufnahmetag, Wartezeiten für die Patienten bis zur Bettzuweisung, Belegung von Gangbetten etc. Die Organisation fällt quasi von einer Verlegenheit in die nächste.

In einer „Pull-Organisation" ziehen die frei werdenden Bettenkapazitäten die Neuaufnahmen ins Krankenhaus (Abb. 3.2). Stationen kommen so zur Erkenntnis, dass es nicht so sehr von Bedeutung ist, dass alle Betten belegt sind (hohe Auslastung), sondern dass diese möglichst oft neu belegt werden können! Bei einem funktionierenden Entlassungsmanagement nach dem „Pull-Prinzip" zeigt sich daher auch die Bedeutung eines effektiven Einweisermanagements in Bezug auf das Belegungsmanagement. Denn die Annahme, dass die Behandlungsbedürftigkeit eines Patienten alleine die Wahl des Krankenhauses ausreichend begründet, wird im sich verschärfenden Wettbewerb immer öfter auf die Probe gestellt. Der Einweiser wird daher sowohl die Sicherheit bei der Teminvergabe als auch eine qualitativ hochwertige und durch das Krankenhaus organisierte Überleitung in nachfolgende Versorgungsbereiche zum Auswahl- und Empfehlungskriterium machen.

Im Prozessmanagement gilt nun das Prinzip, Risiken, die dem Ergebnis (hier: der geplanten pünktlichen Entlassung) entgegenstehen, soweit wie möglich innerhalb der Prozesskette nach vorne zu verlagern: Je früher das Risiko erkannt wird, desto geringer ist der Aufwand, um die Auswirkungen des Risikos zu minimieren. Stelle ich erst am Entlasstag fest, dass eine Weiterversorgung des Patienten nicht gesichert ist, ist „das Kind in den Brunnen gefallen" und es entstehen weitere Kosten – Kosten durch das Fehlen von Qualität! Das ist aus

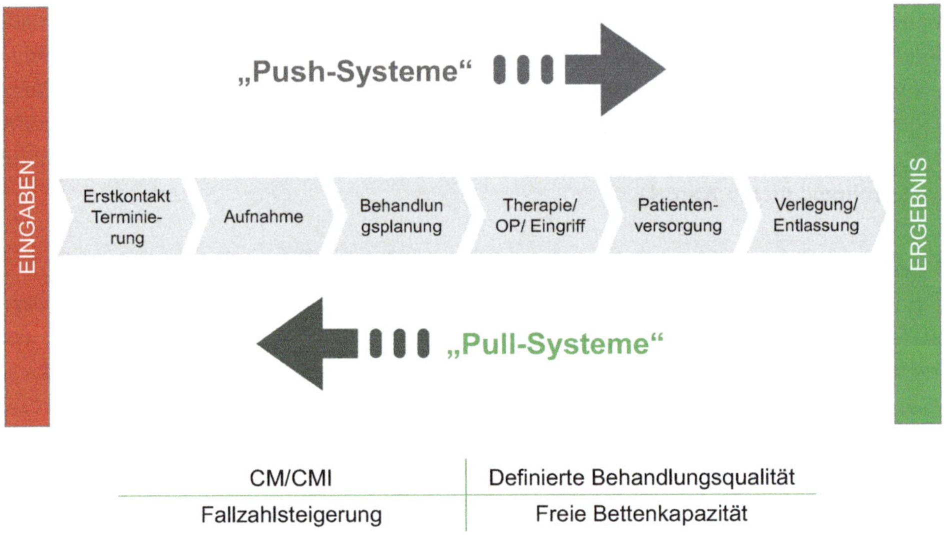

Abb. 3.2 „Push-“ vs. „Pull-Organisation“ der Stationsprozesse

Prozesssicht der Beleg für die Richtigkeit des oft zitierten Ausspruchs: Die Entlassung fängt bereits bei der Aufnahme an!

Die Bedeutung der Entlassung als zentralem Logistikprozess der Station wird noch unterstrichen durch die Tatsache, dass auch die DRG-Erlöse in der Vergütungssystematik wesentlich der entlassenden Abteilung zukommen – somit erhält die Station die Aufgabe zugewiesen, ein suffizientes Verweildauermanagement zu betreiben, das dann auch unmittelbare Auswirkung auf die stationären Erlöse hat.

6. Der Kernprozess wird entrümpelt

Jeder Stationsprozess wird im Detail analysiert und die hierbei identifizierten Tätigkeiten nach den Kategorien „wertschöpfend“, „nicht wertschöpfend, aber notwendig“ und „Verschwendung“ klassifiziert (siehe Kap. 5). Alle Tätigkeiten mit der Klassifikation „Verschwendung“ (z. B. Transport von Papier über die Station, welches auch elektronisch zur Verfügung steht) werden vollständig als Arbeitsschritte gestrichen. Die „nicht wertschöpfenden, aber notwendigen“ und die „wertschöpfenden“ Tätigkeiten werden im Sinne der Tageszielerreichung optimiert. Sämtliche Festlegungen für die einzelnen Prozesse werden im Stationskonzept dokumentiert und damit für das gesamte Stationsteam verbindlich.

7. Veränderung stellt sich nur ein, wenn diese gemessen und berichtet wird

Die definierten Tagesziele machen es erstmals möglich, die Stationsabläufe zu messen und im Sinne eines Maßstabes die Einhaltung der besprochenen Abläufe zu bewerten (z. B. Wie viel Prozent der Entlassungen sind tatsächlich bis 10.00 Uhr abgeschlossen?). Die Erfahrung zeigt, dass zwingend von dieser Möglichkeit Gebrauch gemacht werden muss, damit sich eingefahrene Routinen auf den Stationen nachhaltig verändern. Mit Beginn der Umsetzung des Stationskonzeptes wird die Erreichung der Tagesziele durch die Akteure vor Ort täglich gemessen und an eine zentrale Stelle zur Auswertung gegeben. Im Rahmen wiederkehrender Workshops werden die Ergebnisse der Evaluationen mit dem Ziel gezeigt zu erkennen, welche Tagesziele bereits kontinuierlich erreicht werden und bei welchen Tageszielen dies dem Team noch schwerfällt. Auf Basis der Daten können einerseits Optimierungen am Stationskonzept oder in der Umsetzung ergriffen werden, andererseits stärken die Daten die Motivation des Stationsteams bzgl. der Einhaltung des Stationskonzepts, da an den Auswertungen sehr schön der Fortschritt der Prozessoptimierung gezeigt werden kann.

3.3 Der Weg zur optimierten Station – Die Erarbeitung eines Stationskonzepts

Die Erarbeitung und Umsetzung eines Stationskonzepts erfolgt in vier Phasen mit mehreren Teilschritten: Ist-Analyse, Erarbeitung, Umsetzung und Evaluation. Zu Beginn der Ist-Analyse wird zunächst der Gesamtprojektplan erstellt und eine Mitarbeiterinformationsveranstaltung durchgeführt, in der das Stationsteam über das Projekt im Detail informiert wird. Anschließend werden zunächst die Akteure auf Station mittels Fragebogen gebeten, anonym die Stationsabläufe zu bewerten und Verbesserungspotenziale aus ihrer Sicht zu benennen. Diese Zufriedenheitsbefragung erfolgt in der Regel über ein Online-Tool. Parallel zur Befragung werden relevante Daten zur Stationsorganisation aus dem E1-plus-Datensatz und dem § 21-Datensatz des Krankenhauses extrahiert und in Form einer datengestützten Stationsanalyse aufbereitet. Schließlich machen sich unsere Berater ein Bild von den Stationsabläufen direkt vor Ort, indem sie die beiden Hauptberufsgruppen Ärzte und Pflegekräfte der zu optimierenden Station bei ihrer Tätigkeit begleiten. Ziel der Hospitationen ist die Erfassung der Ist-Situation und die detaillierte Begutachtung der stationären Kernprozesse. Im Fokus stehen dabei besonders die Prozesse der Belegungsplanung und -steuerung, der Aufnahme (geplant und ungeplant), des Tagesablaufes unter Einbindung weiterer Funktions- und Interventionsbereiche sowie der Entlassung und Überleitung in die nächste Versorgungsstufe. Ein weiteres Augenmerk liegt auf der Koordination medizinischer und pflegerischer Teilprozesse. Neben der Zusammenarbeit innerhalb und zwischen den Berufsgruppen und der Aufgabenteilung werden der Informationstransfer und die Kommunikationskanäle sowie der Einsatz von Unterstützungspersonal näher untersucht. Darunter fällt auch die Analyse der Managementstruktur der Station (Abb. 3.3).

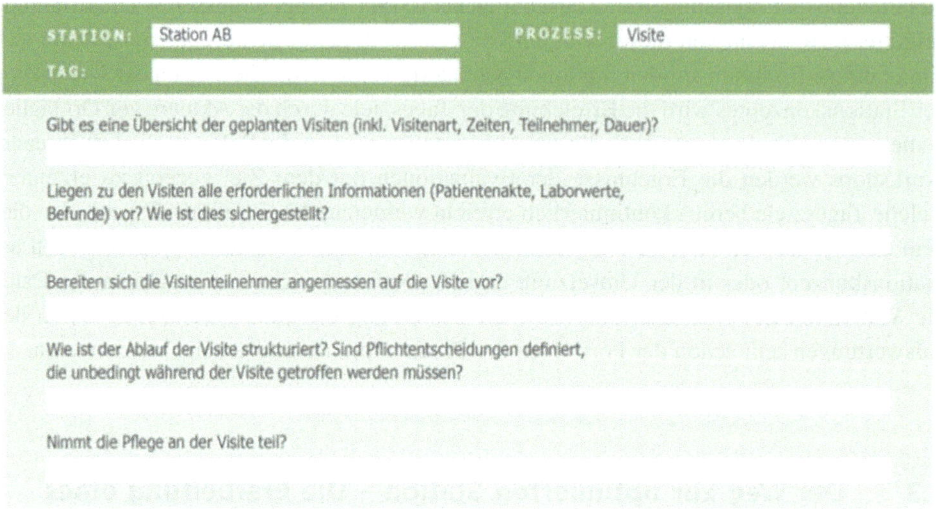

STATION: Station AB PROZESS: Visite

TAG:

Gibt es eine Übersicht der geplanten Visiten (inkl. Visitenart, Zeiten, Teilnehmer, Dauer)?

Liegen zu den Visiten alle erforderlichen Informationen (Patientenakte, Laborwerte, Befunde) vor? Wie ist dies sichergestellt?

Bereiten sich die Visitenteilnehmer angemessen auf die Visite vor?

Wie ist der Ablauf der Visite strukturiert? Sind Pflichtentscheidungen definiert, die unbedingt während der Visite getroffen werden müssen?

Nimmt die Pflege an der Visite teil?

Abb. 3.3 Auszug einer Checkliste zur Ist-Analyse einer Station. (Quelle: eigene Darstellung)

An die Ist-Analyse schließt sich die Erarbeitung der Soll-Konzeption für die Abläufe auf der Station an. Dazu werden moderierte berufsgruppenübergreifend besetzten Workshops durchgeführt. In Projekten in mittlerweile über 150 Stationen hat sich herausgestellt, dass die besten Ergebnisse zu erzielen sind, wenn für die Workshops mindestens halbe Tage geblockt werden. Dadurch gelingt es, konzentriert die wichtigen Themen durchzusprechen, ohne sich jeweils nach ein bis zwei Stunden wieder vertagen zu müssen. Teilnehmer der Workshops sollten jeweils der für die Station verantwortliche Oberarzt, die Stationsleitung sowie ausgewählte Ärzte und Pflegekräfte ohne Leitungsfunktion sein. Themenbezogen können auch Mitarbeiter mit Querschnittsaufgaben, wie Fallmanager, Stationsassistenten, Service- oder Kodierfachkräfte, in die Workshops einbezogen werden. Besonders gute Ergebnisse lassen sich erzielen, wenn auch der jeweilige Chefarzt ständiges Mitglied der Projektgruppe ist. Dadurch wird besonders gut gewährleistet, dass eventuelle grundlegende Neuerungen von der ärztlichen Führung angeleitet, gefördert und eingefordert werden. Hinsichtlich der inhaltlichen Strukturierung der Workshops hat sich die Themenverteilung in Abb. 3.4 bewährt.

Alle Ergebnisse aus den Workshops werden im Stationskonzept im Sinne eines Managementhandbuches zusammengestellt. Dieses beschreibt klar nachvollziehbar alle Regelungen für die Abläufe auf Station und ist gleichzeitig ein wichtiges Instrument für die Einarbeitung neuer Ärzte und Pflegekräfte. Die Abb. 3.5 zeigt einen Auszug einer typischen Gliederung eines Stationskonzeptes:

Struktur der Workshops	
Workshop 1	Entlassungsmanagement, Visite, Aufnahme, Festlegung einer Tagesstruktur
Workshop 2	
Workshop 3	Schnittstellen zu Ambulanzen und Diagnostik, Belegungsmanagement
Workshop 4	Belegungsmanagement, Erlösmanagement, Festlegungen zum Umsetzungscontrolling

Abb. 3.4 Vorschlag zur Struktur der Workshops zur Erarbeitung eines Stationskonzeptes. (Quelle: eigene Darstellung)

Zusätzlich werden übersichtliche „One-Page"-Zusammenfassungen erarbeitet, die auf einer Seite alle wichtigen Vorgaben darstellen. Diese Zusammenfassungen sind so gestaltet, dass sie zum Aushang auf Station geeignet sind. Sie sind ein wichtiges Instrument für eine dauerhafte Umsetzung der beschlossenen Verbesserungen.

Der Chefarzt, die Pflegedienstleitung und das Managementteam der Station unterschreiben das Stationskonzept und geben es damit verbindlich zur Umsetzung frei. Das Managementteam stellt in einer zweiten Informationsveranstaltung die erarbeiteten Regelungen im Stationsteam vor und legt verbindlich fest, ab wann diese gemeinsam umgesetzt werden. Vor dem Umsetzungsstart wird das Stationskonzept ausgedruckt und laminiert an zentralen Stellen der Station – Pflegestützpunkt, Arztzimmer, Aufenthaltsräume der Mitarbeiter – ausgehängt. Für eine Pilotphase von 6–8 Wochen verantwortet das Managementteam dann die Umsetzung des Stationskonzeptes auf seiner Station. Begleitend wird die Erreichung der vereinbarten Tagesziele täglich auf Evaluationsbögen bzw. elektronisch erfasst und an den Projektleiter/Moderator der Workshops geschickt. Für die Umsetzungsphase haben sich weitere Hospitationen externer Prozessexperten bewährt, in denen diese das Managementteam in der Erfüllung ihrer Steuerungsfunktion unterstützen bzw. aktiv coachen.

Während der Pilotphase und in den ersten Wochen des Routinebetriebs finden Evaluationsworkshops statt. Hier werden die Auswertungen zur Erreichung der Tagesziele präsentiert und ggf. erforderliche Anpassungsmaßnahmen beschlossen. Diese können entweder eine Modifikation des Stationskonzepts oder eine Korrektur des Verhaltens der Akteure bedeuten. Nach Abschluss der Evaluationsworkshops wird die Befragung der

1 STATIONSSTRUKTUR UND STATIONSBESETZUNG 5
1.1 Leitungsstruktur 5
1.2 Stationsstruktur 5
1.3 Berufsgruppen 5
1.3.1 Stationsärzte 5
1.3.2 Pflege 5
1.3.3 Stationsassistenten 6
1.3.4 Servicekräfte 7
1.3.5 Blutentnahmedienst 7

2 TAGESSTRUKTUR 8

3 VISITE UND KOMMUNIKATION 9
3.1 Visite 9
3.1.1 Die gemeinsame Visite von Pflege und Arzten 9
3.1.2 Visitenuhrzeit 9
3.1.3 Visitenplan 9
3.1.4 Chefarztvisite 9
3.1.5 Oberarztvisite 10
3.1.6 Stationsarztvisite 10
3.1.7 Visitenablauf 11
3.1.8 Störungen der Visite 12
3.1.9 Kein Inhalt der Visite 12
3.1.10 Ausarbeitung der Visite 12
3.1.11 Visite von Außenlieger-Patienten 12
3.1.12 Visite am Wochenende 12
3.2 Berufsgruppenübergreifende Besprechungen 13
3.2.1 Check-up am Nachmittag 13
3.2.2 Stationskonferenz 13
3.3 Ärztliche Besprechungen 13
3.3.1 Arztliche Frühbesprechung 13
3.3.2 Oberarzt-Intensivvisite 13
3.3.3 Röntgenbesprechung 13
3.3.4 Oberarztbesprechung am Nachmittag 14
3.4 Pflegerische Besprechungen 14
3.4.1 Pflegerische Übergaben 14
3.4.2 Pflegerische Teamsitzung 14

4 AUFNAHME 15

Abb. 3.5 Beispiel einer Gliederung eines Stationskonzepts. (Quelle: eigene Darstellung)

Stationsteams wiederholt. Anhand der Befragungsergebnisse und der Auswertung der Evaluationsbögen lässt sich der Erfolg der Stationsoptimierung direkt bewerten.

4 Die Rolle des Managementteams bei der Optimierung der Station

Christian Bamberg

Inhaltsverzeichnis

4.1 Expertenorganisationen entwickeln eine Abwehrhaltung gegen Management

In der bestehenden Literatur zum Krankenhausmanagement werden die Besonderheiten der Organisation Krankenhaus als **Expertenorganisation** hervorgehoben. Expertenorganisationen zeichnen sich durch eine besondere fachliche Qualifikation der Mitarbeiter aller Berufsgruppen und Hierarchieebenen aus. Die Expertenorganisation stellt komplexe Produkte oder Dienstleistungen her und betreibt hierzu einen hohen Koordinationsaufwand, wie man es typischerweise auch für Gesundheitsdienstleistungen im Krankenhaus vorfindet. Charakteristische Kennzeichen von Expertenorganisationen sind (Grossmann et al. 1997):

1. *die Experten haben eine (relativ) starke Stellung im Unternehmen*

C. Bamberg (✉)
ZEQ AG, Mannheim, Deutschland
E-Mail: christian.bamberg@zeq.de

C. Bamberg et al. (Hrsg.), *Moderne Stationsorganisation im Krankenhaus*,
https://doi.org/10.1007/978-3-662-67158-0_4

2. *die Experten besitzen eine meist ausgeprägte Handlungs- und Entscheidungsautonomie*
3. *das Zusammenspiel der Experten folgt eher professionseigenen Riten als allgemeingültigen Regeln*
4. *die Qualität der Expertenleistung kann nur durch andere Experten bewertet werden*
5. *die Experten sind überwiegend am professionellen Karriere- und Reputationssystem orientiert*
6. *die Experten haben ein eher geringes Interesse an Koordinationsaufgaben/an betrieblicher Organisation*

Aus dem Zusammenspiel dieser Kennzeichen resultiert in Krankenhäusern eine eher negativ geprägte Wahrnehmung von Management in allen patientennahen Berufsgruppen: Ärzte und Pflegende definieren sich in erster Linie nicht als Manager, sondern fühlen sich als Gesundheitsexperten und Dienstleister weitgehend dem Patienten und dessen Genesung verpflichtet. Die Rolle des Managers, mit der ein persönlicher Beitrag zu einer wirtschaftlichen Krankenhausführung sowie die Übernahme von Prozessverantwortung verbunden sind, empfinden viele als mit dieser Zielsetzung nicht vereinbar. Gerade Ärzte erleben eine ausgeprägte Rollenambiguität zwischen der „traditionellen" fachlichen Zuständigkeit für den Patienten und einer neuen Verantwortung für die organisatorisch-logistischen Aspekte seines Aufenthalts.

4.2 Krankenhäusern mangelt es an mittlerem Management

Wie bereits in Kap. 1 dargelegt, ist jede stationäre Organisationseinheit in einem Krankenhaus qua Budget und Mitarbeiterzahl einem kleinen mittelständischen Unternehmen vergleichbar. Nun stellt sich unwillkürlich die Frage, ob und inwieweit eine Station auch ein entsprechendes (mittleres) Management aufweist?!

Geht man dem Begriff „Stationsmanagement" in der Literatur nach, so ist dieser definiert als *„Schaffen von Organisationsstrukturen auf Station, um reibungslose Abläufe und eine möglichst effiziente Patientenversorgung zu gewährleisten. Berücksichtigt werden müssen u. a. Fixpunkte im Tagesablauf, Arbeitszeiten des Personals, räumliche Gegebenheiten, Bedürfnisse der Patienten sowie Abstimmungsbedarf mit anderen Funktionseinheiten (z. B. Labor) und Berufsgruppen (z. B. Physiotherapeuten)"* (Roche-Lexikon Medizin).

Im Krankenhausalltag bezieht man den Begriff „Stationsmanagement" allerdings in der Regel ausschließlich auf das mittlere Management im Pflegedienst (Stationsleitung/Pflegebereichsleitung). Der Fokus der Qualifizierung von Pflegekräften für diese Leitungsfunktion liegt auf Themen wie Arbeitsrecht, Arbeitszeit- und Dienstplangestaltung, Grundlagen der Betriebswirtschaft sowie Führungskompetenz. Damit bereiten diese Inhalte vorrangig auf die Aufgabenübernahme innerhalb der Berufsgruppe der Pflegenden und weniger in berufsgruppenübergreifenden Führungs- und Managementkontexten vor.

Die Wirksamkeit von Stationsleitungen ist im Stationsalltag zudem häufig stark eingeschränkt:

- Die Stationsleitung ist überwiegend oder vollständig in die Koordination des operativen „Tagesgeschäfts" sowie unmittelbar in die Patientenversorgung eingebunden und verfügt somit nur über wenig Zeit für Leitungsaufgaben,
- die Stationsleitung hat nur eine eingeschränkte Umsetzungskompetenz direkt vor Ort (und delegiert als Folge davon Entscheidungen „nach oben" in Richtung Pflegedienstleitung/-direktion),
- die Stationsleitung hat keinen Einfluss auf die Organisation anderer Berufsgruppen (Ärzte, Therapeuten, Servicedienste), sondern ist oft auf das „Goodwill" der jeweiligen Akteure angewiesen.

Die fehlende Wirksamkeit der Stationsleitung in Bezug auf die übergreifende Gestaltung der Station als Gesamtorganisation verstärkt die ohnehin vorhandene Wahrnehmung vieler Pflegekräfte, „auf Gedeih und Verderb" von anderen Berufsgruppen (insbesondere den Ärzten) abhängig sowie ohnmächtig bei der Veränderung von Rahmenbedingungen für das eigene Arbeiten auf Station zu sein.

Betrachtet man nun den Beitrag des Ärztlichen Dienstes zum Stationsmanagement, so fällt dieser noch geringer aus, als auf Seiten des Pflegedienstes. Schon die fehlende Kontinuität der ärztlichen Präsenz auf der Station ist eine Herausforderung: die Stationsärzte rotieren – oft kurzfristig – in andere Krankenhausbereiche (Ambulanz, Funktionsbereiche etc.) und haben als Folge davon ein eher gering ausgeprägtes Interesse an den Stationsabläufen. Ferner sind die Stationsärzte vollauf damit beschäftigt, die eigenen, täglich wiederkehrenden, organisatorischen Aufgaben (neben der Patientenversorgung!) zu bewältigen. Auch die Oberärzte verbringen in der Regel nur einen geringen Teil ihrer Arbeitszeit auf der Station und haben dann vor allem die fachlichen Belange der Patienten und die Instruktion der Assistenzärzte im Blick. Eine über die fachliche Zuständigkeit hinausgehende organisatorische Verantwortung wird zwar im Einzelfall übernommen, ist jedoch nur selten fest definierter Bestandteil des Aufgabenprofils eines Oberarztes (eine Ausnahme stellen Stationen der Intensivmedizin dar, die in der Regel „hauptamtlich" oberärztlich geleitet werden). Dieses verschärft sich auf gemischt belegten Stationen weiter, da hier die fachlichen Anforderungen sprunghaft zunehmen (z. B. täglich mehrfach Visiten unterschiedlicher Fachdisziplinen), eine oberärztliche Gesamtverantwortung für die Stationsorganisation aber noch diffuser wird. Die Chefärzte wiederum legen ein besonderes Augenmerk auf die Wahlleistungsstationen, deren Organisation im Unterschied zur Normalstation in der Regel überwiegend auf den Tagesablauf des Chefarztes ausgerichtet ist.

Auf den Punkt gebracht lässt sich also feststellen, dass es ein mittleres Management im Krankenhaus allgemein und insbesondere auch auf den Stationen gar nicht oder allenfalls nur unzureichend gibt!

4.3 Berufsgruppenübergreifende Managementteams als neuer Lösungsansatz

Wie insbesondere in Kap. 12 ausgeführt, weisen die Stationsprozesse (stellvertretend für alle klinischen Prozesse eines Krankenhauses) vielfältige Interferenzen und Abhängigkeiten zwischen den Berufsgruppen auf und erfordern einen hohen Koordinations- und informellen Abstimmungsbedarf. Ferner bestehen zahlreiche Schnittstellen der Station zu anderen Organisationsbereichen bzw. Aufgabenträgern. All diese Anforderungen können suffizient nur durch ein berufsgruppenübergreifendes „Managementteam" mit gemeinsamer Verantwortungsübernahme für die Stationsorganisation aufgegriffen und beantwortet werden. Die größte Wirksamkeit erzielen dabei Managementteams, die aus einem der Station organisatorisch fest zugeordnetem Oberarzt und der jeweiligen Stationsleitung (oder – wo keine Stationsleitung mehr vorhanden – der entsprechenden pflegerischen Etagenleitung/Pflegebereichsleitung) besteht. Diese Teams können auch mehrere Stationen betreuen. In letzter Konsequenz wird somit ein neuer Ansatz für das mittlere Management etabliert, der dem Umstand Rechnung trägt, dass die Steuerung, Veränderung/Anpassung und letztlich die kontinuierliche Verbesserung der Stationsorganisation nur berufsgruppenübergreifend und gemeinsam gelingen kann!

Damit das Managementteam auf Station nach seiner Implementierung im Sinne einer mittleren Managementfunktion im Krankenhaus – zumindest mittelfristig – wirksam werden kann, sollten idealtypisch folgende Kriterien für die Funktionsträger erfüllt sein:

- Leitungsfunktion,
- Weisungsbefugnis (organisatorisch in Bezug auf alle Berufsgruppen, disziplinarisch in Bezug auf die jeweils eigene Berufsgruppe),
- Entscheidungskompetenz,
- Budgetverantwortung.

Diesen vier Kriterien liegt der Gedanke zugrunde, dass eine Managementfunktion mit ausreichendem Handlungs- und Entscheidungsspielraum verbunden sein muss. Die Erfüllung zumindest der ersten drei Kriterien sollte bereits bei der Einführung eines Managementteams sichergestellt sein – das vierte Kriterium, die gemeinsame Budgetverantwortung für die Station als Organisationseinheit, setzt eine grundsätzlich geänderte Betrachtung voraus und kann heute nur als eine zukünftige Entwicklungsoption für Krankenhäuser betrachtet werden.

Das Aufgabenprofil des Managementteams lässt sich auf prägnante Punkte fokussieren:

- Übernahme der „Prozesseignerschaft" für die Kernprozesse der Station (v. a. Aufnahme, Pflege- und Behandlungsplanung, pflegerische und medizinische Versorgung, Entlassung/Verlegung) sowie für relevante Supportprozesse (v. a. interprofessioneller Informationstransfer, Leistungsstellenmanagement, Anordnungsmanagement),

- Aufrechterhaltung der festgelegten Soll-Anforderungen und Prozessziele (der Ist-Zustand soll sich dem Soll-Zustand annähern, nicht umgekehrt!)
- Steuerung der Prozesse über ausgewählte Prozessindikatoren (insbesondere Prozesszeiten, wie Pünktlichkeit Entlassung, Pünktlichkeit und Dauer Visite, etc.),
- Erreichen von Schnittstellenvereinbarungen („service level agreements") mit den Ansprechpartnern der relevanten Schnittstellen (beispielsweise Radiologie, Labor, Funktionsdiagnostik, Sozialdienst, Patiententransport, Bettenaufbereitung).

Die Einführung von Managementteams ist eng verbunden mit einem **Change-Prozess** der Station sowie mit einem **persönlichen Entwicklungsprozess,** der u. U. seitens der Vorgesetzten, aber auch der Personal- bzw. Organisationsentwicklung begleitet werden sollte. Im Vordergrund stehen dabei die Rollenfindung und die Teambildung. Das Problemfeld Rollenfindung (Aufbau einer „inneren Haltung") wird nicht ohne Grund zuerst betrachtet: Arzt und Pflegekraft müssen im Managementteam ihre Managementfunktion für sich als solche identifizieren, positiv annehmen und dann auch konsequent wahrnehmen. Ein Teil der Rollenwahrnehmung betrifft dabei auch die Positionierung als „Sandwich"-Führungskraft, die die Interessen der höhergestellten Hierarchieebenen sowie der nachgeordneten Mitarbeiterebene austarieren muss. Für den Arzt kommt noch hinzu, dass er sich insbesondere gegenüber den anderen Oberärzten der eigenen oder ggf. auch anderer Fachdisziplinen abgrenzen muss – hier wird die organisatorische Weisungsbefugnis ein neues Konfliktfeld schaffen, denn es wird gerade anfangs immer wieder vorkommen, dass diese als Grenzüberschreitung missverstanden wird. Auch wird es einige Zeit in Anspruch nehmen, bis von allen Beteiligten mit ausreichender Klarheit zwischen der übergeordneten organisatorischen Verantwortung für die Station und der fachlichen Zuständigkeit für die Patienten auf der Station unterschieden werden kann (jeder Oberarzt bleibt für „seine Patienten" fachlich zuständig, hat aber die Befürchtung, dass er an Autonomie einbüßt).

Auch die am Managementteam beteiligte Pflegekraft muss ihre bisherige Position kritisch reflektieren und ggf. verändern: Sie ist im pflegerischen Stationsteam nicht länger eine „prima inter pares" und darf ihre Aufgabe nicht als Sprecherin bzw. Interessenvertreterin ihrer Berufsgruppe im Diskurs mit den anderen Berufsgruppen (miss)verstehen, sondern muss gemeinsam mit ihrem ärztlichen Pendant die Gesamtorganisation im Blick haben und wechselt damit klar „die Seite" (nämlich auf die Seite des Managements).

Für alle Mitarbeiter der Station im ärztlichen und pflegerischen Dienst (sowie für andere regelhaft auf Station tätige Berufsgruppen) besteht das wesentliche Entwicklungs- und Veränderungspotenzial in der Sicht auf das Stationsteam als ein **multidisziplinäres und multiprofessionelles** Team. Die Prozesse der Station kennen kein „Über" oder „Unter", kein „Wichtig" oder „Unwichtig" sowie kein „Teuer" oder „Billig" in Bezug auf das Verhältnis zwischen den einzelnen Professionen, sondern ordnen jedem Akteur einen klar definierten Beitrag für das Erreichen des bestmöglichen Prozess-Ergebnisses (und damit auch der bestmöglichen Patientenorientierung) zu. Das Resultat dieser Teamentwicklung ist ein von gegenseitigem Respekt und von Wertschätzung für den jeweiligen Beitrag der Anderen geprägter Umgang miteinander. Dem Managementteam selbst kommt in Bezug auf eine wertschätzende, kooperierende und lösungsorientierte Zusammenarbeit eine Vorbildfunktion für das ganze Stationsteam zu. Letztlich muss das multidisziplinäre und multiprofessionelle Team dazu aber auch lernen, die Autorität des Managementteams anzuerkennen.

4.4 Management braucht Ermächtigung, Ressourcen und Instrumente

Damit das Managementteam wirksam werden kann, benötigt es – über die oben beschriebene Rollenfindung und persönliche Entwicklung hinaus – eine klare Arbeitsgrundlage, eine zweifelsfreie Akzeptanz sowie ein Instrumentarium, das es in seiner Aufgabenwahrnehmung unterstützt.

Eine zentrale Rolle kommt der Ermächtigung des Managementteams durch die Leitenden Ärzte und Pflegekräfte zu. Sowohl Chefarzt, als auch Pflegedienstleitung/-direktion müssen klar und nachhaltig zum Ausdruck bringen, dass die Managementteams beauftragt sind, im Sinne von „Erfüllungsgehilfen" die Organisationsverantwortung von Chefarzt und Pflegedienstleitung/-direktion vor Ort wahrzunehmen. Um eine definierte Bezugsgröße für alle auf der Station Tätigen sowie eine Legitimationsbasis für die Managementteams herzustellen, werden relevante organisatorische Vereinbarungen zu den Prozessen, Rollen und Aufgaben („Stationskonzept"), die die Stationsteams im Konsens zuvor gemeinsam erarbeitet haben, in einem Stationshandbuch transparent festgeschrieben (siehe Kap. 3). Die Regelungen erhalten dann zusätzlich eine hohe Verbindlichkeit, wenn das Stationshandbuch von Chefarzt und Pflegedienstleitung/-direktion durch Unterschrift freigegeben wird.

Der Rolle und der Haltung von Chefarzt und Pflegedienstleitung/-direktion zum Stationskonzept kommt bei dessen Umsetzung und späterer Aufrechterhaltung eine weitere, herausragende Bedeutung zu: zum einen verdeutlichen Chefarzt und Pflegedienstleitung/-direktion ihre Ernsthaftigkeit durch das disziplinierte Einhalten derjenigen Regelungen, die sie selbst betreffen (z. B. Chefarzt-Visite!) – zum anderen stärken sie dem Managementteam den Rücken und stehen im Falle einer erforderlichen Eskalation dem Managementteam unterstützend zur Seite. Im Rahmen der Festlegungen im Stationshandbuch lassen Chefarzt und Pflegedienstleitung/-direktion die Befugnisse und Kompetenzen des Managementteams unangetastet und greifen nicht unmittelbar verändernd in die Stationsorganisation ein.

Wie bereits in diesem Kapitel angedeutet, besteht ein wesentlicher Unterschied für das mittlere Management in Krankenhäusern im Vergleich zu anderen Branchen v. a. in der starken Vermischung von Managementaufgaben mit fachlichen Aufgaben (als Arzt und Pflegekraft in der Patientenversorgung) sowie der organisatorischen Einbeziehung in das Tagesgeschäft. Weder dem Oberarzt, noch der pflegerischen Leitung im Managementteam ist es unter den momentanen Rahmenbedingungen in Krankenhäusern möglich, einen größeren Zeitanteil für diese Aufgabe aufzuwenden. Ohne jede Zeitressource wird das Managementteam – und damit das gesamte Stationskonzept – jedoch scheitern! Auch hier sind die Vorgesetzten gefordert, ein ausreichendes Zeitkontingent zur Verfügung zu stellen. Was „ausreichend" ist, wird dadurch definiert, was in der jeweiligen Phase der Implementierung von Stationskonzepten durch das Managementteam zu leisten ist. Gerade am Anfang liegt der Schwerpunkt auf der (mitunter zeitaufwändigen) Gesprächsführung mit den Kolleginnen und Kollegen, um die Inhalte des Stationskonzepts immer wieder zu vermitteln sowie herauszuarbeiten, was die Mitarbeiter an der Umsetzung der Regelungen hindert bzw. wo es Feinanpassungen im Konzept geben muss. In der späteren Konsolidierungsphase, in der sich eine neue Routine in der Stationsorganisation ausprägt, wird es darauf ankommen, dass das Managementteam die Aufrechterhaltung der Stationsorganisation im Sinne einer Steuerung kontinuierlich im Auge behält. Hierzu ist es hilfreich, wenn sich das Managementteam in definierten Abständen für ein Briefing zusammenfindet. Dieses sollte einen Aufwand von ca. 30 min pro Treffen nicht überschreiten und hat zum Inhalt, Auffälligkeiten bei der Umsetzung bestehender Regelungen sowie den Bedarf für Regelungsänderungen oder neue Regelungen aufzuzeigen. Der Turnus wird dabei an die Phasen des Veränderungsprozesses anzupassen sein: Zu Beginn kann eine wöchentliche oder vierzehntägliche Zusammenkunft erforderlich sein – im weiteren Verlauf kann der Turnus dann auf ein vierwöchentliches oder ein quartalsweises Zusammentreffen ausgedehnt werden. Für den Fall, dass Veränderungen oder neue Regelungen eingeführt werden, kann dann temporär wieder ein kürzerer Turnus erforderlich sein, bis sich eine neue Routine einstellt.

In Kap. 7 wird aufgezeigt, wie wichtig die Evaluation ausgewählter Prozessindikatoren für das Aufzeigen der erfolgreichen Implementierung eines Stationskonzepts ist. In der Kontinuität eines Stationsmanagements wird das regelhafte Reporting von Prozessindikatoren ein wesentliches Instrument für das Managementteam darstellen. Hierfür wird es wichtig sein, die ausgewählten Kennzahlen aus einer einmaligen Betrachtung im Sinne der Evaluation in eine kontinuierliche Erhebung zu überführen. Wünschenswert wäre eine automatisierte, digitale Erfassung, aber auch eine diskontinuierliche, stichprobenhafte und manuelle Erhebung über einen festgelegten Erhebungszeitraum hinweg wäre denkbar. Die Auswertungen dienen dann einer faktenorientierten Betrachtung der Stationsorganisation sowie der Prozess-Steuerung durch das Managementteam in den turnusmäßigen Briefings.

Zudem eröffnet die laufende oder wiederkehrende Erhebung von Prozessindikatoren die Anwendung eines Instruments zur unmittelbaren, zeitnahen und visualisierten Rückmeldung der Prozess-Performance an das Stationsteam, das in anderen Branchen im Rahmen von KAIZEN- bzw. LEAN-Management-Ansätzen schon vor längerer Zeit sehr erfolgreich Einzug gehalten hat: das „Shopfloor-Management" (ins Deutsche wird der

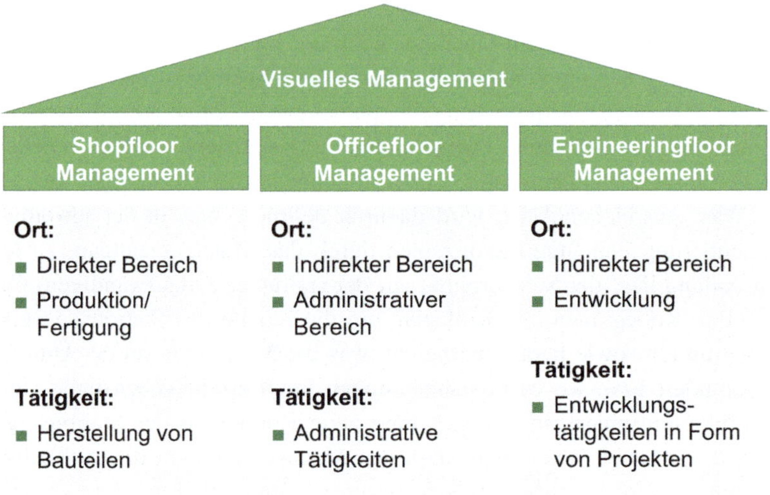

Abb. 4.1 Unterschiedliche Typen des Visuellen Managements

Begriff mit „Werkstatt-Management" übersetzt). Durch die Veröffentlichung der Auswertungen zur Prozessleistung entweder auf Tafeln/Whiteboards oder auf Bildschirmen erhält das Team ein strukturiertes Feedback. Dadurch wird das Bewusstsein für das Erreichen von Prozesszielen gestärkt und ein steter Austausch im Team über die Festlegungen im Rahmen des Stationskonzepts befördert.

Nicht zuletzt ermöglicht es auch den Führungskräften der obersten Führungsebenen (Geschäftsführer, Direktoriumsmitglieder, Chefarzt), bei Besuchen auf der Station an den Tafeln bzw. Bildschirmen zu verweilen und in Austausch mit den Managementteams sowie den Mitarbeitern auf Station zu treten und ggf. Entscheidungen direkt vor Ort zu treffen bzw. zu unterstützen. Heute noch gänzlich unvorstellbar, wäre das zukünftig ein wichtiger Beitrag zur Entwicklung einer Managementkultur im Krankenhaus (Abb. 4.1)!

Literatur

Grossmann R, Pellert A, Gotwald V (1997) Krankenhaus, Schule, Universität: Charakteristika und Optimierungspotentiale. In: Grossmann R (Hrsg) Besser, Billiger, Mehr. Zur Reform der Expertenorganisationen Krankenhaus, Schule, Universität, Wien

Roche-Lexikon Medizin, Stationsmanagement (2006) 5. Aufl. Elsevier/Urban & Fischer, München. Zugegriffen: 2. Mai 2018

5 Vermeidung von Verschwendung als Grundprinzip bei der Stationsoptimierung

Christian Bamberg

Inhaltsverzeichnis

Konzentration der Stationsorganisation auf die Wertschöpfung für den Patienten
Krankenhäuser erzielen ihre Wertschöpfung nicht durch den Verkauf von Produkten, sondern durch die (bestmögliche) Problemlösung für unterschiedliche Anspruchsteller; insbesondere Patienten, vor- und nachbehandelnde (zuweisende) Ärzte, aber auch Angehörige sollen von den Dienstleistungen eines Krankenhauses profitieren. Die primären Aktivitäten im Rahmen des stationären Aufenthalts, wie Anamnese, Formulierung von Behandlungsdiagnose(n), Aufzeigen von Lösungsalternativen, Entscheidungen über die passenden Therapieformen und Behandlungsregime, Ausführung der Behandlungen und (wiederkehrende) Evaluation der Behandlungen sowie die pflegerische Versorgung stehen in direkter Verbindung mit der individuellen Problemlösung für den Patienten. Im Vordergrund für die Mitarbeiter auf der Station sollte nicht allein das stehen, was unmittelbar zu finanziellen Erlösen führt, sondern das, was den Nutzen aus Sicht des Patienten unmittelbar erhöht! So kommt es auch in der Definition für den Begriff „Wertschöpfung“ zum Ausdruck:

C. Bamberg (✉)
ZEQ AG, Mannheim, Deutschland
E-Mail: christian.bamberg@zeq.de

C. Bamberg et al. (Hrsg.), *Moderne Stationsorganisation im Krankenhaus*,
https://doi.org/10.1007/978-3-662-67158-0_5

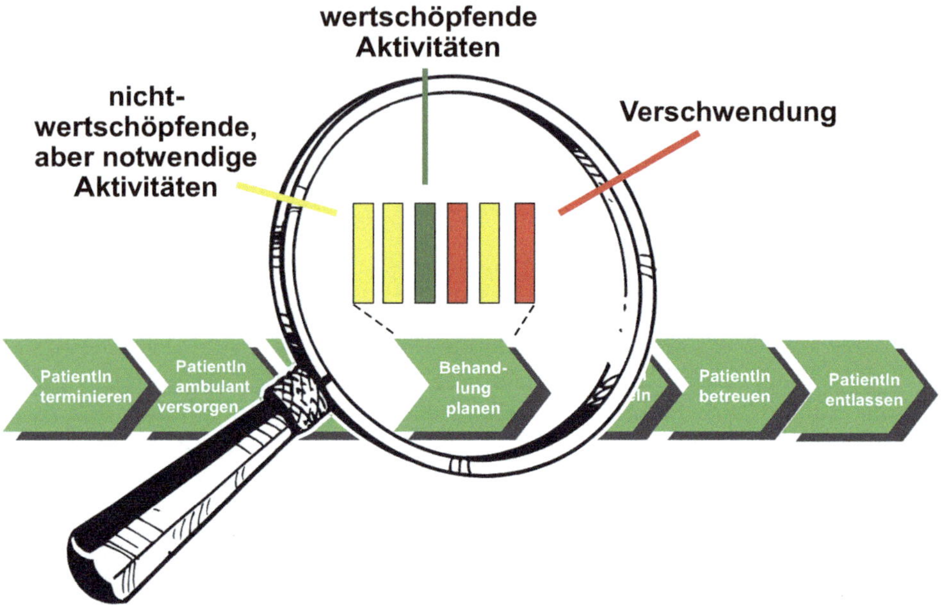

Abb. 5.1 Kategorien von Aktivitäten in den patientenbezogenen Prozessen. (Quelle: ZEQ AG)

> Unter Wertschöpfung werden alle Aktivitäten bezeichnet, die den Wert eines Produkts oder einer Dienstleistung für den Nutzen der Anspruchsteller mit den Haupteinflussfaktoren Zeit, Kosten und Qualität erzeugen (Finkeissen 2000).

Vereinfacht kann man sagen, dass alles, was Ärzte, Pflegekräfte, Therapeuten und andere Berufsgruppen auf der Station direkt mit dem und/oder am Patienten tun, wertschöpfend ist, wenn es mit adäquater Zeit, zu adäquaten Kosten und mit adäquater Qualität geschieht!

Sieht man sich die Aktivitäten innerhalb der Kernprozesse einer Station genauer an (Abb. 5.1), lassen sich über die **wertschöpfenden** Aktivitäten hinaus noch zwei weitere Kategorien von Aktivitäten unterscheiden:

1. **Nicht wertschöpfende,** aber notwendige Aktivitäten (z. B. Patientendokumentation) – für diese gilt der Grundsatz, dass der Aufwand so gering wie möglich gehalten werden sollte und
2. **Verschwendung** (Beispiele finden sich später in diesem Kapitel) – diese Aktivitäten sollten unbedingt vermieden werden

Die – leicht einleuchtende – Idee hinter der Fokussierung der Stationsorganisation auf Wertschöpfung ist, dass mehr Ressourcen für die Steigerung des Patientennutzens bereitstehen, wenn der Aufwand für nicht-wertschöpfende Tätigkeiten reduziert und Verschwendung weitgehend vermieden wird. Dieser Zusammenhang ist ein Kerngedanke des Lean Managements. „Lean" ist hierbei nicht etwa ein Akronym, sondern steht in direkter Übersetzung aus dem Englischen für das Wort „schlank" – genaugenommen für die schlanke Organisation. Es geht hier allerdings nicht um eine Kostensenkung allgemeiner Natur („cost cutting"), sondern um die Vermeidung von Kosten für Aktivitäten und dafür eingesetzte Ressourcen, die nicht den Nutzen für den Patienten steigern. Oder um im Bild des „Schlank werden" zu bleiben: „Cost Cutting ist Hungerkur, Lean-Management ist Ernährungsumstellung"!

Die Bedeutung dieser Denkweise auch für die Wirtschaftlichkeit einer Station wird im Folgenden aufgegriffen und anhand von Beispielen für Verschwendung im stationären Kontext vertieft.

5.1 Kosten für „Nicht-Qualität" bergen ungeahnte Wirtschaftlichkeitspotenziale

Unnötiger Aufwand für nicht-wertschöpfende, aber notwendige Aktivitäten sowie Verschwendung wird heutzutage in Krankenhäusern – im Gegensatz zu Unternehmen anderer Branchen – kaum bis gar nicht betrachtet. Allgemein kann man diese Aufwände zusammen mit den Kosten für Fehlerbeseitigung zu **„Kosten für Nicht-Qualität"** zusammenfassen. Man würde ja erwarten, dass beispielsweise die Kosten für jede unnötige diagnostische Untersuchung oder für Doppeluntersuchungen, für jedes verfallene Medikament oder die Zeit für das nachträglich erforderliche Dokumentieren im Zusammenhang mit der Abrechnung eines Patientenaufenthalts systematisch erhoben, ausgewertet und den Verursachern zurückgespiegelt werden. Doch diese Kosten können heute von der üblichen Kostenträger-/ Kostenartenrechnung in Krankenhäusern überhaupt nicht abgebildet werden. Dabei böten sie ein noch weitgehend ungenutztes Potenzial, um ungeahnte Wirtschaftlichkeitsreserven zu heben, ohne weiterhin vorrangig an der Schraube der Kostensenkung im Bereich Personal oder Material drehen zu müssen.

Schaut man sich diesen Zusammenhang im Zeitverlauf einmal an (Abb. 5.2), so lässt sich konstatieren, dass sich den Erlösen „klassischerweise" ein Kostenblock für das Herstellen von Qualität (Vorhaltung von Personal, Material und Infrastruktur) gegenüberstellen lässt. Bei gedeckelten Erlösen entscheidet die Höhe dieses Kostenblocks über das Ergebnis, das das Krankenhaus mit der Behandlung und Versorgung von Patienten erzielen kann (erste Säule in Abb. 5.2). Dies führte im letzten Jahrzehnt – angefeuert durch den Preisverfall beim Wechsel von tagesgleichen Entgelten zum DRG-System – konsequent dazu, dass ein wesentliches Augenmerk auf die stete Reduzierung der Kosten für das Herstellen von Qualität gelegt wurde, um hier ein Optimum zu erreichen (dritte Säule in Abb. 5.2). Letztlich aber „spürt" ab einem bestimmten Punkt der Anspruchsteller (insbesondere Patient oder Zuweiser) die Kostensenkung anhand eines persönlich empfundenen

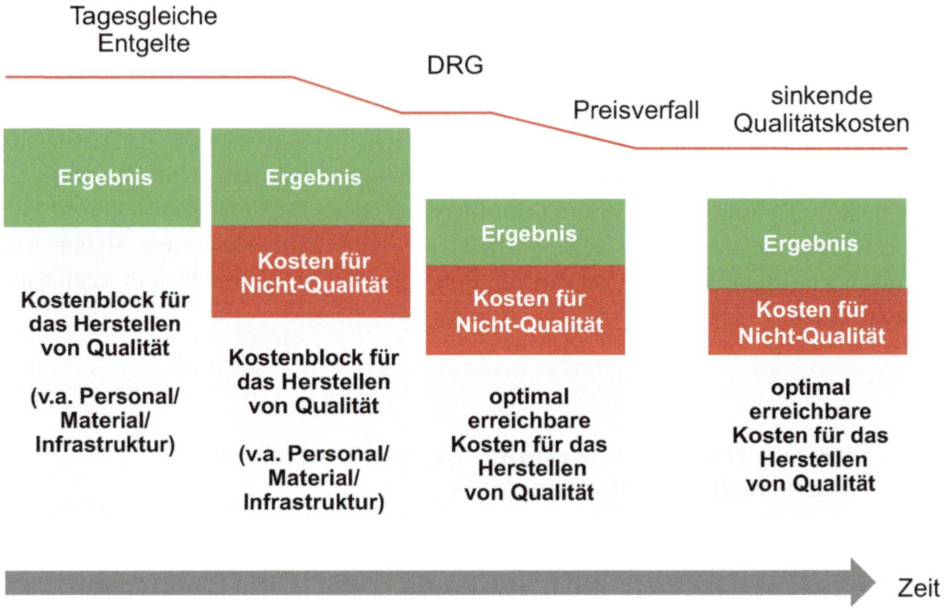

Abb. 5.2 Auswirkung von Kosten für Qualität und Nicht-Qualität auf das Ergebnis. (Quelle: ZEQ AG)

Defizits der erhaltenen Versorgungsqualität (z. B. „keine Zeit", „schlechte Information", steigende Fehlerrate).

Die Ausweitung der Leistungserbringung als zweite Stellschraube zur Steigerung der Wirtschaftlichkeit (Erlössteigerung) führte dazu, dass sich die Arbeitslast, insbesondere bei gleichzeitiger Beibehaltung oder gar Reduzierung der Kosten für Personal, für die einzelnen Mitarbeiter auf den Stationen und in den Leistungs- bzw. Diagnostikbereichen erhöhte und sich der Arbeitstakt für diese zunehmend verdichtete. Eine mögliche Folge/ Gefahr ist auch hier bis heute, dass wie im Falle der Kostensenkung, die Qualität bei der Leistungserbringung sinkt!

Wichtig ist nun die Erkenntnis, dass der Kostenblock immer auch einen versteckten Anteil für „Nicht-Qualität" enthält (zweite Säule in Abb. 5.2).

Gelänge es nun, diese Kosten spürbar zu senken, ließe sich das Ergebnis wieder verbessern bzw. ein anhaltender Preisverfall abfedern, ohne die Kosten für das Herstellen von Qualität über das Optimum hinaus weiter verringern zu müssen (vierte Säule in Abb. 5.2). Dieser Ansatz beschreibt den Effekt, den Lean Management im Krankenhaus erzielen will.

Die beste Voraussetzung für das Sichtbarmachen der Kosten für „Nicht-Qualität" wäre die Einführung der Prozesskostenrechnung, die bisher aber im Krankenhaus noch nicht Einzug gehalten hat. Führt man zumindest exemplarisch für ausgesuchte Indikator-Behandlungen (z. B. Knie-TEP) eine Prozesskostenrechnung durch, werden insbesondere Kosten für Verschwendung (Beispiel: „Überproduktion" durch den Einsatz von Oberärzten anstelle von Ärzten in Weiterbildung in der OP-Assistenz) rasch transparent.

Nicht unerwähnt soll an dieser Stelle bleiben, dass die kreative Auseinandersetzung mit dem Thema „Verschwendung" Mitarbeiter aller Berufsgruppen aktiv in einen Verbesserungsprozess einbezieht und motiviert. Hier wird sehr schnell jeder Beteiligte zum Experten in eigener Sache! Das Gefühl von Ohnmacht in Bezug auf die direkte Gestaltung der Rahmenbedingungen für die eigene Arbeit, das viele Mitarbeiter haben, kann so überwunden werden. Aber die Wirkung der Verbesserungsaktivitäten zur Vermeidung von Verschwendung bleibt nicht alleine auf die Stationsteams beschränkt – auch der Patient bzw. sein Angehöriger spürt viele Verschwendungsarten, wie Wartezeit oder unnötige Transporte sowie die mangelnde Organisation unmittelbar. Gerade die Station, auf der der Patient den größten Teil seines Aufenthalts verweilt, prägt die Qualitätswahrnehmung von Patienten und Angehörigen nachhaltig! Die negativen oder positiven Eindrücke, die Patienten und gerade auch Angehörige auf der Station erhalten, werden besonders oft im Bekanntenkreis oder über soziale Medien weitergegeben!

5.2 Die sieben Arten der Verschwendung im Lean Management und deren Bedeutung für die Optimierung der Stationsorganisation

Die Übersetzung der im Lean-Management formulierten „sieben Arten der Verschwendung" auf die Stationsorganisation gelingt leicht und entfaltet unmittelbare Wirkung. In der Regel benötigt man zur Entfaltung ihres Potenzials nicht die gleichzeitige Anwendung aller sieben Betrachtungsmöglichkeiten, sondern findet rasch Beispiele für einzelne Verschwendungsarten, deren Beseitigung für alle Beteiligten auf der Station möglich ist. In Abb. 5.3 werden die sieben Arten von Verschwendung zunächst schematisch veranschaulicht:

An den Begriffen lässt sich ablesen, dass die Idee der Vermeidung von Verschwendung als Bestandteil von Lean Management ursprünglich aus produzierenden Unternehmen stammt – diese Tatsache führt häufig zu Ablehnung bei Vertretern aller Berufsgruppen im Krankenhaus, da man hier den Vergleich mit einem produzierenden Betrieb als unpassend, wenn nicht gar als unethisch empfindet. Ist dies bei einem – allerdings eher oberflächlich geführten – Vergleich des „Produktionsprozesses" eines Massenherstellers mit dem „Behandlungsprozess" des Krankenhauses als Einzelmanufaktur noch einsichtig (wenn auch schon hier nicht vollumfänglich zutreffend), gelingt die Übertragung in jedem Fall auch für die Skeptiker nachvollziehbar, wenn man den Behandlungsprozess als („speziellen Prozess") definiert s. Übersicht „Spezielle Prozesse", für den sich auch viele Beispiele in der Industrie finden lassen. So prüft beispielsweise ja auch ein Automobilzulieferer

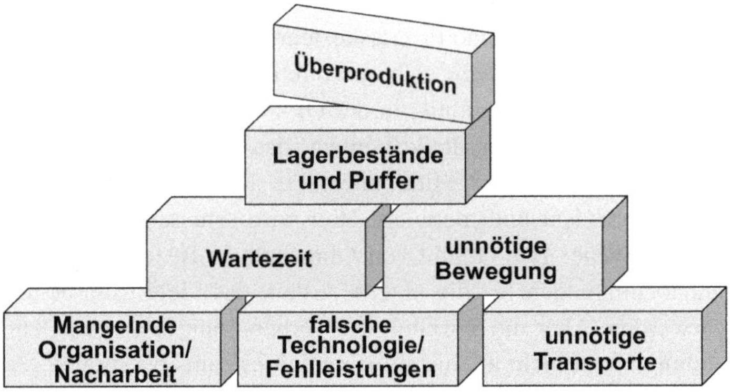

Abb. 5.3 Die sieben Arten der Verschwendung. (Quelle: ZEQ AG)

nicht jede seiner tausendfach gefertigten Lichtmaschinen, für die er eine garantierte Laufzeit von 250.000 km verspricht, über genau diese Laufleistung hinweg, um sie dann im geprüften, aber zerstörten Zustand zum festgelegten Preis auszuliefern – sondern vielmehr garantiert der Hersteller „verschwendungsarme", kostengünstige Produktionsbedingungen und -prozesse, die dennoch zuverlässig zu Produkten führen, die ohne weitere Prüfung die festgelegten hohen Qualitätsanforderungen erfüllen.

Diese Erläuterung ist wichtig, da die Forderung nach verschwendungsarmen Prozessen im Krankenhaus keinesfalls bedeutet, dass man an Personal, Material oder einem innovativen Verfahren spart, wenn dieses benötigt wird, um eine hohe Qualität des Behandlungs - bzw. Versorgungsergebnisses zum Nutzen des Patienten zu erzielen. Andererseits kann über das (positive) Behandlungsergebnis aber eben auch nicht verifiziert werden, dass dieses das Resultat von verschwendungs- und fehler- bzw. risikoarmen Prozessen ist. Dies gelingt übrigens weder dem Fachexperten, noch dem Patienten als Anspruchsteller. Hinzu kommt, dass die Behandlung eines Patienten eine Dienstleistung ist, bei der viele Bestandteile dem „Uno-actu-Prinzip" folgen, d. h., in dem Moment, in dem sie entstehen, werden sie auch schon vom Patienten „konsumiert", sodass Nachbesserungen im Falle von Qualitätsmängeln kaum oder gar nicht mehr möglich sind.

Die Vermeidung von Verschwendung bezieht sich somit immer direkt und ausschließlich auf die Gestaltung von beherrschten Rahmenbedingungen des Behandlungs- bzw. Versorgungsprozesses! Um auf dieser Ebene konkrete Fälle von Verschwendung im stationären Kontext mit den Mitarbeitern aller Berufsgruppen auf der Station kreativ und ohne negative Emotionen ableiten zu können, soll die Tab. 5.1 eine Übertragung der technisch-industriellen Perspektive beispielhaft auf die Perspektive des Krankenhauses aufzeigen:

Natürlich stellen die in der Tabelle aufgezeigten Beispiele nur einen Ausschnitt möglicher Verschwendungsansätze auf einer Station dar. Wichtig ist auch, dass nicht jedes

Tab. 5.1 Übertragung der Verschwendungsarten von Produktionsunternehmen auf das Krankenhaus

Verschwendungsart	Produzierendes Unternehmen	Station im Krankenhaus
1. Überproduktion	• Überproduktion an Einbauteilen einer Funktionalität	• tägliche Laborkontrolle aller Routineparameter bei jedem Patienten • Verbandswechsel vor jeder Chefarzt-Visite • Mehrfachuntersuchungen
2. Wartezeit	• Wartezeit eines Montagemitarbeiters auf die benötigten Einbauteile	• Wartezeit eines Arztes auf einen zu visitierenden Patienten • Wartezeit der Pflegekraft auf die Freigabe von Anordnungen durch den Arzt • Wartezeit des Patienten auf den Entlassbrief am Entlasstag
3. Unnötige Transporte	• Unnötiger innerbetrieblicher Transport von nicht benötigten Einbauteilen einer Funktionalität zurück ins Lager	• Unnötige innerklinische Patiententransporte (z. B. bei organisatorisch begründeten internen Verlegungen)
4. Mangelnde Organisation des Arbeitsprozesses (Nacharbeit)	• Es wird ein zusätzlicher Mitarbeiter für den Einbau von benötigten, aber nicht zeitig gelieferten, Teilen eingestellt	• Mehrfacherfassung identischer Daten eines Patienten durch unterschiedliche Personen • Sortieren der Patientenakte bei Fallabschluss durch die Stationssekretärin • Nacherhebung von fehlender Dokumentation durch die Kodierfachkraft
5. Lagerbestände und Puffer	• Aufbau eines großen Bestandes an Einbauteilen einer Funktionalität im Lager	• Stationäre Arzneimittelbevorratung • Fehlbelegungen (primär und sekundär) • Gleichzeitiges Bestellen von allen Patienten zur elektiven Aufnahme

(Fortsetzung)

Tab. 5.1 (Fortsetzung)

Verschwendungsart	Produzierendes Unternehmen	Station im Krankenhaus
6. Unnötige Bewegung	• Montagearbeiter muss selbst benötigte Einbauteile aus dem Lager holen	• Suche nach Patientenakten • Unstrukturierte bzw. ergonomisch ungünstige Ablagen im Stationsstützpunkt
7. Falsche Technologie/ Fehlleistungen	• Vertauschen von gleich aussehenden Einbauteilen mit unterschiedlicher Funktionalität	• Medienbrüche (Bevorzugung analoger vor digitalen Lösungen) • Falsche Medikation • Falsche Informationen an den Patienten (z. B. zu Untersuchungszeiten/ Entlasszeitpunkt)

auffindbare Beispiel für eine Verschwendung automatisch vermieden werden kann – vielmehr muss jeder Ansatz im Stationsteam zur Diskussion gebracht und (neu) begründet werden. Hilfreich ist dabei die Beantwortung der folgenden Fragen:

- Wer ist der Anspruchsteller an das Ergebnis meiner Aktivität und wie sieht der erwartete Nutzen für den Anspruchsteller aus?
- Wie muss ich als derjenige, der eine Tätigkeit ausübt, das Ergebnis gestalten, damit der Anspruchsteller den erwarteten Nutzen erfährt?
- Wo erbringen wir mehr Leistungen, als es der erwartete Nutzen für den Anspruchsteller erfordert?
- Wo tun wir Dinge doppelt, ohne dass dies den erwarteten Nutzen für den Anspruchsteller erhöht?

Erst wenn eine Begründung in der Einschätzung aller Beteiligten nicht ausreichend oder gar nicht möglich ist, wird über die Vermeidung der betreffenden Aktivität weiter entschieden.

Bei der Anwendung von Ideen des Lean Managements im Rahmen der Optimierung der Stationsorganisation durch innovative Stationskonzepte durchläuft das Stationsteam einem tiefgreifenden Veränderungsprozess, der oftmals liebgewonnene Gewohnheiten, unkritisch fortgeführte Traditionen und über Jahrzehnte ausgeprägte Verhaltensmuster in Frage stellt. Hinzu kommt, dass jede kleine Verschwendung für sich genommen noch keinen bedeutenden Verbesserungs- oder gar Einspareffekt darstellt. Darum werden die Optimierungspotenziale, die aus kleinen Verbesserungen entstehen, oft übersehen oder als unbedeutend abgetan. Die vielen kleinen Verschwendungen im Alltag einer Station verhalten sich bildlich wie Rinnsale, die erst beim Zusammenfließen letztlich einen Strom für den großen (Geldab-)Fluss bilden. Eine Kalkulation soll diesen Zusammenhang bewusst plakativ, aber durchaus eher zurückhaltend berechnet, am Beispiel einer Pflegevollkraft eindrucksvoll verdeutlichen (Tab. 5.2).

Führt man die Berechnung nun fort, so schwillt der Strom der Verschwendung rasch an!

Tab. 5.2 Verschwendungsarten mit Zeitaufwand am Beispiel der Stationspflegekraft

Verschwendungsart	Beispiele	Zeitaufwand pro Tag für eine Pflegevollkraft
Überproduktion	• unnötige Verbandswechsel auf chirurgischen Stationen • tägliche Ganzkörperwäsche bei Patienten • die Blutabnahme jeden Tag bei jedem Patienten	10 min
Wartezeit	• Warten auf den betriebsfähigen Computer nach dem Einschalten • Warten auf Fahrstühle beim Patiententransport • Warten auf den Beginn der Visite	5 min
Unnötige Transporte	• Patiententransporte durch die Pflege, die bei besserer Planung durch den Patiententransportdienst hätten erfolgen können • Fehlende Koordination von Untersuchungsterminen und dadurch Mehrfachtransporte in dieselbe Abteilung • Transport von Patientenakten bzw. jeglicher Art von Papier (EDV!)	13 min
Unnötige Bewegung (Suchen)	• Suche nach dem Arzt wegen Fragen • Suche nach Patientenakten • Suche nach Patienten, weil diesen die Information zum Tagesablauf/zu Untersuchungen fehlt	10 min
Nacharbeit	• Telefonitis wegen zahlreicher Nachfragen • Unvollständig ausgefüllte Anforderungszettel für Untersuchungen • Unvollständig vorbereitete OP-Patienten • Fehlende Information über Wahlleistungsstatus	15 min
Falsche Technologie	• Unzureichende Fähigkeit der Pflegekraft im Umgang mit dem Krankenhausinformationssystem und der elektronischen Patientenakte	10 min
Summe		63 min

Denn:

- 63 min verschwendete Zeit pro Pflegevollkraft pro Tag bedeuten
- 5,5 verschwendete Arbeitswochen pro Pflegevollkraft pro Jahr und somit
- 6800,- bis 7500,- € Verschwendung pro Pflegevollkraft pro Jahr!

In einem Krankenhaus mit 300 Vollkräften im Pflegedienst kommt man so schnell auf bis zu 2,1 Mio. € an Kosten für Verschwendung! Natürlich lässt sich eine vergleichbare Rechnung auch für die anderen Berufsgruppen, z. B. Ärzte, durchführen. Die gegenseitige Abhängigkeit der Berufsgruppen führt sogar dazu, dass eine Verschwendung in meinen Aktivitäten auch Verschwendung in den Aktivitäten der anderen Berufsgruppen erzeugt, womit sich die Kosten sogar potenzieren dürften!

Dies führt zu der Erkenntnis, dass es nicht immer eine Frage von fehlenden Ressourcen ist, wenn Stationsabläufe aus Sicht der Beteiligten insuffizient sind – sonders es ist auch entscheidend, wie (verschwendungsarm) die bestehenden Ressourcen eingesetzt werden. Und letztlich ist es auch eine Frage der persönlichen Einstellung jedes Akteurs sowie der Arbeitshaltung von Teams – ein Aspekt einer „Lean-Kultur" soll nun intensiver aufgegriffen werden.

5.3 Stationen brauchen dringend eine Arbeitshaltung des „Mach's gleich richtig!"

In Übertragung eines heute eher anachronistisch anmutenden Begriffs aus dem industriellen Umweltschutz [(s. Übersicht „End-of-the-Pipe-Technologien") muss man auch im Krankenhaus aus Sicht des Prozessmanagements von einer „End-of-the-Pipe"-Prozessführung sprechen. Kern dieser Form von Prozessgestaltung ist, dass am Ende einer Prozesskette irgendjemand möglichst alle Fehler und Unzulänglichkeiten, die im Prozess zuvor begangen wurden, identifiziert und ausbügelt. Nicht selten wird diese Person extra für diese Tätigkeit ein- bzw. abgestellt. Die Qualität wird in die Prozesse somit final „hineingeprüft". Dieser institutionalisierte Reparaturmechanismus ist nicht nur sehr aufwändig, sondern er befördert auch in fataler Weise eine Erosion des Qualitätsbewusstseins aller am Prozess Beteiligten: Denn wenn ich weiß, dass nach mir jemand meine Fehler findet und behebt, brauche ich mich nicht sonderlich anzustrengen. Deshalb ist es verführerisch, eigene Zeit (die ja immer knapp ist!) und eigenen Aufwand auf Kosten anderer einzusparen. Über die gesamte Prozesskette hinweg führt diese Denkweise jedoch zwangsläufig zu Verschwendung. Als eine weitere Auswirkung lässt sich grade auf Stationen häufig beobachten, dass all die Reparaturmechanismen in den Krankenhausprozessen in erheblichem Ausmaß Störungen der Stationsabläufe in Form von unnötig geführten Telefonaten verursachen: Derjenige, der später im Prozess einen aufgedeckten Fehler ausbügeln will, hat hierzu häufig Fragen an den Verursacher und versucht, diesen umgehend telefonisch zu erreichen, trifft ihn aber meist nicht direkt an und versucht es später erneut. Noch bedenklicher: Der Anrufer erreicht jemanden, der mit dem entdeckten Fehler selbst nichts zu tun und auch keine Informationen dazu hat, aber trotzdem für das Telefonat seine Abläufe unterbrechen muss!

Das folgende Beispiel soll dies verdeutlichen und wiederholt sich in ähnlicher Form täglich in nahezu allen Krankenhäusern:

Nach der Visite drängt die Pflegekraft den Stationsarzt, der eigentlich schon auf dem Sprung in den OP-Bereich ist, dazu, schnell noch eine Anforderung für eine Röntgen-Untersuchung zu stellen. Die Untersuchung ist für den Patienten dringlich, deshalb füllt der Stationsarzt hastig die Leistungsstellenanforderung im Krankenhaus-Informationssystem aus und gibt diese frei. Eine Stunde später stellt der Arzt in der Radiologie, der die Rechtfertigung der Indikation bei der Anforderung prüfen will, verärgert fest, dass die Fragestellung nur unzureichend dargelegt und auch die Untersuchungsmethode so nicht nachvollziehbar ist. Schnell greift der Radiologe zum Telefon, um die fehlenden Informationen vom anfordernden Kollegen nachzufordern. Die Stationsassistentin, die er sofort erreicht, teilt ihm jedoch mit, dass der Stationsarzt derzeit bei einer längeren Operation assistiert und daher frühestens in zwei Stunden zurück auf der Station ist. Daraufhin wird die bereits terminierte Röntgenuntersuchung verschoben und fällt später am Tag ganz aus, weil mehrere Notfälle vorgezogen werden mussten.

In der Qualitätskostenbetrachtung gibt es schon seit vielen Jahren einen Zusammenhang, den man als „10er-Regel der Fehlerkosten" bezeichnet (engl.: „Rule of Ten"). Diese Regel beschreibt den Umstand, dass ein Fehler mit jedem Schritt, den er später im Prozess entdeckt wird, in der Behebung etwa um den Faktor 10 teurer wird. Als Konsequenz daraus haben die meisten Branchen die Prozessführung radikal umgestellt: Wurde früher noch mit „Heerscharen" an Qualitätsprüfern die Qualität am Ende der Prozesskette in Produkte oder Dienstleistungen (oft mit 100 %-Prüfungen oder gar zerstörenden Prüfungen) teuer hineingeprüft, wird heutzutage die Qualität in die Prozesse, Produkte und Dienstleistungen kostenarm hineingeplant! Die Endprüfungen werden auf ein (statistisch) notwendiges Maß an laufender Qualitätskontrolle reduziert. Die Qualitätsphilosophie, die die Arbeitshaltung aller Mitarbeiter prägt, lautet: „Mach's gleich richtig!". Denn es ist viel wirtschaftlicher, einen geringeren initialen Mehraufwand im Rahmen der eigenen Tätigkeiten in Kauf zu nehmen, indem ich diese vollständig, richtig und reproduzierbar anhand festgelegter und verbindlicher Vorgaben erledige, als irgendwann später die entstandenen Unzulänglichkeiten (kosten)aufwändig durch Andere beheben zu lassen.

- **End-of-the-Pipe-Technologien** sind den Umweltverschmutzungen, die im eigentlichen industriellen Leistungserstellungsprozess anfallen, nur nachgeschaltet. Häufige Einsatzbereiche sind z. B. Filter bei der Luftreinhaltung in Schornsteinen (hier hat der Begriff „End-of-the-Pipe" seinen Ursprung), Anlagen zur

Abwasserbehandlung oder Abfallbeseitigung sowie Wände zum Lärmschutz. Allen diesen Technologien gemeinsam ist, dass sie das Problem nicht ursächlich, sondern erst kurz vor einer ungewünschten Auswirkung kostenaufwändig beseitigen und oft nur noch graduell verringern können

- Prozesse sind dann **„Spezielle Prozesse"**, wenn besondere Bedingungen an deren Qualitätssicherung gestellt werden müssen, da eine nachträgliche Prüfung des Ergebnisses nicht in vollem Umfang sicherstellen kann, dass die geforderten Qualitätsanforderungen erfüllt werden. In diesem Fall muss die Gestaltung des Prozesses bzw. Verfahrens wiederkehrend und zuverlässig garantieren, dass Fehler/Risiken ausgeschlossen werden. Ein gutes Beispiel im Krankenhaus ist die Laboruntersuchung von Blutparametern: Hier sagt der gemessene Ergebniswert nichts über die „Richtigkeit" der Untersuchung aus, sondern spiegelt allenfalls den Grad der Beherrschung des Verfahrens wider. Stand die Blutprobe beispielsweise länger unter Licht- und Wärmeeinwirkung vor Verbringung ins Labor im Stationsstützpunkt, wird der Wert der Untersuchung maßgeblich hiervon beeinflusst. Aus diesem Grunde werden im Labor nicht die Untersuchungsergebnisse, sondern die Untersuchungsverfahren validiert (Prozessbeherrschung).

Literatur

Finkeissen A (2000) Prozess-Wertschöpfung. Libri Books on Demand, Charlottenburg, S 46 f.

Prozesstrainings – Ein wichtiger Baustein optimierter Stationen

6

Nico Kasper und Christian Bamberg

Inhaltsverzeichnis

6.1 Krankenhäuser trainieren ihre Routineprozesse nicht – Warum eigentlich?

Die freundliche Begrüßung an der Hotelrezeption, der Ablauf der Bestellung bei in einem Restaurant der Systemgastronomie oder die Sicherheitseinweisung der Stewardessen vor dem Start eines Flugzeuges haben eines gemeinsam: Es handelt sich um eingeübte Routineprozesse. Trotzdem oder gerade deshalb hat hier niemand das Gefühl, in irgendeiner Form „standardisiert" behandelt zu werden. Im Gegenteil, durch die professionelle Schulung der Mitarbeiter bleibt diesen genügend Raum für Freundlichkeit und Zuwendung. Zudem bewältigen trainierte Mitarbeiter stressige Phasen deutlich souveräner. Profimannschaften im Sport sind hier noch extremer: Diese üben die ganze Woche Spielzüge im Detail ein, um im Punktspiel am Wochenende als Team reibungslos zu funktionieren und dadurch erfolgreich zu sein.

N. Kasper (✉) · C. Bamberg
ZEQ AG, Mannheim, Deutschland
E-Mail: nico.kasper@zeq.de

C. Bamberg
E-Mail: christian.bamberg@zeq.de

C. Bamberg et al. (Hrsg.), *Moderne Stationsorganisation im Krankenhaus*,
https://doi.org/10.1007/978-3-662-67158-0_6

Während in anderen Branchen vor allem also die tagtäglichen Arbeitsschritte trainiert werden, ist dies im Krankenhaus komplett unüblich. Die Programme der Innerbetrieblichen Fortbildung (IBF) genauso wie die ärztlichen Fortbildungen in den jeweiligen Fachabteilungen sind geprägt von fachlichen Inhalten. Grundlegende Techniken zur Beherrschung prozessualer Belange werden hingegen nur selten strukturiert vermittelt, sondern von Person zu Person im alltäglichen Kontakt weitergegeben – man lernt vom persönlichen Vorbild oder so, wie es die Kolleginnen und Kollegen (immer schon) machen. Im Krankenhaus werden maximal Ausnahmesituationen, wie z. B. die Reanimation eines Patienten oder kritische Situationen im OP, simuliert, während die Patientenaufnahme, die gemeinsame Visite oder die Entlassung eines Patienten „Zufallsprodukte" bleiben – abhängig von der Qualifikation und Motivation des gerade damit beschäftigten Arztes, der Pflegekraft oder den Teams. Dadurch, dass auf allen Stationen täglich untrainierte Teams Routineprozesse immer wieder neu und personenabhängig „gestalten" müssen, verschenken Kliniken ein enormes Produktivitäts- und Professionalitätspotenzial.

Damit Routineprozesse auch in Krankenhäusern trainiert werden können, müssen diese zunächst einmal inhaltlich als Standard formuliert sein. Dies erfolgt im Rahmen der Erarbeitung der Stationskonzepte indem z. B. für die Visite nicht nur festgelegt wird, in welchem Zeitfenster diese stattfinden soll, sondern auch, wie eine gemeinsame Visite vorbereitet, durchgeführt und nachbereitet wird. Wichtig sind dabei Festlegungen bis ins Detail. So kann z. B. definiert werden, wie ein Patient vor der Tür zunächst inhaltlich durch die Pflegekraft dem Arzt vorgestellt wird, damit dieser sämtliche Informationen hat, um ein gutes und stringentes Arzt-Patienten-Gespräch am Bett führen zu können.

6.2 Krankenhäuser sollten ihre Routineprozesse trainieren – Aber wie?

Das Team einer Station – also Ärzte, Pflegekräfte, Servicepersonal, etc. – ist im Vergleich zu Organisationseinheiten in anderen Branchen einer hohen Fluktuation ausgesetzt. Allein die routinemäßige Assistenzarztrotation führt dazu, dass alle sechs Monate das Team an entscheidenden Positionen neu besetzt ist. In jeder anderen Branche würde aus diesem Umstand ein höherer Schulungsbedarf der Teams abgeleitet. Im Krankenhaus wird im Gegensatz dazu der Schluss gezogen, dass hierdurch Trainings unmöglich werden.

Natürlich ist es eine große Herausforderung die wechselnden Stationsteams zu Routineprozessen zu schulen. Dabei kann der Aufwand bereits deutlich reduziert werden, wenn Standards zur Durchführung von Routineabläufen hausweit definiert sind, also für jede Station gleichermaßen gelten. Ist dies der Fall, muss bei Personalrotation nicht erneut eingewiesen werden. Selbst wenn es solche Standards gibt, ist es aber quasi unmöglich, die Mitarbeiter im Rahmen von Präsenztrainings einzuweisen.

Diese Schulungen sind vergleichsweise unflexibel und (dadurch) teuer. Für ein Präsenztraining müssen Trainer und Stationsteams jedes Mal an einem Ort zu einer definierten

Zeit zusammengebracht werden. Dies ist schon deshalb schwierig, weil die Patientenversorgung während der Schulung aufrechterhalten werden muss, die gleichzeitige Abwesenheit aller Akteure vom Patientenbett also ausgeschlossen ist. Hinzu kommen die Kosten für den Trainer – der wahrscheinlich laufend im Einsatz wäre – sowie Rüst- und Wegezeiten für die Schulung. Teilzeitkräfte hätten zusätzliche Schwierigkeiten ausreichend von den Trainings zu profitieren.

Anders sieht es aus, wenn die Trainings in Form von E-Learnings – also z. B. Lernvideos – aufbereitet werden. Ein Schulungsprogramm für Stationsteams könnte z. B. aus folgenden elektronischen Lerneinheiten bestehen:

- Unser Stationskonzept – Eine Einführung in die Abläufe auf Station.
- Blutabnahmen – Verantwortlichkeiten und Vorgehen.
- Die Patientenaufnahme – Berufsgruppenübergreifende Vorgehensweise und Standards.
- Die Visite am Patientenbett – Berufsgruppenübergreifende Vorgehensweise und Standards.
- Gesprächsführung mit Angehörigen
- Kommunikation kritischer Diagnosen
- Medikamente richten – Verantwortlichkeiten, Vorgehen und Fehlervermeidung.
- Die perfekte Übergabe – Informationen richtig übergeben.
- Die Patientenentlassung – Berufsgruppenübergreifende Vorgehensweise und Standards.

Die Lernvideos werden über einen persönlichen Lernraum (Lernmanagementsystem) jedem Mitarbeiter zugewiesen. Die Trainings sind dann rund um die Uhr an 365 Tagen im Jahr von jedem PC-Arbeitsplatz, Tablet oder Smartphone verfügbar. Damit kann jeder Mitarbeiter in jeder Schicht frei entscheiden, wann er lernt. Für neue Mitarbeiter können die Lernvideos als Pflichtschulungen deklariert werden, sodass diese in einem bestimmten Zeitfenster zu absolvieren sind. Erfahrene Mitarbeiter könnten regelmäßig zur Wiederholung der Trainings aufgefordert werden. Auch ist das gemeinsame Lernen ganzer Stationsteams anhand der Lernvideos möglich, wenn diese beispielsweise bei der Teambesprechung gezeigt werden. Aufgrund der Flexibilisierung hinsichtlich Ort und Zeit des Lernens, werden erstmals hohe Durchdringungsraten zum richtigen Verhalten in den täglichen Routinesituationen möglich. Über das Statistikmodul im Lernmanagementsystem lässt sich zudem jederzeit feststellen, wie hoch der Durchdringungsgrad der Schulungen tatsächlich ist. Gleichzeitig liegen die Fortbildungskosten deutlich unter denen eines vergleichbaren Präsenztrainingsprogramms (Abb. 6.1).

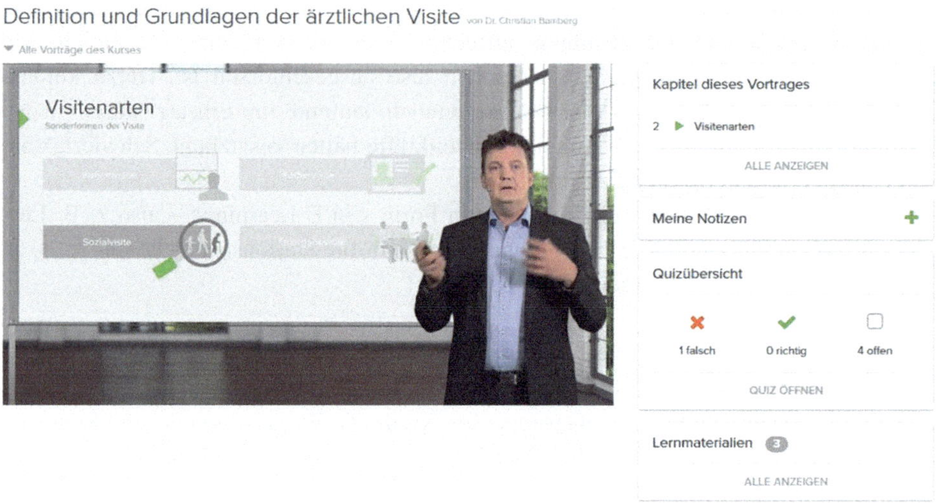

Abb. 6.1 Beispiel eines Lernvideos zum Routineprozess Visite. (Quelle: www.klinikcampus.de)

6.3 Professionelle Kommunikation als wichtiger Schulungsinhalt

Gerade in kommunikativen Situationen, die von Zeitdruck und/oder akut auftretenden Problemen geprägt sind, hängt das Ergebnis in Bezug auf Qualität der Informationen und Sicherheit für Patienten und Mitarbeiter davon ab, dass alles Erforderliche genau und vollständig in möglichst knapper Form übergeben wird. Dies ist nur durch die Einhaltung definierter Berichts- und Übergabestandards erreichbar. Am Beispiel der gemeinsamen Visite von Arzt und Pflegekraft soll dies schematisch aufgezeigt werden (Abb. 6.2).

Jeder Beteiligte hat in der Visite eine fest zugeordnete Rolle und ist – im Sinne einer Checkliste – für die Stellungnahme zu definierten Inhalten aus der jeweiligen Expertensicht verantwortlich. Die relevanten Inhalte werden zwischen den Beteiligten im Konsens vereinbart. Auch wenn ein Punkt der Checkliste auf den konkreten Patienten nicht zutrifft, wird er kurz angesprochen und kommentiert (z. B. „nicht zutreffend" oder „keine Veränderung"). Das Ergebnis ist ein – wiederholbares und weitgehend personenunabhängiges – Verfahren, das zu einem vollständigen Bild des Patienten führt. Nicht zuletzt stärkt das Berichtsschema auch die wechselseitige Wahrnehmung der fachlichen Expertise und unterstützt ein wertschätzendes Miteinander. Wir haben ferner als einen wünschenswerten Effekt festgestellt, dass sich jeder Mitarbeiter bereits im Verlaufe des Tages auf die relevanten Punkte, zu denen er später berichten soll, fokussiert und die entsprechenden Informationen zielgerichtet sammelt.

Selbstverständlich lässt sich auch noch weiter standardisieren, welche Formulierungen zu den einzelnen Checklisten-Punkten, z. B. zur Darstellung des Schmerz-Status', passend sind. Dadurch wächst das wechselseitige Verständnis dessen, was gesagt wird,

<table>
<tr><th>ÄrztIn</th><th>Bereichspflegefachkraft</th></tr>
<tr><td>Status-Erhebung
Untersuchung des/der PatientIn
Ergebnisse der bisherigen Diagnostik
Planung der weiteren Diagnostik und Therapie
Treffen von Anordnungen
Überprüfung der Medikation
Dokumentation der Visite</td><td>Allgemeinzustand
Sozialanamnese/ Häusliche Versorgung
Stand bei der Klärung der Weiterversorgung
Pflegebedarf
Mobilisierung
Schmerzen
Schwierigkeiten bei der Beatmung
Nahrungsaufnahme/ Ernährung
Stuhlgang/ Ausscheidung/ Bilanz
Wunddokumentation/ Hautstatus
Schlafproblematik
Unklarheiten bei der Medikation
Probleme bei der Arzneimittelgabe</td></tr>
<tr><td colspan="2">Entlassplanung</td></tr>
</table>

Abb. 6.2 Beispiel für einen Visitenstandard

noch weiter. Dies führt letztlich zu Zeitersparnis (z. B. durch Wegfall von Rückfragen), weniger Fehlern und damit auch zur Verbesserung der Wirtschaftlichkeit. Voraussetzung für ein Gelingen ist aber das initiale Training aller Mitarbeiter und das turnusmäßig wiederholende Üben.

Ein Tool, das sich gerade für Übergaben zur fokussierten Kommunikation sehr gut eignet (ärztliche bzw. pflegerische Übergabe, aber auch: Anruf einer Pflegekraft in der Nacht beim diensthabenden Arzt) ist das sogenannte SBAR-Verfahren (**S**ituation, **B**ackground, **A**ssessment, **R**ecommendation):

Unter *Situation* wird kurz der betroffene Patient identifiziert und die momentane Situation mit einigen festgelegten Daten (z. B. Bewusstseinszustand, Vitalzeichen) beschrieben. Zum *Background* wird eine kurze Zusammenfassung des bisherigen Aufenthalts, wesentlicher Vorerkrankungen und des zwischenzeitlichen Verlaufs gegeben. Im Rahmen eines kurzen *Assessments* werden die Gesamtsituation gewürdigt, sich verändernde oder bedeutsame Parameter genannt und eine Einschätzung geliefert. Als Empfehlung *(Recommendation)* bringt der Sprecher dann seine Vorstellungen zum Ausdruck, was der Zuhörer/ Info-Empfänger am besten tun sollte (z. B. eine Anweisung geben, eine Anordnung treffen oder vorbeikommen).

Weiterführende Literatur zum SBAR-Tool
Siehe auch „Arbeitshilfe bessere Kommunikation 2, SBAR als Tool zur fokussierten Kommunikation“ der Arbeitsgruppe Kommunikation bei der Gesellschaft für Qualitätsmanagement in der Gesundheitsversorgung e. V. (GQMG) und dort zitierte Literatur.

Ein Muster-Schema nach SBAR könnte für die Meldung einer kritischen Situation wie in Abb. 6.3 aussehen.

Die Kombination aus optimierten (Stationskonzept) und trainierten (E-Learnings) Stations- und Kommunikationsabläufen führt zu einem bislang undenkbaren Produktivitäts- und Professionalitätszuwachs in der Stationsorganisation. Trainierte Stationsteams sind daher zukünftig ein Merkmal gut aufgestellter Krankenhäuser.

Meldung bei kritischen Situationen (Beispiel)

S	**Situation** Hallo hier ist [eigener Name] Es geht um [Pat. Name, Alter] auf [Station mit Zimmernummer] Ich habe den Patienten gerade gesehen. Die Situation ist folgende [...] Pat. ist [Bewusstseinszustand, Kooperationsfähigkeit...] Vitalzeichen sind [RR], [Puls], [Atemfrequenz], [Temperatur] Ich mache mir Sorgen, weil [...]
B	**Background – Hintergrund** Der Patient ist hier weil [wie lange, weswegen und Verlauf *in einem Satz*...] Besonderheiten dazu sind [...]
A	**Assessment – Einschätzung der Situation** Ich bin nicht sicher, aber der Patient verschlechtert sich. oder Ich glaube, es handelt sich um [...]
R	**Recommendation – Empfehlung** Mein Wunsch ist, dass Sie [...] • jetzt kommen • den Patienten verlegen • mit den Angehörigen reden • ... Soll ich schon irgendetwas tun oder vorbereiten? Brauchen wir noch etwas?

Abb. 6.3 Musterbeispiel für ein SBAR-Schema

7 Evaluation optimierter Stationen

Christofer Leschinger und Katrin Wessolowski

Inhaltsverzeichnis

Befasst man sich ernsthaft und intensiv mit der Reorganisation von Stationsabläufen, benötigt dies zuerst einmal Zeit und Engagement der Arbeitsgruppenteilnehmer. In einem bereits verdichteten Arbeitsumfeld müssen zusätzliche Ressourcen aufgebracht werden, um ein solches Reorganisationsprojekt zu stemmen. Nichts ist frustrierender, als wenn nach etlichen Projektsitzungen und Arbeitsrunden zwar bunt bedrucktes Papier entsteht, die Kernprozesse auf Station und damit die spürbare Belastung der Mitarbeiter sich allerdings nicht nachhaltig verbessert hat. Es ist daher wichtig, sich bereits früh im Projektverlauf klar zu machen, wie der Projekterfolg dauerhaft gesichert und visualisiert werden kann.

Die Messung des Projekterfolges kann hierbei auf verschiedenen Ebenen erfolgen. Auf der einen Seite sollten valide **Prozesskennzahlen** erarbeitet werden, die auf einfache Art

C. Leschinger (✉)
Universitätsklinikum Heidelberg, Heidelberg, Deutschland
E-Mail: christofer.leschinger@med.uni-heidelberg.de

K. Wessolowski
ZEQ AG, Mannheim, Deutschland
E-Mail: katrin.wessolowski@zeq.de

C. Bamberg et al. (Hrsg.), *Moderne Stationsorganisation im Krankenhaus*,
https://doi.org/10.1007/978-3-662-67158-0_7

und Weise **direkt** messbar machen, ob die Kernprozesse wie vereinbart eingehalten werden können. Hierfür eignen sich beispielsweise – je nachdem, welche Inhalte festgelegt wurden – die Erfassung der Visitenuhrzeit oder der Entlassuhrzeit.

Auf der anderen Seite sollte auch gemessen werden, inwiefern sich die Maßnahmen **indirekt** auf die Beruhigung der Abläufe auf Station und auf die **Zufriedenheit von Patienten und Mitarbeitern** auswirken. Es empfiehlt sich daher, bereits vor Projektbeginn eine Mitarbeiter- und Patientenbefragung durchzuführen, und deren Ergebnisse im Nachhinein mit einer Re-Evaluation nach Projektende zu vergleichen. Da es sich bei den Prozessen auf einer Station naturgemäß um sehr komplexe Abläufe handelt, sind auch Änderungen bei der Mitarbeiter – oder Patientenzufriedenheit multifaktoriell bedingt, sodass es im Einzelfall nicht immer möglich sein wird, jede Veränderung unmittelbar auf eine Prozessverbesserung im Rahmen des Reorganisationsprojektes zurückzuführen. Dennoch ist eine signifikante Steigerung der Patienten- oder Mitarbeiterzufriedenheit ein sehr valider Marker dafür, ob ein Stationsreorganisationsprojekt tatsächlich erfolgreich war oder nicht.

Ein dritter und vor allem aus wirtschaftlicher Sicht entscheidender Parameter ist die Erfassung von **Routinedaten aus dem Patientenmanagementsystem oder der Leistungsabrechnung.** Gut strukturierte Stationsabläufe sollten sich **indirekt** mittelfristig auch in einer gesunkenen Verweildauer oder einer gestiegenen Fallzahl bei gleicher Bettenkapazität widerspiegeln. Auch die Zahl der Abmeldungen einer Klinik bei der Rettungsleitstelle oder die Zahl der Überlastungsanzeigen können indirekte Parameter sein, die den Erfolg eines Reorganisationsprojektes belegen können.

Die genannten direkten und indirekten Parameter sollten **zu Projektbeginn** und **regelmäßig nach Beginn der Projektumsetzung** erfasst werden, um den Projekterfolg spürbar und messbar zu machen. Die folgenden Absätze gehen ausführlicher auf unterschiedliche Möglichkeiten der Projektevaluation ein.

7.1 Evaluation des Projekterfolgs anhand von direkten Parametern: Erfassung von Prozesskennzahlen

Eine gute Stationsorganisation lebt von Verlässlichkeit. Es empfiehlt sich daher, nach Umsetzungsbeginn die Einhaltung neu vereinbarter Regelungen, zum Beispiel das Zeitfenster einer gemeinsamen Visite von Pflege und Ärzten, strukturiert zur erfassen. In der Praxis haben sich hierbei einfach gestaltete Evaluationsbögen bewährt. Auf diesen Bögen erfassen beispielsweise die Visitenteilnehmer am Ende der Visite, ob die vereinbarte Visitenuhrzeit eingehalten und die Visite störungsfrei durchgeführt werden konnte. Auch die Einhaltung von vereinbarten Entlassungsuhrzeiten kann sehr gut durch einen Evaluationsbogen erfolgen. Es ist dabei entscheidend, dass das Ausfüllen der Evaluationsbögen einfach und unkompliziert erfolgen kann, um einen guten Rücklauf sicherzustellen. Je nach IT-Ausstattung ist selbstverständlich auch eine digitale Erfassung der Evaluationskennzahlen, beispielsweise mittels Tablet, möglich.

Die Abb. 7.1 und 7.2 zeigen mögliche Evaluationsbögen zur Visite und zur Entlassung.

ZEQ

Station 1					
Datum: 09.01.2023					
Beginn der Visite	____:____ Uhr		Ende der Visite	____:____ Uhr	
Ggf. Grund für eine Verzögerung	______________________________				
Wurde die Visite gemeinsam (ärztlich und pflegerisch) durchgeführt?	Ja	Nein	Wenn nein, Begründung:		
	☐	☐			
Konnten die Visiten ohne Störung durchgeführt werden?	Ja	Nein	Wenn nein, welche Störungen gab es:		
	☐	☐			
Datum: 10.01.2023					
Beginn der Visite	____:____ Uhr		Ende der Visite	____:____ Uhr	
Ggf. Grund für eine Verzögerung	______________________________				
Wurde die Visite gemeinsam (ärztlich und pflegerisch) durchgeführt?	Ja	Nein	Wenn nein, Begründung:		
	☐	☐			
Konnten die Visiten ohne Störung durchgeführt werden?	Ja	Nein	Wenn nein, welche Störungen gab es:		
	☐	☐			

Abb. 7.1 Evaluationsbogen Visite

ZEQ

Entlassungen – Station 1		**Datum:** ____________		
Entlassung an dem Tag: **Nr.** ____				
1	War die Entlassung am Vortag bekannt?	☐ Ja ☐ Nein		
2	Geplante Entlassung um… ☐ 10 Uhr ☐ 13 Uhr	Wenn 13 Uhr Begründung: ____________________		
3	Entlassung erfolgt um ________:________ Uhr (= Bett steht zur Reinigung zur Verfügung)			
4	Gründe für eine Entlassung nach der Ziel- Entlassuhrzeit (Mehrfachnennung möglich):			
	☐ Arztbrief nicht fertig	☐ BE am Entlasstag	☐ Untersuchung am Entlasstag	☐ Sonstige Diagnostik
	☐ Warten auf den Arzt	☐ Warten auf Angehörige	☐ Krankentransport	☐ Entlassgespräch
	☐ Andere Gründe:			

Abb. 7.2 Evaluationsbogen Entlassung

Anhand der ausgewerteten Prozesskennzahlen entsteht auf diese Weise eine valide Übersicht, welche Vereinbarungen gut eingehalten werden können und wo es eventuell noch Steuerungsbedarf gibt. Zeigt sich beispielsweise, dass es immer wieder bei der Oberarztvisite schwierig ist, das Visitenzeitfenster einzuhalten, dann stellt sich die Frage, ob vermeidbare Gründe die Ursache für diese Verzögerung sind. Eventuell muss aber auch das Visitenzeitfenster angepasst werden, da beispielsweise aufgrund der Patientenzahl die Oberarztvisite nicht im vereinbarten Zeitfenster durchgeführt werden kann. Die Prozesskennzahlen bilden somit eine gute Grundlage für die Evaluationsworkshops und die Erfassung des Projekterfolges.

Am Beispiel des Projektes im Borromäus Hospital in Leer, welches im Praxisbeispiel ausführlicher vorgestellt wird, soll exemplarisch demonstriert werden, wie der Erfolg einer Stationsreorganisation evaluiert werden kann. Die folgenden Abbildungen zeigen Ergebnisse aus diesem Projekt, bei dem im Rahmen der Erarbeitung eines Stationshandbuches auf allen internistischen Stationen die gemeinsame Visite von Pflege und Ärzten in einem festgelegten Zeitfenster am Vormittag vereinbart wurde. Es zeigte sich, dass neun Monate nach Umsetzungsbeginn etwa drei Viertel der Visiten pünktlich begannen (bis max. 10 min nach der vereinbarten Uhrzeit) und etwa zwei Drittel der Visiten bis zur vereinbarten Endzeit abgeschlossen waren (ebenfalls bis max. 10 min später) (Abb. 7.3).

Darüber hinaus bestätigte sich, dass 95 % der Visiten unter Beteiligung der Pflege stattfanden, während dies vor Projektbeginn aufgrund fehlender verlässlicher Absprachen so gut wie nie der Fall war (Abb. 7.4).

Unterbrechungen und Störungen der Visite konnten deutlich reduziert werden, sodass über 60 % der Visiten störungsfrei und ohne Unterbrechungen durchgeführt werden können (Abb. 7.5).

Werden diese Parameter regelmäßig bzw. kontinuierlich erhoben, kann auch im Zeitverlauf festgehalten werden, welche Vereinbarungen verlässlich umgesetzt werden (im dargestellten Fall beispielsweise die Teilnahme der Pflege an der Visite). Bei anderen

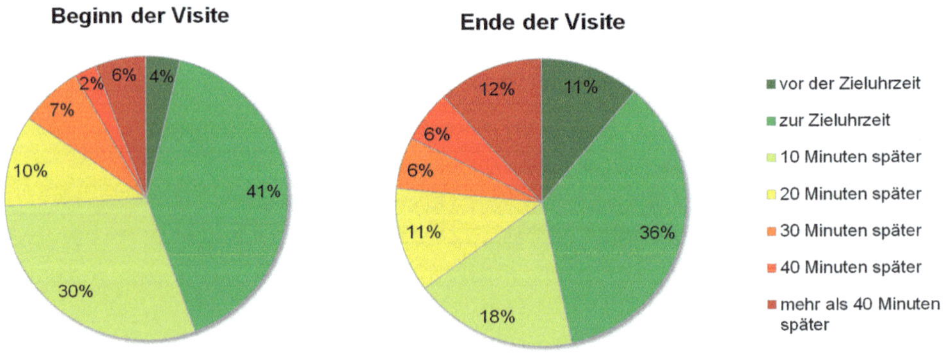

Abb. 7.3 Beginn und Ende der Visite

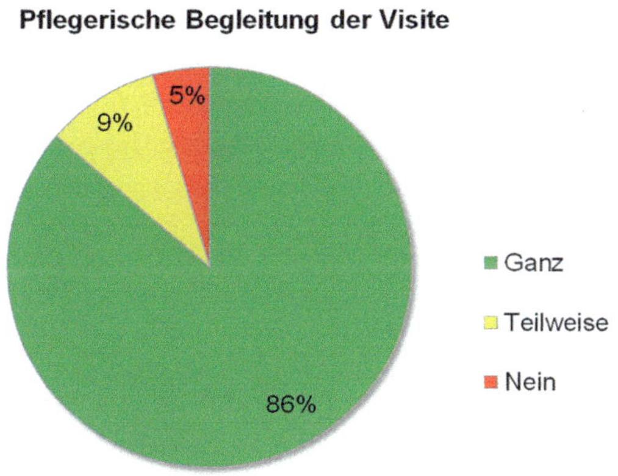

Abb. 7.4 Pflegerische Begleitung der Visite

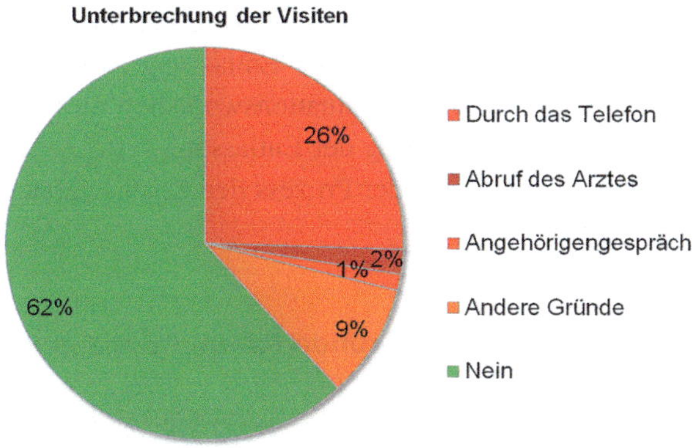

Abb. 7.5 Unterbrechung der Visiten

Punkten kann aufbauend auf den Evaluationsdaten gezielt im Rahmen von Evaluationsworkshops nachgefasst werden, um die Ursachen für Zielabweichungen zu erfragen und ggf. weitere Maßnahmen abzuleiten. Aus der Beobachtung, dass mehr als jede vierte Visite durch das Telefon unterbrochen wird, könnte beispielsweise abgeleitet werden, dass die Telefone der Ärzte während der Visite verpflichtend bei der Stationsassistentin abgegeben werden, um ständige Unterbrechungen zu vermeiden und eine zügige Durchführung der Visite sicherzustellen. Das vereinbarte Visitenzeitfenster könnte auf diese Weise voraussichtlich leichter eingehalten werden, was sich ebenfalls in der Evaluation bemerkbar machen sollte (Abb. 7.6).

Auch die Entlassung kann entsprechend evaluiert werden. Hier zeigte sich im Beispiel des Borromäus Hospitals in Leer, dass neun Monate nach Beginn der Umsetzung des Stationshandbuchs die Pflege über etwa zwei Drittel der Entlassungen am Vortag informiert wurde. Im Evaluationsworkshop sollte dieser Punkt thematisiert werden, um noch verbindlicher festzuschreiben, dass alle geplanten Entlassungen am Vortag mittels Anordnung im KIS an die Pflege kommuniziert werden, sodass diese Quote bei der nächsten Evaluationsrunde noch weiter gesteigert werden kann.

Abb. 7.6 Entlassung der Pflege bekannt?

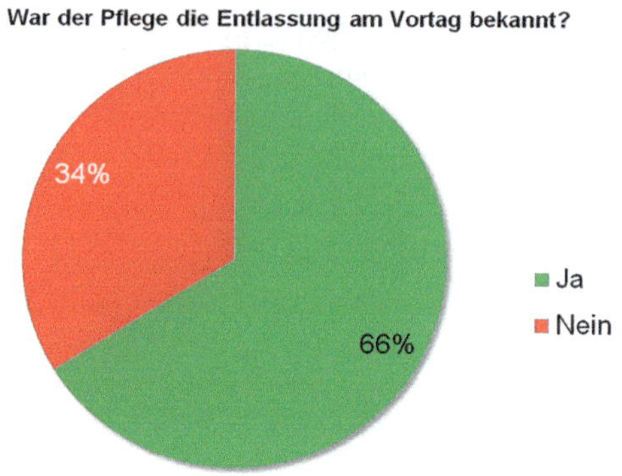

Betrachtet man näher die Ursachen einer verspäteten Entlassung nach der vereinbarten Zieluhrzeit, so fällt auf, dass die späte Fertigstellung des Arztbriefes die häufigste Ursache für Verzögerungen bei der Entlassung ist (Abb. 7.7). Auch diese Erkenntnis aus der Evaluation könnte im Evaluationsworkshop aufgegriffen werden und dazu führen, dass beispielsweise am Vortag der Entlassung feste Zeitfenster für die Arztbrieferstellung eingerichtet werden oder der Prozess der Arztbrieferstellung durch digitale Spracherkennung beschleunigt wird.

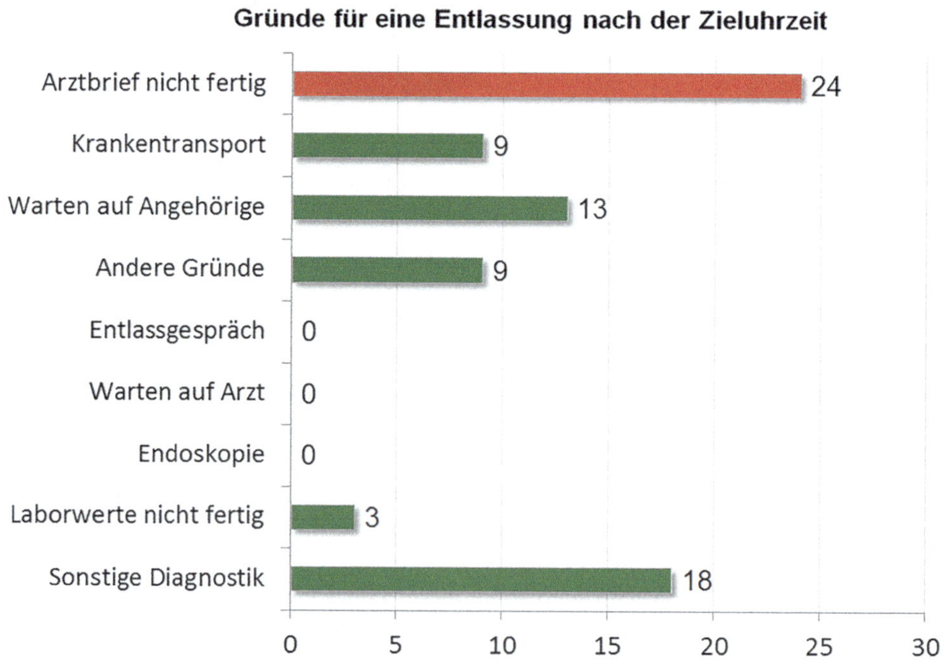

Abb. 7.7 Gründe für eine Entlassung nach der Zieluhrzeit

7.2 Evaluation des Projekterfolges anhand von indirekten Parametern: Erfassung von Mitarbeiter- und Patientenzufriedenheit

Ein Stationsreorganisationsprojekt ist kein Selbstzweck, sondern verfolgt das Ziel, die stationären Abläufe gezielt an den Bedürfnissen der Patienten und der Mitarbeiter auszurichten. Wenn Patienten und Angehörige spüren, dass sie auf Station „willkommen" sind und dass die Abläufe reibungslos ineinandergreifen, spiegelt sich dies auch in einer gesteigerten Patientenzufriedenheit wider. Ebenso führen gut strukturierte Abläufe und gute Planung dazu, dass die Mitarbeiter besser mit den täglichen Herausforderungen des Stationsalltags umgehen können. Nur wenn der Standardablauf gut geregelt ist, haben die Mitarbeiter auch die Möglichkeit und die Ressourcen, in außergewöhnlichen Belastungssituationen mit der zusätzlichen Belastung umzugehen. Für eine gut strukturierte Station mit stabilen Abläufen zeigt sich daher auch eine größere Zufriedenheit der Mitarbeiter. Um den Projekterfolg tatsächlich messbar zu machen, sollte bereits vor Projektbeginn eine Befragung der Mitarbeiter erfolgen, die dann mit einigem zeitlichen Abstand nach Projektende wiederholt wird.

Die Befragung der Mitarbeiter vor Projektbeginn bietet auch die Chance, bereits die größten Problembereiche auf Station zu charakterisieren, um diese im Rahmen des Projektes gezielt angehen zu können. Es empfiehlt sich daher, auf dem Fragebogen auch ausreichend Freitext-Antwortmöglichkeiten zu geben, da sich hierbei am deutlichsten zeigt, wo aus Mitarbeitersicht „der Schuh drückt". Auch eine strukturierte Patientenbefragung vor Projektbeginn gibt wertvolle Hinweise, wo aus Sicht der „Anspruchsteller" der größte Handlungsbedarf besteht. Eine Auswertung der eingegangenen Beschwerden im Rahmen des Beschwerdemanagements kann hierzu ergänzende Hinweise liefern.

Im Borromäus Hospital in Leer erfolgte vor Beginn des Reorganisationsprojektes eine Befragung sowohl der ärztlichen als auch der pflegerischen Mitarbeiter des beteiligten Bereiches, der Klinik für Innere Medizin. Aus den zahlreichen Freitext-Kommentaren, die im Rahmen dieser Vorab-Befragung eingingen, konnten schon etliche Problemfelder in der berufsgruppenübergreifenden Zusammenarbeit herausgearbeitet werden, die im Rahmen der Projektgruppensitzungen bearbeitet wurden. Es wurde ein gemeinsames Stationshandbuch erarbeitet, das verbindliche Regelungen für die Zusammenarbeit auf den internistischen Stationen festschreibt. Dieses Stationshandbuch wurde in einer Informationsveranstaltung allen Mitarbeitern der Klinik vorgestellt. Die Befragung der Mitarbeiter wurde neun Monate nach Umsetzungsbeginn mit dem identischen Fragebogen wiederholt, um die Ergebnisse mit der Vorabbefragung zu Beginn des Projektes zu vergleichen.

Abb. 7.8 zeigt den Fragebogen, der hierbei im Borromäus Hospital zum Einsatz kam.

Betrachtet man die Gesamtzufriedenheit der Mitarbeiter mit der Arbeitssituation in der Klinik, die mit der letzten Frage des Fragebogens erfasst wird, so zeigt sich, dass die Zufriedenheit der pflegerischen und ärztlichen Mitarbeiter im Laufe des Projektes zeQ Qualität und Wirtschaftlichkeit **Organisationsbefragung Innere Medizin**

Bitte geben Sie Ihre Berufsgruppe <u>und</u> als Mitarbeiterin oder Mitarbeiter des Pflegedienstes auch Ihre Station an:

☐ **Ärztlicher Dienst** ☐ **Pflegedienst** ☐ **Station XX** ☐ **Station YY**

	I. Patientenaufnahme	trifft voll zu	trifft weitgehend zu	teils-teils	trifft kaum zu	trifft gar nicht zu	keine Aussage
1	Die Einbestellung der Patienten ist sinnvoll geplant.	☐	☐	☐	☐	☐	☐
2	Meine Berufsgruppe ist rechtzeitig informiert, wie viele elektive Patienten am Tag aufgenommen werden.	☐	☐	☐	☐	☐	☐
31	Für elektive Patienten steht immer ein freies Bett zur Verfügung.	☐	☐	☐	☐	☐	☐
4	Bei Notfallpatienten bin ich mit der Zusammenarbeit mit der Notaufnahme zufrieden.	☐	☐	☐	☐	☐	☐
5	**Zusammenfassend**: Insgesamt bin ich mit dem Aufnahmeprozess zufrieden.	☐	☐	☐	☐	☐	☐
	II. Organisation und Kommunikation	trifft voll zu	trifft weitgehend zu	teils-teils	trifft kaum zu	trifft gar nicht zu	keine Aussage
6	Ich bin mit der Kontinuität des Einsatzes der ärztlichen Mitarbeiter auf Station zufrieden.	☐	☐	☐	☐	☐	☐
7	Ich bin mit der Kontinuität des Einsatzes der Pflege-Mitarbeiter auf Station zufrieden.	☐	☐	☐	☐	☐	☐
81	Ich bin mit der Kommunikation zwischen Pflegedienst und ärztlichem Dienst auf Station zufrieden.	☐	☐	☐	☐	☐	☐
91	Eine Abstimmung zwischen Pflegedienst und ärztlichem Dienst ist immer kurzfristig möglich.	☐	☐	☐	☐	☐	☐
10	Ich bin mit den aktuellen Visitenzeiten zufrieden.	☐	☐	☐	☐	☐	☐
11	Die Visiten laufen strukturiert und zügig ab.	☐	☐	☐	☐	☐	☐
12	Der Pflegedienst kann sich bei den Visiten ausreichend einbringen.	☐	☐	☐	☐	☐	☐
131	**Nur vom Pflegedienst ausfüllen:** Die Anordnungen des ärztlichen Dienstes erfolgen im Tagesverlauf so früh wie möglich.	☐	☐	☐	☐	☐	☐
14	**Nur vom ärztl. Dienst ausfüllen:** Die Ausarbeitung der ärztlichen Anordnungen erfolgt durch die Pflege zuverlässig und zeitnah.	☐	☐	☐	☐	☐	☐
15	Die Zusammenarbeit mit dem Funktionsbereich (z.B. Endoskopie, Sonographie) funktioniert gut.	☐	☐	☐	☐	☐	☐
16	Die Zusammenarbeit mit der Intensivstation funktioniert gut.	☐	☐	☐	☐	☐	☐
17	Von Tätigkeiten, für die ich überqualifiziert bin oder die nicht dem Kern meiner Berufsqualifikation entsprechen, fühle ich mich ausreichend entlastet.	☐	☐	☐	☐	☐	☐
18	Bei Tätigkeiten, für die ich Ruhe brauche, werde ich nicht unterbrochen.	☐	☐	☐	☐	☐	☐
191	Meine Arbeit ist innerhalb der regulären Arbeitszeit zu bewältigen.	☐	☐	☐	☐	☐	☐
20	Die Betreuung der Außenlieger-Patienten ist zufriedenstellend geregelt.	☐	☐	☐	☐	☐	☐
21	**Zusammenfassend**: Insgesamt bin ich mit der Organisation des Ablaufes und der Kommunikation auf Station zufrieden.	☐	☐	☐	☐	☐	☐

Abb. 7.8 Organisationsbefragung Innere Medizin

	III. Entlassung	trifft voll zu	trifft weitgehend zu	teils-teils	trifft kaum zu	trifft gar nicht zu	keine Aussage
22	Der Sozialdienst wird rechtzeitig in die Entlassungsplanung eingebunden.	☐	☐	☐	☐	☐	☐
23	Die Zusammenarbeit mit dem Sozialdienst bei der Entlassungsplanung funktioniert gut.	☐	☐	☐	☐	☐	☐
24	Die Entlassung wird bei allen Patienten spätestens am Vortag festgelegt.	☐	☐	☐	☐	☐	☐
25	Ich weiß zu Beginn der Frühschicht, welche Patienten am Tag entlassen werden.	☐	☐	☐	☐	☐	☐
26	Ich fühle mich über Ziel-Verweildauern nach DRG und kodierrelevante Aspekte gut informiert.	☐	☐	☐	☐	☐	☐
27	**Zusammenfassend**: Insgesamt bin ich mit dem Entlassungsprozess zufrieden.	☐	☐	☐	☐	☐	☐
	IV. Allgemeine Zufriedenheit	trifft voll zu	trifft weitgehend zu	teils-teils	trifft kaum zu	trifft gar nicht zu	keine Aussage
282	**Zusammenfassend:** Insgesamt bin ich mit der Arbeit in der Klinik für Innere Medizin zufrieden.	☐	☐	☐	☐	☐	☐

Abb. 7.8 (Fortsetzung)

deutlich gesteigert werden konnte (Abb. 7.8; Prä = Vorabbefragung zu Projektbeginn, Post = Wiederholungsbefragung neun Monate nach Umsetzungsstart) (Abb. 7.9).

Differenziert man das Ergebnis zusätzlich noch nach den befragten Berufsgruppen, so lag die Zufriedenheit im Pflegedienst noch etwas über der Zufriedenheit im Ärztlichen Dienst (AD = Ärztlicher Dienst, PD = Pflegedienst) (Abb. 7.10).

Während die abschließende Frage 28 die Gesamtzufriedenheit mit der Arbeitssituation widerspiegelt, gehen die Fragen 1 bis 27 auf einzelne Aspekte der Zusammenarbeit und der Arbeitsabläufe auf den Stationen ein. Diese Fragen lassen sich drei übergeordneten Themenkomplexen zuordnen: I. Patientenaufnahme, II. Organisation und Kommunikation, III. Entlassung.

Betrachtet man diese Bereiche differenziert, so zeigt sich, dass durch das Projekt im Borromäus Hospital insbesondere im zweiten Themenkomplex, Organisation und Kommunikation, eine messbare Verbesserung erreicht werden konnte. Vor allem die

IV. Gesamtzufriedenheit		
	Gesamt Prä	Gesamt Post
28. Insgesamt bin ich mit der Arbeit in der Klinik für Innere Medizin des Borromäus Hospitals zufrieden.	2,74	2,02

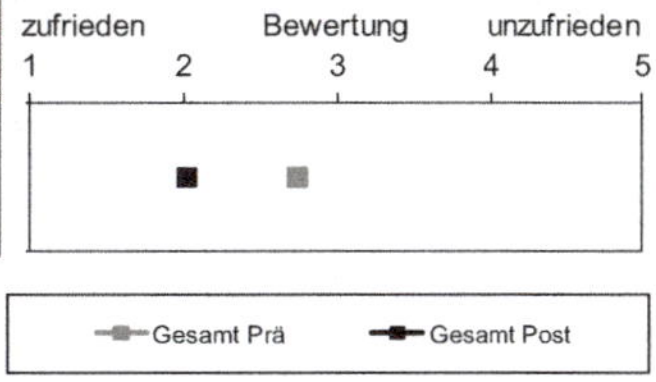

Bewertung der Ränge:
1 (trifft voll zu); 2 (trifft weitgehend zu); 3 (teils-teils); 4 (trifft kaum zu); 5 (trifft gar nicht zu)

Abb. 7.9 Gesamtzufriedenheit der Mitarbeiter I

IV. Gesamtzufriedenheit		
	PD Prä	PD Post
28. Insgesamt bin ich mit der Arbeit in der Klinik für Innere Medizin des Borromäus Hospitals zufrieden.	2,86	1,93

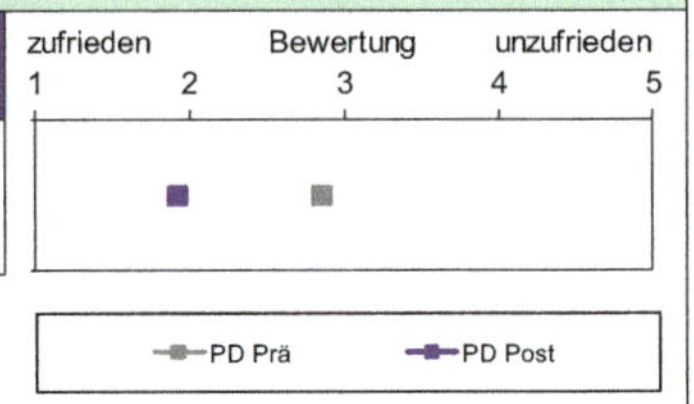

Bewertung der Ränge:
1 (trifft voll zu); 2 (trifft weitgehend zu); 3 (teils-teils); 4 (trifft kaum zu); 5 (trifft gar nicht zu)

Abb. 7.10 Gesamtzufriedenheit der Mitarbeiter II

gemeinsame Visite von Pflege und Ärzten, die fest etabliert werden konnte, wird hierbei als eine sehr deutliche Verbesserung der Kommunikation empfunden (Abb. 7.11).

Auch in den Themenkomplexen I. Patientenaufnahme und III. Entlassung zeigt sich eine Besserung der Bewertung in der Wiederholungsbefragung im Vergleich zur Vorab-Befragung vor Projekt-Beginn, auch wenn die Unterschiede in diesen Themenbereichen nicht so deutlich sind wie im Themenfeld II. Organisation und Kommunikation (Abb. 7.12, 7.13 und 7.14).

Mit Hilfe der Rohdaten der beiden Befragungen lassen sich je nach Interesse und Bedarf noch beliebige weitere Auswertungen durchführen. So können beispielsweise Berufsgruppenvergleiche zu den einzelnen Items durchgeführt werden, sodass erkennbar wird, in welchem Bereich eher die pflegerischen Mitarbeiter Schwierigkeiten in den Prozessabläufen sehen und wo eher für den ärztlichen Dienst die Hauptproblemfelder liegen. Auch eine differenzierte Auswertung für einzelne Stationen ist möglich, sodass auch hier Unterschiede zwischen den einzelnen Stationen aufgezeigt werden können.

Die Ergebnisse der Mitarbeiterbefragung ermöglichen somit einerseits, den Projekterfolg für alle Teilnehmer sichtbar und erlebbar zu machen. Das subjektive Gefühl, dass die Arbeitsabläufe durch verlässliche Absprachen besser werden, kann auf diese Weise visualisiert werden. Auf der anderen Seite zeigt die Mitarbeiterbefragung ebenfalls auf, wo noch Handlungsbedarf besteht und in welchen Bereichen eventuell noch Nachbesserungen notwendig sind, um die Prozesse kontinuierlich weiter zu verbessern.

IV. Gesamtzufriedenheit		
	AD Prä	AD Post
28. Insgesamt bin ich mit der Arbeit in der Klinik für Innere Medizin des Borromäus Hospitals zufrieden.	2,67	2,14

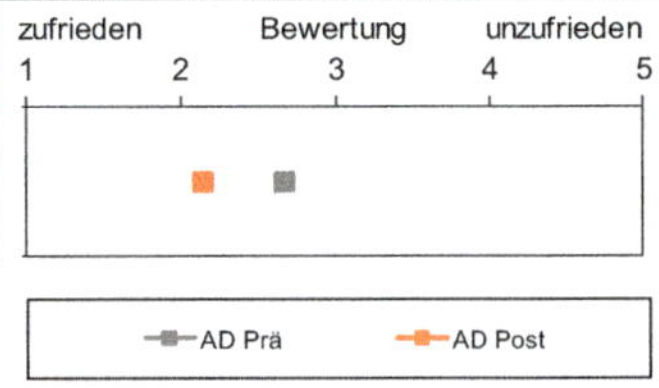

Bewertung der Ränge:
1 (trifft voll zu); 2 (trifft weitgehend zu); 3 (teils-teils); 4 (trifft kaum zu); 5 (trifft gar nicht zu)

Abb. 7.11 Gesamtzufriedenheit der Mitarbeiter III

II. Organisation und Kommunikation

	Gesamt Prä	Gesamt Post
6. Ich bin mit der Kontinuität des Einsatzes der ärztlichen Mitarbeiter auf Station zufrieden.	3,26	2,34
7. Ich bin mit der Kontinuität des Einsatzes der Pflege-Mitarbeiter auf Station zufrieden.	2,43	1,71
8. Ich bin mit der Kommunikation zwischen Pflegedienst und ärztlichem Dienst auf Station zufrieden.	2,98	2,00
9. Eine Abstimmung zwischen Pflegedienst und ärztlichem Dienst ist immer kurzfristig möglich.	2,77	2,10
10. Ich bin mit der Umsetzung der vereinbarten Visitenzeiten zufrieden.	3,28	1,79
11. Die Visiten laufen strukturiert und zügig ab.	3,60	2,36
12. Der Pflegedienst kann sich bei den Visiten ausreichend einbringen.	3,59	1,88
13. Nur Pflegedienst: Die Anordnungen des ärztlichen Dienstes erfolgen im Tagesverlauf so früh wie möglich.	3,35	2,72
14. Nur ärztlicher Dienst: Die Ausarbeitung der ärztlichen Anordnungen erfolgt durch den Pflegedienst zuverlässig und zeitnah.		2,44
15. Die Zusammenarbeit mit dem Funktionsdienst (z.B. Endoskopie, Sonographie) funktioniert gut.	2,05	2,10
16. Die Zusammenarbeit mit der Intensivstation funktioniert gut.	2,12	2,24
17. Von Tätigkeiten, für die ich überqualifiziert bin oder die nicht im Kern meiner Berufsqualifikation entsprechen, fühle ich mich ausreichend entlastet.	2,98	2,73
18. Bei Tätigkeiten, für die ich Ruhe brauche, werde ich nicht unterbrochen.	3,45	3,48
19. Meine Arbeit ist innerhalb der regulären Arbeitszeit zu bewältigen.	3,31	3,19
20. Die Betreuung der Außenlieger-Patienten ist zufriedenstellend geregelt.	3,37	3,12
21. Zusammenfassend: Insgesamt bin ich mit der Organisation des Ablaufes und der Kommunikation auf Station zufrieden.	2,88	2,24

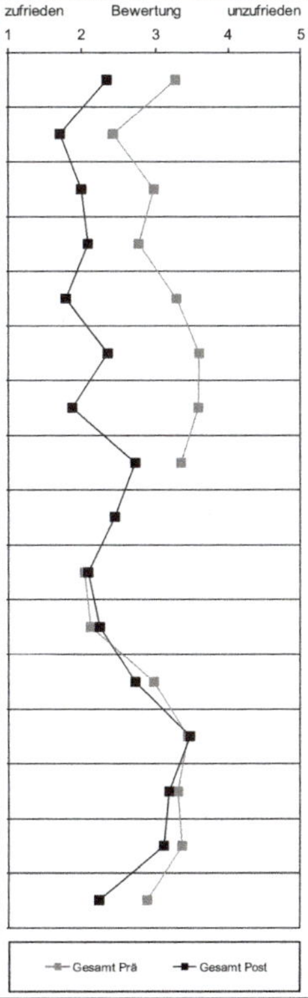

Bewertung der Ränge:
1 (trifft voll zu); 2 (trifft weitgehend zu); 3 (teils-teils); 4 (trifft kaum zu); 5 (trifft gar nicht zu)

Abb. 7.12 Organisation und Kommunikation

I. Patientenaufnahme	Gesamt Prä	Gesamt Post
1. Die Einbestellung der Patienten ist sinnvoll geplant.	2,81	2,61
2. Meine Berufsgruppe ist rechtzeitig informiert, wie viele elektive Patienten am Tag aufgenommen werden.	3,37	2,97
3. Für elektive Patienten steht immer ein freies Bett zur Verfügung	3,14	3,25
4. Bei Notfallpatienten bin ich mit der Zusammenarbeit mit der Notaufnahme bzw. mit dem Belegungsmanagement zufrieden.	3,17	2,79
5. Zusammenfassend: Insgesamt bin ich mit dem Aufnahmeprozess zufrieden.	2,90	2,70

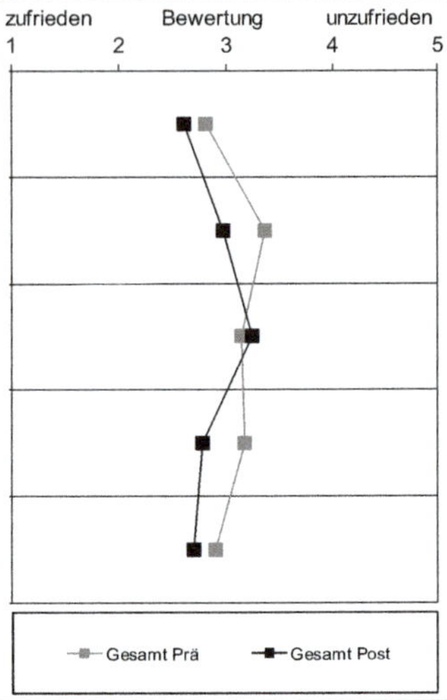

Bewertung der Ränge:
1 (trifft voll zu); 2 (trifft weitgehend zu); 3 (teils-teils); 4 (trifft kaum zu); 5 (trifft gar nicht zu)

Abb. 7.13 Patientenaufnahme

III. Entlassung	Gesamt Prä	Gesamt Post
22. Der Sozialdienst wird rechtzeitig in die Entlassplanung eingebunden.	1,85	1,74
23. Die Zusammenarbeit mit dem Sozialdienst bei der Entlassplanung funktioniert gut.	1,80	1,74
24. Die Entlassung wird bei allen Patienten spätestens am Vortag festgelegt.	3,15	2,73
25. Ich weiß zu Beginn der Frühschicht, welche Patienten am Tag entlassen werden.	3,20	2,95
26. Ich fühle mich über Ziel-Verweildauern nach DRG und kodierrelevanten Aspekten gut informiert.	3,50	3,43
27. Zusammenfassend: Insgesamt bin ich mit dem Entlassungsprozess zufrieden.	2,67	2,36

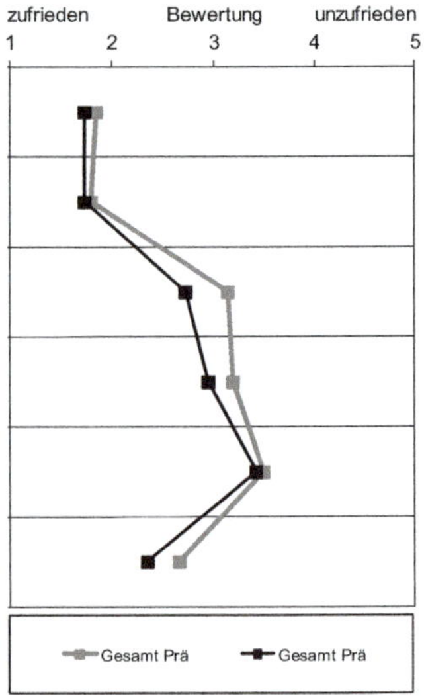

Bewertung der Ränge:
1 (trifft voll zu); 2 (trifft weitgehend zu); 3 (teils-teils); 4 (trifft kaum zu); 5 (trifft gar nicht zu)

Abb. 7.14 Entlassung

Teil II
Lösungen für typische Probleme

Personaleinsatzplanung und Ausfallmanagement

8

Rüdiger Herbold

Inhaltsverzeichnis

R. Herbold (✉)
ZEQ AG, Mannheim, Deutschland
E-Mail: ruediger.herbold@zeq.de

C. Bamberg et al. (Hrsg.), *Moderne Stationsorganisation im Krankenhaus*,
https://doi.org/10.1007/978-3-662-67158-0_8

8.1 Personaleinsatzplanung

8.1.1 Allgemeine Betrachtungen

Im Zusammenhang mit der Stationsorganisation steht häufig die Prozessorganisation im Fokus. Von gleicher Bedeutung ist aber auch eine durchdachte Ressourcenplanung. In der Praxis stellt hier insbesondere die Personalplanung viele Stationen vor größere Herausforderungen. Selbst auf Stationen, auf denen die Personalausstattung rechnerisch ausreichend ist, stellen die stationsverantwortlichen Ärzte und Pflegekräfte fest, dass es zahlreiche Tage gibt, an denen das auf Station eingesetzte Personal tatsächlich nicht ausreichend ist.

In diesem Kapitel sind Strukturen und Lösungsansätze dargestellt, die dazu führen, dass eine Überlastung auf Station, die mangelnder Personalbesetzung geschuldet ist, der Vergangenheit angehört. Ob das zu hundert Prozent gelingt? Sicherlich Nein. Aber eine 80- bis 90 %ige Eliminierung der Unterbesetzung sollte möglich sein.

Die im Folgenden dargestellten Organisationsempfehlungen widersprechen an vielen Stellen der gängigen Praxis. Das liegt daran, dass bei der Abwägung zwischen Organisations- und Mitarbeiterorientierung oft letzterer der Vorzug gegeben wird. In diesem Kapitel wird im Zweifelsfall stets der besseren Organisation der Vorzug gegeben. Die Empfehlungen verhelfen aber auch dann zu einer besseren Stationsorganisation, wenn sie nicht zu hundert Prozent umgesetzt werden. Je öfter aber die Entscheidung zugunsten der Organisation fällt, um so belastungsärmer und patientenorientierter wird die Arbeit auf Station. Und letztlich sind wir der Überzeugung, dass eine gut organisierte Station einen großen Beitrag gerade auch für die Mitarbeiterorientierung leistet! Umgekehrt zeigt die derzeit auf vielen Stationen vorherrschende Situation ja deutlich, dass der Fokus auf

Mitarbeiterorientierung bei der Personaleinsatzplanung eine schlechte Stationsorganisation nicht kompensieren kann: die Mitarbeiter auf vielen Stationen sind trotzdem sehr unzufrieden!

Berechnung einer ausreichenden Personalausstattung am Beispiel Pflege
Was ist überhaupt eine ausreichende Personalausstattung? Deren Berechnung erfolgt in drei Schritten:

1. Berechnung der Gesamt-Jahresarbeitszeit anhand des Rahmendienstplans
2. Berechnung der Nettojahresarbeitszeit eines Mitarbeiters
3. Berechnung des Personalbedarfs

Diese drei Schritte werden im Folgenden am Beispiel des Pflegedienstes beschrieben.

Schritt 1: Berechnung der Gesamt-Jahresarbeitszeit anhand des Rahmendienstplans
Angenommen, eine Station hat eine Standard-Besetzung von 4-3-2 (4 Pflegekräfte im Frühdienst, 3 im Spätdienst und 2 im Nachtdienst) an Werktagen und von 3-3-2 an Wochenenden und Feiertagen. Der Früh- und der Spätdienst haben eine Länge von 7,7 h, der Nachtdienst von 8,5 h (Tab. 8.1).

Pro Werktag erbringt der Pflegedienst also insgesamt 9 Dienste mit insgesamt 72,4 h Arbeitszeit.

Rechenweg: (4 Frühdienste + 3 Spätdienste) × 7,7 h/Dienst + 2 Nachtdienste × 9,25 h/Dienst). An einem Wochenend- oder Feiertag sind es im Frühdienst 7,7 h weniger, also insgesamt 64,7 h. Ein Jahr hat im Durchschnitt 250 Arbeitstage, 104 Wochenendtage und 11 Feiertage, die nicht auf dem Wochenende liegen. Daraus ergibt sich, dass der oben dargestellte Rahmendienstplan eine Gesamt-Jahresarbeitszeit von 25.540,5 Arbeitsstunden vorsieht.

Schritt 2: Berechnung der Nettojahresarbeitszeit eines Mitarbeiters
Die Nettojahresarbeitszeit ist abhängig von der vertraglichen Arbeitszeit und der durchschnittlichen Ausfallquote der Mitarbeiter. Letztere ist abhängig vom Urlaubsanspruch, vom

Tab. 8.1 Beispiel Rahmendienstplan

Dienst	Qualifikation	Beginn	Ende	Dienstlänge	Pause	Arbeitszeit	Stunden	Werktage	WE/FT
Früh	ex. Pflege	06:00	14:12	08:12	00:30	07:42	7,7	**4**	**3**
Spät	ex. Pflege	12:48	21:00	08:12	00:30	07:42	7,7	**3**	**3**
Nacht	ex. Pflege	20:30	06:30	09:15	00:45	08:30	9,25	**2**	**2**

Umfang der Fort- und Weiterbildungen sowie von der Ausfallquote wegen Krankheit, Mutterschutz etc. Im Ärztlichen Dienst liegt die Ausfallquote in der Regel zwischen 16 und 20 %, in der Pflege oft über 20 %.

Im hier dargestellten Beispiel soll die vertragliche Arbeitszeit bei 38,5 h pro Woche liegen. Wenn mit den Mitarbeitern des Pflegedienstes vertraglich eine Fünf-Tage-Woche vereinbart ist, ergeben sich 7,7 h Arbeitszeit pro Tag. (Bei einer 5,5-Tage-Woche wären es entsprechend 7 h Arbeitszeit pro Tag). Damit ergibt sich eine Bruttojahresarbeitszeit von 1925 h pro Jahr (Rechenweg: 250 Werktage/Jahr × 7,7 h/Werktag = 1925 h/Jahr).

Des Weiteren soll von einer Ausfallquote von 24 % ausgegangen werden. Damit steht die Pflegekraft an 24 % aller Arbeitstage, d. h. an 60 Tagen pro Jahr, nicht zur Verfügung. Die Nettojahresarbeitszeit einer Vollkraft liegt somit bei 1463 h pro Jahr (Alternativer Rechenweg: 1925 h × (100 % – 24 %) = 1463 h).

Schritt 3: Berechnung des Personalbedarfs
Der dritte Schritt ergibt sich nun logisch aus den ersten beiden Schritten. Die durch den Rahmendienstplan vorgesehene Jahresarbeitszeit wird durch die jährlich bereitgestellten Arbeitsstunden einer Vollkraft geteilt.

Für die Beispielstation ergibt sich ein Personalbedarf von 17,08 Vollkräften (Rechenweg: 24.993 Arbeitsstunden pro Jahr/1463 Arbeitsstunden pro Vollkraft = 17,08 Vollkräfte pro Jahr). Wenn das Stationsteam über diese Personalstärke verfügt und die in die Kalkulation einbezogene Ausfallzeit realistisch angesetzt ist, sollte es theoretisch ganzjährig möglich sein, die Station adäquat zu besetzen. Dabei ist es prinzipiell auch unerheblich, wenn es moderate Schwankungen gibt, also zum Beispiel die Besetzung im ersten Halbjahr nur bei 16,0 Vollkräften liegt, im zweiten Halbjahr dafür bei 18,2 Vollkräften. In diesem Fall muss die Minderbesetzung im ersten Halbjahr über Mehrstunden abgefedert werden, die bei der höheren Besetzung im zweiten Halbjahr wieder abgebaut werden können.

8.2 Die Verteilung der geplanten Ausfallzeiten muss möglichst gleichmäßig sein

Im dargestellten Beispiel müssen an Werktagen neun Dienste besetzt werden, wofür 17,08 Vollkräfte zur Verfügung stehen. Auch wenn ein Teil des Personals die Dienste am Wochenende besetzen muss, ist auf den ersten Blick ersichtlich, dass 18 anwesende Mitarbeiter mehr sind als eigentlich benötigt werden. Tatsächlich geht die Berechnung davon aus, dass die Abwesenheitszeiten gleichmäßig über das Jahr verteilt sind, dass also an jedem Tag 3,25 Vollkräfte wegen Urlaub, Fortbildung, Krankheit usw. nicht zur Verfügung stehen. Um eine solche Verteilung zumindest annähernd realisieren zu können, müssen die planbaren Abwesenheiten möglichst gleichmäßig über das Jahr verteilt werden.

Wie ist dazu vorzugehen?

Beispiel
Ein Stationsteam verfügt über 14 Vollkräfte. Jede Pflege-Vollkraft hat 30 Tage Urlaub und 5 Tage Fortbildung pro Jahr. Daraus ergeben sich 490 h planbarer Ausfall. Da ein Jahr 250 Arbeitstage hat, setzt eine gleichmäßige Verteilung von Abwesenheitszeiten voraus, dass nie mehr als zwei Mitarbeiter gleichzeitig abwesend durch Urlaub oder Fortbildung sind. Die gleiche Formel lässt sich auch auf den Ärztlichen Dienst anwenden: Angenommen, eine Fachabteilung verfügt über 8 VK Assistenzärzte, die jeweils 30 Urlaubs- und 5 Fortbildungstage genießen. In diesem Fall dürfen also nur an 30 Tagen im Jahr zwei Ärzte gleichzeitig in Urlaub oder auf Fortbildung sein. An allen anderen Tagen darf nur ein einziger Arzt in Urlaub oder auf Fortbildung sein.

Wie ist die Regel anzuwenden in denjenigen Zeiten, die für Urlaube besonders beliebt sind, zum Beispiel die Schulferienzeiten? Nun, ganz einfach: Die Regel gilt auch dann. In einem Krankenhaus gelten bestimmte Einschränkungen in Bezug auf die Dienstplanflexibilität, die in vielen anderen Branchen nicht gelten. Dazu gehört die Verpflichtung, auch Wochenend- und Nachtdienste zu besetzen, ebenso wie die Notwendigkeit, auch an Weihnachten und Neujahr die Stationen zu besetzen. In die gleiche Kategorie fällt auch das Gebot, dass selbst in den Schulferien nicht mehr Mitarbeiter in Urlaub gehen können, als das die Stationsorganisation verkraftet.

Nachfolgend eine Hilfestellung, wie bei 8 VK Assistenzärzten mit dem (zunächst nachvollziehbaren) Argument „Wir haben Kinder, wir können nur in den Schulferien Urlaub machen" umgegangen werden kann:

1. Während der Sommerferien werden keine Fortbildungstage angesetzt, um Abwesenheiten wegen Fortbildung auszuschließen.
2. In den Sommerferien muss/darf kein Mitarbeiter länger als zwei Wochen Urlaub machen.
3. Die Sommerferien sind sechs Wochen lang. Das heißt, dass drei Mitarbeiter nacheinander einen zweiwöchigen Urlaub nehmen können.
4. Da bei 8 VK Ärzten an 30 Tagen pro Jahr zwei Mitarbeiter Urlaub nehmen können, heißt das, dass bei Bedarf parallel dazu jeweils ein weiterer Mitarbeiter Urlaub machen kann.

Im Ergebnis bedeutet das, dass sechs der acht Assistenzärzte in den Sommerferien einen zweiwöchigen Urlaub antreten können. In den allermeisten Fällen ist das ausreichend.

Eine gleichmäßige Verteilung der planbaren Abwesenheiten bedeutet nicht nur, dass eine bestimmte Höchstzahl an abwesenden Mitarbeitern nicht überschritten werden darf. Sie bedeutet auch, dass eine Mindestabwesenheit besteht. Das bedeutet zum Beispiel, dass bei 8 VK Assistenzärzten durchgehend ein Arzt in einer planbaren Abwesenheit sein soll.

Sofern in einem Krankenhaus ein Haus- oder Nachtdienst betrieben wird, den sich mehrere Fachabteilungen teilen und der vor und/oder nach Dienst zu Dienstfrei führt, sind auch diese Dienstfrei-Abwesenheiten in die gleichmäßige Verteilung der Abwesenheiten einzubeziehen (Bei der Berechnung des Personalbedarfs sind Dienstfreiabwesenheiten nicht zu berücksichtigen). Wenn eine Fachabteilung alleine für den Hausdienst zuständig ist (z. B. Frauenklinik), kann man das Dienstfrei häufig außen vor lassen, weil bei vielen Modellen sowieso jeden Tag die gleiche Anzahl an Ärzten fehlt.

8.3 Auslastungsschwankungen müssen adäquat berücksichtigt werden

Je nach Fachrichtung gibt es saisonale Regelmäßigkeiten hinsichtlich der Auslastung der Stationen. Typische Muster sind:

Fachrichtung	Hohe Auslastung	Niedrige Auslastung
Pneumologie	Winter	Sommer
Thoraxchirurgie	Frühjahr (Da die Pneumologie der zentrale Einweiser für die Thoraxchirurgie ist, verläuft deren Auslastungskurve häufig ein paar Monate zeitversetzt zu der der Pneumologie.)	Herbst
Orthopädie		Sommerferien, Weihnachtszeit

In diesen Zeiten ist es sinnvoll, den Rahmendienstplan anzupassen. Da es aber in der Regel ein Jahres-Stellenbudget und kein Quartalsbudget gibt, bedeutet das, dass die jahresdurchschnittlich benötigte Stellenzahl in den Hochzeiten zu niedrig und in den Tiefzeiten zu hoch ist. Daher ist es sinnvoll, diese Abweichungen durch überdurchschnittlich hohe Planabwesenheiten in den Tiefzeiten und überdurchschnittlich niedrige Planabwesenheiten in den Hochzeiten zu kompensieren.

8.4 Der Prozess der Urlaubsplanung muss strukturiert werden

Um die vorgenannten Ziele zu erreichen, ist eine strukturierte Urlaubsplanung nötig. Das heißt: Jeder Mitarbeiter reicht rechtzeitig vor Jahresbeginn seinen Urlaubsantrag ein. Nur wenn frühzeitig alle Wünsche vorliegen, ist es möglich, diese im Sinne der Organisation auszutarieren. Die Genehmigung der Urlaubs- und Fortbildungstage erfolgt durch die organisationsverantwortliche Führungskraft.

In vielen Kliniken ist die Urlaubsplanung an die Assistenzärzte delegiert. Da die Urlaubsplanung ein sensibles Thema ist, das schnell zu einer Demotivation führen kann, ist diese Verantwortungsdelegation durchaus empfehlenswert. Jedoch ist es dann notwendig, dass von Führungsseite klare Vorgaben gemacht werden, in welchen Zeiträumen wie viele Mitarbeiter (mindestens) abwesend sein müssen.

Zu betonen ist nochmal der Paradigmenwechsel. Das besondere Augenmerk sollte nicht nur auf der Sicherstellung einer Mindestbesetzung liegen, sondern auch darauf, dass in weniger attraktiven Urlaubszeiten ebenfalls ausreichend Mitarbeiter in geplanter Abwesenheit sind.

8.5 Die Personalplanung im Ärztlicher Dienst birgt viele Ansätze zur Optimierung

Unabhängig vom fachrichtungsspezifischen Curriculum verbringt fast jeder Arzt in Ausbildung den Großteil seiner Assistenzarzt-Zeit auf Station.

Die Güte der Dienstplanung im Ärztlichen Dienst nimmt wesentlichen Einfluss darauf, wie gut die Prozesse auf Station funktionieren. Hier gibt es eine Reihe von Regeln, die dazu führen, dass die Abläufe auf Station ruhiger und zuverlässiger sind.

8.5.1 Kontinuität im Einsatz auf Station

In den meisten Krankenhäusern in Deutschland erleben die Stationen einen ständigen Wechsel der Stationsärzte. Häufig vorzufindende – und durchweg schlechte – Organisationsformen sind:

- Welcher Arzt heute in welchem Bereich eingesetzt ist, wird erst in der Frühbesprechung festgelegt („tägliches Management des Chaos'")
- Die Ärzte werden jeweils eine Woche lang im gleichen Bereich eingesetzt, danach wechselt der Einsatzbereich.
- Der Stationsarzt ist mehrmals pro Monat im Nachtdienst eingeteilt, wodurch er ein bis zwei Tage lang wegen Dienstfrei auf Station fehlt.

Die Nachteile dieser Organisationsformen sind immens:

Jeder Stationsarztwechsel sorgt für zusätzliche Arbeit und erhöhtes Patientenrisiko. Der auf die Station gewechselte Arzt kennt die Patienten nicht – oder höchstens oberflächlich aus ärztlichen Fallbesprechungen. Das heißt, er muss einen großen Aufwand betreiben, um sich in die einzelnen Patienten einzuarbeiten. Dieser Aufwand entfällt, wenn der Arzt die Station bereits am Vortag betreut hat und die Patienten dadurch kennt. Insofern kann eine kontinuierliche ärztliche Einsatzplanung auf Station enorme Zeitressourcen einsparen.

Bei jedem Stationsarztwechsel stellt sich die Frage, wer für die Arztbriefe zuständig ist. Die Patienten, für die Arztbriefe am Tag des Wechsels zu verfassen sind, kennt der vorhergehende Stationsarzt wesentlich besser. Das gleiche kann auch für komplexere Patienten zutreffen, deren Arztbrief am Folgetag des Wechsels geschrieben werden muss. Oft bleiben diese Arztbriefe dann liegen, werden vom vorhergehenden Stationsarzt in Überstunden oder vom übernehmenden Stationsarzt in minderer Qualität oder mit enormem Einarbeitungsaufwand erstellt. Dass Arztbriefe liegengelassen werden, ist auch dann häufige Praxis, wenn der Stationsarzt wegen eines Nachtdienstes ein oder zwei Tage nicht auf Station ist.

Ein Stationsarztwechsel ist auch problematisch im Sinne der Patienten- und Angehörigenorientierung. Der Patient möchte seine Krankengeschichte nicht mehrmals von vorne erzählen und wird Zweifel hegen, ob ihn der neue Stationsarzt mit der gleichen Kompetenz weiterbehandeln wird, wie der vorhergehende. Nicht zuletzt muss er zu jedem Stationsarzt ein neues Vertrauensverhältnis aufbauen. Für die Angehörigen gilt das gleiche. Unter anderem wird der wiederholte Stationsarztwechsel dazu führen, dass sich Patient und Angehörige mit ihren Fragen zunehmend vom Stationsarzt ab- und alleine dem Oberarzt zuwenden werden. Sofern dies nur organisatorisch verursacht ist, ist auch das nicht mit den Vorstellungen einer effizienten Stationsorganisation vereinbar.

Ein weiteres Problem besteht, wenn der Stationsarzt für eine Nacht in den Nachtdienst geht. Je nach Dienstplanmodell fehlt er in diesem Fall ein bis zwei Tage auf Station und muss dort von einem anderen Arzt vertreten werden. Dieser muss sich dann ggf. für einen einzigen Tag in alle Patienten einarbeiten. Der Schluss liegt nahe, dass die Einarbeitung und die Patientenkenntnis dieses Arztes nicht annähernd das Qualitätsniveau haben, das ein fester Stationsarzt erreicht.

Die dargestellten Organisationsformen führen also nicht nur zu ineffizientem Ressourceneinsatz, sondern auch zu einer schlechteren Patientenversorgung. Wie es besser geht, liegt auf der Hand. Es ist darauf zu achten, dass der Stationsarzt für eine möglichst lange Zeit ununterbrochen für seine Station tätig ist. In diesem Zusammenhang ist festzustellen, dass eine Regelung, die in Universitätsklinika gang und gäbe ist, in fast allen anderen Krankenhäusern außer Kraft gesetzt ist: In Universitätskliniken bleiben die Ärzte jeweils sechs Monate fest in einem Bereich und rotieren nach Ablauf des halben Jahres in einen anderen festen Bereich. Mit wenig einleuchtenden Begründungen sind hingegen in vielen anderen Krankenhäusern gar keine festen oder nur äußerst kurze Rotationszyklen vorzufinden. Wer die Festlegung getroffen hat, dass die Ärzte nur alle ein bis zwei Wochen ihren Einsatzbereich wechseln, ist oft schon extrem stolz auf diese Errungenschaft. Das ist jedoch Augenwischerei. Zwar ist eine zweiwöchige Kontinuität besser als gar keine, aber eine wirklich gute Stationsorganisation erfordert eine mehrmonatige Einsatzkontinuität des Stationsarztes. Daher stellt die Einführung eines sechsmonatigen Rotationszyklus' eine wesentliche Zutat für eine gute Stationsorganisation dar. Der Stationsarzt kennt seine Patienten, Pflegekräfte und Stationsarzt bilden ein eingespieltes Team und die Lernkurve des Arztes in der Betreuung von Patienten auf Station ist wesentlich steiler.

Abschließend noch ein Hinweis zur Dienstorganisation in chirurgischen Fächern. Die wichtigste Qualifikation, die ein chirurgischer Assistenzarzt im Laufe seiner Facharztausbildung erwirbt, ist die Fähigkeit zu operieren. Diese erwirbt er aber nicht auf Station. Auf der anderen Seite haben chirurgische Patienten auf Station eine geringere ärztliche Betreuungsbedürftigkeit als internistische Patienten. Daher ist es am besten, die Station so zu organisieren, dass auch der Stationsarzt täglich zwei bis drei Stunden in den OP gehen kann.

8.5.2 Stationsärzte und Bereitschaftsdienste

Eine besondere Herausforderung stellt in vielen Krankenhäusern die Organisation des Nachtdienstes dar. Meistens wechselt der Nachtdienstarzt täglich. Hat eine Fachabteilung zum Beispiel acht Assistenzärzte, ist es oft so, dass der Stationsarzt ungefähr jeden achten Werktag für den Nachtdienst eingeteilt wird. Je nachdem, ob der Nachtdienst ein reiner Bereitschaftsdienst ist oder ob er zum größeren Teil als Arbeitszeit gewertet wird, steht er dann weder am Tag vor dem Nachtdienst, noch am Tag danach für die Stationsarbeit zur Verfügung. Aus den bereits beschriebenen Gründen stellt dieses Vorgehen eine erhebliche Hypothek für gut organisierte Stationsabläufe dar.

Daher sollte der Stationsarzt vom Nachtdienst freigestellt sein. In der Tat ist die Station der einzige Einsatzbereich eines Arztes, in dem es von großem Vorteil ist, wenn man die Patienten des Vortages kennt. Hingegen behandelt man in der Notaufnahme, der Ambulanz, dem OP und der Funktionsdiagnostik jeden Tag andere Patienten. Daher ist es hier völlig unerheblich, wenn man am Vortag im Dienstfrei gewesen ist.

Dieser Maßgabe legen allerdings die meisten neueren Tarifregelungen Steine in den Weg. Die Anzahl der Dienste pro Arzt ist hier begrenzt, so dass es schwierig ist, über mehrere Monate hinweg einen oder mehrere Assistenzärzte von der Beteiligung am Dienstsystem auszunehmen. Ein Kompromiss kann darin bestehen, dass die Stationsärzte primär so im Nachtdienst eingeteilt sind, dass sie freitags fehlen. In diesem Fall ist besonders wichtig, dass die Entlassungen vom Stationsarzt gut vorbereitet werden. Die Freitag-Entlassungen müssen bereits am Donnerstag vollständig vorbereitet werden, d. h. das Entlassgespräch soll am Donnerstag geführt und auch der Arztbrief am Donnerstag fertiggestellt werden. Eventuelle Untersuchungsergebnisse vom Freitag können dann noch vom vertretenden Stationsarzt ergänzt werden. Ebenso sollte der Stationsarzt auch die für Samstag geplanten Arztbriefe bereits donnerstags vorbereiten.

Einige Kliniken organisieren sich so, dass es ein Team aus drei bis vier Ärzten gibt, das für einen bestimmten Bereich zuständig ist. So wird hier zum Beispiel festgelegt, dass benannte vier Ärzte für eine bestimmte Station zuständig sind. Diese Ärzte kennen alle Patienten der Station und teilen sich in den Bereichen Station, OP und Dienstfrei auf. Der Grundidee nach ist es so verkraftbar, wenn ein Arzt für ein bis zwei Tage nicht auf Station sein kann, weil die anderen drei Ärzte die Patienten genauso gut kennen. Dieses Modell darf als „second best“ bezeichnet werden. Tatsächlich gelingt es so, Informationsverluste bei Arztwechsel weitgehend zu vermeiden und eine relativ vertretungssichere Struktur zu schaffen. Andererseits ist je nach Klinik und konkreter Umsetzung eine sehr starke Fluktuation der Ärzte zwischen den verschiedenen Einsatzbereichen zu bemerken, so dass die Pflege nicht immer weiß, wann sie einen ärztlichen Ansprechpartner findet. Zudem ist es so für die Patienten deutlich schwieriger eine Arzt-Patienten-Bindung aufzubauen.

8.5.3 Eine Dienstlänge unter acht Stunden ist auf Station nicht sinnvoll

Im Gegensatz zum Pflegedienst ist der Ärztliche Dienst auf den meisten Stationen nur in einer Schicht vor Ort. In dieser Zeit ist er dafür verantwortlich, die Entlassuntersuchungen vorzunehmen, Visiten zu leiten, neue Patienten aufzunehmen, Stationsarbeit zu erledigen, sich mit der Pflege abzustimmen, Röntgenbesprechungen zu besuchen, komplexe Fälle mit dem stationsverantwortlichen Oberarzt zu besprechen, Entlassgespräche zu führen, Entlassbriefe zu schreiben und mit Angehörigen zu sprechen.

Dafür wird eine Dienstlänge von acht Stunden benötigt. Zurzeit steigen manche Krankenhäuser auch im Ärztlichen Dienst auf eine 38,5-h-Woche um. Die Erfahrung zeigt jedoch, dass auch in diesem Fall Acht-Stunden-Schichten geplant werden sollten. Durch die dabei entstehenden Mehrstunden und deren Abbau durch Freizeitausgleich haben die Ärzte dann auf das Gesamtjahr betrachtet sieben bis acht zusätzliche Tage frei.

Insbesondere in chirurgischen Fächern ist es eher zu überlegen, Dienstlängen zu wählen, die über acht Stunden liegen. Erste Priorität genießt eine möglichst hohe OP-Auslastung. Da die Ärzte außerhalb des OPs mindestens in der Frühbesprechung und in der Röntgenbesprechung sitzen, zusätzlich oft auch noch visitieren oder Patienten vidieren, die direkt zur OP in die Klinik kommen („Same-Day-Surgery-Patienten“), führt eine Dienstlänge von acht Stunden zu einer unvollständigen Ausnutzung der OP-Zeit oder zu regelmäßigen Überstunden. Dies kann verbessert werden, wenn die Dienstzeit so bemessen wird, dass sie montags bis donnerstags über 8 h und freitags etwas unter acht Stunden liegt. Manchmal wird dann die Wochenarbeitszeit so getimt, dass pro Monat ein geplanter zusätzlich freier Tag entsteht (42,1-h-Woche, d. h. 160 Arbeitsstunden in 19 Tagen).

8.5.4 Teilzeitbeschäftigte Ärzte sollten jeden Tag auf Station sein

Eine besondere Herausforderung stellt der sinnvolle Einsatz von in Teilzeit beschäftigten Ärzten dar. Auf der einen Seite gilt, dass es sinnvoll ist, Acht-Stunden-Dienste zu machen, auf der anderen Seite würde das bedeuten, dass der teilzeitbeschäftigte Arzt nicht jeden Tag auf Station ist. Ist nun die Wahl zu treffen, welches dieser beiden suboptimalen Szenarien vorgezogen werden soll, hat der kontinuierliche Einsatz auf Station höhere Priorität.

Die tageskontinuierliche ärztliche Präsenz auf Station vermeidet zusätzlichen Einarbeitungsaufwand durch Personalwechsel, verringert die Gefahr für Behandlungsfehler und entspricht besser den Patientenbedürfnissen.

Das heißt, für teilzeitbeschäftigte Assistenzärzte ist es also besser, wenn sie täglich auf Station sind und dafür einen kürzeren Dienst machen. Um die Abläufe auf Station nicht völlig durcheinanderzubringen, müssen auch für diese Ärzte die Grundregeln der Stationsorganisation gelten:

- Der teilzeitbeschäftigte Arzt nimmt an der Übergabe vom Nacht- an den Tagdienst teil.
- Die Visite beginnt zur für alle Ärzte vorgegebenen Uhrzeit
- Die Entlassungen werden am Vortag festgelegt

Wichtig ist, dass Teilzeitbeschäftigungen keine umständlichen Sonderregelungen in den Stationsabläufen auslösen und auch die aus den Teilzeitbeschäftigungen entstehenden Zusatzarbeiten möglichst geringgehalten werden. Eine Teilnahme an der Röntgenbesprechung wäre zwar wünschenswert, wird aber in der Praxis eher schwierig zu realisieren sein. Tätigkeiten, die sonst am Nachmittag stattfinden würden, werden auf den Vormittag verschoben. Nachfolgende Grafik stellt dar, wie der Tagesablauf eines Teilzeitarztes aussehen könnte. Hat er eine 50 %-Stelle inne, ergibt sich logisch, dass er halb so viele Patienten betreut wie ein Vollzeit-Stationsarzt. Gerade wenn auch Teilzeitärzte beschäftigt werden, ist es besonders wichtig, in langen Rotationszyklen zu planen, damit die Patienten nicht ständig neu auf die Stationsärzte aufgeteilt werden müssen.

Wer betreut die Patienten, wenn der in Teilzeit arbeitende Arzt seinen Dienst bereits beendet hat? Grundsätzlich ist es Aufgabe des in Teilzeit arbeitenden Arztes, die Behandlung so zu organisieren, dass keine geplanten ärztlichen Tätigkeiten mehr nach seinem Dienstende anfallen. Dennoch lässt sich nicht ausschließen, dass auch dann noch kurzfristige Entscheidungen oder Handlungen vorgenommen werden müssen. Es empfiehlt sich, dass nicht der andere für die Station zuständige Arzt die Patienten des Teilzeitarztes übernimmt, sondern der Stations-Oberarzt. Dafür gibt es zwei Gründe. Zum einen wird dadurch die Zeit für eine Übergabe auf den anderen Stationsarzt eingespart. Der stationsverantwortliche Oberarzt kennt die Patienten ja sowieso. Zum anderen ist die Pflege auch weniger in Versuchung, die Klärung wichtiger Fragen auf den Nachmittag aufzuschieben, weil dann der Ansprechpartner nicht direkt auf Station greifbar ist (Abb. 8.1).

Ist der in Teilzeit arbeitende Arzt in Funktionsbereichen oder dem OP eingesetzt, ist es organisatorisch manchmal günstiger, wenn er täglich 8 h arbeitet und nicht an jedem Wochentag anwesend ist. Sprechstundenzeiten oder OP-Kapazitäten können dann beispielsweise mit der ärztlichen Verfügbarkeit synchronisiert werden.

<table>
<tr><th>Zeit</th><th>ÄrztIn in Vollzeit (100%)</th><th>ÄrztIn in Teilzeit (50%)</th></tr>
<tr><td>08:00</td><td>Kurzabstimmung mit Pflege</td><td>Kurzabstimmung mit Pflege</td></tr>
<tr><td>08:10</td><td>Ärztliche Frühbesprechung</td><td>Ärztliche Frühbesprechung</td></tr>
<tr><td>08:30</td><td>Stationsarbeit</td><td>Stationsarbeit</td></tr>
<tr><td>09:00</td><td rowspan="2">Visite</td><td>Visite</td></tr>
<tr><td>09:40</td><td>Entlassbriefe</td></tr>
<tr><td>10:20</td><td rowspan="2">Neuaufnahmen</td><td>Neuaufnahmen</td></tr>
<tr><td>10:40</td><td>Kurvenvisite mit OberärztIn</td></tr>
<tr><td>11:00</td><td rowspan="2">Stationsarbeit</td><td>Stationsarbeit</td></tr>
<tr><td>11:50</td><td>Kurzabstimmung mit Pflege</td></tr>
<tr><td>12:00</td><td>Mittagspause</td><td rowspan="6"></td></tr>
<tr><td>12:30</td><td rowspan="2">Stationsarbeit</td></tr>
<tr><td>14:00</td></tr>
<tr><td>15:00</td><td>Röntgenbesprechung</td></tr>
<tr><td>15:30</td><td>Kurvenvisite mit OberärztIn</td></tr>
<tr><td>16:15</td><td>Kurzabstimmung mit Pflege</td></tr>
</table>

Abb. 8.1 Beispiel für einen Tagesplan eines Arztes in Voll- und in Teilzeit

8.6 Auch für den Pflegedienst lässt sich der Einsatz besser planen

Der Pflegedienst stellt nicht nur im Krankenhaus insgesamt die größte Berufsgruppe, sondern auch insbesondere auf Station. Der Pflegedienst ist die einzige Berufsgruppe, die die Patienten rund um die Uhr betreut. Auch in den einzelnen Schichten sind meistens mindestens genauso viele Pflegekräfte wie Ärzte auf Station. Von den Personalkosten auf einer Normalstation entfällt etwa die Hälfte auf den Pflegedienst, während der Ärztliche Dienst durchschnittlich nur etwa ein Drittel der Personalkosten auf Station beisteuert. Daraus ergibt sich zwangsläufig, dass die pflegerische Einsatzplanung eine herausragende Bedeutung für Qualität und Wirtschaftlichkeit auf Station hat.

Wie bereits angekündigt: Dieses Kapitel enthält unter anderem eine Reihe von Empfehlungen, die deutlich von den Prozessen und Strukturen abweichen, die im Krankenhaus Standard sind. Auch wenn es für die Umsetzung dieser Empfehlungen ein erhöhtes Maß an Überzeugungs- und Durchsetzungskraft bedarf, ist jede der Empfehlungen mit so großen Vorteilen verbunden, dass sich deren Umsetzung lohnt.

8.7 Die Einsatzplanung folgt definierten Grundprinzipien

8.7.1 Kontinuität im Einsatzplan

Wie bei den Ärzten gilt auch für den Pflegedienst, dass eine Kontinuität in der Dienstplanung große Vorteile mit sich bringt. Kennt die Pflegekraft die schon seit ein paar Tagen auf Station befindlichen Patienten, kann der Informationsaustausch innerhalb der Pflege sowie mit den Ärzten schneller und fokussierter vor sich gehen. Das Richten, Überprüfen und Verabreichen der Medikation ist sicherer, weil die Pflegekraft schneller einen Fehler erkennt. Zudem hat der Patient ein Interesse daran, dass die Pflegekräfte ihn kennen und er keinen ständigen Wechsel erlebt. Insofern ist festzustellen, dass ein diskontinuierlicher Einsatzplan zwar in der Regel den Mitarbeiterwünschen entgegenkommt, aber weder arbeitseffizient noch patientenorientiert ist.

Was bedeutet Kontinuität im Einsatzplan? Im Gegensatz zum Ärztlichen Dienst arbeitet der Pflegedienst in einem Schichtdienstsystem, das in der Regel aus drei Schichten pro Tag besteht. Aus arbeitsorganisatorischer Sicht wäre es ideal, wenn jede Pflegekraft jeden Tag in der gleichen Schicht arbeiten würde. Das entspricht aber nicht der Realität. In vielen Krankenhäusern müssen die Pflegekräfte durch alle drei Schichten rotieren. Und damit sich keine Pflegekraft benachteiligt fühlt, weil sie besonders häufig in unbeliebten Diensten eingesetzt wird, achtet die Stationsleitung darauf, dass die Verteilung über die Schichten möglichst gleichmäßig erfolgt. Daraus ergibt sich als Schlussfolgerung: Es ist günstig, wenn es Pflegekräfte gibt, die während des gesamten Jahres in der gleichen Schicht arbeiten möchten. Dieser Aussage wird sicherlich jeder Leser sofort zustimmen, wenn die Wunschschicht der Nacht- oder Wochenenddienst ist. Die Einsatzkontinuität in diesen eher unbeliebten Schichten erschwert nämlich nicht die Besetzung der anderen Schichtdienste.

Die ideale Einsatzplanung in der Pflege ist somit abhängig von den Rahmenbedingungen:

Szenario 1: Keine festen Nachtdienst-Mitarbeiter

Die Pflegekräfte werden rollierend eine Woche im Frühdienst, danach eine Woche im Spätdienst und danach eine Woche im Nachtdienst eingesetzt (sog. Früh-Spät-Nacht-Rotation). Wissenschaftliche Untersuchungen haben ergeben, dass dieses wöchentliche Nach-hinten-Verschieben der Schicht unter Gesundheitsaspekten die beste Variante ist.

Szenario 2: Feste Nachtdienst-Mitarbeiter

Ideal ist es – und in manchen Krankenhäusern findet man diese Situation vor – wenn es ein festes Team an Mitarbeitern gibt, die ausschließlich nachts arbeiten möchten. In diesen Krankenhäusern ist es nicht nötig, ein rollierendes Einsatzsystem umzusetzen. Stattdessen können die Pflegekräfte über längere Zeit in der gleichen Schicht eingesetzt werden. Dabei kann

> es sich um einen Vier-Wochen- oder noch besser um einen Halbjahres-Rhythmus handeln. Sicherlich ist dieses System gewöhnungsbedürftig und wird nicht in jedem Krankenhaus auf Gegenliebe stoßen. Dennoch ist es wichtig zu berücksichtigen, dass auch der Wechsel zwischen Früh- und Spätdienst zusätzliche Arbeit schafft und einen Qualitätsverlust mit sich bringt. Insbesondere die Visite findet nur im Frühdienst statt. Ein wechselnder Einsatz zwischen Früh- und Spätdienst führt dazu, dass der visitierende Arzt nicht jeden Tag den gleichen pflegerischen Ansprechpartner hat.

In jedem Fall zu vermeiden ist ein Dienstplan, in dem der Wechsel zwischen verschiedenen Schichten häufiger als wöchentlich stattfindet. Daraus ergibt sich übrigens auch, dass ein eintägiger Urlaub einer Pflegekraft zu enormem organisatorischem Zusatzaufwand führt. Nicht nur muss die zurückkehrende Pflegekraft nach ihrem Urlaubstag ihre Wissenslücken bezüglich des Vortages schließen, sondern insbesondere die Vertretung für den Urlaubstag selbst muss sich in alle Patienten neu einarbeiten. Das bedeutet zweifellos einen Zusatzaufwand und ggf. einen Qualitätsverlust.

Insgesamt bewirkt eine kontinuierliche Einsatzplanung insbesondere zwei positive Ergebnisse: Erstens, die Arbeitsbelastung der Pflegekräfte sinkt. Zweitens, die Patientenorientierung wird gesteigert.

Dennoch wird der Gedanke an die Einführung eines kontinuierlichen Einsatzplans viele Dienstplanverantwortliche mit großen Bedenken erfüllen: Die Mitarbeiter schätzen die Flexibilität, kurzfristig Dienste zu tauschen, einzelne Tage frei zu nehmen und Dienstzeiten um ihre privaten Verpflichtungen außenherum zu legen. Alles das ist mit einem kontinuierlichen Einsatzplan sehr stark eingeschränkt. Dennoch kann die Umstellung gelingen. Dazu ist Folgendes notwendig:

- Die Mitarbeiter müssen sehr ausführlich erklärt bekommen, welche Nachteile die aktuelle Einsatzplanung mit sich bringt und welche Vorteile das neue System bietet.
- Die Erläuterungen müssen an mehreren Tagen wiederholt werden. Dadurch, dass die Nachricht mehrfach zu hören ist, erlangt sie mehr Wichtigkeit und setzt sich tiefer in das Bewusstsein der Mitarbeiter. Zudem ist das die einzige Möglichkeit, um zu erreichen, dass wirklich alle Mitarbeiter die Informationen aus erster Hand bekommen.
- Zum Start muss es eine offizielle Einführung geben. Damit wird das neue System nicht „unter der Hand" eingeführt, sondern erhält auch symbolisch besondere Bedeutung.
- Auch nach dem Start des neuen Systems ist es wichtig, den Mitarbeitern immer wieder die Bedeutung des neuen Systems darzulegen.

Eine Sonderform des kontinuierlichen Einsatzes stellt die Organisationsform des Primary Nursing dar. Hier ist festgelegt, dass es für jeden Patienten über alle Schichten hinweg eine feste verantwortliche Pflegekraft gibt, die den Überblick über den Patienten behält, dessen pflegerische Maßnahmen steuert und hauptverantwortlich den Informationsaustausch mit dem Stations- und Oberarzt pflegt. Dieses Konzept vermeidet ebenfalls Informationsverluste bzw. informationsbezogene Rüstzeiten durch häufigen Wechsel der Ansprechpartner. Für eine wirksame Umsetzung des Primary-Nursing-Systems, empfiehlt sich ebenfalls eine kontinuierliche Einsatzplanung. Am besten funktioniert ein Primary-Nursing-System, wenn die Dienstzeiten der Primary-Nursing-Pflegekräfte an die der Ärzte angepasst sind.

8.7.2 Anpassung der Dienstzeiten der Pflege an die der Ärzte

Wie gut die Behandlung der Patienten auf Station gelingt, hängt wesentlich von der Zusammenarbeit zwischen Ärzten und Pflegekräften ab. Diese Zusammenarbeit wird jedoch dadurch erschwert, dass die Dienstzeiten der Ärzte und die der Pflegekräfte asynchron zueinander verlaufen. Die Pflegekräfte treten ihren Dienst in den meisten Krankenhäusern um 6:00 Uhr an, die Ärzte je nach Fachrichtung zwischen 7:00 und 8:00 Uhr. Zwischen 13:30 und 14:00 Uhr wird der Frühdienst der Pflege durch den Spätdienst abgelöst, während die Ärzte die Klinik planmäßig zwischen 15:30 und 16:30 Uhr verlassen.

In einigen Krankenhäusern hat die Pflege ihre Dienstzeiten umgestellt. Hier beginnt und beendet der Großteil der Pflegekräfte seinen Dienst zu den gleichen Zeiten wie die Ärzte.

Dieses System sei am Beispiel einer internistischen Station veranschaulicht. Angenommen, die examinierte pflegerische Besetzung dieser Station habe bisher bei 4-4-2 gelegen. Weiterhin sei unterstellt, dass die Ärzte von 8:00 bis 16:30 Uhr im Krankenhaus sind. Die Umstellung des Dienstplans erfolgt nun in folgenden Schritten:

1. Der Nachtdienst bleibt unverändert.
2. Vor 8:00 Uhr und nach 16:15 Uhr wird jeweils nur eine examinierte Pflegekraft eingesetzt. In dieser Zeit wird sie durch Hilfskräfte unterstützt.
3. Idealerweise arbeiten die Hilfskräfte morgens nur von 6:00 bis 8:30 Uhr und von 16:15 Uhr bis zum Beginn des Nachtdienstes. Anstatt nach Hause zu gehen, könnten die Hilfskräfte ab 8:30 Uhr auch andere Aufgaben übernehmen, z. B. Transportdienst, Stationssekretariat, Besetzung des Tresens im Ambulanzzentrum, der Zentralen Aufnahme oder der Notaufnahme oder Übernahme des Belegungsmanagements.
4. Die examinierten Pflegekräfte, die nach Abzug der Personalkosten für die zusätzlich eingesetzten Hilfskräfte finanziert werden können, werden alle in der Kernarbeitszeit ab 8:00 Uhr eingesetzt.

Im dargestellten Beispiel würden die Pflegekräfte vor 8:00 und nach 16:15 Uhr durch jeweils drei Hilfskräfte ersetzt. Angenommen, die Personalkosten einer Hilfskraft liegen bei zwei Drittel der Kosten für eine examinierte Pflegekraft, so ergibt sich die Möglichkeit, kostenneutral zwischen 8:00 und 16:15 Uhr fünf Pflegekräfte parallel einzusetzen. Es wird also kostenneutral eine zusätzliche Pflegekraft für die Hauptarbeitszeit gewonnen (Abb. 8.2).

Ein weiterer Arbeitszeitgewinn stellt sich dadurch ein, dass keine Mittagsübergabe zwischen acht Pflegekräften stattfindet. Geht man davon aus, dass die Mittagsübergabe 30 min dauert, entsteht ein Arbeitszeitverlust von insgesamt vier Stunden. Stattdessen erfolgt eine Übergabe zwischen Kernteam und den einzelnen Pflegekräften im Früh- bzw. Spätdienst. Da die wesentlichen Tätigkeiten bis zur Übergabe an den Spätdienst bereits erledigt sind, ist davon auszugehen, dass die Übergabe um 16:00 Uhr deutlich kürzer ist.

Je nach Arbeitsorganisation kann das hier vorgestellte Grundmodell noch in einigen Aspekten angepasst werden.

- In manchen Krankenhäusern werden ab 19:00 Uhr gar nicht mehr so viele Pflege- oder Hilfskräfte benötigt. Eine der späten Hilfskräfte könnte also eventuell früher gehen. Stattdessen könnte am frühen Morgen eine weitere Hilfskraft zum Frühdienst kommen.
- Dass die Frühschicht in der Pflege in den meisten Krankenhäusern um 6:30 Uhr morgens anfängt, ist nicht an den Patientenbedürfnissen orientiert, sondern dem Anliegen geschuldet, Früh- und Spätdienst möglichst weit auseinanderzuziehen. Mit dem Einsatz der Hilfskräfte fällt dieser Aspekt weg, sodass der Dienstbeginn der Hilfskräfte auch auf 7:00 Uhr verlegt werden könnte.
- Im oben dargestellten Beispiel haben die späten Hilfskräfte eine Dienstlänge von 5,75 h. Verlängert man die Dienstlänge auf 6,5 h gewinnt man 45 min Anwesenheit bei nur 15 min zusätzlicher Arbeitszeit.
- Um eine direkte Übergabe zwischen Nacht- und Kerndienst zu erreichen, könnte der Nachtdienst bis zum Beginn des Kerndienstes verlängert werden. Dieses Modell sollte auf jeden Fall Anwendung finden, wenn es sich um eine chirurgische Station handelt, auf der der Kerndienst bereits zwischen 7:00 und 7:15 Uhr beginnt.

Neben der optimierten Abstimmung mit dem Ärztlichen Dienst liegt ein Vorteil des hier dargestellten Dienstmodells darin, dass es sich besonders gut für die Umsetzung von Primary-Nursing-Konzepten eignet. Hier liegt es nahe, die pflegerische Verantwortung für die einzelnen Patienten zwischen den Pflegekräften im Kerndienst zu verteilen.

▶ **Fußnote:** Ab einer Dienstlänge von sechs Stunden ist eine halbe Stunde Pause einzurechnen. Dadurch besteht ein Dienst mit einer Länge von 6,5 h aus nur 6 h Arbeitszeit.

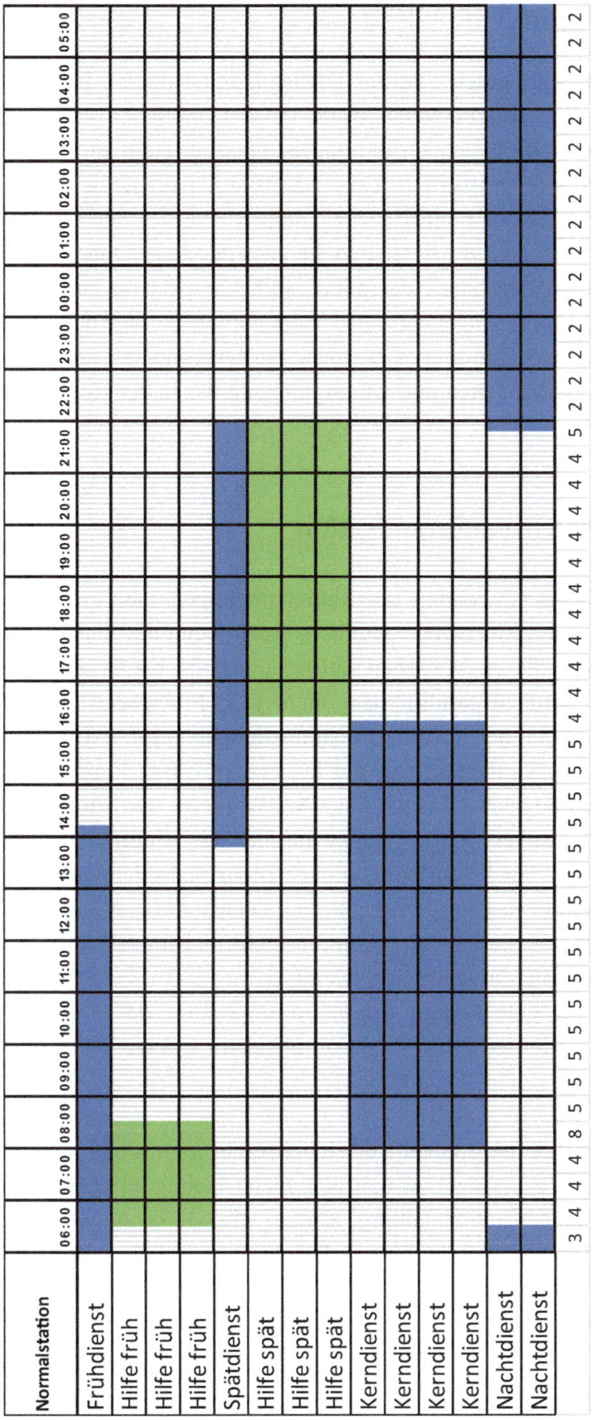

Abb. 8.2 Beispiel für einen Tagesplan für Pflegekräfte

8.7.3 Langfristige Dienstplanung

Ein weiteres Merkmal eines guten Stations-Dienstplans ist dessen langfristige Planung. Ein strukturiertes System zum Personaleinsatz muss nicht jeden Monat neu erfunden werden. Der Dienstplan kann gleich für ein ganzes Quartal, Halbjahr oder Jahr geschrieben werden. Durch die hier propagierte Einsatzkontinuität ist sowieso lange im Voraus klar, wer wann arbeitet. Dabei können trotz allem monatlich noch Anpassungen vorgenommen werden. Stellt sich zum Beispiel heraus, dass die Operateure wegen eines Kongresses mehrere Tage lang stark dezimiert sind, kann davon ausgegangen werden, dass die Belegung deutlich geringer ist. Also kann für diese Tage ggf. eine der Pflegekräfte aus der Schicht herausgenommen werden, um Überstunden abzubauen. Auch auf Beschäftigungsverbote, Elternzeiten und Kündigungen muss in der Regel noch unterjährig reagiert werden.

8.7.4 Zentrale Dienstplanorganisation

In vielen Krankenhäusern verwenden die Stationsleitungen mehrere Tage darauf, den Dienstplan für den nächsten Monat zu schreiben. Auch wenn die Stationsleitungen nachvollziehbare Gründe für dieses Vorgehen anführen, ist es hochgradig ineffizient. Als häufigste Begründung wird aufgeführt, dass nicht jede Pflegekraft gleich erfahren ist. Daher tariert die Stationsleitung, die die Leistungsfähigkeit ihrer Mitarbeiter gut kennt, den Dienstplan so aus, dass eine weniger gut einsetzbare Pflegekraft immer gemeinsam mit einer erfahreneren Pflegekraft Dienst hat. Des Weiteren wird oft eingewendet, dass es durch die vielen Dienstfrei- und Urlaubswünsche der Mitarbeiter extrem schwierig ist, anstelle eines Flickenteppichs ein einheitliches Dienstplanschema durchzuziehen. Die zeitlich extrem ausgedehnte Beschäftigung mit dem Dienstplan liegt aber auch daran, dass es eine Tätigkeit ist, die die Stationsleitungen nur zwölfmal im Jahr durchführen und bei der sich nicht alle Stationsleitungen gleich leichttun.

Auch hier gibt es eine gute Lösung. Es ist zu empfehlen, das Thema Dienstplanung an eine zentrale Stabsstelle der Pflegedirektion abgeben. Dieses Vorgehen hat folgende Vorteile:

- Die Stabsstelle Dienstplanung erstellt den Dienstplan nicht nur für eine, sondern für alle Stationen. Dadurch erlangt sie deutlich mehr Übung in dieser administrativen Tätigkeit als die einzelne Stationsleitung. Zudem wird diese Stabsstelle sicherlich mit einer Arbeitskraft besetzt, der das Thema Dienstplanung liegt. Wichtig ist allerdings auch, dass der Stelleninhaber eine mitarbeiterorientierte Kommunikation pflegt.
- Die Stabsstelle Dienstplanung sitzt von den Pflegekräften der Station weiter entfernt als die Stationsleitung. Zudem arbeitet sie nicht täglich mit den Pflegekräften der Station zusammen und befindet sich dadurch in keinem gegenseitigen Abhängigkeitsverhältnis.

Dadurch wird für die Stationsmitarbeiter bereits psychologisch die Hürde größer, mit dienstplanbezogenen Sonderwünschen an die Stabsstelle heranzutreten.

- Es soll Krankenhäuser geben, in denen einzelne Stationsleitungen die Dienstplanung als Machtinstrument missbrauchen. Hier werden bestimmte Dienste gezielt an einzelne missliebige Mitarbeiter verteilt. Ein solches, angeblich oft willkürliches Vorgehen kann nicht im Sinne des Krankenhauses sein. Durch eine zentrale Stabstelle wird dem beschriebenen Vorgehen der Boden entzogen.

In größeren Krankenhäusern kann in Erwägung gezogen werden, zentrumsbezogene Dienstplaner zu installieren. Zumindest diese kennen auch die Stärken und Schwächen der einzelnen Mitarbeiter, sodass sie auch die von den Stationsleitungen praktizierte Mischung von unerfahrener mit erfahrener Pflegekraft berücksichtigen können. Allerdings muss an dieser Stelle betont werden, dass es Aufgabe der Stations- und der Pflegedienstleitung ist, Pflegekräfte mit lückenhaften Kompetenzen so zu schulen, dass sie nicht mehr auf die Begleitung durch erfahrene Pflegekräfte angewiesen sind. Ein Vorgehen, das unzureichend ausgeprägte Kompetenzen durch darauf abgestimmte Dienstplanung kompensiert, kann keine Dauerlösung sein.

Eine Stabsstelle Dienstplanung lässt sich relativ leicht dadurch finanzieren, dass die Freistellung der Stationsleitungen reduziert wird. Sofern die Freistellung einzelner Stationsleitungen vorher nicht ausreichend war, um die Dienstplanung vorzunehmen, wird sich die Stabsstelle durch eine deutliche Reduzierung der Überstunden refinanzieren. Je nach Größe des Krankenhauses kann die Stabsstelle zusätzlich noch weitere Aufgaben übernehmen. Die Dienstplanung ist nicht in jedem Krankenhaus ein Vollzeit-Job.

8.7.5 Vorhersehbare Minderbelegung

Viele Krankenhäuser richten ihre Dienstplanung stets auf eine Vollbelegung aus. Tatsächlich ist es auch kaum vorhersehbar, an welchem Tag wie viele Betten belegt sein werden. Jedoch gibt es ein paar Tage im Jahr, bei denen abzusehen ist, dass die Belegung weniger hoch sein wird. Für diese Tage kann die Pflege bereits bei der Dienstplanung mit weniger Personal planen, damit nicht kurzfristig Mitarbeiter überredet werden müssen, zu Hause zu bleiben.

Dass die Weihnachtszeit weniger Belegung mit sich bringt, wird in jedem Krankenhaus berücksichtigt. Oft werden hier sogar ganze Stationen geschlossen. Es gibt aber auch noch andere Tage, an denen es in den meisten Krankenhäusern ausreicht, mit einer Wochenendbesetzung zu planen. Dazu gehören insbesondere die Brückentage sowie die an die Osterfeiertage angrenzenden Tage. An diesen Tagen ist die Belegung selten höher als an Wochenendtagen.

In chirurgischen Fachabteilungen sowie in internistischen Abteilungen, die ausgiebig invasiv tätig sind, sind auch Kongresstage von großer Bedeutung. In vielen Krankenhäusern reisen die Ärzte in großer Zahl auf die Kongresse ihrer Fachgesellschaften, sodass das OP-Programm stark ausgedünnt ist. Daraus ergibt sich auch für die Pflege eine deutlich reduzierte Belastungssituation, die durch entsprechend schmalere Einsatzplanung normalisiert werden kann.

Hinzu kommen fachabteilungsspezifische saisonale Schwankungen, von denen einige nachfolgend beschrieben werden:

- Orthopädie: Orthopädische Kliniken haben vorwiegend elektive Patienten. Diese nehmen weniger OP-Termine in Ferienzeiten an, sodass Orthopädische Kliniken während der Oster-, Sommer-, Herbst- und Weihnachtsferien vorhersehbar weniger belegt sind.
- Pneumologie: Die Beschwerden pneumologisch erkrankter Patienten sind in den Wintermonaten stärker als in den Sommermonaten. Zudem ist in den Sommerferien ein größerer Teil der niedergelassenen Fachärzte in Urlaub, sodass Pneumologische Fachabteilungen im Sommer regelmäßig Belegungslöcher verzeichnen.
- Thoraxchirurgie: Die Thoraxchirurgie ist wesentlich von der Vorarbeit der Pneumologien abhängig. In den meisten Fällen wird dort der Lungenkrebs diagnostiziert, der später in der Thoraxchirurgie behandelt wird. Dadurch ist das „Sommerloch" der Pneumologie um zwei bis drei Monate verzögert und führt zu einem „Herbstloch".

8.7.6 Vorhersehbare Minderbesetzung

Manche Personalengpässe sind vorhersehbar. Das gilt insbesondere für Elternzeiten und Kündigungen. In diesen Fällen ist der bevorstehende Personalausfall bereits Monate vorher bekannt und kann in den Personalplanungen berücksichtigt werden. Hierfür ist natürlich ein gut geführtes Personal-Berichtswesen unerlässlich. Auch wenn diese Aufgabe in einigen Krankenhäusern vom Pflegedienst übernommen wird, ist die Registrierung und übersichtliche Aufbereitung von bevorstehenden Ein- und Austritten zweifellos Aufgabe der Personalabteilung.

Bei schwangeren Pflegekräften ist es so, dass die meisten am Patienten tätigen Pflegekräfte bereits deutlich vor Beginn des Mutterschutzes ins Beschäftigungsverbot gehen. Ist das Personal knapp, kann bei diesen Pflegekräften in Erwägung gezogen werden, ob sie in Bereichen eingesetzt werden können, in denen sie nicht mit infektiösen Patienten in Kontakt kommen. Dafür kommen auch teils administrative Tätigkeiten in Betracht, solange dieser Einsatzbereich die Refinanzierung über das Pflegebudget nicht gefährdet.

Personalengpässe treten in vielen Krankenhäusern regelmäßig im März und im September auf. Es ist nämlich so, dass im April und im Oktober die neuen Pflegeschüler auf Station kommen. Daher nehmen die meisten Krankenhäuser in den Monaten direkt davor keine Neueinstellungen vor. Das führt dazu, dass der Pflegedienst im März und September oft unterbesetzt ist.

Um dem entgegenzusteuern, ist es sinnvoll, die planbaren Abwesenheiten der Pflegekräfte in diesen beiden Monaten möglichst niedrig zu halten. Dadurch stehen nominell mehr Pflegekräfte zur Verfügung, sodass die Personalstärke auch noch nach dem Abgang oder Ausfall einiger Pflegekräfte ausreichend ist. Gerade im September wird das den Urlaubswünschen einiger Pflegekräfte zuwiderlaufen. Es ist jedoch wichtiger, personell solide aufgestellt zu sein als die Personaleinsatzplanung primär an den Urlaubswünschen der Pflegekräfte auszurichten. Anders ausgedrückt, passend zum Leitbild vieler Krankenhäuser sollte auch bei der Urlaubsplanung der Patient im Mittelpunkt des Handelns stehen.

8.7.7 Planung bei Leasingkräften

Gerade in Großstädten herrscht ein enormer Mangel an Pflegefachkräften. Dieser wird gleichzeitig vergrößert und gelindert dadurch, dass es hier in der Regel Anbieter von pflegerischem Leasingpersonal gibt, die dem Krankenhaus-Arbeitsmarkt zunächst Pflegekräfte entziehen, um sie ihm anschließend punktuell und bedarfsgerecht zurückzugeben. Was in dieser Beschreibung auf den ersten Blick gar nicht so schlecht klingt, erweist sich in der Praxis jedoch oft völlig anders. Den Krankenhäusern fehlen nicht nur punktuell, sondern dauerhaft Pflegekräfte, sodass sie täglich mehrere Leasingkräfte im Einsatz haben.

Leasingkräfte kosten ein Krankenhaus etwa ein bis zwei Drittel mehr als eine eigene Pflegekraft. Weitere Kosten entstehen, wenn die Leasingkraft in der Nacht und/oder am Wochenende oder an Feiertagen eingesetzt wird. Hier fallen in der Regel weitere Zuschläge von bis zu 100 % an. Dabei variieren die Preise zwischen verschiedenen Leasingfirmen enorm. Des Weiteren ist zu beachten, welche Stornokonditionen die Leasingfirma bietet. Manche Leasingfirmen lassen ein Storno nur mit einem Vorlauf von mehreren Tagen zu. Bei Wochenend-Einsätzen ist bei manchen Leasingfirmen sogar gar kein Storno möglich.

Mit Blick auf die Arbeitsqualität müssen sich Leasingkräfte damit zurechtfinden, dass sie nur Lückenfüller sind. Dadurch entsteht für sie keine Einsatzkontinuität, sodass sie unter allen oben beschriebenen Nachteilen leiden (Abschn. 8.7).

Welche Hinweise sind wichtig im Umgang mit Leasingkräften? In zahlreichen Krankenhäusern ist zu beobachten, dass Leasingkräfte überdurchschnittlich oft in der Nacht und am Wochenende eingesetzt werden. Damit entlasten sie zwar das eigene Pflegepersonal von unbeliebten Diensten. Jedoch werden die sowieso schon höheren Ausgaben durch Leasingkraft-Dienste mit Zuschlag noch zusätzlich erhöht. Das Pflegebudget refinanziert jedoch nur Kosten in Höhe einer selbst angestellten Pflegekraft. Daher sollten

Leasingkräfte höchstens in durchschnittlichem Maße in den zuschlagspflichtigen Diensten eingesetzt werden.

8.8 Die Operative Personalsteuerung sollte belegungsabhängig erfolgen

Auswertungen über mehr als einhundert Stationen hinweg haben gezeigt, dass es, mit Ausnahme einzelner, sehr seltener Regelmäßigkeiten (Ausnahmen sind weiter oben im Text beschrieben), keine verlässlichen Muster gibt, über die sich die Belegung einer Station bereits Wochen oder Monate im Voraus prognostizieren lässt. Das Schaubild in Abb. 8.3 zeigt den typischen Belegungsverlauf, der von großen Schwankungen und kaum erkennbaren Regelmäßigkeiten geprägt ist.

Angesichts dessen, dass die Höhe der zukünftigen Belegung tatsächlich kaum vorhersehbar ist, werden Dienstpläne in der Regel an einer vollbelegten Station ausgerichtet. Dieses Vorgehen folgt der Annahme, dass es leichter ist, kurzfristig Mitarbeiter ins Frei zu schicken, als welche aus dem Frei zu holen.

Eine auf Vollbelegung ausgerichtete Dienstplanung führt in zwei von vier Fällen zu einer adäquaten Besetzung:

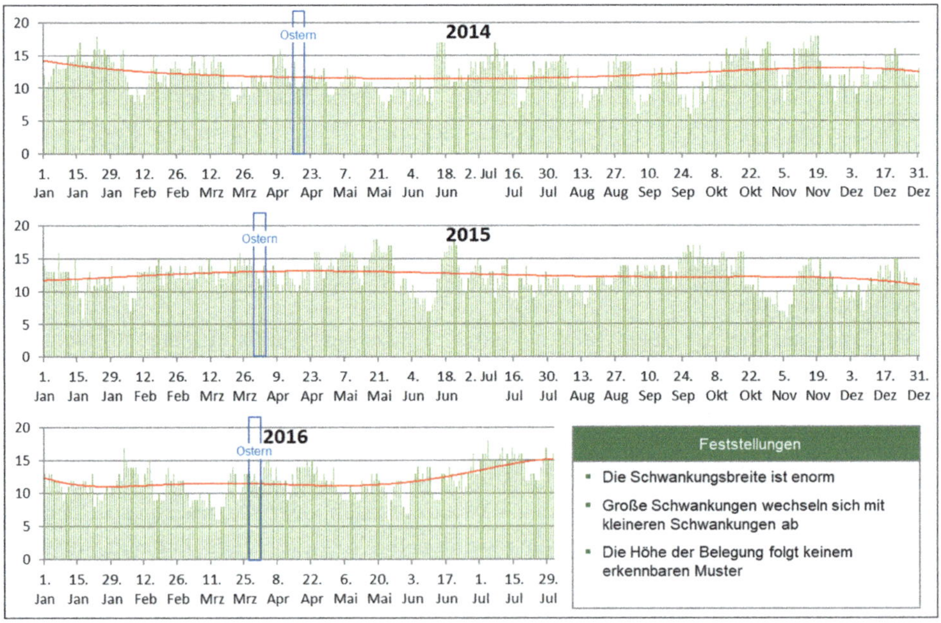

Abb. 8.3 Belegungsverlauf einer Station

		Szenarien bei einer an Vollbelegung orientierten Dienstplanung	
Belegung	Hoch	2. Unterbesetzung	1. adäquate Besetzung
	Niedrig	3. adäquate Besetzung	4. Überbesetzung
		Krankheitsausfall	Kein Ausfall
		Pflegepersonal	

Daher benötigt das pflegerische Management weitere Instrumente, um den pflegerischen Einsatz sinnvoll zu steuern. Für das Szenario 2 wird ein Ausfallmanagement benötigt, das es erlaubt, adäquaten Ersatz für kurzfristig ausgefallene Mitarbeiter zu schaffen. Das Szenario 4 kann über das Konzept der Belegungsabhängigen Personalsteuerung angegangen werden.

8.8.1 Belegungsabhängige Personalsteuerung

Das Konzept der Belegungsabhängigen Personalsteuerung geht auf eine Entwicklung der Unternehmensberatung ZEQ zurück. Es entstand aus der Beobachtung heraus, dass fast alle Stationsleitungen wesentlich stärker darum bemüht sind, nicht zu wenig Personal auf Station zu haben als zu vermeiden, dass zu viel Personal im Einsatz ist. Eine hohe Belegung führt zu sogenannten Belastungsspitzen, eine niedrige Belegung zu Belastungstälern. Während der Begriff der Belastungsspitzen in der täglichen krankenhausinternen Konversation allgegenwärtig ist, ist von Belastungstälern praktisch nie die Rede. Von außen betrachtet erscheint das umso mehr erstaunlich, als es Bergspitzen ja nur dort geben kann, wo es auch Täler gibt.

Die Erklärungen für dieses Phänomen sind in der Praxis vielfältig. So wird angeführt, dass die Belastung in den sogenannten Belastungstälern nicht etwa niedrig, sondern immer noch hoch, nur nicht extrem hoch, sei. Andere wenden ein, dass man auch einmal „durchschnaufen“ können müsse. Und dafür seien die Zeiten geringerer Belastung geeignet. Wieder andere weisen darauf hin, dass man nie sicher wisse, wie lange ein Zeitraum mit geringerer Belastung andauert, weil jederzeit der „Bus“ mit Notfällen vor dem Krankenhaus stehen könne.

Letzten Endes ist es aber mittlerweile in fast allen Krankenhäusern so, dass das Pflegepersonal so knapp ist, dass es zu den Zeiten benötigt wird, in denen die Betten tatsächlich belegt sind. Eine Station, die überbesetzt ist, verbraucht hingegen Personalressourcen, die sehr wahrscheinlich in den Zeiten fehlen, in denen hoher Personalausfall oder eine hohe Bettenbelegung besteht.

Aus diesem Grund muss es das Ziel jeder Personaleinsatzplanung sein, immer eine adäquate Personalbesetzung auf Station vorzuhalten, also mehr Personal bei hohem und weniger Personal bei niedrigerem Arbeitsanfall. Hier setzt das Konzept der Belegungsabhängigen Personalsteuerung an.

Grob zusammengefasst gibt die Belegungsabhängige Personalsteuerung den Pflegedienst- und Stationsleitungen ein System an die Hand, das es ihnen relativ einfach ermöglicht zu entscheiden, wie viel Pflegepersonal in welcher Schicht im Einsatz sein sollte.

Dabei wird für jede Station individuell festgelegt, welcher Betreuungsschlüssel für die dort versorgten Patienten angemessen ist. Für eine gefäßchirurgische Station könnte dieser Schlüssel im Frühdienst zum Beispiel bei 1:9 liegen. Ein Schlüssel von 1:8 und 1:10 gilt dann auch noch als adäquat. Alle Schlüssel, die darüber oder darunterliegen, gelten als unangemessen. Dabei kann man noch eine weitere Abstufung vornehmen, ob der Schlüssel als „unangemessen, aber noch hinnehmbar" oder als „unangemessen und nicht hinnehmbar" klassifiziert wird. Selbstverständlich ist dabei die Mindestbesetzung zu beachten, die sich aus der Pflegepersonaluntergrenzen-Verordnung ergibt.

Liegt der Betreuungsschlüssel „unangemessen hoch", so haben die Pflegedienst- oder die Stationsleitung die Aufgabe, einen weiteren Mitarbeiter zu finden, der zusätzlich auf der Station eingesetzt werden kann. Ist der Betreuungsschlüssel gleichzeitig als „nicht hinnehmbar" klassifiziert und es findet sich keine Pflegekraft, die die Station unterstützen kann, so müssen so viele Betten geschlossen werden, dass der Betreuungsschlüssel zumindest wieder als hinnehmbar bezeichnet werden kann.

Liegt der Betreuungsschlüssel „unangemessen niedrig", so hat die Pflegedienst- oder die Stationsleitung die Aufgabe, einen oder mehrere Mitarbeiter ins Frei zu schicken oder auf einer Station einzusetzen, die unterbesetzt ist. Sofern Leasingmitarbeiter auf dem Plan stehen, sollten sie umgehend abbestellt werden.

Die Abb. 8.4 vermittelt einen Eindruck, wie die Tableaus zur Belegungsabhängigen Personalsteuerung aussehen können. In diesem Beispiel wird davon ausgegangen, dass die Stationsleitung täglich 20 % ihrer Zeit mit Leitungsaufgaben verbringt und dadurch nur zu 80 % für die Patientenversorgung zur Verfügung steht:

Wie funktioniert die Belegungsabhängige Personalsteuerung in der Praxis? Die Stations- oder Pflegedienstleitung analysiert dreimal pro Woche, besser noch: täglich, die aktuelle Entwicklung der Belegung. Wesentliche Kenngrößen sind dabei die aktuelle Belegung, die geplanten Aufnahmen in den kommenden Tagen, die geplanten Entlassungen in den kommenden Tagen sowie die durchschnittliche Anzahl an Zugängen über die Notaufnahme pro Tag. Aus diesen Informationen lässt sich ableiten, wie hoch die Belegung in den nächsten Tagen sein wird und welche Personalstärke dafür nötig ist.

In der Praxis wird gerne eingewendet, dass die Belegung alleine kein ausreichendes Maß sei, um die Betreuungsintensität der Patienten zu bewerten. In der Tat stellt das vorliegende System den A1/S1-Patienten dem isolierten A3/S3-Patienten gleich. Allerdings findet eine Einstufung der Patienten nach PPR in der Regel nur einmal täglich statt, ist im Krankenhausinformationssystem weniger übersichtlich dargestellt als die Belegungsübersicht (wenn überhaupt) und im Handling relativ aufwendig. Zudem kann eine PPR-Einstufung auch nicht diejenigen Patienten einbeziehen, die noch gar nicht aufgenommen sind. Es bliebe also in jedem Fall eine große Ungenauigkeit. Das wichtigste

WERKTAGE: Frühdienst inkl. Leitung (80%)						
bel. Betten	Besetzung	Schlüssel	Besetzung	Schlüssel	Besetzung	Schlüssel
37	4,8	1 : 7,7	3,8	1 : 9,7	2,8	1 : 13,2
36	4,8	1 : 7,5	3,8	1 : 9,5	2,8	1 : 12,9
35	4,8	1 : 7,3	3,8	1 : 9,2	2,8	1 : 12,5
34	4,8	1 : 7,1	3,8	1 : 8,9	2,8	1 : 12,1
33	4,8	1 : 6,9	3,8	1 : 8,7	2,8	1 : 11,8
32	4,8	1 : 6,7	3,8	1 : 8,4	2,8	1 : 11,4
31	4,8	1 : 6,5	3,8	1 : 8,2	2,8	1 : 11,1
30	4,8	1 : 6,3	3,8	1 : 7,9	2,8	1 : 10,7
29	4,8	1 : 6,0	3,8	1 : 7,6	2,8	1 : 10,4
28	4,8	1 : 5,8	3,8	1 : 7,4	2,8	1 : 10,0
27	4,8	1 : 5,6	3,8	1 : 7,1	2,8	1 : 9,6
26	4,8	1 : 5,4	3,8	1 : 6,8	2,8	1 : 9,3
25	4,8	1 : 5,2	3,8	1 : 6,6	2,8	1 : 8,9
24	4,8	1 : 5,0	3,8	1 : 6,3	2,8	1 : 8,6
23	4,8	1 : 4,8	3,8	1 : 6,1	2,8	1 : 8,2
22	4,8	1 : 4,6	3,8	1 : 5,8	2,8	1 : 7,9
21	4,8	1 : 4,4	3,8	1 : 5,5	2,8	1 : 7,5
20	4,8	1 : 4,2	3,8	1 : 5,3	2,8	1 : 7,1
19	4,8	1 : 4,0	3,8	1 : 5,0	2,8	1 : 6,8
18						
17						
16						
15						
14						
13						
12	4,8	1 : 2,5	3,8	1 : 3,2	2,8	1 : 4,3

WERKTAGE: Spätdienst				
bel. Betten	Besetzung	Schlüssel	Besetzung	Schlüssel
37	2	1 : 18,5	1	1 : 37,0
36	2	1 : 18,0	1	1 : 36,0
35	2	1 : 17,5	1	1 : 35,0
34	2	1 : 17,0	1	1 : 34,0
33	2	1 : 16,5	1	1 : 33,0
32	2	1 : 16,0	1	1 : 32,0
31	2	1 : 15,5	1	1 : 31,0
30	2	1 : 15,0	1	1 : 30,0
29	2	1 : 14,5	1	1 : 29,0
28	2	1 : 14,0	1	1 : 28,0
27	2	1 : 13,5	1	1 : 27,0
26	2	1 : 13,0	1	1 : 26,0
25	2	1 : 12,5	1	1 : 25,0
24	2	1 : 12,0	1	1 : 24,0
23	2	1 : 11,5	1	1 : 23,0
22	2	1 : 11,0	1	1 : 22,0
21	2	1 : 10,5	1	1 : 21,0
20	2	1 : 10,0	1	1 : 20,0
19	2	1 : 9,5	1	1 : 19,0
	2	1 : 9,0	1	1 : 18,0
	2	1 : 8,5	1	1 : 17,0
	2	1 : 8,0	1	1 : 16,0
	2	1 : 7,5	1	1 : 15,0
	2	1 : 7,0	1	1 : 14,0
	2	1 : 6,5	1	1 : 13,0
12	2	1 : 6,0	1	1 : 12,0

1 : x (grün)	Betreuungsschlüssel liegt im Zielkorridor
1 : x (gelb)	Betreuungsschlüssel liegt etwas über oder unter dem Zielkorridor, ist zur Not aber hinnehmbar.
1 : x (rot)	Betreuungsschlüssel liegt deutlich über oder unter dem Zielkorridor. Der Betreuungsschlüssel sollte unbedingt durch Reduzierung der Schichtbesetzung (falls über Zielkorridor) oder Hinzugabe eines zusätzlichen Mitarbeiters zur Station (falls unter dem Zielkorridor) an den Zielkorridor herangebracht werden.

Abb. 8.4 Belegungsabhängige Personalsteuerung

Argument ist folgendes: Eine Orientierung der Personaleinsatzsteuerung an der PPR würde dem Pflegepersonal einen Anreiz zu einem Upcoding setzen, weil eine höhere PPR-Einstufung zu mehr Personal – und damit zu weniger Arbeit für den Einzelnen – führt. Das kann nicht beabsichtigt sein.

Einstufung nach der PPR (Pflege-Personalregelung), bei der die Patienten in den Kategorien „Allgemeine Pflege" und „Spezielle Pflege" jeweils in einer Dreier-Skala hinsichtlich ihres Pflegebedarfs eingeschätzt werden.

Die Bettenbelegung hingegen ist eine Größe, die relativ leicht objektiv einschätzbar ist und bei einer aktiven Verweildauersteuerung keinem Manipulationsverdacht unterliegt. Wichtig ist allerdings, dass die Patienten unmittelbar nach ihrer Entlassung auch tatsächlich im Krankenhausinformationssystem als entlassen gekennzeichnet werden.

Folgende Voraussetzungen müssen geschaffen werden, damit die Belegungsabhängige Personalsteuerung funktioniert:

- Funktionierende Entlassplanung: Der Ärztliche Dienst macht frühzeitig transparent, für welchen Patienten wann die Entlassung geplant ist.
- Aktives Verweildauermanagement: Es wird darauf hingewirkt, dass Patienten nach möglichst kurzer Liegezeit entlassen werden.
- Funktionierendes Entlassmanagement: Am Entlasstag verlässt der Patient möglichst früh das Krankenhaus.

Zudem ist es Aufgabe der Pflegedienstleitung, bei den Mitarbeitern und deren Vertretungen Verständnis dafür zu wecken, dass eine gewisse Flexibilität bei der Einsatzplanung zum Wohle aller ist und eine adäquatere Besetzung in Zeiten mit Belastungsspitzen ermöglicht. Dabei baut die Belegungsabhängige Personalsteuerung nicht darauf, dass Mitarbeiter kurzfristig einspringen, sondern nur darauf, dass sie kurzfristig zu Hause bleiben bzw. früher nach Hause gehen.

Der wirtschaftliche Effekt einer konsequenten Belegungsabhängigen Personalsteuerung ist enorm. Berechnungen haben ergeben, dass in einem Krankenhaus mit 250 Betten durch eine Belegungsabhängige Personalsteuerung etwa 425 T€ Personalkosten pro Jahr eingespart worden sind (interne Berechnungsdaten ZEQ AG).

Auf Nachfrage erfährt man in jedem Krankenhaus von dessen Pflegedienstleitung, dass das Personal nach dem Bedarf gesteuert werde. Ohne dass es dafür ein explizites Tableau gebe, werden Mitarbeiter im Einvernehmen mit den Stationsleitungen nach Hause geschickt bzw. zu Hause gelassen, wenn es die Arbeitssituation auf Station erlaubt. Dieses Vorgehen ist aber weit entfernt von einer konsequenten Belegungsabhängigen Personalsteuerung! Der aufgeführte Effekt von über 400 T€ p. a. kommt zu den Effekten der bis dahin ausgeübten Personalsteuerung hinzu.

In vielen Krankenhäusern ist es sinnvoll und notwendig, eine Betriebsvereinbarung mit der Personalvertretung zu schließen, um zu regeln, wie spontan der Arbeitgeber einseitig einen Dienst ausfallen lassen darf.

8.8.2 Management von Überstunden

Überstunden entstehen in jedem Unternehmen, so auch im Krankenhaus. Das ist per se nichts Schlechtes, sondern einfach die Konsequenz daraus, dass sich das tägliche Arbeitsvolumen nicht so perfekt steuern lässt, dass es an allen 220 Arbeitstagen im Jahr exakt zum Schichtende erledigt ist. Allerdings sollte es sowohl im Sinne des Arbeitgebers als auch des Arbeitnehmers sein, das Arbeitsvolumen über das Kalenderjahr so zu verteilen, dass im Durchschnitt nicht mehr als die vertraglich vereinbarte Wochenarbeitszeit zu erbringen war. Mit anderen Worten, Überstunden sollten im Laufe eines Jahres wieder ausgeglichen werden.

Tarifvertraglich wird im Krankenhaus zwischen Überstunden und Mehrarbeit unterschieden. In diesem Kapitel wird stets der umgangssprachlich gebräuchlichere Begriff der Überstunden verwendet, auch wenn eine Aussage im Einzelfall auch oder ausschließlich auf die Mehrarbeit zutreffen sollte.

Grundsätzlich wird im Krankenhaus unterschieden zwischen Überstunden, die ausgezahlt werden und solchen, die auf das Überstundenkonto gehen, um in Freizeit ausgeglichen oder zu einem späteren Zeitpunkt ausgezahlt zu werden. Dabei ist landläufig festzustellen, dass davon ausgegangen wird, Überstunden, die auf dem Überstundenkonto geparkt werden, würden zunächst keine Kosten verursachen. Das ist falsch. Im Rahmen der Jahresabschlusserstellung muss eine Überstunde auf dem Überstundenkonto mit den gleichen Kosten angesetzt werden wie eine ausgezahlte Überstunde. Damit wird erreicht, dass die Kosten der Überstunde demjenigen Jahr zugerechnet werden, in dem sie entstanden sind. Da den Kosten keine Auszahlung gegenübersteht, werden sie gegen eine Rückstellung gebucht. Die Finanzabteilung ist also durch die Buchführungsvorschriften gezwungen, davon auszugehen, dass die Überstunden irgendwann ausgezahlt werden.

Insofern spielt es eine große Rolle, ob Überstunden vor oder nach dem Jahreswechsel abgebaut werden. Überstunden, die vor dem Jahreswechsel abgebaut werden, verringern die im Rahmen des Jahresabschlusses zu bildende Überstunden-Rückstellung und damit die zu buchenden Kosten. Überstunden, die erst nach Jahreswechsel abgebaut werden, gehen unvermindert in den Jahresabschluss ein und verschlechtern das Betriebsergebnis. Zusammenfassend, ausgezahlte und nicht ausgezahlte Überstunden verursachen Kosten in gleicher Höhe.

Trotzdem haben nicht ausgezahlte Überstunden gewisse Vorteile. Zum einen schonen sie natürlich die Liquidität, weil (noch) keine Auszahlung erfolgt. Zum anderen eröffnen Überstundenkonten die Möglichkeit, Überstunden auch wieder abzubauen. In gleicher Weise, wie Überstunden am Jahresende das Betriebsergebnis verschlechtern, verbessern abgebaute Überstunden das Betriebsergebnis. Da für die abgebauten Überstunden kein Geld mehr für eine eventuelle Auszahlung reserviert werden muss, wird die Überstunden-Rückstellung entsprechend gekürzt. Bereits ausgezahlte Überstunden lassen sich hingegen nicht mehr abbauen. Daher bieten Überstundenkonten eine deutlich höhere Flexibilität in der Personalsteuerung.

Im Ärztlichen Dienst füllt sich das Arbeitszeitkonto nicht nur durch Überstunden, sondern auch durch die Bereitschaftsdienste. Auch hier gilt, dass das Ansparen von Überstunden mehr Flexibilität in der Personalsteuerung erlaubt. Allerdings gibt es zahlreiche Krankenhäuser, die zum Beispiel Zeiten des nächtlichen Bereitschaftsdienstes bewusst auszahlen, um den Ärzten zusätzliches Gehalt zukommen zu lassen. Dadurch wird der Arbeitsplatz vor allem für diejenigen Ärzte attraktiver, deren Präferenz darin liegt, mehr zu arbeiten und dafür mehr zu verdienen.

8.9 Der Aufbau von Überstunden muss gesteuert werden

8.9.1 Überstunden durch längeres Arbeiten

Ein Aufbau von Überstunden kann aus verschiedenen Gründen erfolgen. Der Standard-Grund für Überstunden ist der, dass der Mitarbeiter die anfallende Arbeit in der regulären Arbeitszeit nicht bewältigen konnte und dafür Überstunden aufgeschrieben hat. Diese Art von Überstunden fällt relativ häufig im OP und in der Notaufnahme an. Auf Station sind sie seltener zu beobachten. Hier ist bei Anfall von Überstunden stets die Frage nach einer schlechten Organisation zu stellen. Grundsätzlich sollte die Arbeit auf Station nämlich so organisiert sein, dass keine Überstunden anfallen.

Dennoch gibt es Krankenhäuser, in denen auch auf Station regelmäßig Überstunden aufgeschrieben werden. Dies wird von einem schlechten Überstundenmanagement begünstigt. Grundsätzlich ist es Aufgabe des stationsverantwortlichen Oberarztes, die Arbeit auf Station so zu organisieren und anzuleiten, dass dort keine Überstunden anfallen. In gleicher Weise hat die Stationsleitung die Aufgabe, die pflegerischen Prozesse so zu gestalten, dass Überstunden ausbleiben. Sollten trotzdem Überstunden anfallen, ist es Aufgabe des Oberarztes bzw. der Stationsleitung, spätestens am Folgetag deren Gründe und Berechtigung zu hinterfragen. Das setzt einen Prozess voraus, der in vielen Krankenhäusern sehr unzureichend strukturiert ist. Korrekterweise sollte er wie folgt ablaufen (Projektbeispiel für den Ärztlichen Dienst):

Nr.	Prozessschritt	Verantwortlich
1	Der Assistenzarzt erfasst seine Überstunden über einen Überstundenzettel und gibt sie **spätestens am Folgetag** dem Oberarzt	Assistenzarzt
2	Der Oberarzt prüft **täglich** die Richtigkeit der Überstundenzettel seiner Assistenzärzte und unterzeichnet diese Zettel entsprechend	Oberarzt

Nr.	Prozessschritt	Verantwortlich
	…	…
5	Der Chefarzt gibt **am Ende jedes Monats** die Überstunden der Assistenzärzte im Dienstplanprogramm frei	Chefarzt

Entscheidend ist, dass der stationsverantwortliche Oberarzt sich bei der Freizeichnung der Überstunden tatsächlich eingehend damit beschäftigt, ob die Überstunden notwendig waren. Des Weiteren sollte er sich mit der Frage befassen, was zu tun ist, damit beim nächsten Mal nicht wieder Überstunden anfallen. Gerade unerfahrene Ärzte (im Krankenhaus gerne als „junge Ärzte" tituliert) setzen oft mehr Zeit ein als sinnvoll und machen dadurch Überstunden. Auch in diesem Fall ist es Aufgabe des stationsverantwortlichen Oberarztes, dem entgegenzusteuern. Letztlich liegt es auch in der Verantwortung der Oberärzte, darauf zu achten, dass nicht die besonders langsamen Assistenzärzte noch damit belohnt werden, dass sie mehr Geld bekommen als ihre schnelleren Kollegen.

8.9.2 Überstunden durch Einspringen

Ein anderer Fall liegt vor, wenn Überstunden dadurch entstehen, dass Mitarbeiter für ihre Kollegen kurzfristig einspringen. Dieser Dienst kommt auf die bereits per Dienstplan verbrauchte Monats-Sollarbeitszeit obendrauf. Zudem handelt es sich in diesem Fall nicht nur um ein oder zwei Stunden, sondern gleich um eine ganze Dienstlänge, also etwa acht Stunden. Überstunden, die durch Einspringen entstehen, sind kein Zeugnis von schlechter Arbeitsorganisation, sondern bestenfalls ein Hinweis darauf, dass das Ausfallmanagement nicht lückenlos funktioniert. Besonders schwierig wird der Abbau dieser Überstunden, wenn der einspringende Mitarbeiter eine Teilzeitkraft ist. Angenommen, er bekleidet eine 50 %-Stelle und er hat einen Vollzeitmitarbeiter eine Woche lang ersetzt, so müsste er zwei Wochen lang frei nehmen, um die angelaufenen Überstunden wieder abzubauen. In der Praxis ist das oft schwierig umzusetzen.

8.10 Der Abbau von Überstunden wirkt sich auf die Wirtschaftlichkeit aus

8.10.1 Instrumente zum Abbau von Überstunden

Für den Abbau von Überstunden stehen den Krankenhäusern zwei Instrumente zur Verfügung:

- Der stundenweise Abbau von Überstunden

- Der tageweise Abbau von Überstunden

Der stundenweise Abbau von Überstunden kann dadurch erfolgen, dass der Oberarzt oder die Stationsleitung seinen bzw. ihren Mitarbeiter an ruhigen Tagen früher nach Hause schickt. Das bedarf einer guten Einschätzungsfähigkeit durch die entsprechende Führungskraft und der Führungsstärke, den entsprechenden Wunsch dem Mitarbeiter vorzutragen. Arbeitsrechtlich gilt, dass ein „spontanes Früher-nach-Hause-gehen" nur im Einvernehmen mit dem betroffenen Mitarbeiter verabredet werden kann. Insofern bedarf es der notwendigen Überzeugungskraft und Empathie, wenn der Mitarbeiter mit der Maßnahme einverstanden sein soll.

Eine Alternative dazu besteht darin, dass der Mitarbeiter per Dienstplan in kürzeren Diensten eingeteilt wird. Dadurch baut er ebenfalls sukzessive sein Überstundenkonto ab. Gerade in Krankenhäusern, die auch Vollzeitkräfte in kürzeren Diensten einsetzen, bietet sich die Kombination mit Überstundenabbau an, weil dann vermieden wird, dass die kürzeren Dienste zu einer erhöhten Zahl an Einsatztagen führen.

Im Interesse des Arbeitnehmers liegt es eher, Überstundenausgleich über ganze Tage vorzunehmen. Auf diese Weise ist es möglich, den Urlaub zu verlängern oder einfach mal zwischendurch freizunehmen und durchzuatmen. Ein Überstundenausgleich hat jedoch nicht den Zweck, die Urlaubsgestaltung zu verschönern. Es geht nur darum, den Mitarbeiter auf seine eigentliche Soll-Arbeitszeit zurückzuführen. Insofern bieten sich ganze Ausgleichstage besonders im Rahmen einer Belegungsabhängigen Personalsteuerung an.

Als Grundsatz kann folgende Faustregel empfohlen werden: Überstunden, die durch ein verspätetes Dienstende entstanden sind, sollen auch stundenweise abgebaut werden. Überstunden, die durch Einspringen entstanden sind, werden in ganzen Tagen abgefeiert. Eine Variante zu dieser Regel könnte so aussehen, dass der Mitarbeiter bei Überstunden durch Einspringen den Tag selbst aussuchen kann, an dem er die Überstunden abfeiert, während alle anderen Überstunden kurzfristig entsprechend dem aktuellen Arbeitsanfall reduziert werden (stunden- oder tagesweise).

8.10.2 Management des Überstundenabbaus

Ähnlich wie andere Führungsaufgaben ist auch das Überstundenmanagement nicht jedermanns Sache. Das aktive Management bedingt eine regelmäßige Kommunikation mit den Mitarbeitern darüber, ob die Überstunden anfallen mussten bzw. wie die Überstunden möglichst flexibel wieder abgebaut werden können. Hier ist es sinnvoll, mit den Oberärzten bzw. Stationsleitungen Ziele zu vereinbaren, in welchem Umfang ihr Team bis zu welchem Termin Überstunden abgebaut haben soll. Die Erreichung dieser Ziele muss dann regelmäßig nachgehalten werden.

Übrigens gibt es Krankenhäuser, in denen sich einzelne Oberärzte schwer damit tun, das Überstundencontrolling wirksam umzusetzen. Sie führen an, dass sie sich nicht in der Lage sehen, die Überstundenaufschreibung der Assistenzärzte in Frage zu stellen und keine Vorschriften machen wollen. In diesen Fällen muss gegebenenfalls der Chefarzt die Aufgabe des Überstundenmanagements an sich ziehen.

8.10.3 Überstunden sind wirtschaftlicher als mehr Personal

In vielen Krankenhäusern wird vor allem im Ärztlichen Dienst die These aufgestellt, dass es sinnvoller sei, einen zusätzlichen Mitarbeiter einzustellen als jährlich Überstunden auflaufen zu lassen. Der meist unausgesprochene Hauptgrund für diesen Vorschlag besteht darin, dass sich dann die Dienste auf mehr Ärzte verteilen. Zudem ließe ein zusätzlicher Arzt eine großzügigere Urlaubsregelung zu, weil dann mehr Ärzte zur Verfügung stehen, um die Klinik zu besetzen.

Als Kompensation für Überstunden ist ein zusätzlicher Mitarbeiter jedoch nur beschränkt sinnvoll. Der Grund liegt darin, dass Überstunden nur dann Kosten produzieren, wenn sie tatsächlich anfallen. Ein zusätzlicher Mitarbeiter hingegen wird auch bezahlt, wenn er Urlaub macht oder krank ist. Dadurch liegen die Kosten für einen zusätzlichen Mitarbeiter 15 bis 20 % höher als die Kosten, die durch Überstunden entstehen.

In der Pflege hingegen ist seit Einführung des Pflegebudgets jede examinierte Kraft ein Gewinn, weil mit der Einstellung von weiteren am Bett arbeitenden Mitarbeitern keine zusätzliche finanzielle Belastung für das Krankenhaus entsteht.

8.10.4 Ein funktionierendes Ausfallmanagement ist von großer Bedeutung

Die beste Stationsorganisation ist nur die Hälfte wert, wenn das dafür benötigte Personal nicht an Bord ist. An vielen Stellen wird die Einhaltung der etablierten Organisationsregeln schwierig, wenn kurzfristig ein Mitarbeiter ausfällt: Die Regelungen zu den Visitenzeiten können nicht eingehalten werden, weil ein Stationsarzt fehlt. Die für die pflegerischen Tätigkeiten vorgesehenen Zeitfenster funktionieren nicht, weil eine Pflegekraft fehlt. Die Stationssekretärin wird schmerzlich vermisst. In all diesen Situationen besteht die Gefahr, dass Unzufriedenheit entsteht, weil es nicht gelingt, die Standardabläufe einzuhalten.

Wie häufig ist eine solche Situation zu erwarten? Nachfolgend eine Betrachtung für eine 38-Betten-Station, die über zwei Stationsärzte verfügt und in der Pflege mit 4-3-2 besetzt ist. Die typische Ausfallquote im ärztlichen Dienst beträgt 18 %, die in der Pflege 24 %. Davon machen Urlaub und Fortbildung insgesamt 14 % aus, sodass der nicht vorhersehbare Personalausfall bei den Ärzten 4 % und bei der Pflege 10 % ausmacht. Daraus ergibt sich, dass die Ärzte an 29 Tagen pro Jahr und die Pflegekräfte an 328

Tagen pro Jahr ungeplant dezimiert sind. In Summe besteht also statistisch gesehen an 98 % aller Tage (357 von 365 Tagen) die Situation, dass kurzfristig personeller Ersatz geschaffen werden muss. Das gelingt in der Realität aber oft nicht, insbesondere, weil sich der Personalausfall nicht gleichmäßig über das Jahr verteilt, sondern auf bestimmte Wochen konzentriert.

Diese Betrachtungen machen deutlich, dass Personalausfall auf Station nicht eine Ausnahmesituation ist, sondern eher der Regelfall ist. Aus diesem Grund kommen Krankenhäuser nicht umhin, ein strukturiertes Ausfallmanagement einzuführen.

Für den Umgang mit kurzfristigen Ausfällen gibt es zwei Strategien:

- Schaffung von personellem Ersatz durch ein organisiertes Ausfallmanagement
- Definition von Organisationsszenarien für eine Unterbesetzung

Bei Bedarf können diese beiden Strategien auch kombiniert werden.

8.10.5 Personeller Ersatz durch ein organisiertes Ausfallmanagement

Komplexere Systeme zum Ausfallmanagement bestehen in der Regel nur für den Pflegebereich. Daher wird in diesem Kapitel nur auf die Kompensation von spontanen Ausfällen im Pflegedienst eingegangen.

8.10.6 Leasingkräfte

Das einfachste, und zugleich teuerste, System besteht darin, dass das Krankenhaus auf Leasingkräfte zurückgreift. Diese sind in der Regel kurzfristig verfügbar und punktuell einsetzbar. Allerdings liegen die Kosten für Leasingkräfte ein bis zwei Drittel über denen der eigenen Pflegekräfte. Das bedeutet auch, dass die Kosten für Leasingkräfte nicht vollständig über das Pflegebudget gedeckt sind.

8.10.7 Organisationsmodelle zum Ausfallmanagement

In immer mehr Krankenhäusern setzen sich mehr oder weniger innovative Organisationsmodelle zum Ausfallmanagement durch. Im Folgenden werden die drei gängigsten beschrieben:

- Springer-Pool
- Joker-Dienste

- Standby-Dienste

Am häufigsten anzutreffen ist ein **Springer-Pool.** Der Springer-Pool besteht aus Pflegekräften, die nicht fest einer Station zugeordnet sind, sondern je nach Bedarf täglich einem Bereich zugeordnet werden. Die Pflegekräfte im Springer-Pool wissen zu Dienstbeginn noch nicht sicher, wo sie heute eingesetzt sind, weil ihr Einsatz erst nach Sichtung der aktuellen Personalsituation entschieden wird. Hat am betreffenden Tag kein wesentlicher Personalausfall stattgefunden, können die Mitarbeiter des Springer-Pools auch gesunde Mitarbeiter ersetzen, damit diese Überstunden abbauen können.

Entgegen der häufig anzutreffenden Praxis ist es nicht nötig, den Springer-Pool auf den bestehenden Personalkörper obendrauf zu setzen. Ein korrekt berechnetes Stationsteam geht von einer Ausfallquote von 20 bis 24 % aus (Abschn. 8.1.1). Darin sind neben den planbaren Ausfällen wie Urlaub (12 %) und Fortbildung (2 %) allerdings auch die Abwesenheiten wegen Krankheit enthalten. Diese sind zum Zeitpunkt der Dienstplanung kaum absehbar. Insofern hat der Dienstplaner eigentlich 6 bis 10 % zu viel Personal für die Dienstplanung zur Verfügung. Für den Aufbau eines Springer-Pools ist es nun sinnvoll, genau diese 6 bis 10 % des Stationspersonals an den Springer-Pool abzugeben. In einem Krankenhaus, das 250 VK Pflegekräfte auf Station einsetzt, können also 15–25 VK an den Springer-Pool abgegeben werden.

Die Springer müssen nun sinnvoll zwischen dem Früh- und dem Spätdienst verteilt werden. In der Praxis ist oft eine Übergewichtung des Frühdienstes anzufinden. Manchmal gibt es zusätzlich auch Springer-Pflegekräfte in einem Zwischendienst. Dazu sind folgende Überlegungen anzustellen:

Fällt ein Mitarbeiter im Frühdienst aus, bleibt oft sehr wenig Zeit, um Ersatz zu finden. Oft erfolgen die Krankmeldungen erst direkt vor Beginn der Frühschicht, sodass es hilfreich ist, wenn kurzfristig eine Pflegekraft aus dem Springer-Pool einspringen kann. Die Mitarbeiter des Spätdienstes hingegen geben in der Regel auch bereits morgens Bescheid, wenn sie krank sind. Dadurch bleiben dem Pflegemanagement noch etwa fünf Stunden, um einen Ersatz zu besorgen. Den Ersatz kann eine Pflegekraft der Station bilden, die normalerweise frei gehabt hätte oder eine Pflegekraft aus dem Frühdienst, die eine Doppelschicht macht. Auf der anderen Seite ist der Spätdienst auf vielen Stationen schwächer besetzt als der Frühdienst. Dadurch ist ein Personalausfall vom verbleibenden Team oft weniger leicht aufzufangen als im Frühdienst und muss deshalb auf jeden Fall kompensiert werden. Aus diesem Grund muss der Springer-Pool im Spätdienst mindestens so gut besetzt sein wie im Frühdienst. Gerade wenn es fast unmöglich ist, aus dem bestehenden Stationsteam einen Ersatz für den Spätdienst zu rekrutieren, sollte die Mehrzahl der Pflegekräfte des Springerpools im Spätdienst eingesetzt sein.

Manche Krankenhäuser verfügen auch über Springer, die in einem Zwischendienst eingeplant sind. Diese sind besonders in Zeiten mit sehr hohem Personalausfall praktisch, weil sie die besonders arbeitsreiche Zeit zwischen 8:00 und 16:00 Uhr abdecken und damit geeignet sind, wenn zwei Pflegekräfte ausgefallen sind und sie von nur einer Pflegekraft aus dem Springerpool ersetzt werden können.

In kleinen und mittelgroßen Krankenhäusern muss es einen Springer-Pool für das Gesamthaus geben. In größeren Krankenhäusern kann der Springer-Pool in einen operativen und einen konservativen Springer-Pool aufgeteilt werden.

Eine Variante des Springer-Pools sind **Joker-Dienste.** Hier stehen die Mitarbeiter im Joker-Dienst auf dem Stellenplan ihrer eigenen Station. Sie werden jedoch, genauso wie ein Springer, bei Bedarf von ihrer Station abgezogen und auf einer anderen Station eingesetzt, auf der ein Personalausfall kompensiert werden muss. Der wesentliche Unterschied zwischen dem Springer-Pool und den Joker-Diensten besteht darin, dass der Springer-Pool auf einen fest zugeordneten Mitarbeiterstamm zugreift, während die Joker-Dienste reihum jeden Mitarbeiter auf Station betreffen können.

Die modernste und flexibelste Organisationsform stellt der **Standby-Dienst** dar. Anders als beim Springerpool ist hier die Grundphilosophie, dass die Pflegekraft aus dem Ausfallmanagement nur dann ins Krankenhaus kommen soll, wenn sie wirklich gebraucht wird. Dazu wird ein Zeitfenster von 30 min vereinbart, innerhalb dessen die Pflegekraft telefonisch erreichbar sein muss. Wird sie während dieses Zeitraums angerufen, kommt sie ins Krankenhaus und ersetzt einen ausgefallenen Mitarbeiter. Wird sie nicht angerufen, hat sie an diesem Tag dienstfrei und muss nicht weiter erreichbar sein. Im Grunde stellt diese Organisationsform eine zielgerichtete und planvolle Variante des altherkömmlichen Rundrufs bei den Kollegen dar. Während die Stationsleitungen früher alle nicht anwesenden Mitglieder ihres Stationsteams telefonisch abgeklappert haben, um jemand zu finden, der kurzfristig einspringen kann, deutet der Standby-Dienst bereits im Vorhinein heraus, welcher Mitarbeiter sich bereithalten soll und im Fall der Fälle derjenige ist, der angerufen wird.

Idealerweise kombinieren Krankenhäuser die dargestellten Organisationsformen. So kann zum Beispiel die regelmäßig ausfallende Mitarbeiterquote durch Springer- oder Joker-Dienste abgedeckt werden, während die Ausfallspitzen über Standby-Dienste kompensiert werden.

8.11 Organisationsanpassungen bei Unterbesetzung

Nicht immer gelingt es, über das Ausfallmanagement Ersatz für einen ausgefallenen Mitarbeiter zu schaffen. In diesen Fällen müssen andere Wege gegangen werden, um der erschwerten Personalsituation Rechnung zu tragen.

8.11.1 Personalverschiebung zwischen den Stationen

Manchmal gibt es andere Stationen, auf denen das Personal vollständig anwesend ist, die aber weniger belegt sind oder gerade weniger arbeitsintensive Patienten betreuen. In diesem Fall ist es ratsam, intern eine Pflegekraft zu verschieben, sodass der Personalausfall auf der Station durchschlägt, die ihn am besten verkraften kann.

8.11.2 Anpassung des Dienstplans über einen Zwischendienst

Eine Möglichkeit besteht darin, anstelle eines Früh- und eines Spätdienstes einen Zwischendienst zu besetzen, der zum Beispiel von 8:30 bis 16:42 Uhr geht. Auf diese Weise steht zumindest in der arbeitsreichsten Zeit ein Mitarbeiter zur Verfügung, sodass die Pflege zumindest nur in der Zeit vor halb neun und ab Viertel vor fünf unterbesetzt ist.

8.11.3 Keine Begleitung der Visite

Die Visite ist das zentrale Element der Behandlungssteuerung, nimmt aber auch relativ viel Zeit in Anspruch. Begleitet die Pflege die Visite nicht, gewinnt sie auf einer internistischen 40-Betten-Station dadurch mindestens 3 h zusätzliche Zeit. Allerdings sollte sich die Pflege im Anschluss an die Visite kurz mit dem visitierenden Arzt austauschen, damit wichtige Informationen nicht verloren gehen.

8.11.4 Verzicht auf ausgewählte pflegerische Tätigkeiten

Es gibt zahlreiche pflegerische Tätigkeiten, die nicht zwingend jeden Tag durchgeführt werden müssen. An Tagen mit großem Personalmangel sollte auf die Ausführung dieser Tätigkeiten verzichtet werden. Dazu gehören:

- das Waschen aller Patienten
- der Rundgang zu jedem Patienten in jeder Schicht
- die Kaffeerunde
- usw.

Damit die Pflegekräfte, die bestimmte Tätigkeiten auslassen, sicher sein können, dass sie nicht gegen bestehende Organisationsregeln verstoßen, ist es essenziell, dass es eine klare schriftliche Regelung gibt, welche Tätigkeiten ggf. weggelassen werden können und in welchen Fällen diese Regelung zur Anwendung kommen darf.

Personalmix auf Station 9

Eva M. Becker

Inhaltsverzeichnis

9.1 Die moderne Stationsorganisation braucht einen geeigneten Personalmix

Bei der Erstellung von Stationskonzepten stellt sich im Rahmen der möglichen Implementierung gestufter Personalkonzepte immer auch die Frage nach dem „geeigneten Personalmix“. Vor dem Hintergrund, dass der demografische Wandel weiterhin zu einem verschärften Pflegekräftemangel führen wird, beschäftigen sich viele Kliniken mit der Frage: „Wie können die Aufgaben durch den Einsatz von Unterstützungskräften neu verteilt und die Mitarbeiterzufriedenheit der Pflegefachkräfte durch Konzentration auf ihre

E. M. Becker (✉)
ZEQ AG, Mannheim, Deutschland
E-Mail: eva.becker@zeq.de

C. Bamberg et al. (Hrsg.), *Moderne Stationsorganisation im Krankenhaus*,
https://doi.org/10.1007/978-3-662-67158-0_9

Kernkompetenzen erhöht werden?". Diese Frage gewinnt für Kliniken im Rahmen der Mitarbeiterbindung zunehmend an Bedeutung, denn der Kampf um gute Pflegekräfte hat längst begonnen. Bereits 2015 fehlten rund 150.000 Pflegekräfte, während seit 1995 rund 50.000 Stellen im Pflegedienst abgebaut wurden. Stellenabbau, Arbeitsverdichtung und die Versorgung immer mehr multimorbider Patienten mit komplexen Behandlungsverläufen sowie die Übernahme ärztlicher Tätigkeiten verschärfen die hohe Belastung und damit die Unzufriedenheit der Pflegekräfte in ihrem Beruf.

Gleichzeitig hat die fachliche Ausdifferenzierung mit steigender Tendenz zu einer gemischten Belegung der Stationen geführt. Damit steigen der Koordinationsaufwand (z. B. Visitenorganisation) und der fachliche Anspruch an die Pflegenden. Neu hinzu kommen Pflegeexperten wie Wundmanager, Stomatherapeuten, Diabetesberatung etc. sowie Mitarbeiter mit Bachelorabschluss. Sie alle erwarten adäquate Aufgaben und Einsatzgebiete. Für die Führungskräfte steigt damit der Bedarf an Koordination, Überwachung und Abstimmung an den Schnittstellen.

Organisatorische Abhängigkeiten bestehen für Stationen darüber hinaus in vielen Kliniken zu ausgegliederten Prozessen wie z. B. zentrales Belegungsmanagement, Reinigungsdienst, Transportdienst, da diese von den Pflegenden auf Station kaum direkt beeinflusst werden können. Die Dokumentationspflichten erfordern einen steigenden Zeitbedarf, da vielerorts die Krankenhausinformationssysteme und die technische Ausstattung sowie die Kenntnisse im Umgang mit den Modulen noch nicht ausreichend vorhanden sind.

Der Sachverständigenrat hat bereits 2005 in seinem Gutachten zum Diskussionstand Veränderungen in den Gesundheitsberufen wie folgt Stellung bezogen:

> Durch die notwendigen Veränderungen in der Pflegelandschaft ist es mehr denn je erforderlich, den ausschließlichen Fachkräftestatus aufzugeben und zu prüfen, für welche Verrichtungen eine Pflegehelferqualifikation hinreichend ist. Der Arbeitsschwerpunkt der Fachkräfte wird zukünftig im Pflegemanagement, in der Fachaufsicht über die Helfer und in der Beratung von Angehörigen liegen. Künftig werden sich anspruchsvolle Positionen, einschließlich der Pflegemanagementfunktion, mit komplexen Anforderungen und daneben niedrigere Qualifikationen mit Helferfunktionen herauskristallisieren (Sachverständigenrat zur Begutachtung der gesamtwirtschaftlichen Entwicklung 2005).

Wesentliches Merkmal gestufter Personalkonzepte ist, durch Umverteilung von Aufgaben die Personalkosten auf Station zu reduzieren bzw. durch Einstellung günstiger Unterstützungskräfte die Mitarbeiteranzahl zu erhöhen. Die Effizienz des ärztlichen und pflegerischen Personaleinsatzes soll gesteigert, die Verweildauern verkürzt und der Patientendurchlauf erhöht werden, ohne das Personal stärker zu belasten. Ärzte sollen durch die Übernahme von Aufgaben durch Pflegende (z. B. Blutentnahmen) und Dokumentationsassistenten sowie Stationssekretärinnen (Arztbrieferstellung) entlastet werden. In der Pflege können in den Bereichen der Administration wie Patientenaufnahme, Einbestellung, Koordination von Transporten, Terminkoordination mit den Funktionsabteilungen und Übernahme von hauswirtschaftlichen Tätigkeiten Aufgaben neu zugeordnet werden. Gleichzeitig erhalten Ärzte und Pflegende Freiraum, sich auf ihre Kerntätigkeiten zu konzentrieren.

Wie kann ein geeigneter Personalmix zur Entlastung von ärztlichen und pflegerischen Mitarbeitern beitragen? Die Frage ist nicht pauschal zu beantworten. Sie bietet Chancen, aber auch Grenzen, welche im Folgenden beleuchtet werden sollen.

9.2 Der Stellenschlüssel beeinflusst den Personalmix auf Normalstation

In der Normalpflege arbeiten heute:

- 3-jährig examinierte Gesundheits- und Krankenpfleger/innen
- 3-jährig examinierte Gesundheits- und Kinderkrankenpfleger/innen
- 3-jährig examinierte Altenpfleger und -pflegerinnen
- 1-jährig examinierte Krankenpflege- und Altenpflegehilfen
- Pflege- und Sozialassistenten mit 2-jähriger Ausbildung
- angelernte Hilfskräfte ohne Pflegeausbildung

Nach Zahlen des statistischen Bundesamtes nehmen die Zahlen der eingesetzten Pflegehilfskräfte in den letzten Jahren eher ab. Dies ist bedingt durch die an sich niedrige Personalbemessung, die geringe Lohndifferenz zwischen Pflegehilfskräften und Pflegefachkräften sowie die Möglichkeit, noch kostengünstigere „Unterstützungskräfte“ einzusetzen. Dadurch, dass der Stellenschlüssel auf vielen Stationen so knapp ist, werden die Stellen eher mit 3-jährig examiniertem Personal besetzt, „die alles eigenständig machen können“ und in allen Schichten eingesetzt werden können. Die Ausprägung, wieviel 1-jährige und/oder angelernte Hilfskräfte zum Einsatz kommen, korreliert daher unmittelbar mit der vorhandenen und genehmigten Personaldecke und ist in den Kliniken breit gefächert.

9.3 Fachweiterbildungen erweitern die Einsatzmöglichkeiten

In den Fachabteilungen sind fachweitergebildete Pflegekräfte je nach Versorgungsschwerpunkt und Fachdisziplin tätig:

- Fachweiterbildung Onkologie
- Fachweiterbildung Intensiv/Anästhesie/Intensiv Pädiatrie
- Fachweiterbildung Psychosomatik/Psychiatrie
- Fachweiterbildung Nephrologie

- Fachweiterbildung Gerontologie
- Intermediate Care (IMC operativ/konservativ)
- Palliative Care
- Atemtherapeut
- Uro-Therapeut
- Pain Nurse
- Stroke Unit
- Praxisanleitung

Dabei ist die anzustrebende Fachquote (30 %) zum Teil durch Empfehlungen von Fachgesellschaften und im Rahmen von Zertifizierungsvorgaben festgelegt. Die Fort- und Weiterbildungen von fachweitergebildeten Pflegekräften werden in den Kliniken im Rahmen der strategischen Personalentwicklungskonzepte unterschiedlich unterstützt und gefördert. Die beruflichen Fort- und Weiterbildungsmöglichkeiten sind ein zentrales Element, das entscheidend zur Mitarbeiterbindung und -zufriedenheit beiträgt.

9.4 Die Übertragung von Tätigkeiten auf Hilfskräfte ist möglich

Nach einer Befragung des Deutschen Krankenhausinstituts (DKI 2003) benennen Pflegekräfte folgende Aufgabenbereiche, in denen sie eine Verlagerung von Tätigkeiten an anders Qualifizierte für sinnvoll erachten bzw. bestehende Aufgabenbereiche und deren Präsenz erweitert werden sollten:

- Einstellung von Medizinischen Fachangestellten
- Patientenbegleitdienste
- Dokumentationsassistenten
- Unterstützung durch Stationssekretärinnen
- Einsatz von Ver- und Entsorgungsassistenten
- Einsatz von Hauswirtschaftskräften/Hostessen
- zentraler Hol- und Bringedienst
- Einsatz ehrenamtlicher Helfer/Grüne Damen
- bessere Präsenz zentraler Dienste, z. B. Reinigung, Bettenaufbereitung

9.5 Pflegeexperten fungieren als Berater und Vermittler von Pflegefachwissen (Fachboard)

In vielen Kliniken arbeiten heute Pflegekräfte mit einer speziellen Pflegeexpertise und unterstützen die Mitarbeiter in der Pflege konsiliarisch. Dabei stehen sie situationsbezogen und fachabteilungsübergreifend als Berater und Vermittler von Pflegefachwissen zur Verfügung. Als Multiplikatoren tragen sie ihr Expertenwissen in die Pflegeteams und leiten sie entsprechend an. Dazu gehören:

- Wundmanagement
- Demenzbetreuung
- Ernährungsberatung
- Diabetesberatung
- Dekubitusmanagement
- Schmerztherapie
- Palliativ Konsil
- Basale Stimulation
- Breast Care/Pelvic Care Nurses
- Stomatherapeut

Je nach Größe der Klinik sind diese Pflegeexperten mit verantwortlich benannten Mitarbeitern auf den Stationen in Netzwerken organisiert (Abb. 9.1).

Neben der Ausgestaltung gestufter Personalkonzepte bildet die technische Unterstützung der Ablauforganisation einen wesentlichen Ansatz für effizientere Prozesse. Funktionierende Krankenhausinformationssysteme sind dabei so wichtig, wie die Etablierung einer elektronischen Patientenakte mit der Möglichkeit der mobilen Visite und der jederzeit zur Verfügung stehenden Information zu Befunden, Untersuchungsterminen und Konsilen. Die Einführung von Online-Bestellung und der Einsatz von Scannertechnik

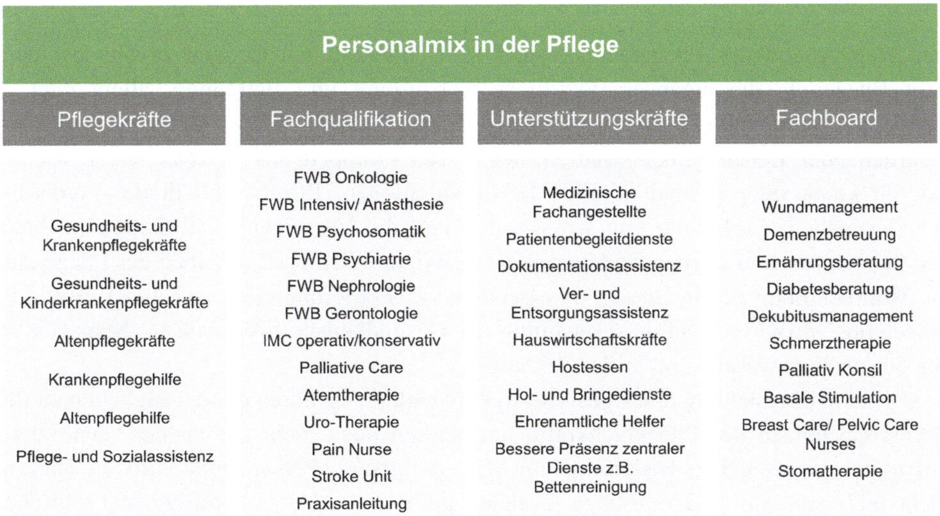

Abb. 9.1 Personalmix in der Pflege

zur Anforderung von Medizinprodukten sowie Systeme zur mobilen Leistungserfassung erleichtern durch klare Standards wiederum den Einsatz von Unterstützungskräften.

Eine hohe Standardisierung in den Behandlungspfaden und bei der Erstellung von Pflegeplänen, sowie die Reduktion in der Dokumentation auf das Notwendige vermeiden zusätzlichen Zeitaufwand.

9.6 Pflegefachpersonen übernehmen eigenständig Aufgaben

Die Rahmen-Berufsordnung, erstellt durch den Deutschen Pflegerat e. V. am 18.05.2004, legt in § 2, III eigenverantwortliche Aufgaben für die Pflegefachpersonen fest:

- Feststellung des Pflegebedarfs, Planung und Organisation, Durchführung und Dokumentation der Pflege
- Evaluation der Pflege, Sicherung und Entwicklung der Qualität der Pflege
- Beratung, Anleitung und Unterstützung von Leistungsempfängern und ihrer Bezugspersonen
- Einleitung lebenserhaltender Sofortmaßnahmen bis zum Eintreffen des Arztes

Aufgaben im Rahmen der Mitwirkung sind:

- Eigenständige Durchführung ärztlich veranlasster Maßnahmen
- Maßnahmen der medizinischen Diagnostik und Therapie
- Maßnahmen in Krisensituationen

Der Weltverbund der Pflegefachpersonen ICN (International Council of Nurses) definiert Pflege als die eigenverantwortliche Versorgung und Betreuung, allein oder in Kooperation mit anderen Berufsangehörigen, von Menschen aller Altersgruppen, von Familien oder Lebensgemeinschaften, sowie von Gruppen und sozialen Gemeinschaften, ob krank oder gesund in allen Lebenssituationen. Pflege schließt die Förderung der Gesundheit, Verhütung von Krankheiten und die Versorgung und Betreuung kranker, behinderter und sterbender Menschen ein. Weitere Schlüsselaufgaben der Pflege sind die Wahrnehmung der Interessen und Bedürfnisse, Förderung einer sicheren Umgebung, Forschung, Mitwirkung in der Gestaltung der Gesundheitspolitik sowie im Management des Gesundheitswesens und in der Bildung.

Bei der Ausgestaltung eines geeigneten Personalmix' gehören diese Tätigkeiten zu den Kernkompetenzen der Pflegefachkräfte und sollten auch nicht auf anders Qualifizierte übertragen werden. Die Diskussion um den geeigneten Personalmix wird zunehmend nicht mehr nur aus ökonomischen Gründen geführt, da die Lohndifferenzen zwischen Pflegehilfskräften und Pflegefachkräften eher unbedeutend sind. Vielmehr drängen heute die Frage nach der Zufriedenheit der Pflegefachkräfte mit ihren Aufgaben und der sich weiterhin verschärfende Fachkräftemangel über neue Aufgabenverteilungen und eine Aufwertung der Pflegetätigkeiten nachzudenken.

9.7 Die Prozesse im Krankenhaus ermöglichen die vertikale und horizontale Aufgabendelegation

Die Prozesse im Krankenhaus lassen sich in *Primärprozesse, Sekundärprozesse, Tertiärprozesse* und *Managementprozesse* unterteilen.

- Primärprozesse: Leistungen, die direkt für und/oder am Patienten erbracht werden
- Sekundärprozesse: Leistungen für den Patienten, z. B. Untersuchungen
- Tertiärprozesse: Leistungen, welche die anderen Prozesse unterstützen, z. B. Service und Begleitdienste
- Managementprozesse: Steuerung und Führung der Organisationseinheit

Besonders im Bereich der Tertiärprozesse können Ärzte und Pflegefachpersonen durch Übertragung von Service- und Reinigungsaufgaben, Ver- und Entsorgungstätigkeiten entlastet werden.

Pflegefachpersonen übernehmen wiederum im Bereich der Sekundärprozesse ärztliche Tätigkeiten, wie z. B. Blutentnahmen, Verbandswechsel, Infusionsmanagement und entlasten so die ärztlichen Mitarbeiter.

Die Übertragung von Tätigkeiten kann sowohl **horizontal** als auch **vertikal** erfolgen. Der Ausdifferenzierung der Pflegeberufe (Spanne von unausgebildeten Hilfskräften bis hin zu Pflegefachkräften mit einem abgeschlossenen Studium) ist in der Diskussion zum geeigneten Personalmix mindestens so viel Bedeutung beizumessen, wie der Übertragung von Aufgaben aus den Tertiärprozessen und der Übernahme von ärztlichen Tätigkeiten durch Pflegende (Abb. 9.2).

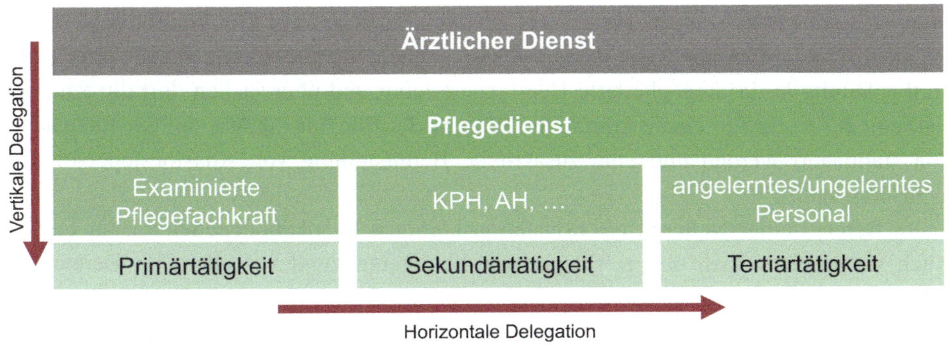

Abb. 9.2 Delegation Arzt – Pflege

Das deutsche Krankenhausinstitut (DKI) formuliert zur Neuordnung von Aufgaben des Pflegedienstes unter Berücksichtigung weiterer Berufsgruppen: „die Delegation als Übertragung der Durchführungskompetenz der pflegerischen Tätigkeit in eigener Verantwortung. Der Delegationsempfänger entscheidet eigenverantwortlich über die Frage des ‚Wie' der pflegerischen Tätigkeit". Entsprechend findet die Delegation von pflegerischen Aufgaben nicht durch die einzelne Pflegefachkraft statt, sondern der Einsatz von Assistenzpersonal ist eine Entscheidung der Unternehmensleitung und hat Auswirkungen auf die Gesamtorganisation. Sie delegiert die Umsetzung i. d. R. an die nachgeordneten Führungskräfte und Stationsleitungen. Es bedarf also einer grundsätzlichen Entscheidung, ob im Bereich der Pflege Assistenzpersonal und einjährig ausgebildete Krankenpflege- und Altenpflege und/oder anders Qualifizierte (z. B. Rettungsassistenten, Medizinische Fachangestellte etc.) eingesetzt werden sollen. Der mögliche Ausprägungsgrad kann dabei je nach Fachabteilung und Aufgabenschwerpunkten variieren.

Der Einsatz von z. B. Altenpflegekräften kann auf einer geriatrischen oder neurologischen Station sehr sinnvoll sein, da diese hohe Kompetenz bei der Versorgung von älteren und demenziell erkrankten Patienten in das Team einbringen können. Auf Stationen mit hohem Patientendurchgang (HNO- oder auch IMC-Stationen) empfiehlt es sich, Mitarbeiter in der administrativen und koordinierenden Funktion einzusetzen. Dies können dann je nach persönlicher Eignung Medizinische Fachangestellte übernehmen, denen z. B. auch Blutentnahmen übertragen werden können. Auf gefäßchirurgischen Abteilungen sind i. d. R. vermehrt isolationspflichtige Patienten zu versorgen. Eine Unterstützung durch die Ausweitung der Tätigkeit einer Service- oder Reinigungskraft bei den Desinfektions- und Reinigungsarbeiten ist in diesen Abteilungen ein sinnvoller Ansatz.

Das Ergebnis kann also in den einzelnen Fachbereichen durchaus unterschiedlich sein. So wird sich eine Wochenstation z. B. eher dazu entschließen, ihr Serviceangebot für junge Mütter durch die Bereitstellung eines Frühstücksbuffets zu erweitern, als eine Intensivstation, auf der Ver- und Entsorgungsassistenten gebraucht werden. Zwei weitere Praxisbeispiele sollen dies verdeutlichen:

Auf einer internistischen Intensivstation werden Rettungsassistenten im Früh- und Spätdienstdienst eingesetzt. Sie arbeiten nach einem definierten Aufgabenprofil unterstützend in der Pflege und begleiten das Reanimationsteam bei klinikinternen Notfällen. Da sie die Patienten der Intensivstation gut kennen, übernehmen sie auch die Transportbegleitung in das angegliederte Herzkatheterlabor und überwachen dort die Patienten während des Eingriffs. Damit konnte die Präsenz der Pflegefachkräfte auf der Intensivstation stabilisiert werden und eine zusätzliche Bereitstellung von Anästhesiepersonal ist nicht notwendig.

Im Bereich einer weiteren Intensivstation kommen Krankenpflegehelfer zum Einsatz. Auch sie arbeiten nach einem Tätigkeitsprofil unterstützend vor allem im Bereich der Grundpflege und sind jeweils einer Pflegefachkraft zugeordnet. Sie arbeiten unter ihrer Supervision und Anleitung im 3-Schichtbetrieb. Im Rahmen der Personalentwicklung konnten einige von ihnen für die 3-jährige Ausbildung der Krankenpflege gewonnen werden und bewarben sich nach dem Examen auf der Intensivstation.

Es empfiehlt sich bei der Einführung von gestuften Kompetenzprofilen innerhalb der Pflegeteams, eine sorgfältige und aufgabenbezogene Analyse der Tätigkeiten durchzuführen. Grenzen der Übertragung liegen in einer bereits knappen Personalbemessung und der Gefahr der „Zersplitterung" von Aufgaben. Es sollte stets ein aufgabenbezogener Ansatz verfolgt werden und nicht einzelne Tätigkeiten übertragen werden. Es macht daher wenig Sinn, ein Blutentnahmeteam oder ein Verbandswechselteam durch die Klinik zu schicken, da sie entkoppelt von den Stationsabläufen nie zur richtigen Zeit im Prozess eintreffen und/oder Aufgaben dann wieder von anderen übernommen werden müssen. Wichtig erscheinen von Anfang an eine größtmögliche Transparenz in der Diskussion und die inhaltliche Einbindung der Mitarbeiter bei der konkreten Ausgestaltung. Nur wenn sich ein echter Gewinn im Sinne einer spürbaren Entlastung und die Rückkehr zu ihren Kernaufgaben einstellen, sind die Konzepte in der Umsetzung erfolgreich. Die Arbeitszufriedenheit von Pflegenden korreliert nach einer Untersuchung der Hochschule Osnabrück (Unsichtbare Pflegearbeit) außerdem klar mit dem Beziehungsaspekt, der zum Patienten aufgebaut werden kann. Im Rahmen der funktionalen oder „zersplitterten" Pflege werden hier schnell Grenzen erreicht, da die Kontaktzeiten zwischen Patient und zuständigen Pflegepersonen reduziert werden. Informationen gehen verloren, Zustandsveränderungen des Patienten werden später erkannt und an jeder neuen Schnittstelle entsteht Abstimmungs- und Überwachungsbedarf.

Das Pflegesystem der Bezugspflege (Primary Nursing), bei dem eine Pflegefachkraft für die Dauer des Aufenthalts für den Patienten zuständig ist, bietet sicher die höchste Form der kontinuierlichen und beziehungsorientierten pflegerischen Versorgung. Diese Pflegekraft ist zentraler Ansprechpartner für alle Ärzte, Therapeuten, den Patienten und seine Angehörigen. Durch die Koordination der Abläufe „aus einer Hand" sorgt sie für die größtmögliche Sicherheit und Stabilität in der Versorgung. Auch in diesem Pflegesystem ist es möglich, dass Assistenzpersonal der verantwortlichen Pflegekraft zuarbeitet. Die Festlegung der Pflegeplanung und der Pflegemaßnahmen sowie die Evaluation der Pflege bleiben jedoch in der Verantwortung der verantwortlichen Bezugspflegefachkraft.

Bei der Neuordnung von Aufgaben im Pflegebereich sind unter Berücksichtigung folgender Aspekte alle berührten Prozesse zu beleuchten.

- Welche Kompetenzen sind vorhanden und/oder zukünftig notwendig (Fachexpertise, Assistenzpersonal)?
- Welche Aufgabenfelder können erweitert und/oder abgegeben werden (Administration, Logistik, Ver- und Entsorgung, Kodiertätigkeiten)
- Wie können die Aufgabenfelder zeitlich sinnvoll gebündelt werden? In welchem zeitlichen Rahmen ist der Einsatz sinnvoll?
- An wen soll die Aufgabe unter ökonomischen Gesichtspunkten delegiert werden?

- Welche Freiräume entstehen zur Übernahme (ärztlicher) Tätigkeiten?

Eine Neuordnung von Aufgaben stellt schließlich die Optimierung aller Stationsprozesse dar und ist damit mehr als eine Neuverteilung von Tätigkeiten.

In Stellenbeschreibungen ist zu definieren und abzugrenzen, wie die Aufgaben, Verantwortlichkeiten, Kompetenzen, Weisungsbefugnisse und die Einordnung der Stelle festgelegt sind. Es ist Aufgabe der Unternehmensleitung, sie zu implementieren und zu überwachen. Dies dient der Transparenz an den Schnittstellen und der Klarheit bei der täglichen Aufgabenerfüllung.

Die Delegation von Aufgaben ist erfolgreich, wenn:

- das Aufgabengebiet klar beschrieben ist
- Kompetenzen und Fachkenntnisse vorhanden sind
- Ziele und Handlungsspielräume klar sind
- die Kommunikation an der Schnittstelle funktioniert

Erfolgreiche Delegation kann dann zur Entlastung, Motivationssteigerung und zur besseren Arbeitszufriedenheit für alle Beteiligten beitragen. Bei der Delegation von Aufgaben an nachgeordnete Mitarbeiter muss die Pflegefachkraft nicht nur die formale Qualifikation (Ausbildung), sondern auch die persönliche Befähigung und Eignung in der konkreten Situation berücksichtigen. In ihrer Verantwortung bleibt die fachgerechte Auswahl der Person bei der Delegation.

Durch die fachliche Anleitung und Überwachung von Assistenzpersonal erhalten examinierte Pflegekräfte zunehmend Personal- und Organisationsverantwortung und wachsen in ihren neuen Führungskompetenzen.

Bei der Delegation von Aufgaben aus den Tertiärprozessen sind häufig schnell Tätigkeiten gefunden, die Ärzte und Pflege abgeben wollen. Bei den ärztlichen Kollegen handelt es sich in der Regel um:

- Dokumentationspflichten
- Schreibtätigkeiten
- Koordination und Terminierung
- Aktenpflege

Bei den Pflegenden sind dies

- Reinigungs- und Desinfektionsmaßnahmen
- Menü-Erfassung und -bereitstellung
- Ver- und Entsorgungstätigkeiten
- hauswirtschaftliche Tätigkeiten
- Patientenbegleitung

- Bettplätze richten und Bettwäschewechsel
- Patientenaufnahme
- Koordination und Terminierung

Für die Übernahme der Tätigkeiten kommen unterschiedlich qualifizierte Mitarbeiter in Betracht. Außerdem ist zu klären, welche Aufgaben können stationsintern neu geordnet und gebündelt werden und welche sind stationsübergreifend neu zu strukturieren.

Die Implementierung folgender Unterstützungskräfte bedarf einer zentralen Entscheidung der Unternehmensleitung:

- Patientenbegleitdienste
- zentraler Hol-und Bringedienst
- Einsatz von Servicekräften/Hostessen
- Einsatz von Ver- und Entsorgungsassistenten
- Einsatz ehrenamtlicher Helfer/Grüne Damen
- Dokumentationsassistenten

In fachübergreifend gültigen Aufgabenbeschreibungen sollten deren Zuständigkeiten und Tätigkeiten definiert sein, stationsbezogene Anpassungen aber dennoch möglich sein, wenn z. B. auf Wahlleistungsstationen der Servicebereich besonders bedient werden soll.

Stehen die grundsätzliche Entscheidung und das Ergebnis der Aufgabenanalyse fest, ist es Aufgabe der Stationsleitung in Abstimmung mit dem Pflegemanagement, die geeigneten Mitarbeiter entsprechend der Profile einzusetzen bzw. die Mitarbeiter in ihren neuen Aufgaben zu schulen und einzuweisen. Neben der grundsätzlichen Klärung der Aufgabenbereiche gilt es, begleitende Schulungskonzepte aufzulegen und die Einarbeitung sorgfältig zu begleiten. Je besser die Integration und Verknüpfung an den neuen Schnittstellen gelingt, desto erfolgreicher wird das Zusammenspiel aller in der täglichen Arbeit sein. Hier sind Führungskräfte im Veränderungsprozess in ihren Führungskompetenzen gefordert, die Potenziale ihrer Mitarbeiter zu fördern und den Gesamtprozess zu überwachen und zu koordinieren. Nicht selten brauchen sie selbst begleitende Unterstützung, da sie in ihrer Rolle als Führungskraft neu gefordert sind.

9.8 Die Personalplanung muss Ausfallkonzepte berücksichtigen

Bei der Verlagerung von Aufgaben ist es entscheidend, Vertretungsregelungen und Ausfallkonzepte von Anfang an mit zu etablieren. Sie können wiederum nur stationsübergreifend organisiert werden. An diesem Aspekt scheitern viele Konzepte zum geeigneten Personalmix. Häufig werden halbherzige Regelungen oder Festlegungen für Montag bis

Freitag getroffen und die Tätigkeiten fallen am Wochenende, bei niedrigerer Personalbesetzung, wieder an Pflegende zurück. Dies führt zu Frust bei den Pflegenden und trägt nicht zur Akzeptanz und der Integration neuer Berufsgruppen bei.

Bei der Einführung von Unterstützungskräften ist es daher sinnvoll, z. B. über Rotationsysteme die Einarbeitung mehrerer Mitarbeiter in einzelnen Bereichen zu gewährleisten. Vertretungsregelungen sind auch im Rahmen von Stellenbeschreibungen festzulegen. Dies gilt nicht nur für längerfristigen, sondern auch für den krankheitsbedingten kurzfristigen Ausfall. Hier bietet sich ein Pool aus Teilzeitkräften an, die flexibel bei Ausfällen eingesetzt werden können. Die Steuerung und Koordination dieser Kräfte sollte zentral und übergeordnet nach festgelegten Kriterien stattfinden (siehe hierzu Kap. 8).

Grundsätzlich ist auch eine Delegation ärztlicher Aufgaben im Rahmen der **vertikalen Aufgabenteilung** auf Pflegefachkräfte möglich, wobei eine Gefährdung des Patienten zu jeder Zeit ausgeschlossen werden muss. Je geringer die theoretische und praktische Gefährdungsmöglichkeit ist, desto eher kann der Arzt eine Tätigkeit an eine Pflegekraft delegieren. Dabei gibt es eine Instruktionspflicht des Arztes, d. h. er muss alle relevanten und notwendigen Informationen (z. B. bzgl. des Patienten, der Maßnahme, der möglichen Gefahren) an die Pflegekraft weitergeben. Daneben besteht die Dokumentationspflicht sowohl des Arztes, als auch der Pflegekraft, für ggf. spätere Nachweise. Die Pflegekraft hat stets zu prüfen, ob sie sich subjektiv qualifiziert fühlt, die Aufgabe zu übernehmen **(Übernahmeverantwortung).** Sie trägt dann auch die Verantwortung für die Durchführung der angeordneten Maßnahme **(Durchführungsverantwortung).** Bei der Delegation von Aufgaben muss der Arzt nicht nur die objektive formelle Befähigung (Ausbildungsstand) berücksichtigen, vielmehr ist die subjektive materielle Qualifikation hinsichtlich tatsächlicher Kenntnisse und Fähigkeiten zu prüfen.

Die Organisationsverantwortung bleibt immer bei der Unternehmensleitung. Es empfiehlt sich, in einer Dienstvereinbarung fachübergreifend festzulegen, wie die Delegation von ärztlichen Tätigkeiten zu erfolgen hat und in entsprechenden mitarbeiterbezogenen Befähigungsnachweisen (z. B. Nachweis qualifizierter Schulung und Einweisung) zu dokumentieren.

Bei der Delegation von ärztlichen Tätigkeiten handelt es sich um z. B. Medikamentengabe, Verbandswechsel, Injektionen, Infusionen, Blutentnahmen, Legen und Entfernen von Blasenkathetern, i.v. Antibiose, Anhängen von Chemotherapie, Wechsel von Trachealkanülen sowie Magensonden. Der Verband der Pflegedirektorinnen (VPU) hat in einem Leitfaden zur Delegation eine Empfehlung für die Praxis erarbeitet, der bei der Regelung zur Übertragung von Aufgaben eine gute Orientierung bietet.

Durch den Stellenabbau in der Pflege führt die Diskussion über die mögliche vertikale Arbeitsteilung aktuell in die umgekehrte Richtung. Tätigkeiten, die in den letzten Jahren bereits mit Verantwortungsbereitschaft von Pflegenden übernommen wurden, sind heute zum Teil wieder auf den Prüfstand gestellt, da es in fast keinem Fall der Neuordnung auch zu der konsequenten Übertragung von Stellenanteilen kam.

Fazit und Ausblick

Ökonomische Zwänge, Pflegefachkräftemangel, Arbeitsverdichtung, Serviceversprechen und die Integration neuer Berufsgruppen sind Herausforderungen, mit denen sich Krankenhäuser auch in den nächsten Jahren auseinandersetzen werden müssen.

Gut beraten sind diejenigen, die auf Grundlage einer offenen und selbstkritischen Analyse eingefahrene Rollen und Abläufe hinterfragen. Die Einführung gestufter Personalkonzepte erfordert dabei ein Umdenken aller Berufsgruppen im Krankenhaus und die Bereitschaft zur Neuausrichtung der Prozesse.

Der Spagat kann gelingen, wenn durch die Neuausrichtung Entlastung für die Berufsgruppen spürbar wird. Der Personalmix sollte mit Augenmaß und funktionierenden Schnittstellen sowie verlässlichen Vertretungsregelungen angepasst werden. Dies stellt eine Herausforderung, aber auch eine große Chance gerade für die Pflegenden dar, da sie bei einem nachhaltigen Konzept mehr Prozess- und Organisationsverantwortung erhalten, ihre Tätigkeiten aufgewertet werden und damit die Arbeitszufriedenheit steigt.

Literatur

Deutsches Krankenhaus Institut e. V. (DKI) (2003) Krankenhaus Barometer, Umfrage, Nov 2003

Sachverständigenrat zur Begutachtung der gesamtwirtschaftlichen Entwicklung, Jahresgutachten 2005/2006 Die Chancen nutzen – Reformen mutig voranbringen, Statistisches Bundesamt, Dezember 2005

Klartext: im Bereich der IT- und Medizintechnikbereiche der Kliniken wird der Ressourcenbedarf kontinuierlich deutlich steigen und der Wettbewerb um fähige IT- und Klinikprofis ist in vollem Gange. Damit das Gesetz nicht nur ein „Krankenhausvergangenheitsaufholgesetz" ist, sondern seinen eigentlichen Namen auch verdient, muss auch die Finanzierung darüber hinaus sichergestellt werden. Um zudem die Prozessunterstützung der Digitalisierung maximal auszuschöpfen, bedarf es kompetenter Prozessprofis, die die klinischen Abläufe verstehen und als „Transmissionsriemen" zwischen Technikern und Klinikern den entscheidenden Beitrag zur Akzeptanz und letztlich auch zum Erfolg der oben beschriebenen Szenarien leisten

Quellen

„Closed-loop Medikationsprozess: ‚eine frühe Nutzerbewertung'", PD Dr. Claudia Langebrake, Universitätsklinikum Eppendorf, 44. Wissenschaftlicher Kongress der ADKA, Berlin, 9. Bis 12. Mai 2019

Bundesverband Deutscher Krankenhausapotheker (ADKA), www.adka.de

Verweildauermanagement, Fallsteuerung 10

Rüdiger Herbold

Inhaltsverzeichnis

R. Herbold (✉)
ZEQ AG, Mannheim, Deutschland
E-Mail: ruediger.herbold@zeq.de

C. Bamberg et al. (Hrsg.), *Moderne Stationsorganisation im Krankenhaus*,
https://doi.org/10.1007/978-3-662-67158-0_10

10.1 Verweildauermanagement

10.1.1 Begründung für das Verweildauermanagement

Das Verweildauermanagement ist ein Thema, das in etwa einem Drittel aller Krankenhäuser sehr gut und dem Rest der Krankenhäuser mittel bis schlecht funktioniert. Zielstellung ist, dass die Patienten überdurchschnittlich früh einen entlassfähigen Gesundheitszustand erreichen. Diese Frage wird hin wieder kontrovers diskutiert:

Ist es überhaupt im Sinne des Patienten, im Sinne der Qualität und im Sinne der Wirtschaftlichkeit, den Patienten möglichst früh zu entlassen?

10.2 Eine kurze Verweildauer liegt im Interesse der Patienten

Kein Patient geht gerne ins Krankenhaus. Daher ist es das Anliegen jedes Patienten, möglichst bald wieder nach Hause gehen zu dürfen. In der Tat fragen viele Patienten sogar bereits beim Aufnahmegespräch, wann sie wieder nach Hause gehen dürfen. Die Gründe dafür sind vielfältig: Der Patient schläft nicht in seinem gewohnten Bett und seiner gewohnten Umgebung. Wenn er nicht im Einzelzimmer schläft, hat er einen oder mehrere Bettnachbarn, die möglicherweise unangenehme Geräusche oder Gerüche von sich geben. Die Bewegungsfreiheit des Patienten ist stark eingeschränkt. Da er in vielen Krankenhäusern nicht weiß, wann Arzt, Pflegekraft oder andere Ansprechpartner auf ihn zukommen, muss er sich praktisch ununterbrochen bereithalten. Das schränkt seine Freiheit gefühlt noch viel mehr ein, als das objektiv der Fall ist. Zudem ist der Fernseher kleiner als zu Hause, ggf. muss man sich sogar mit seinen Zimmergenossen auf ein Programm einigen. Das Essen schmeckt anders als zu Hause, manchmal deutlich schlechter. Und den meisten Patienten ist es schlicht und ergreifend langweilig.

Zwar gibt es ein paar Patienten, deren häusliche Lebensverhältnisse so schrecklich sind, dass sie froh sind, wenn sie ihnen für eine Weile entfliehen können. Für somatische Krankenhäuser gilt aber, dass es nicht deren Aufgabe ist, diese Art Probleme zu lösen. Insofern ist festzustellen, dass es eine möglichst kurze Verweildauer stets im Sinne des Patienten ist.

Kurze Verweildauern steigern die Qualität

Ein Krankenhausaufenthalt verspricht nicht nur die Chance auf Heilung oder Linderung gesundheitlicher Beschwerden, sondern ist auch mit der Gefahr verbunden, zusätzliche Infektionen zu erwerben. Der Kontakt mit dem Krankenhauspersonal, mit anderen Patienten, aber auch mit der Einrichtung vor Ort birgt stets die Gefahr einer Ansteckung. Durch intensive Hygiene- und Vorsichtsmaßnahmen kann dieses Risiko gesenkt, aber nie ausgeschlossen werden. Im Jahr 2016 erwarben 4,6 % aller Patienten eine nosokomiale Infektion (Abschlussbericht des Nationalen Referenzzentrums für Surveillance von nosokomialen

Infektionen: Deutsche nationale Punkt-Prävalenzerhebung zu nosokomialen Infektionen und Antibiotika-Anwendung 2016). Das heißt, auf einer Station mit 44 belegten Betten werden statistisch gesehen zwei Patienten eine Infektion im Krankenhaus erwerben. Oder anders betrachtet, wenn die Patienten eine durchschnittliche Liegezeit von 7,2 Tagen haben,[1] werden jedes Jahr 100 Patienten dieser Station an einer nosokomialen Infektion erkranken! Dieses Risiko ist umso geringer, je kürzer die Verweildauer des einzelnen Patienten im Krankenhaus ist. (Die durchschnittliche Verweildauer über alle deutschen Krankenhäuser lag 2021 bei 7,2 Tagen. Quelle: Statista (2021)).

Kurze Verweildauern sind wirtschaftlich

Dass alle für die Behandlung notwendigen Maßnahmen vorgenommen werden müssen und dass der Patient zum Entlasszeitpunkt entlassfähig sein muss, steht außer Zweifel. Beim Verweildauermanagement geht es jedoch darum, alle sinnvollen und notwendigen Maßnahmen in möglichst kurzer Zeit umzusetzen, sodass das beabsichtigte Behandlungsergebnis möglichst frühzeitig erzielt wird. Eine Behandlung verursacht Kosten. Diese werden in der Regel auch nicht dadurch geringer, dass die einzelnen Behandlungsschritte schneller aufeinander folgen. Anders sieht es mit den Kosten für die Betreuung der Patienten aus. Hier kostet jeder Aufenthaltstag zusätzliches Geld. Der Patient erhält sein Standardprogramm an pflegerischer Betreuung mit Vitalzeichenkontrolle, kurzer Ansprache bei den pflegerischen Rundgängen, Verabreichung von Medikamenten usw. Ärztlich erhält der Patient täglich eine Visite. Hinzu kommen die Kosten für Verpflegung, Reinigung, Wäsche, Wasser- und Energieverbrauch sowie für die Nutzung der Stationsflächen.

Verweildauerabhängige Vergütung im DRG-System

Vor Einführung des DRG-Systems bestimmte die Anzahl der Pflegetage die Höhe der Vergütung eines Patienten. Je länger das Krankenhaus den Patienten auf Station behielt, umso mehr zahlten die Krankenkassen für die Behandlung. Mit der Einführung des DRG-Systems hat sich das grundlegend geändert. Prinzipiell bekommt das Krankenhaus von den Krankenkassen den gleichen Betrag, unabhängig davon, wie lange die Verweildauer war. Das stimmt allerdings nur ungefähr. Tatsächlich gibt es eine Untere Grenzverweildauer, bei deren Erreichen das Krankenhaus Vergütungsabschläge erhält und eine Obere Grenzverweildauer, ab deren Erreichen das Krankenhaus leichte Vergütungszuschläge bekommt. Eine Grafik veranschaulicht dieses System (Abb. 10.1)

Das Krankenhaus erhält für jeden Patienten eine Vergütung nach den Diagnosis Related Groups (DRG). Zur Bestimmung von deren Höhe errechnet das Institut für das Entgeltsystem im Krankenhaus (InEK) je Diagnose einen Vergütungsmultiplikator (sog. Relativgewicht), der einheitlich für alle Krankenhäuser in Deutschland gilt. Dazu lässt es sich von ca. 250 deutschen Krankenhäusern detaillierte Informationen zu deren Behandlungskosten übermitteln. Auf der Basis dieser Informationen berechnet das InEK Durchschnittswerte für die

[1] Die durchschnittliche Verweildauer über alle deutschen Krankenhäuser lag 2021 bei 7,2 Tagen. Quelle: Statista (2021).

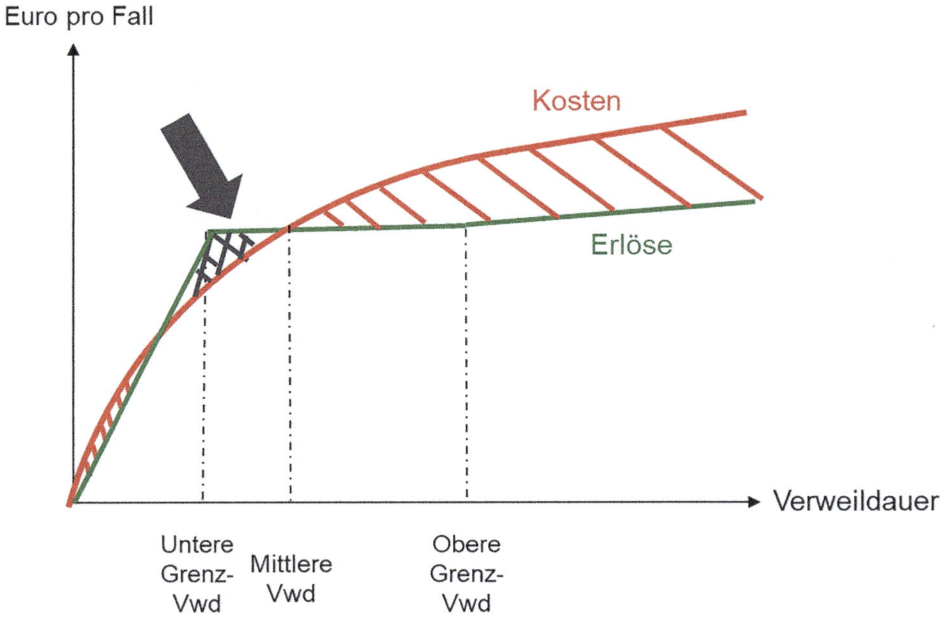

Abb. 10.1 DRG-Vergütungssystem mit Unterer und Oberer Grenzverweildauer

Verweildauer und die Behandlungskosten. Der nach DRG vergütete Betrag entspricht den Durchschnittskosten der Kalkulationskrankenhäuser für die jeweilige DRG. Das heißt, ein Krankenhaus, dessen Behandlungskosten im Durchschnitt dieser 250 Krankenhäuser liegen, erhält über die DRG genau die Vergütung, die es benötigt, um seine Kosten zu decken.

Beispiel
Der normale Schlaganfall fällt in der Regel in die DRG B70D. Diese hat 2023 ein Relativgewicht von 0,971. Bei Annahme eines Landesbasisfallwerts von 3800 € ergibt sich somit eine Vergütung von 3690 €.

Nun hat das InEK jedoch Grenzen festgelegt, ab denen die tatsächlichen Kosten des Krankenhauses deutlich unter oder deutlich über der normalen Vergütung liegen. Liegt die Behandlungsdauer deutlich unter der durchschnittlichen Behandlungsdauer in den Kalkulations-Krankenhäusern, so nimmt die Krankenkasse einen Vergütungsabschlag vor. Dieser fällt an, wenn die Behandlungsdauer die „Untere Grenzverweildauer" nicht übersteigt. Für jeden Tag, den die Behandlungsdauer auf oder unter der Unteren Grenzverweildauer liegt, nimmt die Krankenkasse einen weiteren Abschlag vor. Für jeden Tag, den die Behandlungsdauer auf oder über der „Oberen Grenzverweildauer" liegt, bekommt das Krankenhaus einen Vergütungszuschlag.

Wie die Abb. 10.1 zeigt, kann auch eine Vergütung mit Abschlag noch kostendeckend sein, weil dann möglicherweise wegen der kurzen Verweildauer auch niedrigere Kosten entstanden sind. Insbesondere in Krankenhäusern mit hohem Belegungsdruck kann es auch sinnvoll sein, Vergütungsabschläge in Kauf zu nehmen, wenn dafür mehr Patienten behandelt werden können. In erster Linie sprechen natürlich ethische und medizinische Gründe dafür, dass ein Krankenhaus alle Patienten behandeln sollte, die dort Hilfe suchen. Zum anderen ist es aber auch wirtschaftlich sinnvoll, einen Vergütungsabschlag in Kauf zu nehmen, wenn dafür die Behandlung eines zusätzlichen Patienten abgerechnet werden kann.

Beispiel
Eine unkomplizierte kardiale Arrythmie fiel im DRG-Katalog 2018 in die DRG F71B und erhielt eine Vergütung von etwa 1575 €. Die Mittlere Verweildauer lag bei 3,8 Tagen. Die Untere Grenzverweildauer lag bei einem Tag und war durch einen Abschlag in Höhe von 866 € gekennzeichnet. Behandelt das Krankenhaus einen Patienten mit einer Verweildauer von drei bis vier Tagen, erhält es dafür eine Vergütung in Höhe von 1575 €. Behandelt es hingegen drei Patienten, die jeweils nur eine Liegezeit von einem Tag haben, erhält es nach Verweildauerabschlag immerhin insgesamt noch etwa 2125 €. Durch den hohen Belegungsdruck hat das Krankenhaus also mehr Patienten behandeln und mehr Erlöse erzielen können.

Vielerorts wird auch die Sorge vor Kürzungen durch den Medizinischen Dienst (MD) vorgetragen. Tatsächlich prüft der MD im Auftrag der Krankenkassen, ob eine Veranlassung besteht, die vom Krankenhaus beantragte Vergütung zu verringern. Das kann dadurch geschehen, dass der MD bei Einsichtnahme in die Patientendokumentation feststellt, dass es einen oder mehrere Tage gegeben hat, an denen keine erkennbare Behandlung stattgefunden hat. In diesen Fällen empfiehlt der MD der Krankenkasse die betroffenen Behandlungstage zu kürzen. Das ist jedoch nur dann vergütungsrelevant, wenn dadurch die Untere Grenzverweildauer erreicht wird. Daher prüft der MD in der Regel nur solche Fälle, deren Verweildauer sehr nahe der Unteren Grenzverweildauer liegt, weil sich anderenfalls kein ökonomischer Vorteil für die Krankenkasse ergibt.

Des Weiteren lässt sich der Abbildung auch entnehmen, dass der Zuschlag bei Erreichen/Überschreiten der Oberen Grenzverweildauer die zusätzlichen Kosten nicht kompensiert. Im Gegenteil, die Lücke zwischen Kosten und Erlös wird auch nach Erreichen der Oberen Grenzverweildauer mit jedem weiteren Tag größer. Hinzu kommt, dass Fälle, die über der Oberen Grenzverweildauer liegen, sehr häufig vom MD geprüft werden, weil hier jeder Tag Kürzung eine Einsparung für die Krankenkasse bringt.

Die durchschnittliche Behandlungsdauer der Kalkulations-Krankenhäuser wird als Mittlere Verweildauer bezeichnet und ebenfalls vom InEK ausgewiesen. Eine wirtschaftliche Leistungserbringung ist also nur möglich, wenn die tatsächliche Behandlungsdauer unterhalb der Mittleren Verweildauer nach InEK liegt.

Viele Krankenhäuser setzen sich als Ziel, zehn Prozent unterhalb der Mittleren Verweildauer nach InEK zu bleiben, weil

- sie besser sein wollen als der Durchschnitt der Krankenhäuser und
- die Daten des InEK zwei Jahre alt sind und die tatsächlichen Verweildauern der Krankenhäuser in vielen Fällen mittlerweile bereits niedriger sind als zwei Jahre zuvor.

Die Befürchtung vieler Ärzte und Pflegekräfte, eine frühere Entlassung könne zu Vergütungsabschlägen führen, ist meistens unbegründet. Bei den meisten DRGs liegt die Untere Grenzverweildauer so weit von der Mittleren Verweildauer entfernt, dass auch eine etwas frühere Entlassung zu keinem Abschlag führt.

Beispiel
Bei einem Schlaganfall mit der DRG B70D lag im DRG-Katalog 2018 die Mittlere Verweildauer bei 6,8 Tagen. Die Untere Grenzverweildauer betrug 1 Tag, die Obere Grenzverweildauer 14 Tage. Ein Krankenhaus, das eine Mittlere Verweildauer abzüglich zehn Prozent anvisiert, würde also eine Zielverweildauer von 6,1 Tagen formulieren. Angesichts der Grenzverweildauern ist es völlig unerheblich, ob die tatsächliche Verweildauer bei sieben, fünf, drei oder nur zwei Tagen lag. Die Vergütung wird in allen Fällen bei 4357 € liegen. Umgekehrt betrachtet müsste die Verweildauer doppelt so hoch wie die Mittlere Verweildauer sein, damit ein Zuschlag gezahlt wird. Dieser betrug bei der DRG B70D allerdings nur 442 € pro Tag.

Zusammenfassend lassen sich aus wirtschaftlicher Sicht folgende Feststellungen treffen:

1. Als Ziel-Verweildauer sollte die Mittlere Verweildauer abzüglich zehn Prozent herangezogen werden.
2. Die tatsächliche Verweildauer sollte so kurz wie möglich gehalten werden, wobei nur dann der Sicherheitsabstand zur Unteren Grenzverweildauer vernachlässigt werden sollte, wenn hoher Belegungsdruck herrscht.
3. Patienten, deren Verweildauer über der Mittleren Verweildauer liegt, sind niemals wirtschaftlich, auch dann nicht, wenn die Liegezeit über der Oberen Grenzverweildauer liegt.

Umsetzung des Verweildauermanagements
Gute Prozesssteuerung gelingt in der Regel nur dann, wenn es einen klar definierten Prozessverantwortlichen gibt. Der Prozessverantwortliche kann seiner Verantwortung wiederum nur dann effektiv nachkommen, wenn er die Erreichung der Prozessziele (sog. Prozessqualität) laufend im Blick hat. Mit der Transparenz zur Zielerreichung, nämlich einer unterdurchschnittlich langen Verweildauer, befasst sich das nächste Kapitel.

Transparenz zur Ziel-Verweildauer

Wenn das Management der Verweildauer über ein „Steuern nach Gefühl" hinausgehen soll, muss für jeden Patienten der geplanten Verweildauer eine Ziel-Verweildauer gegenübergestellt werden. Durch diesen Ziel-Ist-Vergleich haben die an der Behandlung Beteiligten einen Überblick, bei welchen Patienten die Verweildauer unterdurchschnittlich lang ist und bei welchen nicht. Da ein frühzeitiger Vergleich mit der Ziel-Verweildauer erst ab dem Zeitpunkt möglich ist, ab dem die DRG bekannt ist, ist es wichtig, möglichst früh eine zutreffende Erstdiagnose zu treffen.

Das Verweildauermanagement beginnt somit bereits bei der Aufnahme. Daher ist es wichtig, den Aufnahmearzt zu verpflichten, die Aufnahmediagnose entweder selbst als DRG zu kodieren oder sehr frühzeitig durch eine Kodierassistenz kodieren zu lassen. Ferner ist es essentiell, die Diagnosen kontinuierlich anzupassen und neu zu kodieren, wenn sich im Laufe der Behandlung DRG-relevante Erkenntnisse ergeben. Hier wird auch direkt der Vorteil einer laufenden Kodierung deutlich. Wenn es Ärzte oder Kodierfachkräfte gibt, die eine laufende Kodierung während des Krankenhaus-Aufenthalts des Patienten vornehmen, lässt sich die Ziel-Verweildauer wesentlich besser als Orientierungsgröße verwenden, als wenn DRG-relevante Korrekturen standardmäßig erst nach der Entlassung vorgenommen werden.

Daher ist es unerlässlich, dass an jedem Werktag aktiv in den Blick genommen wird, ob die Behandlungsdiagnose, und damit die daraus resultierende Ziel-Verweildauer, noch zutrifft. Falls nicht, muss die DRG des Patienten angepasst werden.

10.3 Verweildauersteuerung

10.3.1 Die Verantwortung liegt beim stationsverantwortlichen Oberarzt

Die Verantwortlichkeit für die Verweildauersteuerung sollte klar definiert werden. Auf oberer Ebene liegt die Verantwortung natürlich beim Chefarzt. Es ist jedoch sinnvoll, auf der Stationsebene einen Oberarzt zu benennen, der den Erfolg der Verweildauersteuerung verantwortet. Aufgabe des stationsverantwortlichen Oberarztes ist es somit, gemeinsam mit seinen Stationsärzten die notwendigen Entscheidungen zu treffen, damit die Ziel-Verweildauer im Durchschnitt über alle Patienten nicht überschritten wird. Eine Unterstützung für das Verweildauermanagement kann eventuell durch einen Fallmanager (Case Manager) oder eine Kodierfachkraft erfolgen. Solche Funktionen können aber den stationsverantwortlichen Oberarzt nicht von seiner primären Verantwortung für die Verweildauersteuerung entbinden.

Der stationsverantwortliche Oberarzt hat die Aufgabe, seine Stationsärzte in der Verweildauersteuerung anzuleiten, deren Umsetzung zu überwachen und bei Bedarf korrigierend einzugreifen. Dazu ist es ratsam, dass sich der Oberarzt täglich ein Bild von der Verweildauersteuerung auf Station macht und sich diesbezüglich mit dem Stationsarzt abstimmt. Die Abstimmungen können im Rahmen der Frühbesprechung, vor, nach oder während der täglichen Patientenvisite oder am Nachmittag im Rahmen einer Kurvenvisite erfolgen.

Ein Oberarzt steht in der Verantwortung, seine Weiterbildungsassistenten zu schulen und auszubilden. Dazu gehört nicht nur die medizinische Fachkompetenz, sondern auch Organisationskompetenz. Da die Verweildauersteuerung so eine große Bedeutung hat, ist die Weitergabe dieser organisatorischen Fachkompetenz an die Stationsärzte eine der zentralen Aufgaben, die sich einem Oberarzt stellen.

Aufgabe des Chefarztes wiederum ist es, dafür zu sorgen, dass seine Oberärzte die Verweildauersteuerung gewissenhaft vornehmen.

10.3.2 Mit dem Berichtswesen arbeiten

Der Erfolg dieser Verantwortungsübernahme muss kontinuierlich gemessen werden. Dazu sind verschiedene Messinstrumente geeignet. Für die tägliche Steuerung muss das Krankenhausinformationssystem (KIS) genutzt werden. Dazu muss das KIS so konfiguriert werden, dass die Stationsübersicht zu jedem Patienten übersichtlich anzeigt, wie weit der tatsächlich geplante Entlasstag vom Ziel-Entlasstag (gemäß Ziel-Verweildauer) abweicht.

Darüber hinaus muss ein monatliches Reporting wiedergeben, wie gut die Verweildauersteuerung im zurückliegenden Monat gelungen ist. Das Monatsreporting sollte mindestens die durchschnittliche Ist- und die durchschnittliche Ziel-Verweildauer sowie deren Differenz für alle im Monat entlassenen Patienten wiedergeben (Abb. 10.2).

Darüber hinaus kann es auch sinnvoll sein, den Trend der Verweildauersteuerung darzustellen. Des Weiteren kann es eine wirksame Unterstützung sein, wenn das Ergebnis der Verweildauersteuerung nicht nur in Zeiteinheiten (Tagen), sondern auch in monetären Einheiten gemessen wird. Eine solche Umrechnung kann wahlweise durch die Anwendung der nachfolgenden Formeln erfolgen:

- Entgangene Erlöse, die erzielt worden wären, wenn statt der Patienten, die länger als die Ziel-Verweildauer im Krankenhaus behandelt wurden, zusätzliche Patienten mit der gleichen DRG in den jeweiligen Betten gelegen hätten – mit oder ohne Abzug des Fixkostendegressionsabschlags
- Entgangene Erlöse, die erzielt worden wären, wenn statt der Patienten, die länger als die Ziel-Verweildauer im Krankenhaus behandelt wurden, zusätzliche Patienten in den jeweiligen Betten gelegen hätten, und das Relativgewicht von deren DRG

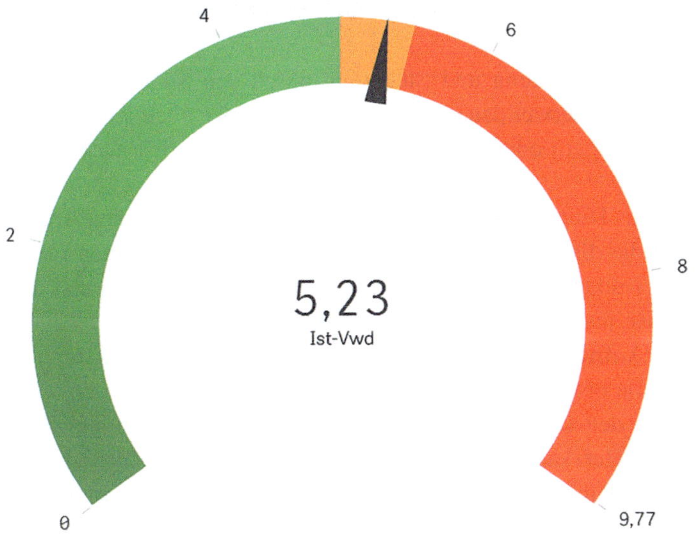

Abb. 10.2 Beispiel für eine grafische Abbildung zum Verweildauer-Monitor

dem CMI der jeweiligen Fachabteilung entsprochen hätte – mit oder ohne Abzug des Fixkostendegressionsabschlags

- Mehrkosten, die nicht entstanden wären, wenn durch das Erreichen der Ziel-Verweildauer weniger Patienten zu versorgen gewesen wären.
- Mehrkosten, die entstanden sind, weil die täglichen Behandlungskosten auch nach Überschreiten der Zielverweildauer angefallen sind. Die täglichen Behandlungskosten können abgeschätzt werden nach der folgenden Formel: Relativgewicht × Landesbasisfallwert/Mittlere Grenzverweildauer. Sofern eine Abteilung über mehrere Stationen verfügt, ist es sinnvoll, die Auswertungen zur Verweildauer nach entlassender Station aufzugliedern. Dadurch kann das Ergebnis der Verweildauersteuerung eindeutig einem bestimmten Oberarzt und seinen Stationsärzten zugeordnet werden.

Übrigens zeigt sich auch am Beispiel der Verweildauersteuerung, dass es keine gute Organisationsform ist, wenn mehrere Oberärzte für die gleiche Station zuständig sind. Dann lässt sich nämlich nicht eindeutig zuordnen, wer die Verantwortung für die erfolgreiche oder weniger erfolgreiche Verweildauersteuerung trägt. Auf die Alternative, nämlich dass das Verweildauer-Reporting auf Teilstationseinheiten heruntergebrochen wird, wird sich wohl kaum eine Controlling-Abteilung einlassen.

10.4 Prozesse mit Einfluss auf die Verweildauer

Eine bewusste, aktive Planung und Steuerung durch den Stationsarzt nehmen wesentlichen Einfluss auf die Verweildauer. Daneben gibt es aber noch weitere Prozesse, die die Verweildauern verlängern oder verkürzen. Einige davon werden nachfolgend aufgelistet:

- **Festlegung der Diagnostik in der Sprechstunde:** Wenn der Arzt bereits in der Sprechstunde die diagnostischen und therapeutischen Maßnahmen für den stationären Aufnahmetag festlegt, wird dieser produktiver genutzt, als wenn erst dann die weitere Vorgehensweise festgelegt wird.
- **Präoperative Aufnahme:** Wenn Patienten zunächst präoperativ aufgenommen werden, verkürzt sich die präoperative Verweildauer bzw. fällt sie weg.
- **Gute Planung der Operationen und Interventionen:** Wenn sich die OP bzw. die Intervention im Herzkatheter oder der Endoskopie um einen Tag verschiebt, verlängert sich die Verweildauer. Daher ist hier eine gute und realistische Planung nötig.
- **Möglichst frühzeitiger Beginn mit rehabilitativen Maßnahmen:** Je später die Behandlung durch Physiotherapeuten etc. beginnt, desto später erreicht der Patient einen entlassfähigen Zustand.
- **Frühestmögliche Einbindung des Sozialdienstes:** Oft sind Patienten gesundheitlich entlassfähig, können aber das Krankenhaus nicht verlassen, weil die Rehabehandlung nicht nahtlos anschließen kann oder weil noch häusliche Hilfen in der Wohnung des Patienten organisiert werden müssen. Solche Wartezeiten können am besten vermieden werden, wenn der Sozialdienst frühestmöglich informiert wird. Bei manchen Operationen ist es sinnvoll, dass der Erstkontakt zwischen Patienten und Sozialdienst bereits vor der OP stattfindet.
- **Einsatz von Behandlungspfaden:** Über Behandlungspfade kann die komplette Behandlung durchgeplant werden. Dadurch können Untersuchungen früher angemeldet werden, sodass keine Verzögerung durch das Warten auf Untersuchungen entstehen.
- **Effiziente Organisation der diagnostischen Bereiche:** Der Ärztliche Dienst und der Schreibdienst in Pathologie, Radiologie, Labor etc. müssen so organisiert sein, dass keine Wartezeiten hinsichtlich der Befunderstellung und -übermittlung entstehen.
- **Vermeidung von internen Verlegungen:** In manchen Kliniken ist es gang und gäbe, dass Patienten, die auf sogenannten Außenliegerstationen liegen, im Laufe der Behandlung auf die eigene Station zurückverlegt werden. Insbesondere wenn solche internen Verlegungen mit einem Wechsel des Behandlungsteams verbunden sind, wirken sie sich oft verweildauerverlängernd aus.
- **Regelmäßige Besprechungen des Tumorboards:** In manchen Krankenhäusern verzögern sich Behandlungen und Entlassungen dadurch, dass noch einige Tage vergehen, bis sich das Tumorboard das nächste Mal trifft. Insofern ist es wichtig, dass das Tumorboard Abstimmungsfrequenzen und -techniken pflegt, die die Verweildauer nicht verlängern.

- **Zeitnahe Konsile:** In ähnlicher Weise wie das Tumorboard kann auch das Warten auf ein Konsil die weitere Behandlung verzögern. Daher sollten Konsile möglichst frühzeitig angemeldet und zeitnah durchgeführt werden.

Daneben gibt es medizinische Einflussfaktoren auf die Verweildauer. Komplikationen sind nicht nur aus ethischen Gründen unbedingt zu vermeiden, sondern sie wirken sich auch negativ auf die Verweildauer aus. Insofern ist auch aus diesem Blickwinkel alles dafür zu tun, dass Infektionen und andere Komplikationen vermieden werden.

Letztlich beeinflusst auch die Technik die durchschnittliche Verweildauer. In der Diagnostik und der Therapie gibt es bestimmte Verfahren, die schneller Ergebnisse bringen als andere. Das einfachste Beispiel hierfür ist die Labordiagnostik mittels Point-of-Care-Testing (POCT).

10.5 Unterstützende Strukturen

Die Verweildauersteuerung durch den Ärztlichen Dienst kann durch verschiedene Strukturen unterstützt werden.

10.5.1 Medizincontrolling

Die wichtigste unterstützende Rolle beim Verweildauermanagement spielt das Medizincontrolling. Unabhängig davon, ob es Kodierfachkräfte gibt, die vor Ort auf Station angesiedelt sind, ist es unabdingbar, dass es einen häufigen Austausch zwischen dem stationsverantwortlichen Oberarzt und ggf. den Stationsärzten einerseits und Vertretern des Medizincontrollings andererseits gibt. Das Medizincontrolling kann durch eine Kodierfachkraft oder den Case Manager vertreten werden. Die Besprechungen sollten mindestens ein- bis zweimal wöchentlich, und zwar zu fest definierten Zeitpunkten, stattfinden.

Inhalt der Besprechungen ist insbesondere die Behandlungssteuerung derjenigen Patienten, deren geplanter Entlasstermin nicht unter der Zielverweildauer liegt bzw. für die womöglich noch gar kein Entlasstermin festgelegt ist. Zusätzlich kann das Medizincontrolling in diesen Besprechungen auch abrechnungsrelevante Hinweise geben, zum Beispiel welche Anforderungen zu beachten sind, damit bestimmte Zusatzentgelte abgerechnet werden können.

10.5.2 Kodierfachkräfte

Sofern es Kodierfachkräfte gibt, die einzelnen Stationen zugeordnet sind, ist es sehr anzuraten, dass diese nicht in einem gemeinsamen Büro im Verwaltungsgebäude, sondern vor

Ort auf Station sitzen. So ist es möglich, dass die Ärzte und die Kodierfachkräfte in laufendem Austausch miteinander sind. Gleichzeitig macht es der laufende Austausch auch entbehrlich, dass die Kodierfachkräfte bei der – vergleichsweise zeitintensiven – Visite mitgehen.

10.5.3 Case Management

Es gibt wohl kaum eine Stelle im Krankenhaus, die von Haus zu Haus so unterschiedlich interpretiert wird wie die des Case Managements (Fallmanagement). Die eigentliche Aufgabe der Case Manager besteht darin, alle Voraussetzungen zu schaffen, dass die Verweildauersteuerung möglichst gut gelingt. Dazu sollten die Case Manager folgende Aufgaben wahrnehmen:

- Regelmäßige Abstimmung mit dem Ärztlichen Dienst zum Verweildauermanagement (siehe oben, Medizincontrolling).
- (Anstoßen der) Organisation von allen Prozessen, die einen positiven Einfluss auf die Verweildauer haben.
- Hinweis auf kodierrelevante Anforderungen (z. B. für Zusatzentgelte), sodass sich ggf. die Ziel-Verweildauer verlängert.

10.5.4 Controlling

Es gibt nur wenige Prozesse im Krankenhaus, die auf die Wirtschaftlichkeit so einen großen Einfluss haben, wie die Verweildauersteuerung. In einem gut geführten Krankenhaus werden die Chef- und Oberärzte in der wirtschaftlichen Beurteilung ihres Handelns nicht alleine gelassen. Stattdessen gibt es hier monatliche Gespräche zwischen der Ärztlichen Führung und dem (Medizin-) Controlling. In diesen Gesprächen sollte auch die Verweildauersteuerung thematisiert werden, sodass das Augenmerk der Ärztlichen Führung stets auch auf diesen Aspekt der Behandlungssteuerung gerichtet bleibt.

10.5.5 Wirtschaftlicher Aspekt des Verweildauermanagements

Ein gutes Verweildauermanagement erzeugt signifikante wirtschaftliche Effekte. Diese sollen nachfolgend verdeutlicht werden:

Beispiel
Ein Krankenhaus mit 400 belegten Betten versorgt 20.000 Fälle pro Jahr. Der durchschnittliche Case Mix des Krankenhauses liegt bei 1,05. Die Zielverweildauer über alle Fälle liegt bei 6,5 Tagen und wird durchschnittlich um 0,8 Tage überschritten.

Eine Reduzierung der tatsächlichen Verweildauer um 0,8 Tage spart 16.000 Belegungstage ein. Über das Jahr verteilt entspricht das einer geringeren Belegung von 44 Betten. Das heißt, es kann entweder eine große Station geschlossen werden oder es können wesentlich mehr Patienten behandelt werden.

Wenn eine Station mit etwa 50 Betten geschlossen wird, führt das zu einer Einsparung von etwa 20 Vollkräften Pflegepersonal. Das entspricht einer Kosteneinsparung von über 1 Mio. €. Auch ärztlich muss die Station nicht versorgt werden, was umgerechnet zwei bis drei Assistenzärzten und einem Oberarzt entsprechen könnte. Zudem werden für diese Station keine Hilfskräfte für Essensverteilung, Transportdienst und Lagerarbeiten benötigt. Auch Sachkosten wie Reinigung, Wäsche etc. fallen hier nicht an. Zudem spart das Krankenhaus 16.000 Beköstigungstage. Der Effekt aller Maßnahmen liegt also zwischen eineinhalb und zwei Millionen Euro.

Wenn es gelingt, die 44 frei gewordenen Betten mit Patienten zu füllen, deren Verweildauer ebenfalls bei 6,5 Tagen liegt, kann das Krankenhaus 2471 zusätzliche Patienten behandeln. Wenn diese das gleiche durchschnittlich Relativgewicht haben wie die anderen Patienten, ergibt sich ein Potenzial von knapp 2600 zusätzlichen Case-Mix-Punkten. Bei einem Landesbasisfallwert von 3450 € sind das fast 9 Mio. € zusätzliche Erlöse. Auch wenn man davon den Fixkostendegressionsabschlag abzieht, verbleiben immerhin noch 5,8 Mio. € zusätzliche Erlöse. Diese Erlöse würden keine oder kaum zusätzliche Personalkosten verursachen, weil die Belegung die gleiche wäre wie bisher.

Die Beispielrechnung macht deutlich, wie enorm hoch das Wirtschaftlichkeitspotenzial durch eine gute Verweildauersteuerung ist.

Literatur

Nationalen Referenzzentrums für Surveillance von nosokomialen Infektionen NRZ (2016) Deutsche Nationale Punkt-Prävalenzerhebung zu nosokomialen Infektionen und Antibiotika-Anwendung, Abschlussbericht 2016

Statista (2021) Statistik-Portal. https://de.statista.com. Zugegriffen: 29. März 2023

Belegungssteuerung und -management **11**

Christian Bamberg

Inhaltsverzeichnis

11.1 Der Konflikt um die freien Betten entflammt täglich aufs Neue

Ein häufig zu hörender Hilfeschrei im Krankenhaus lautet: „Wir bräuchten dringend mehr Betten!“. Fragt man die Mitarbeiter aller Berufsgruppen auf den Stationen nach ihrer Einschätzung zur Bettenauslastung, liegt die Quote immer bei nahezu 100 % oder gar darüber. Wertet man jedoch statistische Erhebungen zur Stationsbelegung über mehrere Jahre aus, zeigt sich, dass die Auslastung im Durchschnitt eines Betrachtungsjahres signifikant niedriger liegt und weniger im Jahresvergleich, als insbesondere im Jahresverlauf saisonal schwankt. Die „gefühlten“ und die „gemessenen“ Wahrnehmungen gehen bei der Betrachtung der Belegung so weit auseinander, wie bei kaum einem anderen Thema im Krankenhaus. Methodische Schwächen, wie eine häufig festzustellende

C. Bamberg (✉)
ZEQ AG, Mannheim, Deutschland
E-Mail: christian.bamberg@zeq.de

C. Bamberg et al. (Hrsg.), *Moderne Stationsorganisation im Krankenhaus*,
https://doi.org/10.1007/978-3-662-67158-0_11

Differenz zwischen der Zahl der Planbetten und der tatsächlich physisch belegbaren Betten vor Ort verschärfen den Konflikt, da niemand den Zahlen der anderen Seite wirklich traut. Nicht zuletzt ist die aktuell gültige Verteilung der Bettenkapazitäten auf die Abteilungen oft historisch bedingt sowie eher statisch und nimmt wenig Rücksicht auf nachweisliche oder vorhersehbare Muster einer Belegungsdynamik. Insbesondere das Aufkommen ungeplanter Patienten erfolgt meist auffälligen Mustern – Beispiele hierfür sind: Zahl unfallchirurgischer Patienten bei Krankenhäusern in Ski-Gebieten in den Monaten November bis März, Zahl der Patienten mit Lungenbeschwerden in den „Erkältungsmonaten", Zahl an Noro-Patienten im November etc. Die Einbestellung elektiver Patienten nimmt jedoch in der Regel keine Rücksicht auf diese vorhersehbaren Muster, sodass es in den betreffenden Monaten immer wieder zu – bei besserer Planung zumindest graduell vermeidbaren – Belegungsspitzen kommt.

Wer kennt nicht die aufwändige telefonische Suche nach freien Betten, die unterschiedliche Personen oft parallel und jeden Morgen wiederkehrend aufnehmen müssen? Viele Krankenhäuser erreichen eine auffallend hohe Zahl an Tagen, an denen sich das Haus wegen fehlender Betten von der Notfallversorgung abmelden muss – und dennoch finden sich bei genauer Suche auch an diesen Tagen vormittags noch ausreichend freie Betten! Elektive Patienten, die mit Termin und Uhrzeit zur Aufnahme einbestellt werden, prallen täglich auf ungeplante Zugänge aus der Nacht, die die Betten der elektiven Patienten am Morgen „blockieren". Und dann sind da noch die echten medizinischen Notfälle, die auf Station aufgenommenen ambulanten Patienten sowie die steigende Anzahl infektiöser, isolierpflichtiger Patienten. Das Thema „Bettensperrungen" wird unter allen Beteiligten mit großer Emotionalität diskutiert.

Als eine Folge davon steigt auch die Anzahl der Patienten einer Fachabteilung, die als „Außenlieger" auf einer Station einer anderen Fachabteilung aufgenommen werden, damit man ihnen überhaupt ein Bett zur Verfügung stellen kann. Diese Patienten wiederum provozieren täglich viele interne Verlegungen, weil jede Fachabteilung danach strebt, ihre Außenlieger schnellstmöglich wieder in die eigenen Betten zurückzuholen bzw. die fremden Außenlieger an die andere Fachabteilung abzugeben, um Betten für die eigenen Patienten freizubekommen (Hauptargument: die bessere medizinische und pflegerische Versorgung im eigenen Bereich).

Alle diese genannten Beispiele sind keineswegs nur Einzelphänomene, die sich immer mal wieder in einzelnen Kliniken ereignen, sondern sie finden allesamt jeden Tag in nahezu allen Kliniken statt!

Kaum eine Ressource im Krankenhaus ist so hart umkämpft und kaum eine Ressource wird so hart verteidigt, wie die Betten der eigenen Fachabteilung. Das führte in der Vergangenheit bis zum heutigen Tage dazu, dass dezentrale Belegungsentscheidungen in nahezu völliger Autonomie der Fachabteilungen getroffen werden. Darüber hinaus gibt es allenfalls einzelne individuelle Regelungen zwischen Abteilungen sowie viele persönliche Absprachen. In Bezug auf die übergeordnete Belegungssituation eines Krankenhauses besteht daher weitgehende Intransparenz, u. a. auch dadurch begründet, dass die Belegungssteuerung auf den einzelnen Stationen in der Regel unter Nutzung von „analogen Medien“, wie Stationstafeln oder Whiteboards vorgenommen wird. Somit liegen die zur Steuerung relevanten Informationen nur lokal verstreut vor und können nicht zusammengeführt werden. Vorhandene digitale Lösungen, z. B. Module zum Belegungsmanagement im Krankenhaus-Informationssystem, werden in der Handhabung von allen Akteuren als zu aufwändig eingestuft und daher meist nur rudimentär angewendet.

Der Koordinationsaufwand, den die Normalstationen bei der Aufnahme von Patienten an den Schnittstellen zu Ambulanzen/Tageskliniken, zu den Chefarztsekretariaten oder zu Intensivstationen haben, ist immens und bindet jeden Tag wiederkehrend beträchtliche personelle Ressourcen.

Alle beschriebenen Alltagskonflikte, die sich um die Betten als einen der wesentlichen Engpässe eines Krankenhauses entzünden, erfordern als Lösungsansatz eine zentrale Belegungssteuerung/ein zentrales Belegungsmanagement. Diese Forderung fußt auf einem Prinzip, das in vielen anderen Branchen schon längst umgesetzt wird: Diejenigen, die die knappen Ressourcen einer Organisation anfordern, dürfen nicht gleichzeitig diejenigen sein, die diese Ressourcen steuern, da durch die unterschiedlichen Partikularinteressen Konflikte vorprogrammiert sind. Das bedeutet im Klartext: ein Arzt, der als Fachexperte die Indikation für eine Aufnahme in ein stationäres Bett stellt (Entscheidung darüber „was ist zu tun?“ = Festlegung der Konfiguration an eine Leistung), darf nicht festlegen, welches Bett er mit dem Patienten belegt (Entscheidung darüber „wo und wann wird es getan?“ = Disposition der Leistungserbringung). Die Disposition der Ressourcen ist eine Managementaufgabe und liegt in einer anderen Hand als der des Fachexperten – im Falle der Belegungssteuerung also zwingend bei einem Belegungsmanager.

Zusätzlich ist ein Paradigmenwechsel erforderlich: Die Belegungssteuerung darf nicht durch den Aufnahmedruck bestimmt werden (sog. „Push-Prinzip“), sondern muss den freiwerdenden Vakanzen folgen (sog. „Pull-Prinzip“). Damit avanciert ein suffizient organisierter Entlassungsprozess zum wichtigsten Element der Patientensteuerung über den gesamten Krankenhausaufenthalt hinweg und bildet die zentrale Grundlage für ein funktionierendes Belegungsmanagement!

11.2 Die Station ist das zentrale Logistikzentrum eines Krankenhauses

Der Normalstation kommt innerhalb der Krankenhausorganisation eine herausragende Rolle in Bezug auf die logistische Steuerung des Patienten und die optimale Durchlaufzeit durch den gesamten Behandlungsprozess zu. In die Sprache der DRG-Welt übersetzt, heißt das „Verweildauersteuerung“. Auf Normalstation laufen nahezu alle logistisch relevanten Schnittstellen zusammen und müssen entsprechend koordiniert und insbesondere auch im Sinne des Patienten aufeinander abgestimmt werden:

- Schnittstelle „Außenwelt“: soziales Umfeld des Patienten, externe Weiterbehandler/-versorger, externe Transportdienste
- Schnittstelle Leistungsstellen: Funktionsdiagnostik, Funktionsbereiche (OP, Endoskopie, etc.)
- Schnittstelle Stationen (andere Fachabteilungen, Intensiv- bzw. IMC-Stationen)
- Zentrale patientennahe Dienste (Therapeuten, Sozialdienst, Case Management)
- Administrative Bereiche (Empfang, Patientenverwaltung, Bettenmanagement, Medizincontrolling)
- Serviceeinheiten (Bettenaufbereitung, Küche, Reinigung)

„Im Sinne des Patienten“ heißt dabei, dass dieser nicht zum Spielball der Stationsorganisation werden darf. Beispiele hierfür ereignen sich täglich: Gerade, als der Patient sein Mittagsessen einnehmen will, wird er zum CT in die Radiologie abgerufen; wenige Minuten, nachdem die Pflegekraft den Patienten aufwändig umgelagert hat, kommt der Physiotherapeut ins Patientenzimmer, um mit dem Patienten das Sitzen auf der Bettkante zu üben, usw.

Allen aufgezählten Schnittstellen der Normalstation ist gemeinsam, dass sie auf Seiten der Schnittstellenpartner in Bereiche mit restriktiven, oft sogar knappen Ressourcen führen, z. B.

- keine Angehörigen oder Betreuer verfügbar
- externer Transportdienst fährt vormittags bevorzugt Dialysepatienten anstelle von stationären Patienten
- wenige Slots im OP oder in der Radiologie
- kurzfristige Verlegungen von ITS, um Platz für postoperative Patienten zu schaffen
- kurze Takte der Behandlung durch Therapeuten
- enggefasste und strikte Aufbereitungspläne in der Bettenreinigung, festgelegte Auslieferungszeiten der Küche

Letztlich betreibt also eine Station eine permanente „Mangelverwaltung“. Und besonders komplex: Alle Schnittstellenpartner üben mehr oder weniger einen Einfluss auf die Verweildauer des Patienten, oder anders ausgedrückt, auf die geplante Verfügbarkeit der Betten aus.

11.3 Belegungssteuerung im stationären Kontext

Weiter oben im Text wurde bereits erwähnt, dass die Entlassung der für die gesamte Logistik des Patientenaufenthalts bedeutsamste Prozess auf Station ist. Überspitzt formuliert kann man sogar sagen: Die Station verfolgt das Ziel, jeden Tag so viele Patienten so geplant wie möglich zu entlassen! Nur dann kann das „Pull-Prinzip" wirksam werden. Kommt die Entlassung ins Stocken, stockt schnell der gesamte Stationsablauf.

Aus diesem Grunde müssen in erster Priorität alle Risiken, die eine geplante Entlassung gefährden, so früh wie möglich erkannt und ausgeschlossen werden. Es gilt der Grundsatz: Die Entlassung fängt schon bei der Aufnahme an!

In der nächsten Priorität sind dann aus Sicht der Station alle Risiken, die sich bei Aufnahme von Patienten auf die Bettenbelegung auswirken, zu identifizieren und idealerweise bereits im Vorfeld der Aufnahme auf Station zu eliminieren. So wirken sich z. B. ungeklärte Wahlleistungsvereinbarungen oder unerkannte – vorhandene oder vermutete – Infektionen, die erst bei Eintreffen des Patienten auf der Station geklärt werden, gravierend auf die Belegungssteuerung vor Ort aus: Wahlleistungsbetten werden mit Patienten ohne Anspruch belegt, kurzfristig erforderliche Isolierungen führen zur Sperrung ganzer Patientenzimmer. Viele der Fragestellungen, die die Belegungssteuerung auf Station später belasten, können im Rahmen eines prästationären Vorbereitungstags rechtzeitig im Vorfeld der stationären Aufnahme beantwortet werden. Ebenso deutlich sind die Auswirkungen, wenn über die Notaufnahme kurzfristig Patienten, die keine oder eine ungeklärte Aufnahmebedürftigkeit aufweisen, auf der Station aufgenommen werden müssen. Für die Station müssen als Grundsätze gelten: Nur stationär aufnahmebedürftige, administrativ vollständig aufgenommene und so vollständig, wie möglich erstdiagnostizierte Patienten werden auf der Station aufgenommen! Ambulante Patienten gehören nicht auf die Station! Natürlich wird es immer wieder einzelne Ausnahmen von diesen Grundsätzen geben, aber die – gut zu begründenden – Ausnahmen dürfen nicht wieder zur Regel werden.

Und in dritter Priorität muss die Belegung der Station und insbesondere die Verfügbarkeit von Betten (geplant oder akut) zeitnah durch die Station aktualisiert und transparent gemacht werden. Damit ist neben der bereits erwähnten strukturierten, zu einem möglichst hohen Grad geplanten Entlassung die transparente, aktuelle Information über freie Vakanzen ein weiterer Baustein und Beitrag der Stationen für ein systematisches, zentrales Belegungsmanagement! Aus diesem Grunde muss es auf jeder Station eine Verantwortung für die Aktualisierung der Belegungsansicht zu festgelegten Zeitpunkten (z. B. morgens, mittags, abends) geben.

Jede bettenführende Station hat dazu für den Früh-, Spät- und Nachtdienst (sofern im Nachdienst mindestens zwei Pflegekräfte eingesetzt sind) eine verantwortliche Pflegekraft zu benennen (pflegerischer Belegungskoordinator). Für den Zweck der Bettenkoordination und zum Austausch mit dem Belegungsmanager steht jedem Belegungskoordinator ein separates „Belegungstelefon" mit eigener Telefonnummer zur Verfügung. Primäre

Ansprechpartner des Belegungsmanagers sind damit bei Fragen und Klärungsbedarf die Belegungskoordinatoren. Diese sind darauf angewiesen, von den zuständigen Stationsärzten über anstehende/geplante Entlassungen oder Verlegungen zeitnah informiert zu werden.

Für jede Abteilung/Station ist ein entscheidungsbefugter Arzt (Chef- oder Oberarzt) benannt, der bei internen Problemen und Absprachen zur Verfügung steht. Dieser kann auch über ggf. eine vorzunehmende, medizinisch vertretbare Entlassung von Patienten entscheiden.

Für chirurgische Patienten bzw. chirurgische Stationen kann es von Vorteil sein, wenn die Patienten erst postoperativ auf der Zielstation aufgenommen werden und morgens nicht mehr zur OP-Vorbereitung zu einem Zeitpunkt auf die Station kommen, wenn die Entlassungen des Tages noch gar nicht angelaufen sind. Man erreicht das durch sog. SDS-Bereiche (same day surgery), in die zumindest die Patienten der ersten Punkte im OP-Programm zur OP-Vorbereitung kommen. Diese SDS-Bereiche liegen in der Regel in der unmittelbaren Nähe des OP-Bereichs. Im Unterschied zu den ebenfalls oft eingerichteten „Holding-Area -Zonen“ entfällt hier der präoperative Patiententransport von Station, sodass die Station gerade in der kritischen Phase zum Tagesbeginn deutlich entlastet wird. Eine Holding-Area ist ein aus prozessualer Sicht eher unerwünschtes „Zwischenlager“ für den Patienten.

Signifikantes Potenzial für eine optimierte Belegungssteuerung auf Station liegt in der Glättung von Belegungsspitzen. Der Schlüssel hierfür liegt in der Einbestellpraxis für elektive Patienten. Die Stationen definieren hierzu unter Berücksichtigung der statistisch ermittelten, durchschnittlichen Quote ungeplanter Patienten für die elektiven Aufnahmen wochentags-abhängige Kontingente und bestimmen – wo möglich – Patientengruppen, die an ausgewählten Tagen bevorzugt einbestellt werden (Musterbeispiel Neurologie: „Patienten, die zur Mitoxanthron-Behandlung kommen, müssen dienstags oder donnerstags zur Aufnahme eingeplant werden, freitags sollen ausschließlich Patienten mit geplantem Procedere aufgenommen werden, wie z. B. Cortisonstoß-Therapie, Immunglobuline, Lumbalpunktionen“).

11.4 Belegungssteuerung und Belegungsmanagement enthalten zentrale und dezentrale Elemente und nehmen Rücksicht auf die Spezifika der Stationen

Da dieses Buch den Schwerpunkt auf die Stationsorganisation legt, muss hier auf die Beschreibung einer zentralen Belegungssteuerung/eines zentralen Belegungsmanagements weitgehend verzichtet werden. Eines soll jedoch bei aller Beschränkung vorausgeschickt werden: Neben dem Aufbau der strukturellen Voraussetzungen (z. B. zentrale Belegungsmanager, idealerweise in der 24/7-Besetzung), der Implementierung eines digitalen Workflows für das Belegungsmanagement über ein Krankenhaus-Informationssystem sowie der Inkraftsetzung eines verbindlich freigegebenen Belegungsstatuts hinaus, muss die Verteilung der Betten auf die jeweiligen Fachabteilungen – aktuell und strategisch – definiert werden. Einem wirksamen zentralen Belegungsmanagement kommt ganz wesentlich die Rolle der „letzten Instanz" in Hochbelegungsphasen zu – in eher auslastungsarmen Zeiten wird ein zentrales Belegungsmanagement kaum gefordert. Das Management fokussiert also auf den Engpass und hat nicht permanent den Anspruch, als „neuer und alleiniger Herrscher" über die Betten aufzutreten! Damit ergibt sich ein breiterer Gestaltungsspielraum für die Organisation der Belegungssteuerung, die auch dezentrale Elemente zulässt. Dieser Faktor begünstigt die Akzeptanz eines zentralen Belegungsmanagements in den Abteilungen und mindert das Empfinden von Autonomieverlust, der sich bei Einführung eines zentralen Belegungsmanagements leicht einstellt. Im Folgenden wird ein Weg beschrieben, wie ein Algorithmus für die Bettenbelegung über die verschiedenen Kaskaden aussehen kann.

In einem ersten Schritt ermittelt man in jeder bettenführenden Fachabteilung die Zahl der tatsächlich belegbaren Betten sowie die durchschnittliche Belegung (in der Verfeinerung kann man diese Auswertung noch durch eine Min.-/Max.-Betrachtung ergänzen, um die Varianz in der Belegung aufzuzeigen – ferner können saisonale Effekte in die Betrachtung mit einbezogen werden). Die durchschnittliche prozentuale Belegung wird dann in durchschnittlich belegte Betten umgerechnet.

Als zweiter Schritt wird nun mit jeder Fachabteilung ein Kernbereich für die Belegung als prozentualer Anteil der durchschnittlichen Belegung vereinbart (z. B. 80 %). Wichtig ist die Zusicherung, dass die Fachabteilung ihren Kernbereich autonom – vorrangig elektiv – belegen darf; bei Fachabteilungen mit einem hohen Anteil an Akutpatienten entsprechend mit „Notfällen". Verpflichtend ist lediglich die Information des zentralen Belegungsmanagements bei jeder Belegungsentscheidung. In durchschnittlichen Belegungszeiten reichen die Betten im Kernbereich für die Station aus. Die nicht dem Kernbereich zugehörigen Betten der betreffenden Abteilungen gehen als sog. „Überhangbetten" (synonym auch als „Overflow"-Betten bezeichnet) in einen Bettenpool. Über diese Betten kann die Abteilung/Station nicht mehr autonom, sondern nur in Letztentscheidung des zentralen Belegungsmanagements verfügen. Abb. 11.1 stellt eine entsprechende Übersicht exemplarisch dar:

In der Folge werden Fachabteilungen zu fachlich passenden Clustern zusammengefasst. In diese Cluster geht ein definierter Prozentsatz der Überhangbetten, beispielsweise 70 %, der jeweils beteiligten Fachabteilungen ein. Der Belegungsmanager entscheidet dann über die Vergabe der Clusterbetten, sobald ein Kernbereich voll belegt ist.

Bestimmte Fachabteilungen können exemplarisch zu Clustern zusammengelegt werden (Abb. 11.2).

Ein entscheidender Grund, der für die Clusterbildung spricht, ist die zukünftige Vermeidung einer gänzlich ungesteuerten Belegung von Betten mit fachfremden Patienten, die derzeit noch das Resultat einer Belegungsentscheidung aus dem täglichen Bettennotstand heraus ist („Push-Prinzip"). In den Clustern hat man die Chance, das Personal

Fachrichtung	belegbar	⌀ Belegung in %*	⌀ belegte Betten absolut	Kernbereich (80% von ⌀ Belegung)	Überhangbetten
Innere Medizin	34	92	31	25	6
Angiologie	17	95	33	26	7
Gefäßchirurgie	22	76			
Kardiologie	60	86	51	41	10
Allgemeinchirurgie	44	87	38	31	3
Gynäkologie	26	78	20	16	4
Geburtshilfe	17	113	19	15	2

*ausgehend von der Belegung im 1. Quartal 2016 lt. Mitternachtsstatistik.

Abb. 11.1 Definition von Betten im Kernbereich und von Überhangbetten auf Stationen unterschiedlicher Fachabteilungen. (Quelle: ZEQ AG)

Fachabteilungen	Primärstationen	In Cluster zusammengefasste Fachabteilungen	Clusterstation
Kardiologie	3a, 3b, 3c, 4c	Angiologie/ Gefäßchirurgie	1b, 2b
Innere Medizin	1b, 1c	Gynäkologie/ Allgemeinchirurgie	4c, 2c
Gefäßchirurgie/ Angiologie	1b, 2b	Kardiologie/ Innere Medizin	3a, 3b, 1c
Allgemeinchirurgie	1c, 1b, 2c	Gefäßchirurgie/ Angiologie/ Gynäkologie	2b, 4c
Gynäkologie	4c	Kardiologie/ Geburtshilfe	4c, 1a, 2c
Geburtshilfe	1a	ggf. Gynäkologie/ Interdisziplinäre Station	4c, 2a

Abb. 11.2 Musterdarstellung für eine Clusterbildung. (Quelle: ZEQ AG)

in Bezug auf definierte „Fremdlieger“ weniger, ausgewählter Fachabteilungen so auszubilden, dass diese neben den Patienten der eigenen Fachabteilung im Kernbereich zusätzlich noch adäquat medizinisch und pflegerisch versorgt werden können. Ferner kann im Rahmen dieses Konzepts auch das erforderliche und ggf. spezifische Equipment für die zusätzliche Versorgung der Clusterpatienten eher zur Verfügung gestellt werden, als wenn die Belegung mehr oder weniger willkürlich mit fachfremden Patienten irgendeiner Fachrichtung erfolgt.

Die weder im Kernbereich, noch in den Clustern befindlichen Betten stehen dem Belegungsmanager dann als letzte Reserve in der letzten Eskalationsstufe der Belegungsentscheidung zur Verfügung.

Ein gemeinsam verabredeter und verbindlich im Belegungsstatut festgelegter Verteilungsplan für die gestufte Belegungsentscheidung unter Berücksichtigung der jeweils noch vorhandenen Bettenkapazitäten könnte dann beispielhaft wie folgt aussehen:

1. Zuständige Station: Betten im Kernbereich belegen (Station).
2. Zuständige Station: Clusterbetten belegen (Belegungsmanager).
3. Interdisziplinäre Station: Belegung der Station auch mit nicht Privat- bzw. Wahlleistungspatienten (Belegungsmanager).
4. Partnerstationen im Cluster: Clusterbetten belegen (Belegungsmanager).
5. Andere Station: Betten auf „irgendeiner“ Station belegen (Belegungsmanager).
   - CAVE: Die Pädiatrie ist ausgenommen und die Geburtshilfe nur im Ausnahmefall fremd zu belegen!
   - Der Gynäkologie sind keine gefäßmedizinischen Patienten zuzuteilen!

Der Algorithmus zeigt deutlich auf, dass die Belegungsentscheidungen umso rigider durch das zentrale Belegungsmanagement getroffen werden, desto angespannter die Bettensituation im Hause ist. Eine für den Patienten gänzlich unwürdige Belegung von Gangbetten darf eine nur – kurzfristige – „Ultima Ratio“-Entscheidung durch das Belegungsmanagement sein!

Darüber hinaus werden auch Verabredungen in Bezug auf interne Verlegungen getroffen, die z. B. in Anhängigkeit der Verweildauer bei Aufenthalten unter drei Tagen den Patienten bis zur Entlassung im Clusterbett belassen und nicht intern verlegen.

Als letzten Punkt im Rahmen eines Belegungsstatuts legt jede Fachabteilung interne Belegungsregeln fest, wie hier am Beispiel einer Kardiologie musterhaft aufgezeigt:

SM, Defi, CRT

Erster Punkt	Bitte nicht als ersten Punkt bei prästationärer Aufklärung planen
Infektiöse Patienten	Ab 10:00 Uhr
Wochentagsbezogene Besonderheiten	CRT: Freitag nach Sprechstunde von Dr. Mustermann

Uhrzeitbezogene Besonderheiten	SM und Defi Terminplanung nach Rücksprache mit den Mitarbeitern EKG zur Koordination der Mitarbeiter der Herstellerfirma

Herzkatheter

Erster Punkt	8:00 Uhr
Letzter Punkt	15:30 Uhr
Infektiöse Patienten	Als letzten Punkt planen
Wochentagsbezogene Besonderheiten	Mittwoch: Dr. Mustermann
Sonstiges	Ambulante Patienten an Punkt 1 (1 Pat./Tag) Max. 2 PP/Tag

Stationäre Aufnahme

Bestimmte Indikationen	Max. 5 Aufnahmen/Tag Max. 2 PP/Tag
Wochentagsbezogene Besonderheiten	Montags weniger

Um eine transparente und sichere Belegungsplanung gewährleisten zu können, ist das zentrale Belegungsmanagement darauf angewiesen, dass die Verantwortlichen für die Belegungskoordination auf den Stationen die Stationsübersicht in Bezug auf Aufnahmen, Entlassungen und Verlegungen im Krankenhaus-Informationssystem immer aktuell halten. Dies setzt eine disziplinierte und zeitnahe Aktualisierung voraus. Inbegriffen ist hier auch die unverzügliche Meldung an das zentrale Belegungsmanagement, wenn zugewiesene Betten nicht beansprucht werden.

11.5 Belegungssteuerung und Belegungsmanagement werden Teil einer umfassenden Aufnahmeplanung für den Patienten

Letztlich ist die Organisation der Ressource Bett nur ein Teil der Aufnahmevorbereitung, insbesondere für den elektiven Patienten. Die Indikation zur stationären Aufnahme, die in der Regel im Rahmen einer Sprechstunde durch einen Facharzt gestellt wird, löst eine Kette weiterer Prozesse aus: der chirurgische Patient erhält einen OP-Termin und wird in die OP-Planung aufgenommen, erforderliche Untersuchungen werden geplant und koordiniert, die administrative Aufnahme inkl. Behandlungs- und Wahlleistungsvereinbarungen wird vorgenommen und der Patient wird – wenn erforderlich – chirurgisch und anästhesiologisch aufgeklärt. Versäumnisse in der frühzeitigen Abstimmung und Bearbeitung all dieser Arbeitsschritte führen später am Tag der Aufnahme auf der Station, wie bereits weiter oben in diesem Kapitel beschrieben, zu beträchtlichem Zusatzaufwand für das pflegerische und ärztliche Personal sowie häufig zur Verärgerung der Patienten.

Als Imperativ sollte gelten: „Der elektive Patient geht am Tag der Aufnahme vollständig vorbereitet auf die Station!".

Um diesem Grundsatz gerecht werden zu können, werden alle prästationären Prozesse, die ein Patient sicher durchlaufen muss, in einer zentralen Patientenaufnahmeeinheit („Aufnahmecenter") zusammengefasst. Der aufnehmende Arzt leitet den Patienten hier an den „Aufnahmeplaner" weiter, der den Aufnahmetermin mit dem OP-Termin sowie den Terminen eines prästationären Aufnahmetags und der Bettenbelegung koordiniert und fest plant. In einem Aufnahmecenter werden die zentralen Belegungsmanager konsequent zu zentralen Aufnahmeplanern/Disponenten und somit letztlich zu echten Prozesseignern für den Aufnahmeprozess weiterentwickelt.

Schnittstellen 12

Christian Bamberg

Inhaltsverzeichnis

12.1 Die Prozessoptimierung auf Station stößt schnell an Grenzen

Das Stationskonzept zielt vornehmlich darauf ab, die stationären Kernprozesse Aufnahme, Visiten und Entlassung berufsgruppenübergreifend zu koordinieren sowie verschwendungsarm und mit größtmöglicher Patientenorientierung zu organisieren.

Auch wenn Stationskonzepte nach der Implementierung schnell zu spürbaren Verbesserungen der Stationsorganisation selbst führen (u. a. Kommunikations- und Abstimmungsprozesse der Berufsgruppen, berufsgruppenübergreifende Steuerung der Stationsabläufe, Aufnahme der Patienten auf Station sowie Entlassung der Patienten von Station), wird die Station zunächst bewusst aus dem Gesamtgefüge der Prozesskette der Patientenversorgung herausgelöst. Das reduziert die Komplexität und ist für die Fokussierung auf die unmittelbar wirksamen Handlungsfelder aus Sicht des Stationspersonals als Ausgangspunkt für eine Optimierung der Abläufe sehr hilfreich.

Allerdings begrenzen zahlreiche Schnittstellen die Stationsprozesse in der Wertschöpfungskette in Form von vor- bzw. nachgelagerten Prozessen und können die grundsätzlich angestrebte „Pull-Ausrichtung“ (Die Umkehr von der Push- zur Pull-Ausrichtung der

C. Bamberg (✉)
ZEQ AG, Mannheim, Deutschland
E-Mail: christian.bamberg@zeq.de

C. Bamberg et al. (Hrsg.), *Moderne Stationsorganisation im Krankenhaus*,
https://doi.org/10.1007/978-3-662-67158-0_12

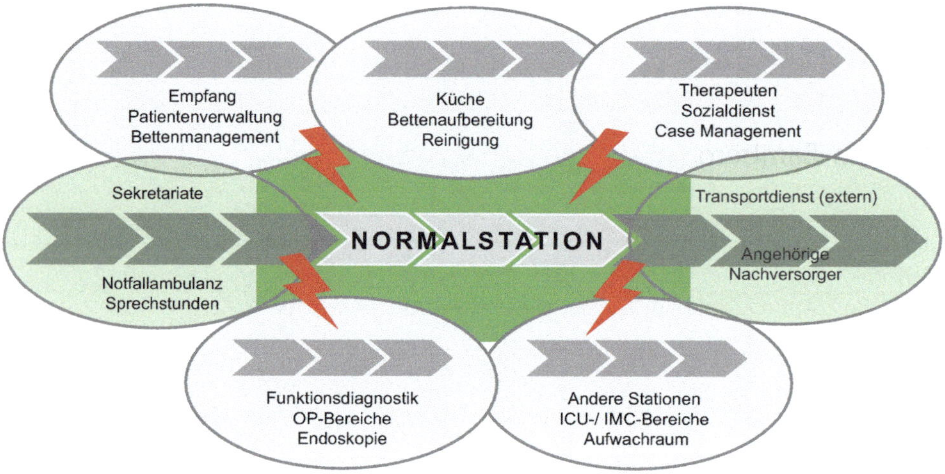

Abb. 12.1 Die Normalstation als „Logistikzentrum" mit ihren Schnittstellen im Prozessgeschehen eines Krankenhauses. (Quelle: ZEQ AG)

Prozessführung in Organisationen ist ein Kernelement des Lean Managements) der Prozessorganisation nachhaltig stören: der Weg des Patienten ins Krankenhaus wird bereits vorstationär gebahnt (Elektivpatienten via Sekretariate und Indikationssprechstunden – ungeplante Patienten sowie Notfallpatienten in der Regel via Notfallambulanz). Fehlende Absprachen an den Schnittstellen (beispielsweise Kontingente) sowie insbesondere die Intransparenz in Bezug auf die Aufnahmeinformationen (nicht zuletzt aufgrund von Medienbrüchen im Workflow) sorgen dafür, dass die zur Aufnahme kommenden Patienten Druck auf die stationären Betten ausüben, ohne dass die Station selbst hierbei steuernd eingreifen kann – sie kann nur auf den initial erzeugten Bettendruck reagieren (Push-Ausrichtung) (Abb. 12.1).

Am Ende der Wertschöpfungskette stellt insbesondere der – in der Regel sektorübergreifende – Abfluss der Patienten in nachversorgende Strukturen für die Normalstation eine große Herausforderung dar. Die Taktung des externen Transportdienstes, die zur Sicherstellung eines optimalen stationären Entlasszeitpunkts quasi „just in time" erfolgen sollte, gelingt meist nur unzureichend, gerade in den Vormittagsstunden. Noch schwieriger ist für das Stationspersonal die verlässliche Mitwirkung der Angehörigen bei der Entlassung sicherzustellen. Auch Einrichtungen, die entlassene Patienten übernehmen sollen, wie beispielsweise Reha-Kliniken oder Seniorenheime, „diktieren" den Übernahmezeitpunkt nach den Erfordernissen an die eigenen internen Abläufe. Dadurch kommt der Prozessfluss auf Station zum Erliegen mit der Folge, dass zur Entlassung anstehende Patienten länger als aus der Sicht des Stationspersonals erforderlich auf Station verbleiben und gerade morgens mit den Neuaufnahmen des Tages kollidieren.

Erhebliche Auswirkungen auf die Möglichkeiten zur Prozessoptimierung auf Normalstation haben aber auch diejenigen Organisationseinheiten im Krankenhaus, die an der Versorgung eines Patienten unmittelbar mitwirken und hierzu in Querbeziehung zu den Stationsprozessen treten. Jeder dieser Schnittstellenpartner hat sich im Verlaufe der Zeit vollkommen autark organisiert und es gibt in der Regel nur ansatzweise funktionierende Absprachen im Sinne der Gesamtprozesskette. Dies sei am Beispiel der Radiologie erläutert: Ein großer Teil der Patienten erhält im Verlaufe seines stationären Aufenthalts eine radiologische Untersuchung – oft sogar mehrmals. Da die Radiologie die jeweiligen Modalitäten nach Eingang einer Anforderung der Station eigenständig unter Berücksichtigung aller übrigen (geplanten und ungeplanten) stationären und ambulanten Patienten für den Untersuchungstag disponiert, wird die Station in den „Stand-By-Modus" gesetzt. Die Radiologie ruft den Patienten zum für sie passenden Zeitpunkt ab und kann bei der eigenen engen Taktung der Untersuchungen keine Rücksicht auf die stationären Abläufe nehmen. Das führt immer wieder dazu, dass sich eine durch die Station eigentlich bereits geplante Entlassung eines Patienten am Entlasstag „wegen der ausstehenden Untersuchung" oder „wegen des fehlenden Befundes" verzögert oder gar ganz verschoben werden muss. Dem Stationspersonal sind dabei die Hände gebunden – der Optimierung des Entlassprozesses auf Station werden hier die Grenzen aufgezeigt.

An der Schnittstelle zur Intensivstation (ICU) bzw. zur Intermediate-Care-Einheit (IMC) oder auch zu anderen Normalstationen kommt es immer wieder zu kurzfristigen Verlegungen, sodass diese Patienten noch zusätzlich zu den Einbestellungen und den ungeplanten Patienten, die über die Notaufnahme auf Station gelangen, den Aufnahmeprozess und die Kapazitäten der Station belasten und eine vorangegangene stationsinterne Prozessoptimierung konterkarieren.

Auch für alle weiteren in Abb. 12.1 dargestellten Schnittstellen lassen sich viele Beispiele für fehlende Absprachen finden.

12.2 Schnittstellenvereinbarungen regeln Kernpunkte der Zusammenarbeit

Im Rahmen der Erstellung von Stationskonzepten ist es daher unerlässlich, Workshops mit den relevanten Schnittstellenpartnern der Station durchzuführen, um hier wesentliche Eckpunkte zur Verbesserung der Zusammenarbeit zu erarbeiten und letztlich verbindlich zu vereinbaren. Ein willkommener Nebeneffekt dieser Workshops ist, dass beide Schnittstellenpartner – oft erstmals – die Abläufe des jeweils anderen kennen und auch deren Restriktionen akzeptieren lernen: die Schnittstellenpartner sehen nicht allein ihre eigenen (stets wichtigeren) Bedürfnisse, die vorrangig befriedigt werden müssen, sondern finden zu einer wechselseitigen „Kunden-Lieferanten-Beziehung" und kommen im Sinne eines „Geben und Nehmens" zu tragfähigen Kompromissen in der Zusammenarbeit. Um die Verbindlichkeit der Vereinbarungen zu erhöhen sowie die erforderliche Transparenz auch für diejenigen Mitarbeiter herzustellen, die nicht an den Workshops teilgenommen haben, werden die Eckpunkte der zukünftigen Zusammenarbeit schriftlich in Schnittstellenvereinbarungen gefasst. Entscheidend dafür ist, dass beide Schnittstellenpartner durch Mitarbeiter im Workshop repräsentiert werden, die in Bezug auf Entscheidungen ausreichend ermächtigt sind (in der Regel mindestens Oberärzte). Typische organisatorische Eckpunkte, die in Schnittstellenvereinbarungen geregelt werden, sind:

- Patientenvor- und -nachbereitung durch die Station oder durch den Schnittstellenpartner
- Taktung des Patienten (insbesondere Zeitpunkt bzw. Vorlauf für den Abruf von Station, ferner Zeitslots für Untersuchungen/Eingriffe/Therapien)
- Informationstransfer (wann und auf welchem Wege erreichen verbindliche planungsrelevante Informationen zum Patienten die Station).

Wichtig für eine erfolgreiche Umsetzung ist, dass die Schnittstellenvereinbarungen durch Unterschrift der obersten Führungskräfte autorisiert wird und dass für jede Seite der Schnittstelle Ansprechpartner „auf Augenhöhe“ benannt werden, die sich bezüglich der Einhaltung der Schnittstellenvereinbarung sowie einer etwaig erforderlichen Anpassung verantwortlich austauschen – hierzu empfiehlt sich die Durchführung turnusmäßig stattfindender „Schnittstellenbesprechungen“.

Ein Musterbeispiel für eine Schnittstellenvereinbarung zwischen Normalstation und Radiologie kann wie nachfolgend abgebildet aussehen (Auszug):

Zuständigkeiten und schnittstellenbezogene Festlegungen für die Stationen

1. ***Indikationsstellung:***
   Die Indikationsstellung erfolgt grundsätzlich durch den Stationsarzt. Der Stationsarzt füllt die Pflichtanforderungen aus mit folgenden Angaben:
   - Indikation und Fragestellung
   - relevante Vorerkrankungen und -untersuchungen
   - gewünschte Untersuchung/Methode
   - Angabe der Dringlichkeit
   - Mobilität (bettlägerig, sitzend, gehend)
   - Besonderheiten (z. B. Demenzen und Infektionen)
   - Freigabe des fachkundigen Arztes
2. ***Terminierung/Anmeldung:***
   - „Routineanforderungen“ bis spätestens 10:00 Uhr am Untersuchungstag
   - Schnittbilduntersuchungen werden telefonisch angemeldet und terminiert.
   - Aufklärungspflichtige Eingriffe werden spätestens 24 h vor Eingriff angemeldet

3. ***Patientenvorbereitung:***
   Im Rahmen der Patientenvorbereitung müssen folgende Punkte sicher gewährleistet werden:
   - ggf. Nüchternheit
   - Absetzen bestimmter Medikamente
   - Berücksichtigung der aktuellen Laborwerte
   - Berücksichtigung des Allgemeinzustands des Patienten
   - Vorlage der existierenden Voruntersuchungen mit bildgebenden Verfahren
   - wenn möglich, venösen Zugang legen (oder vorhandene Zugänge liegen lassen)
4. ***Patientenhin- und Rücktransport***
   - der Transportdienst der Radiologie meldet sich bei der Stationssekretärin
   - der Patient ist sauber gebettet
   - bei infektiösen Patienten werden die Vorschriften der Hygienekommission bezüglich des Patiententransports eingehalten (z. B. MRSA/TBC/ETC)
   - beim Rücktransport ist darauf zu achten, dass der Patient korrekt gelagert ist
   - der Rücktransport hat zügig zu erfolgen (durch Hol- und Bringedienst, Pflegepersonal Station sowie notfalls durch eine MRTA)

Zuständigkeiten und schnittstellenbezogene Festlegungen für die Radiologie

1. ***Terminierung/Anmeldung***
   - grundsätzlich werden Untersuchungen bei stationären Patienten am gleichen Tag, spätestens am Folgetag durchgeführt (Ausnahme: aufklärungspflichtige Untersuchungen)
   - Notfallpatienten werden zum frühest möglichen Zeitpunkt untersucht
2. ***Indikationsstellung***
   - Überprüfung der rechtfertigenden Indikation
   - Ausschluss des Vorliegens einer Schwangerschaft und anderer Kontraindikationen
   - Wahl der strahlenschonendsten Methode bzw. der Methode, die den Patienten am wenigsten belastet
   - Bei Ablehnen der Untersuchung durch die Radiologie, erfolgt eine Rücksprache mit dem anfordernden Arzt/der Stationsschwester
   - Bei Ablehnen der Untersuchung durch den Patienten wird dies dokumentiert
3. ***Patientenvorbereitung***
   - Kontrastmittelgabe oral am Vorabend in Absprache mit der Station durchführen

- Einbestellung der aufzuklärenden Patienten 24 Std. vor der Untersuchung, bettlägerige Patienten werden durch den Radiologen (möglichst von demjenigen, der die Untersuchung durchführt) auf der Station aufgeklärt
- sollte ein venöser Zugang gelegt werden, dann mit Kanülenfixierpflaster

4. ***Patientennachbereitung und Transport***
   - nach Durchführung der radiologischen Untersuchung und Rücklagerung des Patienten in das Krankenbett muss der Radiologe/die MRTA darauf achten, dass der Patient wieder vorschriftsmäßig gelagert wird, z. B. glattgezogenes Laken, korrekte Aufhängung von Drainagen, Infusionen, Urinbeuteln, etc.
   - zügiger Rücktransport durch den Hol- und Bringedienst der Radiologie, wenn notwendig durch das Pflegepersonal der Station
5. ***Befundübermittlung und -besprechung***
   - der Befund wird baldmöglichst diktiert und ins Netz gestellt
   - konventionelle Röntgenbefunde werden per Spracherkennung diktiert, von den Sekretariaten überprüft, ausgedruckt und ins Netz gestellt
   - bei Schnittbildverfahren (CT, MR) wird der Befund durch den Radiologen selbst erstellt und im KIS hinterlegt.
   - bei bedrohlichen/dringenden Befunden telefoniert der Radiologe mit der Station und bestellt evtl. den behandelnden Arzt zur Befundübermittlung ans Telefon (zusätzlich Notiz hierzu im schriftlichen Befund)
   - alle relevanten Befunde des Tages werden den Internisten und Chirurgen in der täglichen Röntgendemonstration vorgestellt. Eine Röntgenbesprechung mit der Pädiatrie und Rheumatologie erfolgt einmal wöchentlich
   - im Bereitschaftsdienst ab 18:00 Uhr und an Wochenenden/Feiertagen begutachtet der diensthabende Arzt, nicht der Radiologe, die konventionellen Röntgenaufnahmen selbst. Bei unklaren Befunden kontaktiert er andere diensthabende Ärzte, seinen zuständigen Oberarzt und bei weiter bestehenden Unklarheiten den Radiologen in der Rufbereitschaft

High Care oder Low Care – der pflegerisch-therapeutische Bedarf bestimmt die Belegung

13

Christian Bamberg

Inhaltsverzeichnis

13.1 Fachrichtung und Ausgewogenheit des Aufwands bestimmen heute die stationäre Verteilung der Patienten

Der Patient durchläuft im Rahmen seines stationären Aufenthalts im Krankenhaus unterschiedliche Stadien und Settings. Schaut man sich die typische klinische „Wertschöpfungskette" aus medizinischer, pflegerischer und therapeutischer Sicht an, dann findet diese in unterschiedlich ausdifferenzierten Organisationsbereichen statt (Abb. 13.1).

In der Regel erhält der Patient bereits kurz nach seiner Aufnahme den Hauptteil seiner medizinischen Behandlung, die z. B. im operativen Eingriff, in der akuten medikamentösen Therapie oder in der erforderlichen Differenzialdiagnostik besteht. Viele Patienten durchlaufen hierzu initial bzw. in einem Folgeschritt einen intensivmedizinischen Bereich,

C. Bamberg (✉)
ZEQ AG, Mannheim, Deutschland
E-Mail: christian.bamberg@zeq.de

C. Bamberg et al. (Hrsg.), *Moderne Stationsorganisation im Krankenhaus*,
https://doi.org/10.1007/978-3-662-67158-0_13

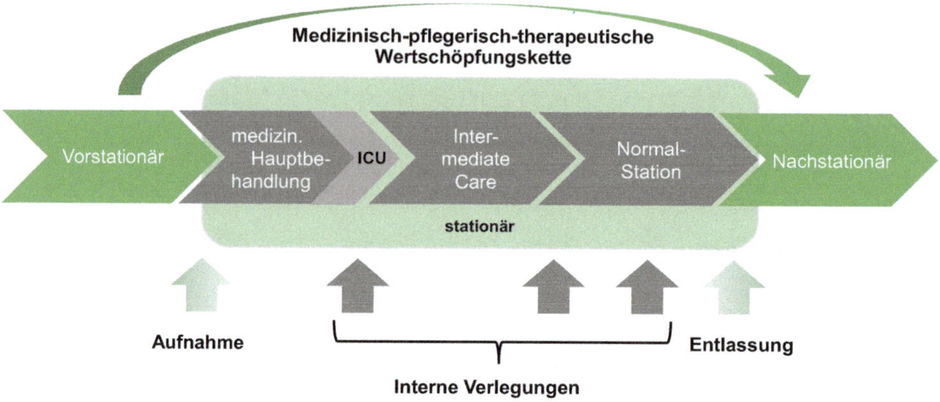

Abb. 13.1 Medizinisch-pflegerisch-therapeutische Wertschöpfungskette. (Quelle: Deloitte & Touche GmbH 2010; ZEQ AG)

z. B. eine „Stroke Unit" (Schlaganfalleinheit), eine „Chest Pain Unit" (Brustschmerz- bzw. Herzinfarkteinheit) oder eine Intensivstation.

Die Intensivstation (engl. Intensive Care Unit **„ICU"**) ist eine Station im Krankenhaus, in der lebensbedrohlich erkrankte Patienten eine enge Überwachung (Monitoring) und eine intensivmedizinische bzw. -pflegerische Versorgung erhalten, die über das normale Maß einer medizinischen und pflegerischen Betreuung weit hinaus gehen. Zu einer Intensivstation gehören hochtechnisierte Geräte und Ausrüstungen; das Personal hat meist zusätzliche Qualifikationen (Intensivpflegeausbildung, Zusatzbezeichnung Intensivmedizin) zur adäquaten Ausübung der Intensivversorgung absolviert. Nicht zuletzt auch durch den engen Betreuungsschlüssel (1 Pflegekraft auf 2–3 Patienten gemäß Vorgaben Pflegepersonaluntergrenzen-Verordnung PpUGV) sind die Vorhaltekosten für das Betreiben einer ICU sehr hoch. Dieser Umstand sowie die Tatsache, dass Intensivbetten häufig einen Engpassfaktor in einem Krankenhaus darstellen, erfordern ein suffizientes Belegungsmanagement. Hierbei ist eine Restriktion, dass zu verlegende Patienten, die im engeren Sinne nicht mehr intensivpflichtig sind, dennoch zu instabil oder zu gefährdet sind, um direkt auf eine Normalstation, die meist weder personell noch apparativ für die adäquate Versorgung dieser Patienten ausgestattet ist, abverlegt werden zu können.

Um dieser Anforderung Rechnung tragen zu können, etablieren sich in den letzten Jahren zunehmend abgestufte Versorgungseinheiten/-bereiche, die als Intermediate Care-Einheiten oder auch „Wachstationen" bezeichnet werden.

Intermediate Care (engl., Abkürzung **„IMC"**) ist eine spezielle Station oder Versorgungseinheit im Krankenhaus, die sich organisatorisch und strukturell zwischen Intensivstation und Normalstation befindet. Auf der IMC sollen die pflege- und überwachungspflichtigen Patienten behandelt und gepflegt werden, die keiner speziellen intensivmedizinischen Versorgung (wie beispielsweise Beatmung) bedürfen, aber für eine

Verlegung auf die Normalstation noch nicht stabil genug sind und eine weitere intensive Überwachung benötigen. Die IMC stellt manchmal eine komplette Station dar oder ist als Einheit Teil einer Station, das heißt, eine begrenzte Anzahl IMC-Betten befinden sich innerhalb einer Normal- oder Intensivstation. Man findet in manchen Krankenhäusern daneben auch Aufwachräume, die um eine IMC-Einheit erweitert sind. Wie für ICU sind auch für das Betreiben von IMC-Bereichen klare Strukturvorgaben definiert: Laut der Deutschen Gesellschaft für Anästhesiologie und Intensivmedizin e. V. (DGAI) gilt üblicherweise ein Pflegeschlüssel von 1:4 bis 1:6, d. h. eine Pflegekraft auf IMC versorgt 4 bis 6 Patienten pro Schicht (Entschließungen, Empfehlungen, Vereinbarungen 2011), ebenso Vorgaben Pflegepersonaluntergrenzen-Verordnung PpUGV. Die Deutsche Gesellschaft für Fachkrankenpflege und Funktionsdienste e. V. forderte 2010 sogar einen Personalschlüssel für die IMC von 1:3 (Ratio Pflegekraft:Patient). Das bedeutet, dass auch für IMC-Bereiche die Vorhaltekosten immer noch sehr hoch sind mit den gleichen Konsequenzen wie für die ICU beschrieben. Insbesondere für in Normalstationen integrierte IMC-Bereiche besteht die Gefahr, dass aufgrund des Aufnahmedrucks Patienten in IMC-Betten gelegt werden, die aus medizinischer Sicht keiner besonderen Überwachungspflicht unterliegen.

Die letzte Stufe in der stationären Versorgungskette bilden dann die Normalstationen. Hier umfasst der medizinische Aufwand in der Regel die Verlaufskontrolle und Steuerung der Therapie sowie die Koordination der ausstehenden (Kontroll-)Untersuchungen durch den Stations- und Oberarzt mit dem Ziel der Entlassung des Patienten. Der pflegerische Aufwand kann jedoch noch erheblich sein und variiert zwischen den Patienten (oft temporär) deutlich. Zum heutigen Zeitpunkt sind Normalstationen ausschließlich oder überwiegend einer Fachabteilung zugeordnet: Die Patienten werden nach Schwere der Erkrankung und nach zu erwartendem Pflegebedarf (z. B. in der Praxis heute oftmals noch orientiert an der Pflegepersonalregelung, „PPR-Einstufung") möglichst ausgewogen auf die Stationen verteilt. Die Ärzte wollen „ihre" Patienten gerne bei sich haben und auch die Pflegenden bevorzugen a priori ebenfalls „rein" belegte Stationen. Die – nachvollziehbare – Begründung hierfür ist die bessere fachliche Versorgung der Patienten durch die Ärzte und Pflegenden der eigenen Fachabteilung. Ferner erfordert die Betreuung der auf Stationen anderer Fachabteilungen liegenden Patienten („Außenlieger") einen höheren Koordinationsaufwand, beispielsweise in Bezug auf das Visitieren. Eine gemischte Belegung ist – insbesondere, wenn kein systematisches Belegungsmanagement existiert – eher Ausdruck einer ungeplanten „Ausnahmesituation" (Bettennotstand) und erfolgt oft ungerichtet, d. h. der Patient wird in das nächste freie Bett im Haus aufgenommen. Die Folge davon ist eine hohe Zahl an internen Verlegungen nicht nur im Verlaufe der abgestuften Behandlungsintensität innerhalb der Wertschöpfungskette, sondern auch auf gleichem Behandlungsniveau zwischen Normalstationen unterschiedlicher Fachabteilungen. Dieses verursacht einen erheblichen Zusatzaufwand, da jede interne Verlegung für die aufnehmende Station einer Neuaufnahme eines Patienten von außen vergleichbar ist.

Die pflegerische Besetzung einer Normalstation orientiert sich an der Zahl der Betten (aufgestellt oder belegt) und bewegt sich etwa bei einem Verhältnis von 1:10 bis 1:13

(Frühdienst), d. h. eine Pflegekraft betreut hier durchschnittlich 10 bis 13 Betten (hier auch Beachtung der Vorgaben der Pflegepersonaluntergrenzen-Verordnung PpUGV).

Die derzeit vorherrschende und oben beschriebene primär fachbezogene Verteilungslogik für Patienten auf die Normalstationen kommt allerdings bereits heute an ihre Grenzen. Diese betreffen vor allem die jeweiligen Schnittstellen:

1. An der Schnittstelle „Vorstationär/stationäre Aufnahme" entsteht zunehmend die Problematik, dass Betten mit Patienten belegt werden, die bereits am Vortag einer geplanten Intervention/Operation aufgenommen werden. Hinzu kommen Patienten aus der Notfallambulanz, die bei unklarer Aufnahmediagnose zur weiteren Beobachtung oder Abklärung auf Station gehen. Um die Normalstationen von diesen Aufnahmen zu entlasten, halten viele Krankenhäuser zusätzlich sog. „Aufnahmestationen" vor (Alternativ: Abklärungseinheit (Decision Unit) in der Notfallambulanz mit stationären Betten).
2. An der Schnittstelle „ICU bzw. IMC/Normalstation" kommt es zunehmend zu einer Fehlbelegungsproblematik durch Patienten, die nicht mehr intensivmedizinisch betreut werden müssen, aber wegen fehlender freier Betten in der Peripherie länger als erforderlich auf ICU/IMC verbleiben.

Eine weitere Restriktion der fachreinen Belegung zeigt sich bereits heute schon mit zunehmender Tendenz: ältere Patienten mit einer steigenden Zahl an Komorbiditäten verlangen – ebenso wie die Therapien komplexer Krankheitsbilder beispielsweise onkologischer Patienten – immer mehr den „Blick über den eigenen fachlichen Tellerrand" und die Zusammenarbeit von Spezialisten unterschiedlicher Fachdisziplinen. Das wird im stationären „Tagesgeschäft" derzeit noch im Wesentlichen mit stetig wachsendem Koordinationsaufwand durch das Konsilwesen abgedeckt.

13.2 Normalstationen können in High Care und Low Care differenziert werden

In angelsächsischen Ländern werden die Begriffe „High Care" für Intensivstationen sowie „Low Care" für Normalstationen verwendet. Damit bringt man die unterschiedliche Betreuungsintensität/den abgestuften Betreuungsaufwand zum Ausdruck. In der Kette ICU → IMC → Low Care sinkt erwartungsgemäß der Aufwand für die medizinische Versorgung – dies gilt jedoch keineswegs in entsprechender Weise auch für den pflegerischen und therapeutischen Aufwand. Abb. 13.2 stellt die Aufwände für die unterschiedlichen Stationsformen gegenüber (Abb. 13.2).

Die Struktur einer Normalstation (insbesondere in Bezug auf die numerische und fachliche Personalvorhaltung sowie technische Ausstattung), die eine ausgewogene Belegung

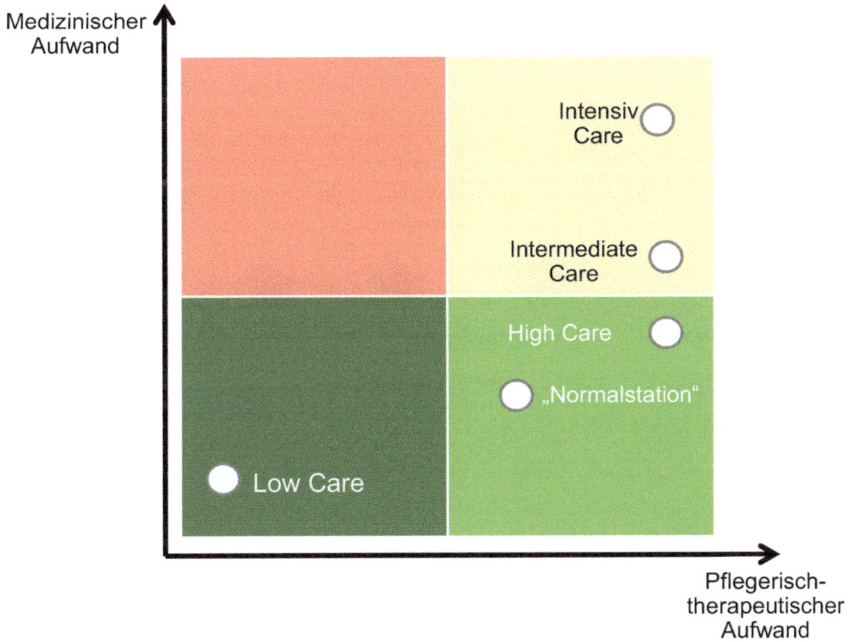

Abb. 13.2 Medizinischer und pflegerisch-therapeutischer Aufwand abhängig von der Stationsform. (Quelle: ZEQ AG)

mit Patienten ganz unterschiedlichen pflegerischen und therapeutischen Aufwands aufweist, ist oft zu weit weg von der ICU oder IMC. Wie oben bereits dargelegt, ist die Abverlegung der Patienten dann schwierig und erfolgt tendenziell zu spät mit der Folge eines chronischen Bettenengpasses in den intensivmedizinischen Bereichen. Auf der anderen Seite begründen viele Patienten mit niedrigem Betreuungsaufwand, die heute auf einer Normalstation liegen, nicht den durchschnittlichen Personalschlüssel im ärztlichen bzw. insbesondere im pflegerischen Dienst. Auch aus Patientensicht ist es zunehmend problematisch, wenn Patienten mit einem im Verlaufe des Aufenthalts geringer werdenden Bedarf gemeinsam mit schwerkranken und hoch aufwändigen Patienten in einem Patientenzimmer liegen. Die Bedürfnisse der Patienten gehen weit auseinander (z. B. das Verhältnis von Ruhe und Aktivität) und können vom Stationspersonal kaum zur Zufriedenheit aller befriedigt werden.

Die bis hier dargestellten Überlegungen führen zur Idee einer Neugliederung der stationären Wertschöpfungskette innerhalb eines vierstufigen Versorgungskonzeptes: Die herkömmliche Unterteilung in Normalstation und Intensivstation wird ersetzt durch insgesamt vier Stationstypen. In Analogie zum angelsächsischen Modell können diese Stationstypen mit „intensive care (ICU)“, „intermediate care (IMC)“, „high care“ und

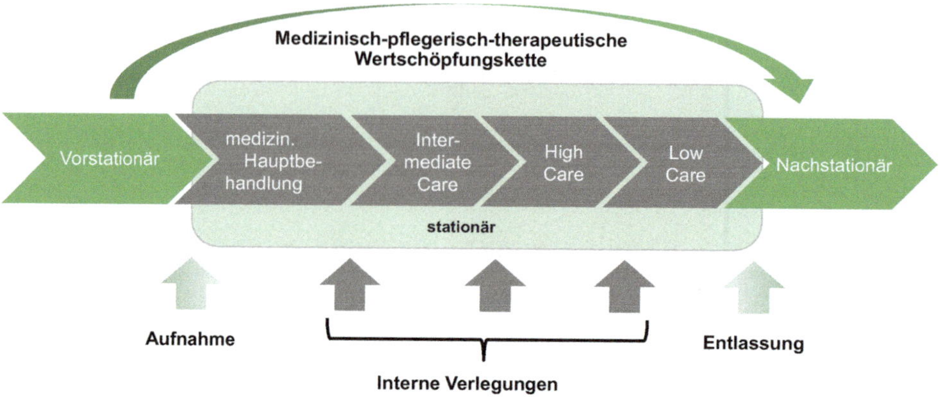

Abb. 13.3 Unterteilung der „Normalstation" in High Care- und Low Care-Stationen. (Quelle: ZEQ AG)

„low care" bezeichnet werden (Abb. 13.3). Die Entscheidung, auf welche Station ein Patient kommt, orientiert sich bei diesem Modell nicht mehr an den einzelnen Fachdisziplinen sondern an der Schwere der Erkrankung und dem zu erwartenden Pflege- und Therapiebedarf. Dieses differenzierte System umfasst also neben Stationen für Patienten mit hohem Versorgungs- und Betreuungsbedarf („high care") auch Stationen für fast Gesunde („low care"). Unter „Low Care" versteht man ein klinisches Versorgungskonzept auf der Basis weitgehender Patientenautonomie, mit dem Patienten betreut werden, die keiner kontinuierlichen pflegerischen und ärztlichen Beobachtung mehr bedürfen (Abb. 13.3).

Bei der Neuordnung der Stationen wird darauf geachtet, dass das Erkrankungsspektrum innerhalb einer Station nicht zu breit ist. Die vier Stationstypen werden jeweils idealerweise innerhalb eines medizinischen Zentrums umgesetzt oder aber im Rahmen eines zentralen Belegungsmanagements in die Konzeption von Belegungsclustern einbezogen (siehe Kap. 12).

Das an der Pflege- und Therapieintensität orientierte Modell ermöglicht es, einzelne Stationen wirtschaftlich effektiver zu führen. Darüber hinaus sorgt die Orientierung am tatsächlichen Pflege- und Therapiebedarf für eine höhere Patientenzufriedenheit. Die schrittweise Umsetzung dieses neuen Stationsmodells führt zu einer erheblichen organisatorischen Veränderung:

- die Arbeit innerhalb eines medizinischen Zentrums/innerhalb der Clusterstationen erfordert eine breiter angelegte pflegerische Kompetenz, die unterschiedliche, aber fest definierte Krankheitsbilder umfasst und somit einen besseren Versorgungsstandard ermöglicht, als bei der bisher meist vorzufindenden ungerichteten gemischten Belegung aus Bettennot,

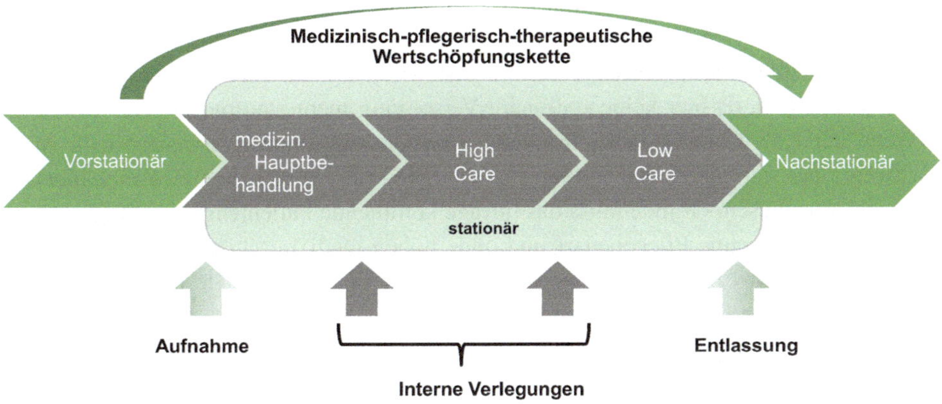

Abb. 13.4 Zusammenlegung von Intermediate Care- und High Care-Bereichen. (Quelle: ZEQ AG)

- die Personaldichte wird dem tatsächlichen Bedarf besser angepasst. Während auf den Low Care-Stationen wesentlich weniger und im Rahmen eines gemischten Personalkonzepts auch anders ausgebildetes Personal eingesetzt wird, werden die High Care-Stationen personell besser ausgestattet, als die Normalstationen alter Prägung,
- der Einsatz der Therapeuten kann effizienter in die Bereiche mit hoher Therapieintensität gesteuert werden,
- jede Station wird nach Möglichkeit konstant belegt sein, die Arbeitsbelastungen sind verlässlich vorgegeben,
- die Differenzierung nach Pflege- und Therapieintensität ermöglicht dem Einzelnen, sich seinen Neigungen und seiner Kompetenz entsprechend für unterschiedliche pflegerische und therapeutische Schwerpunkte zu entscheiden.

In einem weiteren konsequenten Schritt ist dann auch die Integration einer IMC-Einheit in die Strukturen der High Care-Station denkbar, indem eine benötigte Anzahl an Überwachungsbetten bereitgestellt wird. Damit würde eine Schnittstelle innerhalb der Wertschöpfungskette entfallen (Abb. 13.4).

13.3 Das Patientengut und die Strukturen einer Low Care-Station müssen genau definiert werden

Strukturen, die dem Low Care-Gedanken folgen, sind in Deutschland bereits in der Vergangenheit diskutiert worden. Schlagwörter, die dabei immer wieder auftauchen, sind: Demografie, Wertewandel, steigendes Gesundheitsbewusstsein und eine damit verbundene verstärkte Nachfrage nach hoch elektiven medizinischen Angeboten, DRGs (Diagnosis Related Groups) und die verkürzte Verweildauer der Patienten in den Kliniken sowie der steigende Anspruch an die Hotellerie- und Dienstleistungsqualität. Das als eine Facette von Low Care entwickelte Konzept der „Patientenhotels“ hat sich mit wenigen Ausnahmen in Deutschland nicht durchgesetzt und ist wirtschaftlich für Kliniken als Betreiber schwer darstellbar, da hier keine stationäre Versorgung mehr stattfindet.

Wenn der Low Care-Gedanke im stationären Umfeld umgesetzt werden soll, ist der Nachweis einer stationären Behandlungsbedürftigkeit für die Patienten also auch hier obligatorisch. Aus diesem Grunde muss das infrage kommende Patientengut genau abgegrenzt werden: Patienten ohne Pflegebedarf und ohne hohen medizinischen Aufwand, Patienten mit diagnostischen Eingriffen, Patienten mit kleinen Eingriffen sowie Patienten mit kurzem Aufenthalt sind a priori ein geeignetes Klientel für Low Care-Stationen. Notfälle kommen nur nachrangig für eine Low Care-Station in Frage (Erfordernis der Triage; ggf. anschließende Steuerung durch das Zentrale Belegungsmanagement).

Die Strukturen tragen der beabsichtigten Funktionsweise der Low Care-Station Rechnung und bieten den Patienten verlässliche Leistungsversprechen, u. a.:

- ausreichende Information des Patienten und seiner Angehörigen/gesetzlichen Betreuer im Vorfeld der Aufnahme und zur poststationären Weiterbehandlung,
- komplette Planung von Diagnostik und OP mit dem Ergebnis eines Terminplans für den Patienten,
- Bettgarantie,
- Termintreue,
- hoher Standard bei Hotel-Leistung und Service,
- ein Stationsarzt mit Facharztstandard (Oberarzt verfügbar),
- eine examinierte Pflegekraft (über 24 h),
- Ergänzung um eine Arzthelferin (Servicekraft, Organisation) und sonstige Hilfskräfte,
- Tagesplanung einer Kernzeit von 7:00–19:00 Uhr,
- Belegung der Station an 7 Tagen der Woche (eine Low Care-Station ist aber keine Kurzliegerstation!),
- Verlegung des Patienten auf die Station erst nach der Diagnostik oder OP,
- Festlegung von „Low Care“-OP-Slots im OP-Programm, auch über 7 Tage einer Woche.

13.4 High Care- und Low Care-Stationen vereinen maßgeschneiderte Betreuung mit wirtschaftlichem Potenzial

Die Berechnung des pflegerischen Personalbedarfs für eine Normalstation mit 40 Betten führt auf Basis eines typischen Arbeitszeit- und Dienstplanmodells im Ergebnis zu einem Bedarf von 11,7 Vollkräften im Falle einer 4:2:1-Besetzung bzw. von 10,5 Vollkräften im Falle einer 3:2:1-Besetzung in Früh-, Spät- und Nachtdienst (Abb. 13.5).

Annahme: 40 Betten-Station

		Dienstzeit				Besetzung		
Dienst	**Qualifikation**	**Beginn**	**Ende**	**Länge**	**Arbeitszeit**	**Mo-Fr**	**Sa-So**	**VK-Bedarf**
Tag	Krankenpflegekraft	06:00	14:12	08:12	7,7	1	1	1,8
Tag	Krankenpflegekraft	06:00	14:12	08:12	7,7	1	1	1,8
Tag	Krankenpflegekraft	06:00	14:12	08:12	7,7	1	0	1,2
Tag	Krankenpflegekraft	06:00	14:12	08:12	7,7	1	0	1,2
Spät	Krankenpflegekraft	12:48	21:00	08:12	7,7	1	1	1,8
Spät	Krankenpflegekraft	12:48	21:00	08:12	7,7	1	1	1,8
Nacht	Krankenpflegekraft	20:15	06:15	10:00	10,0	1	1	2,3
							Summe	11,7

Annahme: 40 Betten-Station

		Dienstzeit				Besetzung		
Dienst	**Qualifikation**	**Beginn**	**Ende**	**Länge**	**Arbeitszeit**	**Mo-Fr**	**Sa-So**	**VK-Bedarf**
Tag	Krankenpflegekraft	06:00	14:12	08:12	7,7	1	1	1,8
Tag	Krankenpflegekraft	06:00	14:12	08:12	7,7	1	1	1,8
Tag	Krankenpflegekraft	06:00	14:12	08:12	7,7	1	0	1,2
Spät	Krankenpflegekraft	12:48	21:00	08:12	7,7	1	1	1,8
Spät	Krankenpflegekraft	12:48	21:00	08:12	7,7	1	1	1,8
Nacht	Krankenpflegekraft	20:15	06:15	10:00	10,0	1	1	2,3
							Summe	10,5

Abb. 13.5 Typische pflegerische Besetzung einer Normalstation (40 Betten; 4:2:1 bzw. 3:2:1). (Quelle: ZEQ AG)

Hinzu kommen noch Stellenanteile für weiteres Personal auf Station beispielsweise in Form einer Stationssekretärin, von Service-Kräften oder eines Blutentnahmedienstes.

Für die Low Care-Station bietet sich die Chance eines gestuften Personalkonzepts, das neben einer deutlich verringerten Vorhaltung von Pflegepersonal den Einsatz von Arzthelferinnen ermöglicht. Eine entsprechende Personalbedarfsberechnung kommt zu einem Ergebnis von 8,3 Vollkräften – ein zusätzlicher wirtschaftlicher Effekt ergibt sich durch die geringeren durchschnittlichen Personalkosten je Vollkraft (Abb. 13.6).

Annahme: 40 Betten-Station

		Dienstzeit				Besetzung		
Dienst	**Qualifikation**	**Beginn**	**Ende**	**Länge**	**Arbeitszeit**	**Mo-Fr**	**Sa-So**	**VK-Bedarf**
Tag	Krankenpflegekraft	07:00	15:12	08:12	7,7	1	1	1,8
Tag	Arzthelferin	07:00	15:12	08:12	7,7	1	0,5	1,5
Spät	Arzthelferin	10:30	21:15	10:45	10,0	1	0	1,6
Spät	Krankenpflegekraft	14:48	21:15	06:27	6,0	1	1	1,4
Nacht	Krankenpflegekraft	21:00	07:15	10:15	9,5	1	1	2,2
							Summe	8,3

Abb. 13.6 Pflegerische Besetzung einer Low-Care-Station (40 Betten). (Quelle: ZEQ AG)

Normalstation 40 Patienten konservativ

Dienst	Qualifikation	Dienstzeit			Arbeitszeit	Besetzung		VK-Bedarf
		Beginn	Ende	Länge		Mo-Fr	Sa-So	
Stationsmanager		08:00	16:30	08:30	8,0	1	0	1,3
Tag	Krankenpflegekraft	07:00	15:12	08:12	7,7	2	2	3,5
Tag	Sekretärin/ Arzthelferin	07:00	13:00	06:00	6,0	1	0	0,9
Tag	Hilfskraft	07:00	15:12	08:12	7,7	2	1	3,0
Spät	Hilfskraft	15:06	21:15	06:09	5,7	2		1,8
Spät	Krankenpflegekraft	15:06	22:06	07:00	6,5	1	2	2,0
Nacht	Krankenpflegekraft	21:00	07:15	10:15	9,5	1	1	2,2
							Summe	13,3

Abb. 13.7 Pflegerische Besetzung einer High-Care-Station (40 Betten). (Quelle: ZEQ AG)

Dem gegenüber gestellt führt die Personalausstattung einer High Care-Station unter Berücksichtigung eines gestuften Personalkonzepts mit Einsatz eines Stationsmanagers, einer Stationssekretärin sowie Pflegehilfskräften im Ergebnis zu 13,3 Vollkräften (Abb. 13.7).

Da die High Care-Station mit schwerkranken und pflege- bzw. therapieaufwändigen Patienten belegt ist, deren Behandlung einen hohen Koordinationsaufwand für Diagnostik und Therapie erfordert, ist die Organisation der Patientenlogistik durch einen Stationsmanager (alternativ: Case Manager) sinnvoll, um die Pflegekräfte von diesen Aufgaben zu entlasten. Dem Stationsmanager kommen somit die folgenden Aufgaben zu:

- Koordination,
- Verweildauersteuerung,
- Logistik,
- Zielerreichung in Wirtschaftlichkeit.

In diesem Kapitel sollte gezeigt werden, dass es im Rahmen einer Gesamtkonzeption für die Belegung eines Krankenhauses in Bezug auf eine wirtschaftliche Vorhaltung der personellen Ressourcen und in Bezug auf eine patientenorientierte Versorgung interessant sein kann, die übliche Verteilung der Patienten auf die Stationen nach Fachrichtung zugunsten einer aufwandsorientierten Steuerung der Patienten in Low Care- und High Care-Stationen aufzugeben.

Literatur

Deloitte & Touche GmbH Wirtschaftsprüfungsgesellschaft (2010) Expertenbefragung „Krankenzimmer deluxe Patientenhotels in Deutschland", 2010

„Entschließungen, Empfehlungen, Vereinbarungen" (2011) Deutsche Gesellschaft für Anästhesiologie und Intensivmedizin e. V. und Berufsverband Deutscher Anästhesisten e. V., 5. Aufl

Deutsche Gesellschaft für Fachkrankenpflege und Funktionsdienste e. V. (2010) Empfehlung zur qualitativen und quantitativen Besetzung von Intensivstationen, 2010

Teil III

Stationskonzepte für unterschiedliche Stationstypen

14 Spezielle Lösungsansätze für konservative und chirurgische Normalstationen

Christofer Leschinger und Jan König

Inhaltsverzeichnis

C. Leschinger (✉)
Universitätsklinikum Heidelberg, Heidelberg, Deutschland
E-Mail: christofer.leschinger@med.uni-heidelberg.de

J. König
ZEQ AG, Mannheim, Deutschland
E-Mail: jan.koenig@zeq.de

C. Bamberg et al. (Hrsg.), *Moderne Stationsorganisation im Krankenhaus*,
https://doi.org/10.1007/978-3-662-67158-0_14

14.1 Die gemeinsame Visite findet heute auf Station kaum noch statt

Wenn man sich intensiver mit der Optimierung von Abläufen auf internistischen oder neurologischen Stationen befasst, kommt in der Regel schnell die Frage auf: Wie kann die Kommunikation zwischen ärztlichem Dienst und Pflege verbessert werden? Und braucht es dazu wirklich eine gemeinsame morgendliche Visite?

Insbesondere auf konservativen, also nicht-operativen Stationen ist die gemeinsame pflegerisch-ärztliche Visite in den vergangenen Jahren aus der Mode gekommen. Zu groß ist der Zeitbedarf insbesondere für die Pflegekräfte, zu schwierig die Abstimmung zwischen den Berufsgruppen und als zu gering wird der Nutzen für die Mitarbeiter und die Patienten erachtet. Durch Arbeitsverdichtung im pflegerischen Bereich wurde es für Pflegekräfte in den vergangenen Jahren immer schwieriger, während des Frühdienstes zwischen Patientenversorgung, organisatorischen Tätigkeiten, Hilfs- und Transporttätigkeiten sowie Dokumentation die nötige Zeit aufzubringen, um die häufig sehr ausführlichen Visiten auf internistischen oder neurologischen Stationen zu begleiten.

Dabei ist die Visite neben der Aufnahme- und Entlassplanung einer der wichtigsten Kernprozesse der stationären Versorgung. Informationen, die nicht während der Visite zwischen den Akteuren des Behandlungsteams ausgetauscht werden, werden – wenn überhaupt – später irgendwann unstrukturiert weitergegeben. Ohne gemeinsame Visite erfolgt die Kommunikation zwischen Pflegekräften und Ärzten häufig spontan „zwischen Tür und Angel" oder „auf Zuruf" über den Stationsflur oder in den Stationsstützpunkt hinein. Die durch die Nichtteilnahme an der Visite vermeintlich eingesparte Zeit wird täglich wieder verschwendet, da sich die Akteure die benötigten Informationen mühsam und zeitintensiv beschaffen müssen. Der Arzt ist auf konservativen Stationen im Gegensatz zu operativen Kliniken zwar die meiste Zeit des Tages auf Station präsent, und dennoch findet häufig wenig strukturierte Kommunikation zwischen Pflegedienst und ärztlichem Dienst statt.

14.2 Die gemeinsame Visite ist von unschätzbarem Wert

Die gemeinsame morgendliche Visite von Ärzten und Pflege bringt viele Vorteile mit sich:

- Alle Visitenteilnehmer sind auf dem gleichen Informationsstand.
- Ärztlicher Dienst und Pflegedienst treten gegenüber dem Patienten als Behandlungsteam auf.
- Die Rolle der Pflegekräfte im Behandlungsprozess wird gestärkt.
- Es wird weniger Nacharbeit für die Ausarbeitung der Visite benötigt.
- Es kommt zu weniger Störungen durch weniger Rückfragen im Tagesablauf.

- Eine frühzeitige Entlassungsplanung wird erleichtert.

Vermeintliche Nachteile der gemeinsamen Visite sind die geringere Flexibilität durch fest vereinbarte Zeitfenster und der zusätzliche Zeitaufwand für die Pflegekräfte. Deshalb wird die gemeinsame Visite auf einer konservativen Normalstation nur dann ein Erfolgsmodell werden, wenn für die Teilnehmer beider Berufsgruppen spürbar wird, dass eine gemeinsame Visite Zeit spart und die Kommunikation verbessert, da die Visitennachbereitung deutlich kürzer ausfällt und unzählige Rückfragen reduziert werden können.

14.3 Zeitpunkt und Dauer der gemeinsamen Visite müssen definiert werden

Die Erfahrung zeigt, dass vor der Einführung einer gemeinsamen Visite einige „Spielregeln" klar festgelegt werden müssen. Nur wenn die Visite von beiden Berufsgruppen gut vorbereitet ist und jeder Teilnehmer sich seiner Rolle bewusst ist, kann die Visite verlässlich und zügig durchgeführt werden. Ein wichtiges Thema sind dabei immer wieder der Beginn und die Dauer der Visite.

Es ergibt wenig Sinn, wenn die Visite morgens unmittelbar nach dem Arbeitsbeginn des ärztlichen Dienstes startet und den Ärzten somit die Zeit fehlt, die Visite adäquat vorzubereiten. Hierzu zählt beispielsweise das Einlesen in die Krankengeschichten der Patienten, die während der Nacht über die Notaufnahme kamen. Wenn die Erarbeitung der Anamnese und das Studieren der Vorbefunde Teil der gemeinsamen Visite ist, dann ist Frust vorprogrammiert, da die Pflegekräfte diese Visite als langwierig und wenig effektiv wahrnehmen werden. Ebenso macht es wenig Sinn, wenn relevante Befunde oder aktuelle Laborwerte bei der Visite noch nicht vorliegen. Insbesondere auf einer internistischen Station hängen im Gegensatz zu operativen Stationen viele therapeutische Entscheidungen unmittelbar von Laborparametern ab. Daher ist das Vorliegen der aktuellen Laborwerte eine wichtige Voraussetzung für eine erfolgreiche Visite.

Stattdessen ist es in vielen Kliniken noch immer üblich, dass die Ärzte zu Beginn ihres Arbeitstages mit zahlreichen Blutabnahmen oder der Anlage von Venenverweilkanülen beschäftigt sind. Zum einen verzögert sich auf diese Weise der Beginn der Visite, zum anderen fehlt die Zeit für eine adäquate Vorbereitung der Visite und nicht zuletzt liegen die Laborwerte bei späten Blutabnahmen häufig zu Beginn der Visite noch nicht vor. Es kommt daher im Lauf des Tages zwingend zu einer zweiten (Kurven-)Visite, sobald die Ergebnisse der Laborabnahmen vorliegen, und die Pflegekräfte haben zu Recht den Eindruck, dass trotz der gemeinsamen Visite ständig und über den gesamten Tag verteilt ärztliche Anordnungen ausgearbeitet werden müssen. Es sollten daher ein Blutentnahmedienst eingerichtet oder, wenn bereits vorhanden, dessen Dienstzeiten so angepasst werden, dass die Ergebnisse aller relevanten Laborwerte tagesaktuell zu Beginn der Visite vorliegen.

Auch für die Dauer der Visite braucht es vorher klare Absprachen, um zeitlich ausufernde Visiten und eine übermäßige Bindung von Personalressourcen zu vermeiden. Während für die Visite in operativen Fächern häufig ein Zeitraum mit einem Anhaltswert von 3 min pro Patienten ausreichend ist, kann man bei einer internistischen oder neurologischen Visite von 5 min pro Patienten ausgehen (Richtgröße Betreuungsschlüssel: ein Arzt auf 11–13 Patienten). Bei dem durchschnittlichen Betreuungsschlüssel in deutschen Kliniken scheint also ein Zeitfenster von einer Stunde bis eineinhalb Stunden für eine internistische Visite realistisch. Wichtig ist, dass sich alle Teilnehmer der Visite, also sowohl der ärztliche Dienst als auch der Pflegedienst, fest auf dieses Zeitfenster einstellen können. Die Visite sollte daher zu einem festgelegten Zeitpunkt starten, also beispielsweise pünktlich um 9:00 Uhr (unter Berücksichtigung einer maximal tolerablen Varianz von 5 min). Wenn klar ist, dass die Visite verlässlich und pünktlich vor dem Stationsstützpunkt beginnt, kann sich das Team darauf einstellen und die Pflege dies beispielsweise bei der Körperpflege, beim Austeilen des Frühstücks oder auch bei der Pausenplanung berücksichtigen. Auf diese Weise wird vermieden, dass Zeit verloren geht, in der sich die einzelnen Akteure erst zusammenfinden müssen.

Häufig stellt es ein Problem dar, wenn alle Pflegekräfte gleichzeitig durch die gemeinsame Visite gebunden sind, da die Visite auf der gesamten Station im gleichen Zeitfenster stattfindet. In diesem Fall braucht es eine gute Abstimmung zwischen ärztlichem Dienst und Pflegedienst, um beispielsweise gestaffelte Startzeiten der Visite in den einzelnen Bereichen zu vereinbaren. Auch wenn die pflegerischen und ärztlichen Zuständigkeitsbereiche nicht übereinstimmen, sollte vorher klar festgelegt werden, welche Pflegekraft mit welchem Arzt wann in welchem Bereich die Visite beginnt. Dieses vermeintlich „starre Korsett“ ist zu Beginn der Einführung häufig ungewohnt, da es weniger Flexibilität und Individualität zulässt. Die große Verlässlichkeit und die verbesserte Kommunikation zwischen den Berufsgruppen wiegen diesen vermeintlichen Nachteil jedoch schnell wieder auf.

Praxisbeispiel 1 – Die gemeinsame Visite als Kernelement der Stationsreorganisation im Städtischen Klinikum Wolfenbüttel

Das Städtische Klinikum Wolfenbüttel ist ein Krankenhaus in kommunaler Trägerschaft mit 283 Betten in sechs Fachabteilungen, darunter zwei internistische Kliniken: die Klinik für Kardiologie und die Klinik für Gastroenterologie. Als Konsequenz einer Befragung der Mitarbeiter und eines Strategie-Workshops der Führungskräfte entschied sich die Klinikleitung im Jahr 2015, ein extern unterstütztes Projekt zur Optimierung der Abläufe auf den internistischen Stationen durchzuführen. In einer berufsgruppenübergreifenden Projektgruppe wurde ein gemeinsames Stationskonzept erarbeitet, das auf den drei internistischen Stationen der Klinik eingeführt wurde, wovon jeweils eine Station rein gastroenterologisch, eine Station rein kardiologisch und eine Station gemischt belegt wird. Das Konzept musste also der Besonderheit der getrennten Fachabteilungen und der interdisziplinären Belegung Rechnung tragen.

Vor Beginn des Projekts war auf den internistischen Stationen aus Zeitgründen keine gemeinsame pflegerisch-ärztliche Visite mehr durchgeführt worden, wodurch es immer wieder zu Kommunikationsdefiziten zwischen den Berufsgruppen kam. Die ärztlichen Visiten dauerten teilweise recht lange und die Kommunikation erfolgte zwischen ärztlichem Dienst und Pflegedienst eher unstrukturiert und „auf Zuruf". Hierin lag eine Ursache der Unzufriedenheit, die im Rahmen der Mitarbeiterbefragung geäußert worden war.

In der Projektgruppe wurde schnell der Bedarf nach einer gemeinsamen Visite als Kernelement des patientenorientierten Austausches zwischen Pflegedienst und ärztlichem Dienst deutlich. Die Vertreter aller beteiligten Berufsgruppen konnten sich schließlich nach längerem Ringen auf ein festes Zeitfenster für die gemeinsame Visite auf allen internistischen Stationen einigen: 08:30 bis 10:00 Uhr. Diese verlässliche Visitenuhrzeit gilt hierbei für alle Visiten auf Normalstation, also auch die Oberarzt- und Chefarzt-Visiten. Ergänzend wurden auch der Ablauf der Visite und die Rolle von Pflegedienst und ärztlichem Dienst während der Visite definiert und auf allen beteiligten Stationen die Voraussetzungen für eine „mobile Visite" mit fahrbarem Visitencomputer geschaffen. Die Dienstzeiten des ärztlichen Dienstes wurden im Rahmen des Projekts angepasst und um 15 min nach vorne gezogen, sodass die Ärzte nun um 07:30 Uhr mit dem Dienst beginnen. Die Ärztliche Frühbesprechung wurde hingegen um 15 min nach hinten verlegt und beginnt nun um 08:15 Uhr, sodass die Ärzte 45 min Zeit vor der Frühbesprechung zur Verfügung haben, um sich die Patienten anzuschauen, die in der Nacht aufgenommen wurden, und um Entlassungsbriefe fertigzustellen. Die gemeinsame Visite von Pflegedienst und ärztlichem Dienst beginnt auf allen Stationen einheitlich unmittelbar nach der ärztlichen Frühbesprechung pünktlich um 08:30 Uhr, weshalb auch die Pausen des pflegerischen Frühdienstes angepasst werden mussten, um dieses Zeitfenster einzuhalten. Da auch die Dienstzeiten des Blutabnahmedienstes entsprechend dem Bedarf verändert wurden, stehen zum Beginn der Visite die aktuellen Laborwerte der Patienten zur Verfügung und während der Visite können alle relevanten Entscheidungen getroffen werden. Zum Ende der Visite um 10:00 Uhr sind auf diese Weise bei allen Patienten die notwendigen Weichen für die weitere Diagnostik und Therapie gestellt und die meisten geplanten Entlassungen des Folgetages festgelegt. Dank der mobilen Visite werden alle Untersuchungsaufträge direkt während der Visite im Krankenhausinformationssystem (KIS) freigegeben, sodass für den Pflegedienst und den ärztlichen Dienst auf diese Weise die Zeit für die Visitennachbereitung reduziert werden konnte.

Trotz der relativ starren Zeitvorgaben erreichte dieses Konzept rasch eine große Akzeptanz bei den beteiligten Mitarbeitern, da es durch die verlässlichen Abläufe zu einer deutlichen Verbesserung der Kommunikation zwischen den Berufsgruppen führte. Diese Akzeptanz spiegelte sich auch in einer Verbesserung der Mitarbeiterzufriedenheit im Rahmen einer Wiederholungsbefragung wider. Auch ein Jahr nach Umsetzungsstart zeigte sich, dass die vereinbarte Visitenzeit in ca. 75 % der Fälle eingehalten werden kann und nahezu alle Visiten gemeinsam von Pflegedienst und ärztlichem Dienst erfolgen, was vor Beginn des Konzeptes so gut wie nie der Fall war. Auch die Unterbrechungen der Visite durch Telefonate oder andere Störfaktoren konnten durch klare Regelungen deutlich reduziert werden, sodass die Visiten straff und strukturiert ablaufen können. Durch die einheitliche Visitenuhrzeit in der gesamten Klinik konnten Störungen der Visite auch dadurch reduziert werden, dass diese Uhrzeit in allen Sekretariaten und Funktionsbereichen sowie in der Telefonzentrale bekannt ist. Dadurch, dass nicht alle Oberärzte gleichzeitig am selben Tag Visite durchführen, kann trotz der einheitlichen Visitenuhrzeit ein unterbrechungsfreier Ablauf im Funktionsbereich sichergestellt werden. Durch das frühe Ende der Visite um 10:00 Uhr entstand darüber hinaus für die Assistenz- und Fachärzte ein Zeitfenster zwischen 10:00 und 12:00 Uhr, an dem diese entsprechend einem Weiterbildungsplan im Funktionsbereich mitarbeiten können. Ausführliche Informationen zur Evaluation der Umsetzung dieses Stationskonzeptes im Klinikum Wolfenbüttel finden sich im Kap. 7.

14.4 Die Rollen der Visitenteilnehmer

Die Zeiten sind glücklicherweise vorbei, in denen der Chefarzt als „Halbgott in Weiß" begleitet von einem Ärzte-Tross mit wehendem Kittel durch die Zimmer flanierte und die Rolle der begleitenden Oberschwester vornehmlich darin bestand, rechtzeitig die Putzhilfen von Station zu verbannen und dem Chefarzt im richtigen Moment die richtige Fieberkurve zu reichen. Eine gemeinsame Visite von Pflegedienst und ärztlichem Dienst macht nach heutigem Verständnis nur dann Sinn, wenn die Kommunikation zwischen den Berufsgruppen auf Augenhöhe erfolgt. Dabei trägt die Pflegekraft genauso wie der Arzt Verantwortung für das Gelingen der Visite. Die gemeinsame Visite dient als zentrale Plattform für den täglichen interdisziplinären patientenbezogenen Austausch zwischen den Berufsgruppen und ist Ausdruck einer hohen Professionalität aller Beteiligter. Die folgenden Aspekte sind Bestandteil der gemeinsamen Visite:

- Erhebung klinischer Befunde
- Interdisziplinärer Austausch über alle den Patienten betreffenden Belange
- Festlegung des Therapie- und Behandlungskonzeptes
- Information des Patienten über Diagnostik und Therapie
- Vermittlung von Wertschätzung und Zuwendung für den Patienten
- Entlassungsplanung und aktive Verweildauersteuerung

Diese verschiedenen Aspekte laufen während der Visite gleichzeitig oder zeitversetzt ab und haben je nach Patienten und Erkrankungsbild eine unterschiedliche Gewichtung. Um dennoch einen strukturierten Ablauf der Visite sicherzustellen, lohnt es sich, klar zu definieren, welche Berufsgruppe für welche Informationen verantwortlich ist und welche Aufgaben während der Visite übernimmt. Die Verweildauersteuerung und die Entlassungsplanung sollte dabei Teil jeder Visite sein und in Verantwortung beider Berufsgruppen liegen (Tab. 14.1).

Tab. 14.1 Beispiele für Beiträge von Arzt und Pflegekraft bei der Stationsvisite

Ärztlicher Beitrag zur Visite	Pflegerischer Beitrag zur Visite
Information des Patienten über Ergebnisse der bisherigen Diagnostik	Sozialanamnese und häusliche Versorgung Stand bei der Klärung der Weiterversorgung
Information des Patienten über die geplante Diagnostik und Therapie	Information über anstehende Untersuchungstermine
Körperliche Untersuchung des Patienten	Pflegebedarf
Anordnungen der weiteren (Labor-) Untersuchungen	Mobilisierung
Überprüfung und Anpassung der Medikation	Schmerzen
Dokumentation der Visite	Nahrungsaufnahme und Ernährung
	Stuhlgang, Ausscheidung und Bilanz
	Wunddokumentation und Hautstatus
	Schlafproblematik
	Probleme bei der Arzneimitteltherapie
Verweildauersteuerung/Entlassungsplanung	

Während also der Arzt mit dem Patienten über die Ergebnisse der bisherigen Diagnostik und die weiteren geplanten Untersuchungen und die Therapie spricht, trägt die Pflege durch Informationen zur Pflegebedürftigkeit, zur Bilanz, zur Ernährung, zur weiteren Versorgung und zu vielen anderen relevanten Punkten zum Gelingen der Visite bei. Selbstverständlich muss nicht bei jeder Visite jedes der genannten Themen angesprochen werden. Die klare Festlegung von Verantwortlichkeiten soll aber dazu beitragen, dass keine relevanten Themen unter den Tisch fallen. Hierdurch sollen Reibungsverluste vermieden werden, die aufgrund der täglichen Kommunikationsdefizite auf Station entstehen.

Da die Pflege deutlich näher am Patientenbett arbeitet und ein poststationäres Versorgungsdefizit besser und früher erkennen kann als die Stationsärztin oder der Stationsarzt, sollte auch die Anforderung des Sozialdienstes und die Information über den aktuellen Stand der Organisation der Weiterversorgung klar zum Aufgabenprofil der Pflege bei der Visite gehören.

Praxisbeispiel 2

Trotz hochdosierter Therapie mit Kalium-Brause zeigte sich in den Laborkontrollen eines Patienten kein relevanter Anstieg des Kalium-Wertes. Erst nach Rücksprache mit der betreuenden Pflegekraft und dem Patienten stellte sich heraus, dass der Patient die Brause-Tabletten über mehrere Tage nicht eingenommen hatte, da der Geschmack bei ihm Übelkeit auslöste. Diese Information war allerdings nicht bis zum Arzt durchgedrungen, der weiterhin davon ausging, dass der Patient eine adäquate orale Kalium-Zufuhr erhält. Die Kaliumsubstitution konnte daher erst mit einiger Zeitverzögerung auf ein intravenöses Präparat umgestellt werden, wodurch sich die Verweildauer des Patienten verlängerte.

Aufgrund der klaren Festlegung von Verantwortlichkeiten sollte es zukünftig klar zu den Aufgaben der Pflegekraft bei der gemeinsamen Visite gehören, Schwierigkeiten bei der Arzneimitteltherapie aktiv anzusprechen, um solche Compliance-Probleme frühzeitig zu erkennen und den Arzt zeitnah und regelhaft zu informieren.

Praxisbeispiel 3

Weder in der Diagnoseliste noch in der Therapieempfehlung des Entlassungsbriefes einer Patientin fanden sich Hinweise auf ein größeres Ulkus am Steiß, da die Versorgung dieses Dekubitus durch die Pflegekraft erfolgte und der Arzt das Ulkus während des gesamten Aufenthaltes nicht selbst gesehen hatte. Bei klarer Rollenverteilung gehört die Information über den Hautstatus des Patienten zu den Aufgaben der Pflegekraft, sodass Auffälligkeiten im Rahmen der Visite thematisiert werden und diese Erkenntnis auch Eingang in die ärztliche Dokumentation und die Therapieempfehlung findet.

Praxisbeispiel 4

Die Pflegekraft kommt um die Mittagszeit in das Patientenzimmer und bringt dem Patienten das Mittagessen. Dieser klärt sie darüber auf, dass er doch nüchtern bleiben solle, da am Nachmittag kurzfristig noch eine Magenspiegelung erfolgt. Dies habe der Arzt bei der Visite gesagt. Da die Pflegekraft die Visite nicht begleitete und auch keine strukturierte Nachbesprechung der Visite stattfand, erreichte diese Information nicht die Pflegekraft. Der Patient ist verunsichert und erhält den Eindruck, dass auf Station „die rechte Hand nicht weiß, was die linke tut". Nur eine gemeinsame Visite des Behandlungsteams, also von Stationsarzt und Bereichspflegekraft, kann den Informationsfluss zwischen den Berufsgruppen so verbessern, dass solche gravierenden Informationsdefizite zukünftig vermieden werden.

14.5 Störfaktoren einer effizienten und patientenorientierten Visite

Um die vielfältigen Aspekte während des engen Visitenzeitfensters unterbringen zu können, muss die Visite von Tätigkeiten befreit werden, die nicht zu einer gelungenen Visite beitragen, sondern im Gegenteil den effektiven Visitenablauf stören. Wichtigster Hemmschuh einer reibungslosen Visite ist das ärztliche oder pflegerische Telefon. Telefongespräche während der Visite führen nicht nur dem Patienten vor Augen, dass in der aktuellen Situation alles andere wichtiger ist als seine Betreuung und die Beantwortung seiner Fragen. Telefonate im Patientenzimmer sind weder mit den Ansprüchen an den Datenschutz noch mit einem wertschätzenden Umgang mit Patienten oder den Kollegen vereinbar, denn die Unterbrechung durch das Telefon lähmt die Visite und unterbricht immer wieder den aktuellen Gedankenfaden. Dennoch gehört das Telefonieren während der Visite zu den am weitesten verbreiteten Unsitten in deutschen Kliniken. Optimal sind Lösungen, bei denen alle Telefone zu Beginn der Visite verpflichtend bei der Stationssekretärin oder einer Pflegekraft, die nicht durch die Visite gebunden ist, abgegeben werden. Alternativ kann für die Dauer der Visite auch eine Rufumleitung eingerichtet werden oder eine Mailbox die Anrufe entgegennehmen. Sollte keine dieser Lösungen in Frage kommen, dann sollte es selbstverständlich sein, dass alle Telefone während der Visite lautlos gestellt werden und Rückrufe erst nach Ende der Visite erfolgen.

Auch wenn das Telefon sicherlich das größte Hindernis ist, das einer effizienten und patientenorientierten Visite im Wege steht, so sollten auch weitere Stör- oder Verzögerungsfaktoren ausgeschlossen und aus der Visite verbannt werden:

- Aufklärungsgespräche zu therapeutischen Maßnahmen
- Angehörigengespräche
- Blutabnahmen und Anlagen von Venenverweilkanülen
- Infusionswechsel
- Pflegerische Tätigkeiten am Patienten bzw. bei Nachbarpatienten

14.6 Die digitale Visite

Voraussetzung für eine erfolgreiche pflegerisch-ärztliche Visite ist, dass alle relevanten Informationen wie die aktuellen Laborwerte oder aktuelle Befunde zur Visite vorliegen und die Visite somit effektiv und zügig durchgeführt werden kann. Während der Visite sollten dann alle notwenigen Anforderungen unmittelbar im Krankenhausinformationssystem (KIS) eingegeben und freigegeben werden, sodass die Nachbereitung der Visite für alle Beteiligten möglichst minimiert wird. Selbstverständlich empfiehlt es sich, auch die Dokumentation der Visite ebenfalls unmittelbar während der Visite durchzuführen, da nur auf diese Weise sichergestellt werden kann, dass keine relevanten Aspekte verlorengehen. Voraussetzungen hierfür sind eine gute IT-Infrastruktur und mobile Visitencomputer, die in Echtzeit einen Zugriff auf das KIS erlauben, optimalerweise kombiniert mit der digitalen Kurve, sodass auch die Vitalparameter direkt im System einsehbar sind und auch die Medikation direkt im KIS angeordnet werden kann. Auch wenn eine gute gemeinsame Visite von Arzt und Pflegekraft selbstverständlich auch „analog" mit Fieberkurve und Patientenakte erfolgen kann, so sorgt die IT-Infrastruktur der „mobilen Visite" dafür, dass die Schnittstellen zwischen papiergebundener Visite und KIS entfallen und somit die Abläufe deutlich schneller und effizienter gestaltet werden können.

14.7 Alternativen zur gemeinsamen pflegerisch-ärztlichen Visite

Die gemeinsame Visite ist der „Goldstandard" in der Betreuung der Patienten auf einer internistischen oder neurologischen Station. Nur auf diese Weise kann sichergestellt werden, dass zumindest zum Zeitpunkt der Visite alle Akteure auf einem Informationsstand sind und Pflege und ärztlicher Dienst von dem Patienten als professionelles Behandlungsteam wahrgenommen werden, das gemeinsam an einem Strang zieht.

Sollte es im Einzelfall aus verschiedenen Gründen partout nicht möglich sein, dass Pflegedienst und ärztlicher Dienst gemeinsam auf Visite gehen, dann ist es umso wichtiger, dass vor und nach der Visite ein Austausch zwischen den Berufsgruppen erfolgt. Dies kann beispielsweise im Rahmen einer strukturierten Visitenvor- und -nachbesprechung erfolgen. Diese Besprechungen sollten ebenfalls verbindlich terminiert sein, um ein unnötiges Suchen des passenden Ansprechpartners zu vermeiden.

Die Besprechung vor der Visite dient in erster Linie dazu, dem Arzt relevante Aspekte aus dem Nacht- und Frühdienst sowie offene Fragen der Pflegekräfte mit „auf den Weg" zu geben. Die Besprechung nach der Visite hat die Aufgabe, die Pflegekräfte kurz über die relevanten Ergebnisse der Visite, anstehenden Untersuchungen oder therapeutische Maßnahmen sowie geplante Entlassungen zu informieren. Solche strukturierten Besprechungen (die bis hin zu echten Kurvenvisiten von Arzt und Pflegekraft reichen können) können den berufsgruppenübergreifenden Austausch deutlich verbessern, auch wenn sie eine gemeinsame Visite auf Augenhöhe nicht ersetzen können.

Praxisbeispiel 5 – Weiterentwicklung der Primären Pflege zum Primären Behandlungsteam im Borromäus Hospital Leer

Im Borromäus Hospital Leer, einem Krankenhaus in kirchlicher Trägerschaft mit 256 Betten, wurde seit dem Jahr 2011 sukzessive die Primäre Pflege (Primary Nursing) als Pflegekonzept eingeführt, das inzwischen auf allen Stationen die bisherige Bereichspflege abgelöst hat. Jedem Patienten wird in diesem Pflegekonzept kurz nach Aufnahme eine verantwortliche Pflegekraft als feste Bezugsperson zugeordnet, die den Patienten über die gesamte Verweildauer in der Klinik hinweg betreut. In Schichten, in denen die Primäre Pflegekraft nicht im Dienst ist, übernehmen die anwesenden Pflegekräfte stellvertretend die pflegerische Versorgung des Patienten, die komplette Pflegeplanung erfolgt jedoch durch die Primäre Bezugspflegekraft. Das Konzept führt zu einer deutlich größeren Konstanz in der pflegerischen Versorgung und zu einer Verantwortungsübernahme der Primären Pflegekraft von der Aufnahme bis zur Entlassung des Patienten. Die konsequente Umsetzung benötigt jedoch ein stabiles Dienstsystem, beispielsweise mittels eines rollierenden Dienstplanes, um sicherzustellen, dass ein neu aufgenommener Patient möglichst bis zum Ende seines Aufenthaltes von der Primären Bezugspflegekraft betreut werden kann.

Während sich durch die Einführung der Primären Pflege im Borromäus Hospital die Konstanz in der pflegerischen Versorgung deutlich verbesserte, wurde die berufsgruppenübergreifende Zusammenarbeit zwischen Pflegedienst und ärztlichem Dienst erschwert. Da die Ärzte in der Inneren Medizin die zimmerweise Zuordnung der Patienten beibehielten, die Pflegekräfte jedoch das Prinzip der Bereichspflege verlassen hatten, war die Durchführung einer gemeinsamen ärztlich-pflegerischen Visite nahezu unmöglich geworden, da die Zuständigkeitsbereiche von Pflegedienst und ärztlichem Dienst nicht deckungsgleich waren. Den Ärzten fiel die Akzeptanz dieses Systems schwer, da sie sich zu jeder Schicht anhand einer Übersichtstafel im Stationszimmer neu orientieren mussten, welche Pflegekräfte für welche Patienten zuständig sind.

Aus dieser Situation heraus wurde auf Wunsch vieler Mitarbeiter und der Mitarbeitervertretung durch Geschäftsführung, Pflegedirektion und Chefarzt der Inneren Medizin ein Projekt angestoßen, um mittels berufsgruppenübergreifender Erarbeitung eines Stationskonzeptes die Abläufe auf den internistischen Stationen zu verbessern und die Zusammenarbeit zwischen Pflegedienst und ärztlichem Dienst zu erleichtern. Schnell zeigte sich innerhalb der Projektgruppe, dass eine Angleichung der ärztlichen und pflegerischen Zuständigkeitsbereiche und dadurch bedingt die Möglichkeit einer gemeinsamen Visite in einem verlässlich definierten Zeitfenster ein wichtiges Ziel des Projektes sein sollte.

Als Voraussetzung hierzu musste das ärztliche Dienstsystem überarbeitet werden, um eine größere Konstanz in der ärztlichen Besetzung sicherzustellen. Dies erfolgte unter enger Einbindung von Mitarbeitervertretung, Personalabteilung und Vertretern der Ärzteschaft. Schließlich wurde ein Nachtdienst-System eingeführt, bei dem sich zwei Ärzte den Nachtdienst während einer Woche teilen, sodass die übrigen Ärzte konstant auf den Stationen eingesetzt werden können und somit zumindest wochenweise, häufig jedoch deutlich länger am Stück fest auf einer Station eingesetzt werden.

Die Primäre Pflege, zu der sich der Pflegedient vor einigen Jahren bewusst entschieden hatte, wurde im Rahmen des Projektes zum Konzept eines „Primären Behandlungsteams“ weiterentwickelt, wodurch in beiden Berufsgruppen Änderungen der Arbeitsorganisation notwendig wurden.

In der pflegerischen Einsatzplanung werden künftig wochenweise jeweils eine Pflegekraft des Frühdienstes und eine Pflegekraft des Spätdienstes einander zugeordnet und bilden in dieser Woche ein „Pflege-Tandem“. Diese Zuordnung von Früh- und Spätdienst setzt ein relativ starres Dienstsystem voraus, gut vereinbar mit einem rollierenden Dienstplan, und ermöglicht den Pflegekräften somit eine verlässliche Planungssicherheit über einen längeren Zeitraum. Dieses Team aus zwei Pflegekräften wird jeweils um einen Stationsarzt erweitert und bildet in dieser Woche ein „Behandlungsteam“. Die Betreuung der internistischen 44-Betten-Station erfolgt auf diese Weise durch drei solcher „Behandlungsteams“, denen entsprechende Farben zugeordnet werden.

Jeder Patient wird unmittelbar nach Aufnahme durch die pflegerische Teamleitung einem der drei Teams zugeteilt. Um eine möglichst gleichmäßige Aufteilung des pflegerischen Versorgungsaufwands auf die einzelnen Teams zu erreichen, erfolgt diese Zuordnung orientiert am individuellen Pflegeaufwand. Dies hat zur Folge, dass die Patienten, die von einem „Behandlungsteam“ betreut werden, im Gegensatz zur klassischen Stationsaufteilung nicht in bestimmten Zimmern (vorne, hinten, etc.) liegen, sondern verteilt über die Station. Jedes

Team betreut somit bei Vollbelegung maximal 15 Patientinnen und Patienten. Bei jedem Patienten bzw. jeder Patientin übernimmt eine der Pflegekräfte des Tandems die Rolle der „Primären Pflegekraft", die andere Pflegekraft ist deren Stellvertretung.

Neu an diesem System ist aus ärztlicher Sicht vor allem die Tatsache, dass die Patienten des eigenen Zuständigkeitsbereiches nicht mehr in benachbarten Zimmern, sondern verteilt über die gesamte Station in verschiedenen Zimmern liegen. Die Zuordnung des Patienten zu einem Behandlungsteam und damit auch die ärztliche Zuständigkeit werden durch die pflegerische Teamleitung festgelegt. Die Vorteile dieser visionären Weiterentwicklung der „Primären Pflege" zu einem „Primären Behandlungsteam" liegen jedoch klar auf der Hand:

- Gleiche Verantwortungsbereiche im pflegerischen und ärztlichen Dienst.
- Jede Pflegekraft hat während der gesamten Woche von Montag bis Freitag einen Arzt als Ansprechpartner und jeder Arzt hat während der gesamten Woche von Montag bis Freitag zwei Pflegekräfte als Ansprechpartner.
- Jeder Patient hat optimalerweise während des gesamten Aufenthaltes (mittlere Verweildauer ca. 7 Tage) einen Arzt und seine Primäre Pflegekraft (bzw. in der „Gegenschicht" ihren „Tandem"-Partner) als Ansprechpartner.
- Der Stationsarzt und die Pflegekraft des Frühdienstes machen werktäglich gemeinsam Visite bei allen Patientinnen und Patienten ihres Zuständigkeitsbereiches.
- Optimale Konstanz in der Patientenversorgung und klar geregelte Verantwortlichkeiten.
- Optimale Kommunikationsgrundlage zwischen Pflegedienst und ärztlichem Dienst.
- Wahrnehmung von Pflegekraft und Stationsarzt als „Behandlungsteam".
- Die pflegerische Übergabe vom Früh- zum Spätdienst erfolgt während der gesamten Woche von Montag bis Freitag zwischen den gleichen Pflegekräften.

Praxisbeispiel 6 – Berufsgruppenübergreifende Tagesabschlussbriefings und Übergabevisiten – Optimierung der stationären Kommunikationsstrukturen in einem großen städtischen Klinikum

Das städtische Klinikum ist mit knapp 1500 Betten an mehreren Standorten eines der größten kommunalen Krankenhäuser Deutschlands. In der Klinikleitung entstand die Idee, im Rahmen der Prozessoptimierung mit der Reorganisation von stationären Abläufen mithilfe eines Stationskonzepts zu beginnen. Als Pilotbereich wurde hierfür die Neurologische Klinik ausgesucht, die ihre Patienten auf einer Intensivstation mit überregionaler Stroke Unit sowie auf zwei Normalstationen und einer Wahlleistungsstation betreut. Der Schwerpunkt des Projekts wurde mit Beginn der Arbeiten im September 2016 zunächst auf die Normalstationen gelegt.

Die Hospitation und weitere Analyse der Stationsorganisation sowie die Befragung der Mitarbeiter zu Beginn des Projekts durch die externen Berater zusammen mit Mitarbeiterinnen aus den Bereichen Unternehmensentwicklung und Case Management förderte als einen wesentlichen Verbesserungsbereich die Kommunikation und den Informationsaustausch zwischen den Berufsgruppen zu Tage. Die zu Beginn des Projekts vorherrschende

Situation war davon geprägt, dass die Weitergabe von Informationen „auf Zuruf" erfolgte und wenig strukturiert war. Die wesentliche kommunikative Anlaufstelle war für alle Mitarbeiter der Station die Stationssekretärin – aber nicht alle erforderlichen Informationen liefen zentral und zeitnah hier zusammen. Ein Austausch zwischen Arzt und Pflegekraft konnte über den Tag hinweg kaum wahrgenommen werden, ferner gab es keine funktionierende Abstimmung der Pflegekräfte mit den unterschiedlichen Therapeuten, die losgelöst von der Stationsorganisation ihre Patienten betreuten. Auch die Organisationsbefragung der Mitarbeiter ergab ein klares Bild: Die Zufriedenheit mit dem Fragenblock „Organisation und Kommunikation" wurde für die beiden Stationen mit Werten von 3,51 und 3,29 (auf einer Skala 1 = zufrieden bis 5 = unzufrieden) von allen Berufsgruppen eher schlecht eingeschätzt.

Im Rahmen der sich anschließenden berufsgruppen- und hierarchieübergreifend zusammengesetzten Workshops wurden zunächst die Bedürfnisse aller relevanten Anspruchsteller an die Kommunikation (Patient, Angehöriger, Arzt, Pflege, Therapeut, Case Manager, Stationssekretärin) genau herausgearbeitet sowie unterschiedliche Varianten zur Verbesserung des Austausches untereinander diskutiert und durchgespielt. Am Ende kristallisierten sich zum einen das Tagesabschluss-Briefing am Nachmittag sowie zum anderen morgendliche und mittägliche „Übergabevisiten" heraus, die beide dann in eine verbindliche Tagesstruktur der Station eingebettet wurden.

Die morgendliche Übergabevisite findet an den Tagen Mo-Fr von 08:00–08:15 Uhr zwischen Stationsarzt und Bereichspflegekraft statt. Die Kurve wird dabei bewusst nicht intensiver einbezogen, ist aber immer griffbereit. Die Bereichspflegekraft übernimmt die Gesprächsführung und berichtet knapp und präzise aus der Nacht über relevante Besonderheiten, Zugänge, Verlegungen, verstorbene Patienten und aufgelaufene Anforderungen an den Arzt (Aufgaben/Aufträge). Der Arzt äußert sich zu den bestehenden Anforderungen an die Pflegekraft (Aufgaben/Aufträge). Auch wenn die morgendliche Übergabevisite nicht alle Patienten thematisiert, orientiert sie sich am „Organismus" der Station (für jedes Zimmer werden kurz alle Patienten durchgegangen, aber nur über Patienten mit Auffälligkeiten berichtet). Im Anschluss an die morgendliche Übergabevisite geht der Stationsarzt mit dem aktuellen Info-Stand zur Station dann in die ärztliche Frühbesprechung.

Am frühen Nachmittag von 13:48 bis 14:12 Uhr findet auf beiden Stationen die pflegerische Übergabe vom Frühdienst an den Spätdienst statt. Dieser Zeitraum wird auf der einen Station am Donnerstag und auf der anderen Station am Montag für eine mittägliche Übergabevisite mit Teilnahme des Stationsarztes genutzt. Die Übergabevisite wird stationsbereichsbezogen mit einem Zeitbedarf von jeweils etwa 12 min im Aufenthaltsraum der Station durchgeführt – die jeweiligen Bereichspflegekräfte kommen gestaffelt dazu. An der mittäglichen Übergabevisite nehmen zusätzlich der Oberarzt, ein Vertreter des Case Managements, ein Vertreter des Sozialdienstes sowie die Therapeuten teil.

Die Besprechung beginnt mit Patienten mit therapeutischem Bedarf, sodass die Therapeuten zeitlich nicht länger als erforderlich gebunden werden. Die Gesprächsführung liegt bei der Bereichspflegekraft, die strukturiert zu definierten Aspekten Stellung bezieht: Info

Therapeuten, Information zur Rehafähigkeit (an Sozialdienst), Info über Betreuungspflicht (an Arzt), Entlassungsplanung.

Der Arzt informiert über folgende Aspekte: Diagnose (tagesrelevant), Vorbefund, Anordnungen Reha, Lagerung/Mobilisation, Behandlungsplan, Entlassungsplanung.

Die Therapeuten äußern sich zu Patienten mit besonderem Behandlungsbedarf, der Sozialdienst informiert zu Empfang und Stand der Reha-Anträge, Unterbringung in Kurzzeitpflegeeinrichtungen, Seniorenheimen und Hospizen. Das Case Management gibt Rückmeldung zum Stand der Organisation der häuslichen Versorgung.

Am Nachmittag zwischen 16:00 und 16:15 Uhr erfolgt zudem eine kurze, ca. 5-minütige Besprechung zwischen Bereichspflegekräften und Arzt. Auch wenn ein Stationsarzt früher den Dienst beendet (Überstundenabbau, Teilzeitarbeit), meldet er sich kurz bei der Bereichspflegekraft ab, klärt mit ihr noch offene Punkte/Fragen und informiert sie über den zuständigen ärztlichen Ansprechpartner bis zum regulären Dienstende. Jeden Tag steht mindestens ein Stationsarzt bis zum regulären Dienstende der Ärzte um 16:30 Uhr für die Station als Ansprechpartner zur Verfügung.

Natürlich war die Integration der neuen Kommunikationsformen auf beiden Stationen eine Herausforderung und gelang nicht auf Anhieb. Allerdings sorgte die Überzeugung aller Beteiligten, dass sich der Informationsaustausch deutlich verbessern wird, dafür, dass die Umsetzung hartnäckig weiterverfolgt wurde. Hindernisse bestanden in der zunächst ungewohnten Rolle für die Pflegekräfte und der Einhaltung der Zeitfenster in Anbetracht der hohen Informationsdichte. Auch die Arbeitszeiten der – überwiegend als Halbtagskräfte tätigen – Therapeuten gefährdeten die mittägliche Übergabevisite, da diese nicht zum Zeitfenster der pflegerischen Übergabe passten. Insgesamt berichten heute jedoch alle Beteiligten sehr positiv über die Veränderungen, die die neuen Kommunikationsformen mit sich brachten.

Die erneute Befragung (mit einem identischen Fragebogen) im September 2017 zeigte einen deutlichen Anstieg der Zufriedenheit der Mitarbeiter mit dem Fragenblock „Organisation und Kommunikation" nach bereits einer kurzen Zeit der Umsetzung für eine der Stationen um nahezu einen Punkt auf einen Wert von 2,66.

14.8 Kommunikation außerhalb der Visite

Eine fest etablierte gemeinsame Visite von Pflegedienst und ärztlichem Dienst verbessert die Kommunikationskultur auf Station deutlich. Dennoch sollte es ergänzend am Morgen zum Dienstbeginn der Ärzte bzw. am Nachmittag vor dem ärztlichen Feierabend kurze Besprechungen des Behandlungsteams geben.

Am Morgen geht es hierbei insbesondere um die Zugänge und Ereignisse der Nacht bzw. vom Wochenende, sodass der Arzt früh im Tagesverlauf, optimalerweise noch vor der ärztlichen Frühbesprechung, über die Belegungssituation und den Zustand seiner Patienten informiert ist. Am Nachmittag bietet eine solche fest verankerte Besprechung die Möglichkeit für die Pflegekraft des Spätdienstes, noch einmal mit dem Stationsarzt offene Fragen zu klären, die sich seit der Visite aufgetan haben. Der Arzt kann umgekehrt die Pflegekraft über Therapieumstellungen informieren, die sich erst am Nachmittag nach der Röntgen-Besprechung oder der Oberarzt-Besprechung ergeben haben.

Nur durch die Etablierung fester Besprechungstermine, die auch sehr kurz – beispielsweise eine oder zwei Minuten – dauern können, kann vermieden werden, dass die Pflegekraft dem Arzt „hinterhertelefoniert", um beispielsweise die noch ausstehende Marcumar-Dosisangabe festzulegen, oder dass der Arzt vor Dienstschluss die zuständige Bereichspflegekraft sucht, während diese gerade mit einem Patienten im Haus unterwegs ist. Vermieden werden darüber hinaus Rückfragen an den diensthabenden Arzt, die die Patienten in der Regel nicht so gut kennen wie der Stationsarzt und sich daher erst in die Krankengeschichte einarbeiten müssen.

14.9 Angehörigengespräche

Angehörigengespräche führen immer wieder zu Unterbrechungen im ärztlichen Arbeitsablauf. Auch wenn häufig auf Stationen Zeitfenster für Angehörigengespräche definiert wurden, so zeigt sich doch, dass diese in vielen Fällen nicht eingehalten werden können. Es empfiehlt sich daher, klare Regelungen zu Angehörigengesprächen zu definieren und auch deutlich an Patienten und Angehörige zu kommunizieren. Es kann beispielsweise sinnvoll sein, einen Plan im Dienstzimmer aufzuhängen, auf dem täglich mehrere Zeitslots von 10 min Dauer eingetragen sind, beispielsweise am Nachmittag zwischen 14:00 und 15:00 Uhr. Die Pflegekraft oder die Stationsassistentin kann dann die Angehörigen bei einem Gesprächswunsch in eines der Slots eintragen. Dieses Vorgehen hat für die Stationsärzte den Vorteil, dass sie sich auf die Gespräche einstellen können und diese in einem festen Zeitrahmen kanalisiert werden und in rascher Folge hintereinander stattfinden, sodass nicht ständig eine Unterbrechung der Abläufe erfolgt. In der Regel zeigen die Angehörigen ein großes Verständnis für dieses Vorgehen, wenn es transparent kommuniziert und beispielsweise durch einen Aushang an der Arztzimmertür oder im Stationsflur erläutert wird. Der große Nutzen, der den Verlust der Flexibilität aus Sicht der Angehörigen aufwiegt, ist die höhere Gesprächs- und Informationsqualität, die ein Arzt erbringt, der sich Zeit für das Gespräch nimmt und dieses nicht unvorbereitet und aus seiner Konzentration gerissen auf dem Stationsflur führt.

14.10 Die Stationsassistentin als organisatorische „Drehscheibe" der Station

Aufgrund des leergefegten Arbeitsmarktes für examiniertes Pflegepersonal oder Ärzte wird es zunehmend wichtiger, dass sowohl der ärztliche Dienst als auch der Pflegedienst durch Unterstützungskräfte entlastet werden, um sich auf diese Weise wieder voll den Tätigkeiten widmen zu können, für die sie qualifiziert wurden. Es kommt dabei auf den richtigen „Skill Mix" an, also auf die richtige Mischung von höher qualifiziertem und niedriger qualifiziertem Personal auf den Stationen, um auch in Zeiten des Fachkräftemangels eine gute und hochwertige Patientenbetreuung sicherzustellen. Aus diesem Grund ist in diesem Buch das Kap. 9 dem Personalmix im Krankenhaus gewidmet.

Insbesondere im Stationsalltag, wo sehr viele unterschiedliche Akteure eng zusammenarbeiten, fehlt es häufig an einer koordinierenden Kraft als Bindeglied zwischen Ärztlichem Dienst, Pflegedienst und Patienten. Hier hat sich die Einführung von Stationsassistenz-Personal (häufig auch synonym als Stationshilfskraft oder Stationssekretärin bezeichnet) bewährt. Es ist dabei wichtig, dass die Stationsassistenz sich gleichermaßen dem Ärztlichen Dienst und dem Pflegedienst gegenüber verantwortlich fühlt und beiden Berufsgruppen zuarbeitet – und infolgedessen diese Stelle auch von beiden Berufsgruppen finanziert wird. Die Stationsassistenz sollte ihren Arbeitsplatz zentral auf Station haben, beispielsweise am Stationsstützpunkt. Sie entlastet die Pflegekräfte, indem sie beispielsweise Untersuchungstermine koordiniert, das Stationstelefon betreut, Patienten für den Transport in den Funktionsbereich vorbereitet, den Stationsbedarf bestellt und Patienten sowie den Angehörigen als Ansprechpartner zur Verfügung steht. Der ärztliche Dienst wird entlastet, in dem die Stationsassistenz beispielsweise Vorbefunde anfordert, Dokumentationsaufgaben übernimmt und je nach fachlicher Ausbildung beispielsweise auch Blut abnimmt oder Venenverweilkanülen legt. Das spezifische Aufgabenprofil der Stationsassistenz sollte zu Beginn klar festgelegt und niedergeschrieben werden, sodass es für alle transparent ist. Von der fachlichen Qualifikation empfiehlt sich für die Position einer Stationsassistenz beispielsweise eine ausgebildete medizinische Fachangestellte (MFA), da diese auch medizinische Tätigkeiten wie Blutabnahmen oder Blutgasanalysen übernehmen kann. Je nach persönlicher Fähigkeit kann die Stationsassistenz aber auch aus einem anderen beruflichen Kontext kommen, beispielsweise als Sekretärin oder Bürokauffrau/-mann.

Je breiter das Aufgabenspektrum, umso wichtiger ist es, dass an dieser Schlüsselstellung auf Station auch eine Vertretungsregelung für Krankheits- und Urlaubszeiten existiert. Dies kann beispielsweise erfolgen, indem sich die Stationsassistenzen verschiedener Stationen gegenseitig vertreten oder eine Springerkraft zur Verfügung steht. Nichts sorgt für mehr Unzufriedenheit, wie wenn bei kurzfristigem Ausfall des Unterstützungspersonals plötzlich alle Hilfstätigkeiten wieder von den examinierten Pflegekräften oder den Ärzten übernommen werden müssen und andere Tätigkeiten dafür zu kurz kommen.

Praxisbeispiel 7 – Die Stationsassistenz als Bindeglied zwischen den Berufsgruppen im Marienhospital Stuttgart
Das Marienhospital Stuttgart ist ein konfessionelles Krankenhaus mit 761 Planbetten. Das Zentrum für Innere Medizin II (ZIM II) betreut auf drei Stationen sowie in den Ambulanzen ein sehr breites Spektrum an Patienten und vertritt dabei die Fachgebiete Gastroenterologie, Rheumatologie und Pneumologie. Da es immer wieder zu Kommunikationsdefiziten und Reibungsverlusten im Stationsalltag kam, entschieden sich die Chefärzte gemeinsam mit dem Pflegedirektor im Rahmen eines groß angelegten Projekts alle Prozesse auf den Prüfstand zu stellen und gemeinsam über die Berufsgruppen hinweg bessere Abläufe zu erarbeiten. Auf diese Weise entstand unter anderem ein Stationshandbuch, welches auf allen Stationen des ZIM II gilt und die Abläufe auf den Stationen von der Patientenaufnahme über die Visite und Kommunikation bis hin zur Entlassungsplanung und Patientenentlassung regelt.

In der Ist-Analyse zeigte sich, dass sowohl der ärztliche Dienst als auch das Pflegeteam viele Unterstützungstätigkeiten übernehmen mussten. Aus diesem Grund wurde im Rahmen der Projektgruppe das Tätigkeitsprofil einer Stationsassistenz erarbeitet. Zukünftig werden auf allen Stationen des ZIM II Stationsassistenzen eingesetzt und sich auch gegenseitig vertreten, weshalb für die drei Stationen insgesamt vier Kräfte eingestellt wurden. Die Stationsassistenzen unterstützen dabei sowohl die Ärzte als auch die Pflege bei genau definierten Tätigkeiten. Sie nehmen beispielsweise morgens ab 06:30 Uhr Blut ab, was bisher durch die Ärzteschaft erfolgte. Durch die frühe Blutabnahme liegen die Laborwerte pünktlich zum Beginn der gemeinsamen pflegerisch-ärztlichen Visite um 09:30 Uhr vor. Darüber hinaus unterstützen die Stationsassistenzen die Ärzte bei organisatorischen Tätigkeiten wie der Anforderung von externen Befunden oder der Kontaktaufnahme mit Hausarztpraxen. Die Pflege wird entlastet, da die Stationsassistenz das Stationstelefon übernimmt und die Untersuchung und Patiententransporte koordiniert sowie am Stationsstützpunkt als Ansprechpartner für Patienten, Besucher sowie Mitarbeiter aller Berufsgruppen zur Verfügung steht. Die examinierten Pflegekräfte können auf diese Weise etliche organisatorische Tätigkeiten abgeben und sich wieder auf die pflegerische Patientenversorgung und die Begleitung der Visite konzentrieren. Die Refinanzierung der vier Stellen für die Stationsassistenzen erfolgte aus dem vorhandenen Personalbudget, wobei der ärztliche Dienst den größeren Teil übernommen hat, allerdings auch deutlich von der Entlastung durch den Wegfall der morgendlichen Blutabnahmen profitiert.

14.11 Frühzeitige Entlassungsplanung und Belegungsmanagement

Kurzfristige Entlassungsentscheidungen und fehlende Betten für Elektivpatienten sorgen immer wieder für große Reibungsverluste und insbesondere die täglich wiederkehrende Bettensuche bindet sehr viele Ressourcen. Viele Klinken sind daher inzwischen dazu übergegangen, ein zentrales Belegungsmanagement zu etablieren, um die Stationen von der Belegungskoordination zu entlasten (siehe hierzu auch Kap. 11).

Ganz entscheidend für ein gut funktionierendes Belegungsmanagement – egal ob zentral oder dezentral organisiert – ist eine Transparenz über die geplanten Entlassungen. In vielen Kliniken ist es nach wie vor üblich, dass ein Teil der Patienten erst am Morgen bei der Visite erfährt, dass er im Lauf des Tages das Krankenhaus verlassen kann. Diese Spontanentlassungen, die häufig durch den hohen „Belegungsdruck" durch elektiv geplante Zugänge oder aus der Notaufnahme bedingt sind, machen eine verlässliche Belegungsplanung unmöglich. Oft führen diese kurzfristigen Entlassungen, die spät im Tagesverlauf erfolgen, zu einer hohen Zahl ans „Außenlieger-Patienten" oder lange Wartezeiten für die Zugänge auf ein freies Bett. Entlassungszeiten, die in vielen Kliniken zwar formal festgelegt wurden, werden häufig zu wenig konsequent an Patienten und Angehörige kommuniziert oder durch Verzögerungen bei der Fertigstellung der Entlassungsunterlagen nicht eingehalten.

Die gesetzlichen Neuregelungen im Rahmen der Neuorganisation des Entlassungsmanagements, die durch den Gemeinsamen Bundesausschuss festgelegt wurden, stellen die Kliniken vor weitere Herausforderungen bei der Entlassungsplanung. Während für die Patienten der Übergang aus der stationären Behandlung in die ambulante Versorgung erleichtert wird, so wird auf die Kliniken durch die Zustimmungspflicht der Patienten zum Entlassungsmanagement und durch die Pflicht, Verordnungen und Rezepte auszustellen sowie Medikationspläne und standardisierte Entlassungsbriefe zu erstellen, weiterer bürokratischer Aufwand zukommen. Ein Grund mehr, früh – bereits ab Aufnahme des Patienten – mit der Entlassungsplanung zu beginnen.

Die definitive Entscheidung zur Entlassung sollte spätestens am Vortag des Entlassungstages erfolgen, optimalerweise im Rahmen der morgendlichen Visite, alternativ am frühen Nachmittag im Rahmen einer Besprechung von Stations- und Oberarzt. Da internistische Kliniken meist den größten Teil ihrer Patienten über die Notaufnahme akquirieren und die Patienten daher über den gesamten Tag verteilt auf Station eintreffen, kann es sinnvoll sein, auch am Nachmittag noch einmal ein Entlassungszeitfenster zu definieren. Wichtig ist, dass diese „Spät-Entlassungen" ebenfalls am Vortag verbindlich festgelegt werden und nur bei den Patienten durchgeführt werden, bei denen am Entlassungstag noch Diagnostik, beispielsweise eine Kontroll-Gastroskopie oder eine Sonographie, erfolgt. Alle anderen Patienten, bei denen am Entlassungstag keine Untersuchungen oder lediglich eine Laborkontrolle erfolgen, werden als „Früh-Entlassung" am Morgen entlassen. Durch geplante „Spät-Entlassungen" kann zum einen die Verweildauer verkürzt werden, da die Patienten häufig einen halben Tag früher als bisher üblich entlassen werden können, auf der anderen Seite werden am Nachmittag noch einmal dringend benötigte freie Bettenkapazitäten für Zugänge aus der Notaufnahme geschaffen.

Praxisbeispiel 8 – Der Patientenkoordinator – Optimierung des Belegungs- und Entlassungsmanagement in den Oberhavel-Kliniken
Die Oberhavel-Kliniken sind ein Klinikverbund in öffentlicher Trägerschaft mit insgesamt 763 Betten an drei Standorten nördlich von Berlin. Seit 2014 wurde in der Klinik sukzessive ein Konzept zur Verbesserung des Aufnahme- und Entlassungsmanagements entwickelt und schrittweise umgesetzt. Kernelement dieses Konzeptes ist die Einführung von Patientenkoordinatoren, die seit Anfang 2017 in jeder Fachabteilung (mit Ausnahme der Psychiatrie) etabliert sind.

Die Patientenkoordinatoren betreuen dabei die Patienten der jeweiligen Fachdisziplin von der Terminvereinbarung über die Aufnahme bis zur Entlassungsplanung und Nachbetreuung. Sowohl die Hausärzte als auch die Patienten selbst können beim Patientenkoordinator der entsprechenden Fachabteilung einen Aufnahmetermin vereinbaren, weshalb eine eigene Rufnummer eingerichtet wurde, die an die einweisenden Ärztinnen und Ärzte kommuniziert wurde. Auch die Betreuung des Patienten im Rahmen der prästationären Aufnahme bzw. am stationären Aufnahmetag erfolgt durch den Patientenkoordinator. Dieser empfängt den Patienten, erledigt die pflegerische Patientenaufnahme, nimmt Blut ab, bereitet die Unterlagen vor, meldet notwendige Untersuchungen an und begleitet den Patienten ins Zimmer. Sowohl die Bereichspflegekräfte als auch die Stationsärzte werden durch den Patientenkoordinator entlastet und der Aufnahmeprozess läuft aufgrund weniger Schnittstellen deutlich reibungsloser. Auch das Belegungsmanagement, beispielsweise die Organisation freier Betten für Patienten aus der Notaufnahme, erfolgt durch die Patientenkoordinatoren der entsprechenden Fachabteilung, wodurch auch die Pflegekräfte und die Ärzte der Notaufnahme entlastet werden.

Neben dem Aufnahmemanagement ist das Entlassungsmanagement der zweite große Tätigkeitsschwerpunkt für die Patientenkoordinatoren. Der Patientenkoordinator klärt bei jedem Patienten den poststationären Versorgungsbedarf, kommuniziert regelmäßig mit dem Sozialdienst, bestellt Patiententransporte, informiert Angehörige und nachversorgende Einrichtungen und übergibt dem Patienten am Entlassungstag die Entlasspapiere.

Die Stellen der Patientenkoordinatoren wurden mit erfahrenen Pflegekräften aus dem Haus besetzt, die sich auf diese Position jeweils bewerben mussten. Ihre Büros befinden sich zentral in den entsprechenden Fachabteilungen gelegen, beispielsweise zwischen zwei Stationen. Es existiert ein funktionierendes Vertretungskonzept, sodass die zentrale Position des Patientenkoordinators in jeder Fachabteilung an jedem Werktag besetzt ist. Die Patienten, aber auch die einweisenden Praxen, schätzen, dass sie nun während des gesamten Behandlungsprozesses von der Terminvereinbarung über den stationären Aufenthalt bis zur Entlassung einen zentralen Ansprechpartner vor Ort haben.

14.12 Das Managementteam sichert die Umsetzung der vereinbarten Regelungen

Entscheidend für den Erfolg eines Restrukturierungsprojektes auf Stationsebene ist es, von Anfang an klar Verantwortlichkeiten zu benennen. Wenn gemeinsam Regeln in einer interdisziplinär besetzten Arbeitsgruppe entwickelt wurden, dann sollten diese in jedem Fall auch schriftlich festgehalten werden, beispielsweise in Form eines „Stationshandbuchs". Die Ergebnisse sollten durch die Führungskräfte freigegeben und damit in Kraft gesetzt werden. Es empfiehlt sich, anschließend alle Mitarbeiter des entsprechenden Bereiches im Rahmen einer groß angelegten Informationsveranstaltung über die Neuerungen zu informieren und die Kernelemente beispielsweise auch an zentraler Stelle auf Station auszuhängen. Vom Tag des In-Kraft-Tretens an sind die vereinbarten Regelungen für alle Mitarbeiter aus allen Berufsgruppen bindend; alle Mitarbeiter tragen also gemeinsam die Verantwortung dafür, dass die Neuerungen auch „gelebt" werden.

Dennoch hat es sich bewährt, die Führungskräfte der einzelnen Berufsgruppen, beispielsweise den Stationsoberarzt und die pflegerische Stationsleitung, als „Managementteam" mit der Umsetzung und Evaluation des Konzeptes zu betrauen. Die benannten Führungskräfte sind zum einen dafür verantwortlich, dass die Regelungen von allen nachgeordneten Mitarbeitern ihrer Berufsgruppe umgesetzt werden. Auf der anderen Seite sind sie die Ansprechpartner für ihr Mitarbeiter-Team, falls es Schwierigkeiten bei der Umsetzung gibt oder Anpassungen des Konzeptes notwendig scheinen. Hierfür sollten engmaschige Treffen des Managementteams erfolgen – anfangs beispielsweise wöchentlich, im Verlauf dann zwei- oder vierwöchentlich – um gemeinsam den Umsetzungsgrad und aufgetretene Schwierigkeiten zu besprechen. Zentrale Prozesskennzahlen, beispielsweise die Visitenzeiten oder die Entlassungsuhrzeiten, sollten ergänzend evaluiert werden (siehe Kap. 7).

Lösungsansätze für Intensivstationen 15

Eva M. Becker

Inhaltsverzeichnis

E. M. Becker (✉)
ZEQ AG, Mannheim, Deutschland
E-Mail: eva.becker@zeq.de

C. Bamberg et al. (Hrsg.), *Moderne Stationsorganisation im Krankenhaus*,
https://doi.org/10.1007/978-3-662-67158-0_15

15.1 Intensivstationen als Kostentreiber im Krankenhaus

Intensiveinheiten gehören zu den kostenträchtigsten Bereichen im Krankenhaus. 3–5 % aller Patienten benötigen intensivmedizinische Behandlung und verbrauchen dafür 15–20 % des Krankenhausbudgets. Dabei entfallen 60–70 % auf die Personalkosten der speziell ausgebildeten Pflegefachkräfte und Intensivmediziner. Daneben tragen die hohe Technisierung, aufwändige Behandlungsmethoden und der Einsatz teurer Medikamente zur Kostenintensität bei.

Die Behandlungsbedingungen auf Intensivstationen haben sich nicht nur durch die Einführung des DRG-Systems geändert. Die Fallzahlen sind gestiegen, der Betreuungsschlüssel ist in den meisten Kliniken gesunken, die Multimorbidität der Patienten und die Komplexität der Behandlung haben zugenommen. Gerade in Ballungsgebieten ist der Kampf um Fachpflegekräfte bereits entbrannt. Ausreichend Fachpflegepersonal zu gewinnen als Vorrausetzung für eine qualitativ hochwertige pflegerische Versorgung der Patienten wird immer schwieriger. Auch bei den Ärzten wird bereits ein Mangel beklagt.

Auf Intensivstationen werden Patienten, die einer speziellen Überwachung und Behandlung bedürfen, von für diese Aufgaben besonders geschultem ärztlichem und pflegerischem Personal betreut. Damit rückt die möglichst ökonomische Nutzung der personellen und auch apparativen Ressourcen in den Fokus der Prozessoptimierung auf Intensivstationen.

15.2 Intensivstationen werden getrennt oder interdisziplinär organisiert

Da die Behandlung der Grunderkrankung die Betreuung bestimmt, halten große Krankenhäuser in der Regel noch fachgebundene Intensivstationen vor. Die konservative Intensivstation wird von Internisten geleitet und die operative Intensivmedizin von Anästhesisten. Beiden gemeinsam ist, dass für den jeweils verantwortlichen Arzt die Zusatzweiterbildung „Intensivmedizin" gefordert ist.

In größeren Krankenhäusern sind die Intensivbereiche räumlich häufig benachbart, organisatorisch jedoch getrennt geführt. Es gibt allerdings Entwicklungen, die Intensiveinheiten auch in großen Krankenhäusern unter die gemeinsame Leitung eines Intensivmediziners zu stellen. Dieser ist dann verantwortlich, in Abstimmung mit den operativen und internistischen Kollegen, sowohl die Therapieplanung als auch die Organisation und Koordination des gesamten Bereiches zu führen. Je nach Größe der Einheit (>50 Betten) wird jedoch die Übersichtlichkeit eine Herausforderung für die betreuenden Ärzte und Pflegekräfte.

In kleineren Krankenhäusern kann die Zusammenlegung, auch unter ökonomischen Gesichtspunkten, sinnvoll sein. Dann ist die organisatorische Leitung der Intensivstation und Zusammenarbeit ebenfalls zu definieren.

Immer gilt, dass Intensiveinheiten interdisziplinär belegt sind und dass es einer geregelten Kooperation zwischen fachbehandelnden Kollegen und den jeweils verantwortlichen organisatorischen Leitern (Internisten/Anästhesisten) bedarf. Es empfiehlt sich, die Verantwortlichkeiten für den Konfliktfall im Stationskonzept festzuschreiben. Dabei gilt der Grundsatz, dass der fachbehandelnde Kollege über die medizinischen Maßnahmen im Bereich des Grundleidens entscheidet, und der Leiter der Intensiveinheit über die Maßnahmen im Bereich der Intensivtherapie.

Die interdisziplinäre Belegung erfordert auch die Festlegung von fachübergreifenden einheitlichen Behandlungsstrategien z. B. Weaning von Patienten, Ernährungsregime und Schmerztherapie. Ansonsten ist die Verunsicherung bei den Pflegenden vorprogrammiert.

15.3 Die Dienstplangestaltung muss eine hohe Stabilität und Präsenz sicherstellen

15.3.1 Aspekte der ärztlichen Dienstplangestaltung

Auf Intensivstationen soll 24 h an 7 Tagen der Woche ein Arzt präsent sein, der in der Intensivmedizin erfahren ist und die Patienten kennt. In großen Einheiten, in denen mehrere Ärzte eingesetzt sind, soll es mindestens einen Arzt geben, der die Weiterbildung in der Intensivmedizin besitzt und damit den Facharztstandard sichert. Dies bedeutet, dass die Ärzte auf großen Intensivstationen in der Regel ebenfalls im 3-Schichtbetrieb arbeiten. Für sie gelten die gleichen Regeln (F/S auf N) in der rollierenden Dienstplangestaltung. Im Regelbetrieb wird die Supervision der Stationsärzte durch einen schichtführenden Oberarzt mit der Zusatzbezeichnung Intensivmedizin übernommen. Dieser übergibt nachmittags im Rahmen der Schichtübergabe die Patienten an den diensthabenden Arzt. Nachts ist die Erreichbarkeit und Präsenz eines Arztes mit der Zusatzbezeichnung Intensivmedizin in der Klinik gefordert. (Empfehlungen der DIVI vom 18.04.1989, aktualisiert am 26.03.1999). Nach den Empfehlungen der DIVI soll das Verhältnis von 1:12 in der Behandlung der Intensivpatienten nicht überschritten werden, da mehrere Studien darauf hinweisen, dass sich die Komplikationen und die Liegezeit der Patienten dann erhöhen.

15.3.2 Aspekte der pflegerischen Dienstplangestaltung

Je nach Größe der Intensiveinheit (> 50 Betten) empfiehlt sich, die Einteilung der Mitarbeiter in Pflegegruppen nach Behandlungsschwerpunkten (z. B: High Care/Beatmung/ Chest Pain Unit/Intermediate Care) vorzunehmen. Dies erleichtert die strukturierte Einarbeitung und den Einstieg neuer Mitarbeiter, ohne diese in eine Überforderungssituation zu bringen. Das Fachwissen und Qualifikationsniveau sowie die Erfahrung der Mitarbeiter werden immer variieren. Deshalb sollte die Leitung im Rahmen der Personalentwicklung eine individuelle Einschätzung vornehmen und dies bei der Personaleinsatzplanung berücksichtigen. Gerade im Bereich der Intensivbetreuung wird eine kritische Zustandsveränderung des Patienten zuerst von Pflegekräften wahrgenommen. Kontinuität in der Patientenbetreuung bei gleichzeitig kurzen Verweildauern ist entscheidend für ein gutes Outcome der Patienten. Eine geordnete Rotation und die gegenseitige Unterstützung im Krankheitsfall sollten jedoch immer gegeben sein. Pflegekräfte fühlen sich in sehr großen Teams häufig „verloren" oder „nicht gesehen" und entziehen sich dann leichter, da sie die Identität mit ihrer Aufgabe verlieren.

Die Betreuung der Intensivpatienten erfolgt im 3-Schichtbetrieb. Dabei gilt der Grundsatz, dass der Schichtzyklus möglichst rollierend von F/S auf N mit drei Schichten erfolgen sollte. Vor allem der Nachtdienstturnus sollte auch aus arbeitswissenschaftlichen Erkenntnissen nicht länger als 3 Nächte umfassen. Ein langfristig angelegter Dienstplan (im besten Fall Jahresplan), erleichtert es den Mitarbeitern, ihre eigenen Termine und Verpflichtungen danach auszurichten und trägt neben der Berücksichtigung von auch mal kurzfristigen Freiwünschen zur Zufriedenheit und Motivation bei. Üblicherweise kommt es in den Mittagszeiten zu Arbeitsspitzen, deshalb empfiehlt es sich, auf Intensivstationen die Arbeitsspitzen zunächst zu analysieren. Eine frühzeitige Verlegung auf Normalstation ist Bedingung für die frühzeitige Aufnahmebereitschaft von Zugängen. Durch Zwischendienste können Arbeitsspitzen abgefedert und genutzt werden, um sehr aufwändige Patienten z. B. zu lagern oder zu mobilisieren.

Entscheidend für die langfristige Zufriedenheit der Mitarbeiter ist ein „gesichertes Frei", um neue Energie und Kräfte zu sammeln. Hier helfen intelligente Ausfallkonzepte, um sowohl bei Langzeiterkrankung als auch bei kurzfristigem Ausfall möglichst keine Mitarbeiter aus dem Frei akquirieren zu müssen. Der Einsatz von Poolmitarbeitern oder die Implementierung eines Springerpools, welcher tagesaktuell von der verantwortlichen Schichtleitung eingeteilt werden kann, sind geeignete Instrumente, um Ausfälle zu kompensieren und das Frei der Mitarbeiter zu sichern. Dabei ist je nach einkalkuliertem Krankheitsausfall und der Größe der Einheit der Planansatz vom jeweiligen Stellenplan festzulegen. Gute Erfahrungen gibt es auch mit der Planung von Joker-Diensten, welche bereits in der Dienstplanung berücksichtigt und dann entsprechend flexibel eingesetzt werden. Im Unterschied zum Pool beteiligen sich hier alle Mitarbeiter an der flexiblen Einsatzplanung. Stand-by Dienste sind bei Pflegekräften und Betriebsräten weniger beliebt, da sich die Mitarbeiter hier doch in ihrem Frei gebunden fühlen. Welches Instrument zur Anwendung kommt und mit dem Betriebsrat abgestimmt wird, sollte mit den Beteiligten selbst diskutiert und erarbeitet werden.

Praxisbeispiel 1 – Einführung eines verkürzten späten Spätdienstes

Auf einer konservativen Intensivstation, die immer wieder Arbeitsspitzen in den späten Abendstunden hatte, führte das Team einen verkürzten späten Spätdienst (19:00–24:00 Uhr) ein. Dieser wurde nach anfänglicher Skepsis gerne auch von jungen Müttern, deren Männer zuhause die Kinder betreuten, angenommen. Die Vereinbarkeit von Beruf und Familie trägt damit auch zur langfristigen Mitarbeiterbindung bei.

Für beide Berufsgruppen gilt, dass z. B. aufwändige Transporte zum CT/MRT, die Schockraumversorgung und die innerklinische Versorgung von Notfällen entsprechende Berücksichtigung in der Stellenplanberechnung und Stationsbesetzung finden müssen.

15.4 Pflegescores steuern die pflegerische Betreuung

Auf Intensivstationen kommen unterschiedliche Betreuungsschlüssel zur Anwendung. Vielerorts folgt man den Empfehlungen der Fachgesellschaften und der Analyse des DIP (DIP 2012) wonach ein Schlüssel von 1:2 in der Betreuung von Intensivpatienten angestrebt wird. Ferner sind die gleichlautenden Vorgaben der Pflegepersonaluntergrenzen-Verordnung (PpUGV) verbindlich zu beachten und nachzuweisen. In der Betreuung von IMC-Patienten und der CPU liegt der Schlüssel bei 1:4. nachts sind die Schlüssel häufig entsprechend erweitert. Die Einteilung der Patienten nach einem Betreuungsschlüssel wird der gerechten Belastung der Mitarbeiter unter Berücksichtigung des Pflegeaufwands der Patienten allein nicht gerecht. Jeder Mitarbeiter, der auf einer ITS arbeitet, weiß, dass ein Beatmungspatient weniger aufwändig sein kann, als ein Patient mit delirantem Syndrom. Einige Intensivstationen führen deshalb einen Pflegescore ein, welcher den Betreuungsaufwand der Patienten in Kategorien und einem Punktesystem abbildet. Weiterhin enthält der Pflegescore Punkte für Zusatzaufgaben wie z. B. Schichtleitung oder Praxisanleitung (Tab. 15.1).

Bei der Bewertung der Betreuungsschlüssel bleibt weiterhin zu berücksichtigen, welche Mitarbeiter in den Intensiveinheiten als Unterstützungskräfte eingesetzt sind. (z. B. Ver- und Entsorgungsassistenten, Medizinische Fachangestellte, Krankenpflegehelfer, Stationssekretärin, Kodierassistenten). Da viele Krankenhäuser gerade in Ballungsgebieten bereits heute große Probleme haben, ihre Planstellen mit Pflegefachkräften zu besetzen, gewinnt das Thema: „Einsatz eines geeigneten Skillmix“ auch für Intensivstationen zunehmend an Bedeutung. Es ist vor allem auf großen Intensiveinheiten sinnvoll, aufgabenbezogen zu überdenken, welche Mitarbeiter z. B. im Bereich der Administration, Koordination von Verlegung und im Bereich der Ver- und Entsorgung die Pflegefachkräfte entlasten können. Auch bei grundpflegerischen Maßnahmen können z. B. Krankenpflegehilfskräfte oder Medizinische Fachangestellte nach guter Einarbeitung und Integration eine wertvolle Unterstützung sein. Sie sollten dann nach einem definierten Tätigkeitsprofil eingesetzt werden und unter Supervision der Pflegefachkräfte arbeiten. Günstigenfalls können diese Mitarbeiter im Rahmen der Personalentwicklung für die Ausbildung in der Krankenpflege motiviert und damit als Nachwuchskräfte gewonnen werden. Bei der Überlegung zur Integration von Unterstützungskräften sollten immer die Ausfallkonzepte und

Tab. 15.1 Pflegescores

Überwachungspatient	
1	• AWR • kooperativer und stabiler Überwachungspatient
Stabiler Intensivpatient	
2	• aufwendiger Überwachungspatient/postoperative Überwachung • stabiler Beatmungspatient • Kreislaufwirksame Medikamente niedrig dosiert/stabil
Instabiler Intensivpatient	
3	• Instabiler Beatmungspatient • Beatmungspatient mit NIV oder im Weaning • Patient unmittelbar nach Extubation, 1 × BRSK/Schicht oder CVVH • Umfangreiche Gabe von kreislaufwirksamen Medikamenten
Hochaufwendiger instabiler Intensivpatient	
4	• frischer, instabiler Notfallpatient/OP-Patient • Zustand nach Reanimation mit Kühlung bis Kühlungsende • Polytrauma, Sepsis
Reanimation	
5	• Aktive Reanimation
Zusatzpunkt	
je 1 Zusatzpunkt	• Isolation • unruhiger oder fixierter Patient • Geplante Anlage von mehr als Zugängen mit Systemwechsel • Systemwechsel von Nierenersatztherapieverfahren • Geplante CT/MRT-Fahrt/OP • Schichtleitung • Mentor in Anleitung/Einarbeitung neuer Mitarbeiter • adipöser Intensivpatient • geplante Tracheotomie

Die Einstufung der Patienten ist eine Entscheidungshilfe für die pflegerische Schichtleitung. Sie dient der Beurteilung der aktuellen Arbeitsbelastung auf der Intensivstation mittels eines Punktesystems. Diese Einschätzung wird zur Belegungssteuerung und Verteilung der Patienten genutzt. (Richtwert 6 Punkte)

Vertretungsregelungen im Vorfeld bedacht und geregelt werden, damit es nicht zu viele Spezialisten und Schnittstellen im Team gibt.

15.5 Das Patientenzentrierte Pflegesystem bietet viele Vorteile

Die Pflegekräfte auf Intensivstationen betreuen in der Regel ihre Patienten kontinuierlich, das bedeutet, denjenigen in der Betreuung einzuplanen, der den Patienten am besten kennt. Noch nicht in vielen Bereichen ist es gelungen, die patientenzentrierte Betreuung umzusetzen, bei der eine Pflegekraft von der Aufnahme bis zur Verlegung für die Pflege- und Therapieplanung verantwortlich ist und die Mitarbeiter der anderen Schichten entsprechend ihrer Anweisungen arbeiten, ggfs. aber auch Maßnahmen in Rücksprache mit ihr anpassen. Diese Pflegekraft steht auch als zentraler Ansprechpartner für die Angehörigen zur Verfügung.

Die Vorteile der patientenzentrierten Pflege sind vielfältig und geben den Pflegekräften einen großen Handlungs- und Entscheidungsfreiraum. Sie fordern aber auch die Bereitschaft und Fähigkeit, Verantwortung für die Planung und Durchführung aller intensivpflegerischen Maßnahmen zu übernehmen und während der gesamten Behandlungszeit in eine therapeutische Beziehung zu dem Patienten zu treten. Dies findet heute nach wie vor vielfach nur schichtbezogen statt. Weitere Vorteile sind, dass diese Betreuungsform mit einer höheren Arbeitszufriedenheit und Motivation verbunden ist, da die Pflegekräfte als gleichwertige Partner im Behandlungsprozess mit den Ärzten verantwortlich sind. Auch Zustandsveränderungen des Patienten werden schneller erkannt und der fachliche Austausch zwischen den Berufsgruppen intensiviert. Dies trägt zur persönlichen Kompetenzentwicklung bei und stärkt die Stellung der Pflegekräfte im Team. Die Ärzte profitieren von diesem Pflegesystem, da sie immer auf gut informierte Pflegekräfte treffen. In diesem Pflegesystem ist wiederum die Leitung gefordert, bei der Zuteilung der Patienten die Potenziale ihrer Mitarbeiter zu kennen und diese entsprechend zu berücksichtigen bzw. weiterzuentwickeln.

15.6 Die Delegation von Aufgaben ist bei ausreichender fachlicher Qualifikation möglich

Gerade im Bereich der Intensivstationen kommt es zu Überschneidungen der ärztlichen und pflegerischen Tätigkeiten. Deshalb ist es wichtig und notwendig zu regeln, welche Aufgaben von Pflegekräften übernommen werden können. Grundsätzlich muss sich der delegierende und verantwortliche Arzt in seiner Anordnungsverantwortung von der Ausbildung, der Erfahrung und dem Können des Mitarbeiters überzeugen. Der Mitarbeiter bleibt in der Verantwortung, diejenigen Maßnahmen, bei denen er sich überfordert fühlt, im Rahmen seiner Durchführungsverantwortung abzulehnen. Es empfiehlt sich, dies in personenbezogenen Befähigungsnachweisen schriftlich zu fixieren. Fachweitergebildete Intensivpflegekräfte mit langjähriger Erfahrung sind ein hoher Garant für den kontinuierlichen Erhalt der Pflegequalität und die Stabilität in der Versorgung. In der Regel können von diesen nach definierten Behandlungsstrategien (z. B. Weaning) und festgelegten Therapiekorridoren (z. B. zum Elektrolytausgleich) viele Maßnahmen übernommen werden. Bei der Delegation von ärztlichen Aufgaben sollte dies zwar personenbezogen fixiert, aber aufgabenbezogen für alle im Team entschieden werden. Unterschiede kann es möglicherweise zwischen Mitarbeitern mit Fachweiterbildung und ohne Fachweiterbildung geben. Es sollte eine Fachquote von 50 % angestrebt werden, um jede Schicht mit mindestens einer Pflegekraft mit Fachweiterbildung zu besetzen.

Weiterhin gibt es auf großen Intensiveinheiten ausreichend Tätigkeiten, welche von Unterstützungskräften in der Administration, der Logistik und bei der Ver- und Entsorgung übernommen werden können. Schriftliche Tätigkeitsprofile helfen Transparenz und Abgrenzung der Aufgaben für alle verbindlich zu regeln.

Praxisbeispiel 2 – Einsatz von Hilfskräften für das Besuchermanagement
Eine sehr große Intensivstation hat sich entschieden, geschulte studentische Aushilfen im Besuchermanagement einzusetzen. Besonderer Wert wird dabei im Erstkontakt auf die Einweisung der Angehörigen in die Besonderheiten einer Intensiveinheit gelegt. Die Angehörigen werden bei Bedarf in besondere Anforderungen wie bspw. Händedesinfektion und Umgang mit isolierten Patienten eingewiesen. Die Arbeitszeiten des Besuchermanagements sind entsprechend den Besuchszeiten angepasst.

15.7 Einsatz von Pflegeexperten

Pflegeexperten besitzen Spezialwissen z. B. im Umgang mit Patienten im Delir, zum Wundmanagement, in der palliativen Versorgung von Patienten, als Stomatherapeuten oder auch als Atemtherapeuten. Experten sollten sich vor allem als Berater verstehen und ihr erworbenes Wissen und ihre Kenntnisse an die Pflegekräfte in dem Team weitergeben. Jede Führungskraft einer Intensivstation sollte in Abstimmung mit der Pflegedirektion für sich entscheiden, inwiefern diese Pflegeexperten in der Klinik stationsübergreifend und anlassbezogen konsiliarisch hinzugezogen werden können. Es macht durchaus Sinn, auch im Team der Intensivpflegekräfte Expertenwissen aufzubauen und weiterzuentwickeln. Gerade in dem herausfordernden Umgang mit Patienten im Delir gibt es nach wie vor noch keine befriedigenden Konzepte und wenig Expertenwissen auf Intensivstationen. Diese Patienten sind in der Regel nicht mehr intensivpflichtig, aber auf der Normalstation von der Überwachung her kaum führbar und kommen dann häufig als Rückverlegungen auf die Intensivstation zurück. Dies beginnt bereits damit, dass diese Patienten nicht durch ein konsequentes Screening erkannt werden und eine Prävention erst gar nicht stattfindet.

Auch der Einsatz von Atemtherapeuten kann auf großen Intensivstationen Pflege und Ärzte unterstützen und entlasten. Diese Stellen können ggfs. dann auch gemeinsam finanziert werden.

Bei allem Spezialistentum gilt auch an dieser Stelle, die Aufgabengebiete klar zu definieren und für eine abgestimmte Kommunikation und Information an den Schnittstellen zu sorgen, damit der Patient vom Versorgungsprozess profitiert.

15.8 Die Stationsorganisation folgt verbindlich festgelegten organisatorischen Eckpunkten

15.8.1 Tagesablauf

Auf jeder interdisziplinär geführten Intensivstation gilt es, die vielseitigen Interessen und Abläufe sinnvoll zu koordinieren, um einen reibungslosen Ablauf zu gewährleisten. Der Tagesablauf der einzelnen Schichten sollte daher interdisziplinär besprochen und abgestimmt sein. Je mehr Berufsgruppen an einen Termin gebunden sind (z. B. Visitenzeiten), desto verbindlicher ist er einzuhalten. Hilfreich ist die Erstellung von Tagesstrukturplänen, in denen Aufgaben, Verantwortlichkeiten und Tagesziele klar definiert sind (Abb. 15.1).

Die wichtigsten Aufgaben und Besprechungen werden für die einzelnen Schichten schriftlich fixiert und dienen allen Beteiligten als Orientierung und Messlatte in der täglichen Arbeit. Dabei sind berufsgruppenübergreifende Termine (Visitenzeiten, Teambesprechungen, Briefings) oder fest definierte wiederkehrende Aufgaben (Infusionen, Medikamente richten, BTM-Kontrollen) besonders hervorzuheben. Ebenso gilt es, die Pausenzeiten und den Telefondienst festzulegen. Pausen dienen der Erholung und sollten störungsfrei in Gruppen organisiert werden. Die Ablaufpläne müssen in der Regel immer wieder angeglichen werden, da sich Rahmenbedingungen ändern. Dies ist die gemeinsame Aufgabe des Managementteams, bestehend aus der pflegerischen und ärztlichen Leitung der Intensiveinheit. Der Ablaufplan und die Tagesstruktur dienen auch der strukturierten Einarbeitung von neuen Pflegekräften und Ärzten. Da die Ärzte im Rahmen ihrer Weiterbildung häufiger wechseln, sind diese Orientierungshilfen zur Stationsorganisation für sie hilfreich und notwendig.

Die Tagesablaufpläne sollten ergänzt werden durch einen Maßnahmenplan zum Vorgehen bei Arbeitsüberlastung („Plan B“). In diesem Plan ist festgelegt und mit dem Team sowie den Vorgesetzten abgestimmt, welche Maßnahmen in Zeiten von Arbeitsüberlastung auf den nächsten Dienst verschoben und/oder entfallen können. Grundsätzlich ist jede Überlastungssituation speziell und es ist die Aufgabe der pflegerischen Schichtleitung und des zuständigen Arztes, schichtbezogen zu entscheiden, welche Maßnahmen zur Entlastung getroffen werden können. Trotzdem können abgestimmte Maßnahmenpläne helfen und eine Orientierung für noch unerfahrene Schichtleitungen sein (Abb. 15.2). Es empfiehlt sich, dieses Thema im Team zu diskutieren, da gerade Pflegekräfte dazu neigen „irgendwie doch alles schaffen zu wollen“.

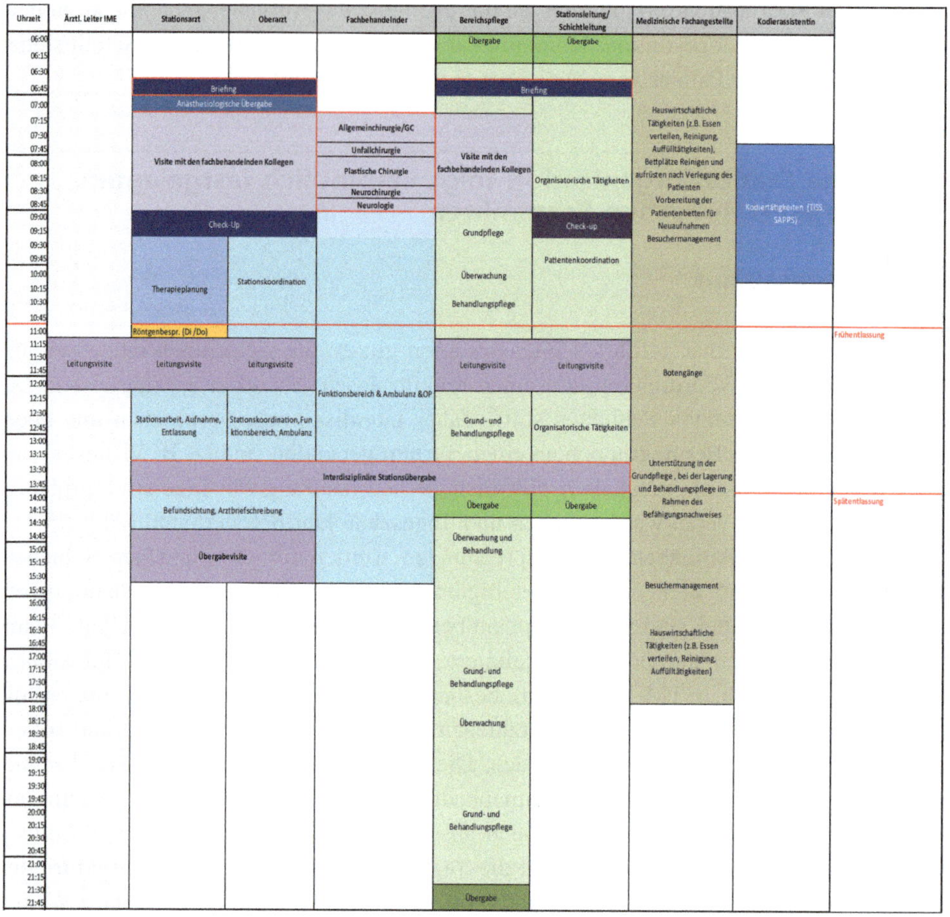

Abb. 15.1 Beispiel für einen Tagesstrukturplan einer Intensivstation

15.8.2 Visite

Die Visite ist der zentrale Dreh- und Angelpunkt im Stationsablauf. Um eine gute Kommunikation zwischen Ärzten, Pflegekräften, den fachbehandelnden Kollegen und den Patienten sicherzustellen, gehen der Stationsarzt, die zuständige Bereichspflegekraft und die fachbehandelnden Kollegen als Behandlungsteam gemeinsam zur Visite. Wenn es im begründeten Ausnahmefall nicht möglich sein sollte, die Visite gemeinsam durchzuführen, so findet unmittelbar nach der Visite eine Besprechung zwischen Stationsarzt und Bereichspflegekräften statt, um einen guten Informationsaustausch sicherzustellen.

Eine der größten Herausforderungen ist die Koordination der interdisziplinären Visite mit den fachbehandelnden Kollegen. Vorrausetzungen dafür sind feste Visitenzeiten,

Maßnahmenplan bei Arbeitsüberlastungen

Organisation	Dokumentation	Diagnostik und Therapie	Pflegerische Aufgaben
Auffüll- und Aufräumarbeiten Routinekontrollen Reinigungsarbeiten	Statistiken	Anmeldung von Untersuchungen	Anpassung der Körperpflege
Besprechungen Dienstplanerstellung und -abrechnung Visitenbegleitung nur bei komplexen Krankheitsbildern	Dokumentation und Pflegeplanung auf die erlös-und risiko-relevanten Aspekte beschränken	Assistenz und Begleitung bei Untersuchungen	Verlängerung der Mobilisationsintervalle
Einarbeitung von Auszubildenden		Routinelabor	Bettwäschewechsel nur bei Bedarf
ggfs. Begrenzung der Aufnahmen, Verlegungen in andere Bereiche			Verbandswechsel eingeschränkt bei reizlosen Wunden Anleitung und
			Beratung von Patienten und Angehörigen

Abb. 15.2 Maßnahmenplan bei Arbeitsüberlastungen

damit sich die Pflegekräfte entsprechend einrichten können und definierte Zeitslots, damit alle Beteiligten einen kompetenten Ansprechpartner haben. Da die Pflegekräfte den Patientenzustand am besten kennen, leisten sie einen aktiven Beitrag, um allen im Behandlungsteam die notwendigen Informationen zur weiteren Behandlungsplanung zur Verfügung zu stellen. Es empfiehlt sich, in Checklisten oder dem Stationskonzept festzulegen, welche der Berufsgruppen für welchen Beitrag bei der Visite verantwortlich ist und wer die Visite führt. Das strukturierte Vorgehen spart Zeit und ermöglich es allen, die Visitenzeiten einzuhalten. Die Visite dient der Transparenz in der festgelegten Behandlungsstrategie, den Therapie- und Pflegezielen. Sie fördert die Kooperation der Berufsgruppen und den Informationsaustausch und ermöglicht damit die Fähigkeit zum selbständigen Handeln. Es findet ein fachlicher Austausch von Erfahrungen und Kenntnissen statt. Dieser ermöglicht jedem Teilnehmer aus der Perspektive anderer Berufsgruppen zu lernen und alle Aspekte bei der Patientenversorgung miteinzubeziehen. Dies erfordert von allen eine hohe Kooperations- und Kommunikationsbereitschaft und die Verständigung auf gemeinsame Ziele. Einen entscheidenden Einfluss haben hier wiederum die ärztlichen und pflegerisch verantwortlichen Führungskräfte. Sie prägen durch Vorbild und Maßgabe die hierarchieübergreifende Zusammenarbeit und Organisationskultur und leisten einen entscheidenden Beitrag zur erfolgreichen Teamarbeit. Der Umgang auch in schwierigen Entscheidungssituationen (z. B. Festlegung von Therapiebegrenzung) gelingt in solchen Teams deutlich leichter, da sie geübt sind, unterschiedliche Perspektiven zu hören und einzubeziehen.

15.8.3 Belegungsmanagement

Die Belegungssteuerung von Intensivstationen unterliegt einer hohen Dynamik durch die ständige Notfallbereitschaft und die Zustandsveränderungen der Patienten. Daneben beeinflussen auch Krankheitsausfälle des Personals die Belegungsplanung. Umso wichtiger ist es, bereits am Vortag eine vorrauschauende Planung möglicher Verlegungen und Aufnahmen abzustimmen. Voraussetzung hierfür ist eine realistische und zwischen belegenden Kollegen, Intensivmedizinern und OP-Management abgestimmte Planung. Nur durch den transparenten und ehrlichen Umgang mit den zur Verfügung stehenden Ressourcen kann eine zufriedenstellende und reibungslose Zusammenarbeit gelingen. Bestenfalls steht mittags die OP-Planung für den Folgetag inklusive der Festlegung der notwendigen Intensivkapazitäten fest. Es empfiehlt sich, den Verantwortlichen für die OP-Planung/Funktionsplanung (z. B. OP-Manager), dem Intensivbetrieb (zuständiger Intensivmediziner) und der pflegerischen Leitung der Intensivstation die Verantwortung für die Koordination und Steuerung nach definierten Regeln (Belegungsstatut) zu übertragen. Diese sollten auch festlegen, wie die Entscheidungsfindung im Konfliktfall stattfindet.

Der frühzeitigen Verlegung der Patienten auf Normalstation kommt mindestens genauso viel Bedeutung zu. Frühzeitige und stringent durchgeführte und strukturierte Visiten bilden dafür die Grundlage. Trotz aller vorausschauenden Planung ist tagesaktuell eine Feinabstimmung zwischen verantwortlichen Koordinatoren notwendig, auch im Hinblick auf die Integration von Notfällen.

15.8.4 Dokumentation

Die Dokumentation der Patientendaten und -verläufe sollte zu jeder Zeit allen am Behandlungsprozess Beteiligten zur Verfügung stehen. Sollte diese noch papiergebunden erfolgen ist auf Lesbarkeit und klare Anordnungsregeln zu achten. Für Anordnungen, die nicht gemeinsam bei der Visite besprochen und dokumentiert werden oder nachträglich bei Zustandsveränderungen des Patienten in den Therapieplan aufgenommen werden, sind besondere Kennzeichnungs- und Kommunikationsregeln zu treffen. Daneben helfen klare Absprachen, wann welche Berufsgruppe den uneingeschränkten Zugriff (z. B. Patientenübergabe, Erstellung des Arztbriefes) auf die Dokumentation hat. Von besonderer Bedeutung ist auf Intensivstationen die Visitendokumentation durch die belegenden Kollegen. Prinzipiell ist der Anspruch zu formulieren, dass die Anordnungen der belegenden

Kollegen von ihnen selbst in der Patientenkurve vermerkt und abgezeichnet werden. Vielerorts wird es jedoch so gehandhabt, dass die begleitenden Intensivmediziner die Anordnungen aufnehmen und dokumentieren. Hierzu sollten einvernehmliche Regeln gefunden werden, um auch im Konfliktfall Rechtssicherheit zu haben.

Es kann heute nur noch empfohlen werden, wenn nicht schon vorhanden, ein für alle zugängliches Patientendaten-Managementsystem (PDMS) einzuführen, in dem alle Informationen, Befunde, Verläufe und Therapieanordnungen von allen Beteiligten eingesehen und dokumentiert werden. Leider ist die Digitalisierung in vielen Krankenhäusern noch nicht ausreichend weit vorangeschritten. Dort, wo Ansätze vorhanden sind, findet man häufig „Mischsysteme" aus papiergebundener und digitaler Dokumentation, nicht selten sogar Doppeldokumentation. Dies führt zu noch größerer Frustration, als es im Prozess hilft, weil irgendwann niemand mehr weiß, was wie funktioniert. Hier besteht großer Handlungsbedarf. Eine digitale Patientendokumentation würde mehrere Problemfelder von vorne herein ausschließen, wie z. B. das Suchen von Unterlagen, die Lesbarkeit, Informationsverluste und die Verfügbarkeit von jederzeit aktuellen Informationen. Die Einführung der digitalen Patientendokumentation ist sicherlich ein Kraftakt für alle, der sich aber lohnt, da er Ärzten und Pflegenden Zeit erspart und Informationsdefizite vermeidet. Visiten- und Übergabezeiten können bei einer gut geführten digitalen Dokumentation außerdem verkürzt werden.

15.8.5 Information und Kommunikation

Auf Intensivstationen arbeiten viele Professionen mit unterschiedlichen Aufgaben aus vielen verschieden Fachdisziplinen zusammen. Von zentraler Bedeutung ist daher die rechtzeitige und vollständige Informationsweitergabe in fest definierten Kommunikationsstrukturen.

Berufsgruppenübergreifende Besprechungen und die Einbeziehung von Spezialisten sind dabei ein entscheidendes Element, um erfolgreiche Teamarbeit zu gestalten und eine offene Kommunikations- und Sicherheitskultur zu implementieren. Führungskräfte die dies nutzen, haben ein entscheidendes Instrument erkannt, welches erfolgreiche Teams auszeichnet.

15.8.6 Briefings

Kurze Briefings am Schichtbeginn und zu Schichtende besonders zwischen der ärztlichen und pflegerischen Leitung eignen sich, um im Managementteam immer aktuell abgestimmt zu sein. Damit wird Raum gegeben, aktuelle Veränderungen in der Ablauforganisation zu berücksichtigen.

15.8.7 Tagesstrategiebesprechung

Auf vielen Intensivstationen haben sich kurze Tagesstrategiebesprechungen bewährt. Teilnehmende sind in der Regel die ärztliche und pflegerische Schichtleitung, die zuständigen Bereichspflegekräfte und auch die Physiotherapeuten. Am sinnvollsten finden diese nach der Visite mit den belegenden Kliniken statt, um den Tagesablauf, die Aufnahmen und Verlegungen sowie ggfs. anstehende Transporte im Tagesablauf abzustimmen. Die Tagesstrategiebesprechung gewährt damit allen einen kurzen Überblick über den Gesamtablauf.

15.8.8 Führungskräftebesprechung

Die gemeinsame Weiterentwicklung und Steuerung von Intensiveinheiten funktioniert nur interdisziplinär und interprofessionell. Deshalb sollten sich die Führungskräfte mindestens monatlich treffen, ggfs. auch unter Einbindung von Fachkollegen oder Spezialisten um die gemeinsame Entwicklung voranzutreiben und ihre Mitarbeiter abgestimmt in ihren ärztlichen und pflegerischen Teambesprechungen zu informieren.

15.8.9 Fallbesprechungen

Im Fokus von Fallbesprechungen stehen die Reflexion von kritischen Behandlungsabläufen oder auch schwierige Patientenverläufe mit Fragen zu Therapiebegrenzung und/oder -beendigung. Die schwierigen und herausfordernden Arbeitsbedingungen und die aufkommenden Wertekonflikte bedürfen einer strukturierten Aufarbeitung. Das Team sollte gemeinsam lernen, im Spannungsbogen zwischen: „Was ist medizinisch (und ethisch) möglich" und: „Was ist für den Patienten medizinisch (ethisch) richtig" zu leben. Diese Besprechungen werden häufig nicht ohne Emotionen der Beteiligten geführt und sie sollten daher gut vorbereitet sein. Fallbesprechungen dienen immer der Qualitätssicherung und der Einbeziehung aller Perspektiven, um die Behandlungsabläufe permanent zu hinterfragen und auch aus kritischen Ereignissen zu lernen. Die Fallbesprechung ist ein wichtiges Instrument interprofessioneller Zusammenarbeit und sollte von einem geeigneten Moderator geführt werden. Häufig ist dieser gefordert, emotionsgeladene Situationen zu meistern und ethische Aspekte in die Entscheidungsfindung miteinzubeziehen. Die Dokumentation der getroffenen Entscheidungen ermöglicht es allen, den Gesprächsverlauf und die Ergebnisse später nachzuvollziehen.

15.8.10 Schichtübergaben

Um einen Gesamtüberblick über die Stationsabläufe zu erhalten, besprechen sich die zuständigen Pflegekräfte zu Schichtbeginn in einer „Kurzübergabe". Nach der Kurzübergabe erfolgt die Patienteneinteilung durch die Schichtleitung. Anschließend findet die Patientenübergabe im Patientenzimmer statt und beinhaltet neben der Zustandsbeschreibung auch einen „Zimmercheck". Hierbei überprüfen der Übergebende und der Übernehmende gemeinsam die laufenden Perfusoren, Infusionen und Beatmungsmodalitäten. Die Versorgung aufwändiger Patienten wird je nach Länge der Schichtüberlappung in dieser Zeit geplant. Die Nutzung digitaler Patientendokumentationssysteme verkürzen die Übergaben und helfen, Informationsverluste zu vermeiden.

15.8.11 Supervision/Coaching

Auf Intensiveinheiten kommt es immer wieder zu emotional belastenden Situationen, die zu Konflikten im Team führen können. Die Supervision ist ein geeignetes Angebot für Mitarbeiter, diese Situationen, Probleme und Konflikte gemeinsam zu thematisieren. Mitarbeiter werden dabei ermutigt, Fallbeispiele aus ihrem beruflichen Kontext zu schildern und diese in der Gruppe unter Leitung eines Supervisors interdisziplinär und hierarchieübergreifend zu reflektieren. Die Mitarbeiter lernen, mit Konflikten umzugehen, die eigene Wahrnehmung zu erweitern und gemeinsam nach Handlungsoptionen zu suchen.

15.8.12 Qualifizierung/Fort- und Weiterbildung

Die Anforderungen an das Fachwissen von Mitarbeitern auf Intensivstationen sind durch die Entwicklung der Medizintechnik und die Komplexität der Behandlungsverläufe auch bedingt durch die zunehmende Multimorbidität der Patienten rasant gestiegen. Um ihrer hohen Verantwortung und ihren Aufgaben gerecht zu werden, bedarf es einer strukturierten Fort- und Weiterbildungsplanung für alle Mitarbeiter. Dabei ist die notwendige, aufgabenbezogene Qualifikation mit den individuellen Interessen der Mitarbeiter abzugleichen. Im Rahmen des Mitarbeiterjahresgespräches sollte dem Aspekt der eigenen Fort- und Weiterbildung besondere Bedeutung zukommen. Besonderes Augenmerk ist hierbei auf Teilzeitkräfte zu richten. Diese haben gerade auf Intensivstationen nicht selten Probleme, bei der schnellen Weiterentwicklung mitzuhalten und zeitnah an allen notwendigen Fortbildungen teilzunehmen. Der Einsatz intelligenter E-Learning Programme (wie z. B. Klinikcampus) liefern innovative Ansätze, um zeitlich flexibel, ortsunabhängig und im „eigenen Tempo" lernen zu können. Gleichzeitig bieten sie ein transparentes Fortbildungscontrolling für die Führungskräfte und sichern damit den Lernerfolg. Die fortbildungsbedingte Abwesenheit von Mitarbeitern kann damit deutlich reduziert und ein Anreiz für individuell gestaltetes Lernen gesetzt werden.

Innovative Dienst- und Arbeitszeiten 16

Michael van Loo, Ulrike Mühle, Christine Navarro, Christian Bamberg, Rüdiger Herbold und Franjo Lesko

Inhaltsverzeichnis

M. van Loo
Geschäftsbereichsleitung Personal, Universitätsklinikum Hamburg-Eppendorf, Hamburg, Deutschland
E-Mail: m.vanloo@uke.de

U. Mühle
Zentrum für Anästhesiologie und Intensivmedizin, Universitätsklinikum Hamburg-Eppendorf, Hamburg, Deutschland
E-Mail: u.muehle@uke.de

C. Navarro
Universitätsklinikum Hamburg-Eppendorf, Hamburg, Deutschland
E-Mail: christine.navarro@uke.de

C. Bamberg (✉) · R. Herbold · F. Lesko
ZEQ AG, Mannheim, Deutschland
E-Mail: christian.bamberg@zeq.de

R. Herbold
E-Mail: ruediger.herbold@zeq.de

F. Lesko
E-Mail: franjo.lesko@zeq.de

C. Bamberg et al. (Hrsg.), *Moderne Stationsorganisation im Krankenhaus*,
https://doi.org/10.1007/978-3-662-67158-0_16

16.1 Flexible Dienst- und Arbeitszeiten werden im Wettbewerb um Fachkräfte immer wichtiger

Unsere bisherigen Überlegungen zu einer modernen Stationsorganisation rückten insbesondere die wirtschaftliche Bedeutung der Normalstationen durch die aktive Steuerung des Patientenaufenthalts in den Fokus, machten aber auch deutlich, dass die Absprache verbindlicher, berufsgruppenübergreifender organisatorischer Eckpunkte einen großen Beitrag für die Zufriedenheit der Mitarbeiter auf den Stationen und damit letztlich für die Arbeitgeberattraktivität leistet. Nicht zuletzt wirkt sich eine transparente, verbindliche Stationsorganisation auch positiv auf die Wahrnehmung von Patienten und Angehörigen aus.

Die Bedeutung der Mitarbeiterbindung ist in den letzten Jahren vor dem Hintergrund eines sich verstetigenden Fachkräftemangels und eines verschärften Wettbewerbs bei der Gewinnung von neuen Mitarbeitern weiter gewachsen: Heute im Jahr 2023 wird die wirtschaftliche Performance eines Krankenhauses nicht mehr dadurch dominiert, dass die Leistungserbringung mit möglichst wenig (personellen) Ressourcen erbracht wird, sondern dass mit den bestehenden bzw. erreichbaren Ressourcen überhaupt noch eine wirtschaftlich erfolgreiche Leistungserbringung gelingen kann! In allen Krankenhäusern werden wegen Personalmangel nicht belegbare Betten auf Intensiv- oder Normalstationen oder auch nicht nutzbare OP-Saalkapazitäten zu einer tagesaktuellen – auch ökonomischen – Herausforderung.

Hinzu kommt, dass sich das Bedürfnis nach einer verbesserten Vereinbarkeit von Arbeitszeit und Freizeit bzw. Familie in allen Berufsgruppen deutlich verstärkt hat und der Bedarf an Teilzeitmöglichkeiten und an flexibleren Dienstzeit-Modellen in den letzten Jahren stetig gestiegen ist. Verstärkt wird diese Entwicklung dadurch, dass der Wechsel von Vollzeit zu Teilzeit – wo finanziell für Beschäftigte möglich – vielfach auch eine Reaktion auf belastende und als schlecht empfundene Arbeitsbedingungen ist. Mitarbeiter suchen nach Arbeitszeitformen, in denen sie sich besser erholen können und der hohe Krankenstand scheint dieses Bedürfnis deutlich zu belegen. Neben den oben genannten Effekten auf die verfügbaren Kapazitäten stellt also bereits ein Absenken des Krankenstands an sich einen ökonomischen Vorteil dar, weil weniger Personal zur Kompensation von krankheitsbedingten Ausfällen vorgehalten werden muss. Auch durch einen Wegfall von (ungeplanten) Mehrarbeitsstunden können passende Dienstzeitmodelle ökonomische Effekte erzielen!

Krankenhäuser versuchen diesem Trend gerecht zu werden, indem sie insbesondere auch für die patientennahen Berufsgruppen (Pflegerischer, Therapeutischer und Ärztlicher Dienst) immer mehr Teilzeitangebote und stärker ausdifferenzierte Dienstmodelle organisieren, um nahezu jeder individuellen Lebenssituation der Beschäftigten gerecht zu werden. Die Flexibilisierung der Arbeitszeit gilt heute für die Mehrzahl an Führungskräften im Krankenhaus als ein wesentlicher Wettbewerbsfaktor bei der Personalgewinnung und -bindung. Der Preis, der für diese Entwicklung gezahlt werden muss, ist eine zunehmende Komplexität bei der Dienstplanung, um eine ausreichende „24/7“-Versorgung der Patienten sicherzustellen und die Schwierigkeit, zentrale organisatorische Absprachen auf den Stationen aufrechtzuerhalten.

16.2 Denkbare Dienst- und Arbeitszeitmodelle benötigen klare Festlegungen

Diskutiert man mit Pflegefachpersonen über deren Wünsche zur Dienstplanung, erhält man wiederkehrend insbesondere folgende Hinweise:

- Weniger Nachtdienste (u. a. deshalb sind Nachtdienste stets am Minimum besetzt),
- weniger Spätdienste (u. a. deshalb sind Spätdienste oft schwächer besetzt als Frühdienste),
- Hoheit über die Dienstplangestaltung, d. h. eine langfristige, verlässliche Dienstplanung ohne plötzliches Einspringen aus dem Frei einerseits, aber für einen selbst die Möglichkeit kurzfristiger, individueller Veränderungen andererseits,
- keine durch den Dienstplan verursachten Zusatzbelastungen, d. h. Anwesenheit aller geplanten Mitarbeiter (z. B. via Pool-Lösungen) und – falls bei Personalausfall doch erforderlich – kompetente Mitarbeiter, die einspringen,
- bedürfnisorientierte Möglichkeiten zu kurzfristigen Anpassungen.

Brainstormings zu innovativen Lösungsansätzen mit Pflegefachpersonen auf Station zeigen beispielhaft erste Richtungen auf, in die Veränderungen des starren Drei-Schicht-Modells gehen könnten:

- Verschiebung des Spätdienstes in Richtung Frühdienst?
- Ein-Schicht-Betrieb parallel zu den Ärzten?
- Gemeinsamer Dienstbeginn von Ärzten und Pflegekräften auf Station?
- Anpassung der Dienstzeiten an Arbeitsspitzen und Prozesse?
- Verschiebung von Dienstzeiten, um zu erleichtern, den Springerdienst an die Station anzudocken?

Wir haben in unseren Organisationsprojekten in den letzten Jahren unterschiedlichste Ansätze für innovative Dienst- und Arbeitszeitmodelle mit den Mitarbeitern im Pflegedienst auf Normal- und Intensivstationen ausprobiert. Dabei haben wir die Erfahrung gemacht, dass es sinnvoll ist, anstelle von vielen individuell angepassten Teilzeit- und Dienstzeitmodellen nur wenige, aber genau definierte, im Konsens mit den Mitarbeitern erarbeitete und ggf. kombinierbare Varianten anzubieten. Dabei spielen für die Akzeptanz und Umsetzbarkeit auch einzelne Rahmenbedingungen vor Ort, die leicht unberücksichtigt bleiben, eine Rolle – als Beispiel sollen längere Anfahrtswege und -zeiten der Mitarbeiter dienen, die die Akzeptanz für bestimmte Varianten beeinflussen. Ganz zentral ist aber unsere Erkenntnis, dass flexible Dienst- und Arbeitszeitmodelle immer Angebote auf freiwilliger Basis sein müssen und zusätzlich ergänzend in das bestehende System integriert werden sollten.

Die exemplarische Auflistung soll einen Überblick über mögliche Varianten und deren Vorteile sowie erforderliche Anpassungen geben, ohne dabei den Anspruch auf Vollständigkeit zu erheben:

Ansatz Nr. 1: Flexible Arbeitszeit/„Gleitzeit“

Grundsätzliche Idee/Vorteile	Notwendige organisatorische Anpassungen
Flexible Arbeitszeiten, insbesondere bei Dienstbeginn, kommen dem Wunsch nach kurzfristiger Anpassung der Arbeitszeit an persönliche Bedürfnisse nach. Damit entsteht ein messbarer Nutzen für die Mitarbeiterorientierung	• weitestgehende Digitalisierung der Übergabe, • eine Pflegefachperson (z. B. Schichtleitung) erhält eine persönliche Kurzübergabe, analog einer Kurzübergabe, wie man sie ggü. einer später eintreffenden Pflegefachperson macht, • der Dienstbeginn der Pflegefachpersonen kann gleiten, allerdings: Je Station ist eine Mindestbesetzung zu definieren, die bestimmt, wie viele Pflegefachpersonen mindestens anwesend sein müssen, um die Patientenversorgung zu gewährleisten; diese Mindestbesetzung kann für verschiedene Zeitfenster variieren, z. B. Vollbesetzung zur Visitenzeit; die Personalstärke der Nachtdienstbesetzung darf nie unterschritten werden, • die Überlappungszeit zwischen Nacht- und Spätdienst sollte auf 15 min verkürzt werden, • kommt ein Mitarbeiter im Rahmen der flexiblen Arbeitszeit später zum Frühdienst, geht er entsprechend später nach Hause, so dass er trotzdem 7,7 h arbeitet. Wenn er lieber zum normalen Dienstende gehen möchte, ist dies mit der Stationsleitung in Abhängigkeit des Stundenkontos abzustimmen. Diese Regelung gilt für den Spätdienst analog,

Grundsätzliche Idee/Vorteile	Notwendige organisatorische Anpassungen
	• wenn zwei Mitarbeiter spontan den Dienst tauschen wollen und dadurch ein Wechsel vom Spät- zum Frühdienst entsteht, muss der Tausch mit der Stationsleitung abgesprochen werden. Wegen der gesetzlichen Ruhezeiten müssen 10 h Pause zwischen Arbeitsende und Arbeitsbeginn am Folgetag bestehen. Bei einem Spätdienstende beispielsweise um 21:30 Uhr kann der Mitarbeiter also erst um 7:30 Uhr den Frühdienst beginnen. Die Steuerung der Ressourcen kann gezielt vorgenommen werden: Die Stationsleitung genehmigt einen Dienstplantausch nur dann, wenn er – unter Berücksichtigung der Mitarbeiter, die einen flexiblen Arbeitsbeginn angemeldet haben – nicht dazu führt, dass die Mindestbesetzung unterschritten wird, • die Inanspruchnahme der flexiblen Arbeitszeit soll bis spätestens einen Tag vorher bei der Stationsleitung angemeldet werden. Die Stationsleitung macht die flexible Arbeitszeit im Wochenplan o. ä. dem Stationsteam transparent und kennzeichnet die flexible Arbeitszeit im Dienstplanprogramm, • die Pflegefachpersonen können grundsätzlich jederzeit den Wunsch äußern, die flexible Arbeitszeit wahrzunehmen. Das heißt, das Recht auf flexible Arbeitszeit wird nicht auf bestimmte Wochen oder Tage eingeschränkt. Der Mitarbeiter, der „gleitet", betreut eine Patientengruppe. Damit ist eine Festlegung der Tätigkeiten nicht nötig, sehr wohl aber die Übergabe durch eine Schichtleitung, falls vorhanden, • ggf. muss das KIS anpasst werden, so dass wichtige Informationen schneller wahrgenommen werden können

Ansatz Nr. 2: Arzt-/Pflegetandems auf Station

Grundsätzliche Idee/Vorteile	Notwendige organisatorische Anpassungen
Mit einer klaren 1:1-Zuordnung von Pflegefachpersonen und Ärzten werden viele Ineffizienzen wegen einer unzureichenden Abstimmung beseitigt. Der Nutzen besteht im Glätten von Arbeitsspitzen und in einer gesteigerten Patientenorientierung	• Den Patienten gleich viele Pflegefachpersonen wie Ärzte zuordnen (konkrete Arzt-/Pflegetandems), mind. eine Woche Kontinuität (besser länger); wöchentlicher oder monatlicher Wechsel, welche Pflegefachpersonen im Tandem arztbezogen und welche übergreifend unterstützend arbeiten, • die jeweilige Tandem-Pflegefachperson ist für die gleichen Patienten zuständig wie der ihr zugeordnete Stationsarzt, • die Tandem-Pflegefachpersonen werden von der Stationsleitung im Dienstplanprogramm gekennzeichnet, • restliche Pflegefachpersonen übergreifend unterstützend einsetzen (entweder: restliche Pflegefachpersonen arbeiten zu beliebig gleitenden Arbeitszeiten, oder: restliche Pflegefachpersonen arbeiten ganz normal im Drei-Schicht-Dienst, Arzt-zugeordnete Pflegefachpersonen arbeiten parallel zur Arzt-Dienstzeit), • das Arzt-Pflege-Tandem wird auf Normalstation nur an Werktagen, auf Intensivstation an allen Tagen gebildet, • das Arzt-Pflege-Tandem bleibt auch bestehen, wenn der pflegerische Schweregrad der Patienten zwischen den Tandem-Pflegefachpersonen sehr ungleich verteilt ist. Dies wird dann durch die unterstützende Pflegefachperson ausgeglichen, • wesentliche Aufgabenbereiche der Tandem-Pflegefachperson sind: Einarbeitung in die zugeordneten Patientenfälle (Nachtübergabe, Vorkommnisse, etc.), persönliche Kontaktaufnahme und Bedürfnisfeststellung des Patienten, Übergabe an den Arzt, Besprechung/Entwicklung eines Tagesprozedere für die Patienten, Vorbereitung/Durchführung/Nachbereitung der Visite, ePA-CC, Aufnahme und Entlassung,

Grundsätzliche Idee/Vorteile	Notwendige organisatorische Anpassungen
	• wesentliche Aufgabenbereiche der unterstützenden Pflegefachperson sind: Medikamentenkontrolle und Verteilung, Erhebung von ATLs, Führen der PKMS-Kurve, Basisdokumentation (Vitalzeichen, Einfuhr/Ausfuhr, etc.), Verbandswechsel, Pausenauslösung, Unterstützung bei der Grund- und Basispflege, Klingelannahme, • ein Arzt-Pflege-Tandem sollte im Frühdienst und im Spätdienst gebildet werden, • bei den Stationsärzten und den Tandem-Pflegefachpersonen soll eine gewisse Einsatzkontinuität bestehen: an allen Werktagen einer Woche soll dem Arzt die gleiche Tandem-Pflegefachperson zugeordnet sein (egal, ob Früh oder Spät), • Tandem-Pflegefachperson und Unterstützungskraft dürfen "gleiten" • Dieses Konzept geht allerdings nur auf, wenn es ungefähr die gleiche Anzahl an Ärzten und Pflegefachpersonen gibt und insbesondere, wenn es überhaupt feste Stationsärzte gibt, die z. B. nicht gleichzeitig im OP und Ambulanzen eingeteilt sind

Ansatz Nr. 3: Kurzdienste

Grundsätzliche Idee/Vorteile	Notwendige organisatorische Anpassungen
Da der Frühdienst beliebter ist als der Spätdienst, könnte der Frühdienst durch eine zusätzliche kurze Schicht gestärkt werden. Dafür wird ein Spätdienst verkürzt – die Gesamtmenge an Mitarbeitern über die beiden Tagschichten hinweg wird durch Kurzdienste nicht reduziert, nur etwas umsortiert Oder es ist bei guter VK-Besetzung auch eine zusätzliche Unterstützung der Kurzdienste in Spät- und Frühdienst möglich, ohne einen Spätdienst aufzulösen Dieser Ansatz trägt deutlich zur Verbesserung der Mitarbeiterorientierung bei	• Auf jeder Station eine zusätzliche Pflegefachperson einsetzen, die beispielsweise von 8:00 bis 12:00 Uhr (alternativ: 09:00–13:00 Uhr) arbeitet. Diese Arbeitszeit lässt sich gut mit Kita-Zeiten vereinbaren und dienen auch weiteren Einzelgruppen, wie Studierenden, pflegenden Angehörigen usw., • auf jeder Station eine zusätzliche Pflegefachperson einsetzen, die von 14:00 bis 18:00 Uhr (alternativ: 15:00–19:00 Uhr oder 16:00–20:00 Uhr) arbeitet, • wesentliche Aufgaben dieser Pflegefachpersonen sind: Aufnahmen und Entlassungen, Pausenauslösung und ggf. Klingeln abdecken, administrative Tätigkeiten wie Anamnesen und Entlassmanagement

Grundsätzliche Idee/Vorteile	Notwendige organisatorische Anpassungen
	• im Gegenzug einen Spätdienst verkürzen oder ganz wegnehmen, • diese Organisationsform macht es in manchen Fällen leichter, den Springerdienst an die Station anzudocken: Stationserfahrene Pflegefachperson mit 4-h-Dienst macht einen „abgespeckten" normalen Dienst, Pool-Mitarbeiter übernimmt den 4-h-Dienst, • jede Station bestimmt selbst die Zeit, in der die Kurzdienste (jeweils 4 h) liegen, • grundsätzlich sieht die Konzeptionsphase vor, den Mitarbeitern auch die Möglichkeit offenstehen zu lassen, am gleichen Tag sowohl den Früh- als auch den Spätdienst zu machen (als geteilter Dienst), dann können die Mittagsstunden privat genutzt werden

Ansatz Nr. 4: Langer Nachtdienst

Grundsätzliche Idee/Vorteile	Notwendige organisatorische Anpassungen
Durch den langen Nachtdienst werden weniger Tage benötigt, um auf die Soll-Arbeitszeit zu kommen, d. h. man hat mehr freie Tage. Dieser Ansatz hilft, Arbeitsspitzen wegzunehmen und trägt deutlich zur Verbesserung der Mitarbeiter- und Patientenorientierung bei	• Es wird ein langer Nachtdienst eingeführt (Nettoarbeitszeit: 11 h) – mögliche Zeitfenster sind: 19:00 bis 6:45 Uhr/19:15 bis 7:00/19:17 bis 7:02 Uhr, • der Nachtdienst beginnt, bevor die Patienten eingeschlafen sind und kommt dadurch besser ins Arbeiten, die Patienten werden dann noch im wachen Zustand besucht. Somit können die Informationen aus erster Hand an die Pflegefachperson weitergegeben werden, • der Einsatz im langen Nachtdienst kann über mehrere Tage bei der gleichen Pflegefachperson liegen oder täglich wechseln, • in einer Mischform ist ein Modell vorstellbar, in dem ggf. nur eine von zwei, oder eine von drei oder eine von vier Pflegefachpersonen den langen Nachtdienst versieht (die neuen Dienstzeiten können neben dem bestehenden Drei-Schicht-System laufen)

Ansatz Nr. 5: Zwei-Schicht-Dienstplan am Wochenende

Grundsätzliche Idee/Vorteile	Notwendige organisatorische Anpassungen
Bei diesem Modell haben die Pflegefachpersonen insgesamt weniger Wochenenddienste Es gibt den ganzen Tag hindurch kontinuierliche pflegerische Ansprechpartner für den ärztlichen Dienst, die die Patienten kennen und zuverlässiger informieren können Dieser Ansatz hilft, Arbeitsspitzen wegzunehmen, unterstützt ein schnelleres Erreichen der Soll-Arbeitszeit und trägt deutlich zur Verbesserung der Mitarbeiter- und wegen des geringeren Personalwechsels – auch der Patientenorientierung bei	• Am Wochenende gibt es ein Zwei-Schicht-System für die Pflegefachpersonen, • für das Wochenende müssen ein Drittel weniger Pflegefachpersonen eingeteilt werden. Durch die längeren Schichten müssen die Pflegefachpersonen 33 % weniger Nachtdienste machen, • die Dienste umfassen 12 h und könnten versetzt geplant werden. Die Nettoarbeitszeit beträgt 11,25 h. Beispielsweise geht ein 12-h-Dienst von 19:00 bis 07:00 Uhr und ein Dienst von 20:00 bis 08:00 Uhr (Somit ist eine Patientenübergabe durch die Pflege gesichert). Je nach Station und geplanten Pflegefachpersonen soll es möglich sein, zwei 12-h-Dienste und ein Dreischichtsystem (7,7 h) parallel laufen zu lassen • Die Pflege-Patienten-Beziehung wird gefördert • Flexible Arbeitsgestaltung möglich, da mehr Zeit für die jeweiligen Tätigkeiten vorhanden ist • Zu empfehlen ist eine Tandembildung von langem Tag- und Nachtdienst

Ansatz Nr. 6: Einführung 7 + 7-Modell – Vorbild: Modellprojekt DSG Pflegewohnstift Hönow

Grundsätzliche Idee/Vorteile	Notwendige organisatorische Anpassungen
Kontinuität im Einsatz verringert Informationsdefizite und die Zeit, die für Übergaben und anderweitige Informationsbeschaffung verlorengeht. Umsetzung der 35-h-Woche. Die Evaluation des Modellprojekts ergab eine messbar gestiegene Zufriedenheit der Mitarbeiter	• Dienst an 7 aufeinanderfolgenden Tagen für jeweils 10 h, zuzüglich 2 h Pausenzeit (mehrere Teams, die alternierend arbeiten), Zwei-Schicht-Modell mit Tag- und Nachtdienst, • der Tagdienst beginnt beispielsweise um 7:00 Uhr morgens und endet um 19:00 Uhr, wenn der Nachtdienst beginnt – der dann wiederum um 7:00 Uhr morgens endet,

Grundsätzliche Idee/Vorteile	Notwendige organisatorische Anpassungen
	• die Patienten werden also über den gesamten Tag von den gleichen Pflegefachpersonen betreut, es gibt keine Übergaben in der Mittagszeit, sondern nur noch morgens und abends, • nach 7 Arbeitstagen hat die Pflegefachperson 7 Tage frei (ggf. abzüglich eines „administrativen Tages"). Hier geht man von einer 35-h-Woche aus und wertet diese als Vollzeit, • insbesondere in Teilzeit-Beschäftigungsverhältnissen kann es relativ erholsam für den Mitarbeiter sein: Bei 20 h Arbeitszeit pro Woche wäre der Mitarbeiter nur 2 Tage (oder Nächte) im Dienst – und hätte den Rest der Woche frei (Eine Teilzeitkraft mit einer 20-h-Woche kann alternativ sogar für 7 aufeinander folgende Tage eingeplant werden – um ihr daraufhin gleich drei Wochen Freizeit am Stück zu ermöglichen)

Ansatz Nr. 7: Einführung 3 + 3-Modell – Vorbild Universitätsklinikum Linköping (Schweden)

Grundsätzliche Idee/Vorteile	Notwendige organisatorische Anpassungen
Kontinuität im Einsatz verringert Informationsdefizite und die Zeit, die für Übergaben und anderweitige Informationsbeschaffung verlorengeht. Umsetzung einer 3474-h-Woche. Die veröffentlichten Erfahrungen weisen auf eine messbar gestiegene Zufriedenheit der Mitarbeiter hin	• Dienstlänge: 8,5 h/Tag, • Schichtfolge: 3 Tage Dienst, danach 3 Tage Freizeit das heißt: 4 × 8,5 h pro Woche = 34 h pro Woche bei voller Vergütung (88 %), • zusätzlich 15 Dienste/Vollkraft, verteilt über das Kalenderjahr zur Disposition durch den verantwortlichen Dienstplaner, • damit: 97 h pro Jahr als Vertrauensarbeitszeit (ca. 2 h pro Woche)

Ansatz Nr. 8: Mobile Arbeit

Grundsätzliche Idee/Vorteile	Notwendige organisatorische Anpassungen
Mobile Arbeit zu Hause schafft bessere Möglichkeiten, neben den beruflichen auch den privaten Verpflichtungen nachzukommen. Sie schafft zusätzliche Flexibilität für den einzelnen Mitarbeiter. Häufigen Störungen während der Dokumentationstätigkeiten fallen weg, so dass die Pflegefachperson sich auf ihre Dokumentation konzentrieren kann. Dadurch steigert sich die Mitarbeiterzufriedenheit	• Definition, welche Arbeiten nicht ortsgebunden sind (zeitgebundene Tätigkeiten, z. B. Pflegeplanung; nicht zeitgebundene Tätigkeiten, z. B. Bestellungen, Dienstplanung, Dokumentations-Nacharbeiten), • Definition von klaren Ergebnis- und Zeitzielen: Was muss am Ende der Schicht bzw. am Ende des Tages bzw. am Ende der Woche erledigt sein – egal ob vor Ort oder von zu Hause aus, • der Mitarbeiter, der Mobile Arbeit verrichtet, muss telefonisch oder zumindest per E-Mail erreichbar sein, • Schaffung der benötigten IT-Infrastruktur, • Mobile Arbeit kann bei Vorhandensein entsprechender Räumlichkeiten auch in der Klinik umgesetzt werden – entscheidend ist, dass die Pflegefachperson die Station verlassen kann, • Vorgehen: Tätigkeitsgebundene Voranmeldung bei der Stationsleitung, die dann genehmigt (Entscheidung nach Schichtbesetzung und Arbeitsanfall). Eine Tandem-Pflegefachperson muss sich zudem auch mit dem Tandem-Arzt abstimmen

16.3 Flexible Dienstzeiten funktionieren nicht ohne eine moderne Stationsorganisation

Unsere bisherigen Vorschläge für die Gestaltung einer modernen Stationsorganisation in diesem Buch gehen vom heutigen Standard für die Dienstzeiten auf einer Normal- bzw. Intensivstation aus: der Pflegedienst arbeitet im Dreischicht-Modell, während der Ärztliche Dienst im Regelfall in einer Kombination aus Tagdienst und Bereitschaftsdienst und nur im Ausnahmefall im Schichtdienst arbeitet. Dadurch findet die wesentliche Interaktion der Berufsgruppen im Rahmen der Patientenversorgung und der damit verbundene Arbeitsanfall mit der höchsten Verdichtung werktäglich in einem Zeitfenster von etwa 08:00–16:00 Uhr statt, mit den bisher beschriebenen Anforderungen an die Koordination von Informationsaustausch bzw. Synchronisation von gemeinsamen und getrennten

Tätigkeiten von Arzt und Pflege. Eine entscheidende Frage bei der Einführung flexibler Dienstzeiten – hier im Pflegedienst – war also, ob dadurch eine verlässliche Stationsorganisation unmöglich wird oder ob im Gegenteil, flexible Dienstzeiten erst recht verbindliche Absprachen zur Stationsorganisation erfordern? Diese Frage kann eindeutig zugunsten der Stationsorganisation beantwortet werden – allerdings wird deutlich, dass die Erfordernisse an den Informationsaustausch deutlich anspruchsvoller werden.

Praxisbeispiel 1 – Pilotprojekt „Arbeiten 5.0 – Harmonisierung von Dienstzeiten und Prozessen" am Universitätsklinikum Hamburg-Eppendorf
Das Universitätsklinikum Hamburg-Eppendorf (UKE) versorgt mit über 11.000 Mitarbeitern jährlich über 500.000 Patienten. Dabei ist das Universitätsklinikum insbesondere auch im Bereich der Personalentwicklung sehr innovativ aufgestellt.

Schon seit vielen Jahren beschäftigten sich Arbeits- und Fokusgruppen am UKE unter dem Titel "Arbeiten 5.0" mit zukünftigen, beschäftigten- und patientenorientierten Dienstzeiten sowie mit Pool-Lösungen, Schichtzeiten, der Vermeidung von Arbeitsspitzen und der Anpassung von Arbeitsprozessen. Anfang 2019 gingen die bis dahin erarbeiteten Ergebnisse in das Transformationsprojekt 6 "Klinische Personalsteuerung" ein.

In diesem Zusammenhang sollen UKE-weit die folgenden Prozesse neu konzipiert werden:

1. Harmonisierung und Vereinheitlichung der Dienstzeiten,
2. Größtmögliche Flexibilisierung der Dienstzeiten, beginnend mit der Pflege, angepasst an Arbeitsspitzen und Prozesse,
3. Innovative Weiterentwicklung und Ausbau des Mitarbeiterpools, um das Personal flexibel und bedarfsgerecht zu verteilen und den Leasingfirmen ein gleichwertiges UKE-internes Angebot entgegenzusetzen.

Im September 2019 wurde das unter dem Dach des Transformationsprojekts 6 definierte Teilprojekt 6.2 "Arbeiten 5.0 – Harmonisierung von Dienstzeiten und Prozessen" gestartet. Als übergeordnete Ziele für das Teilprojekt 6.2 wurden formuliert:

- beschäftigten- und patientenorientierte Dienstzeiten,
- Wertsteigerung: Verbesserung Unternehmenskultur und Teamzusammenhalt,
- Kompensation von Arbeitsspitzen,
- größtmögliche Flexibilisierung der Arbeitszeit und letztlich
- Steigerung der Attraktivität des Pflegeberufs.

Das wissenschaftlich durch ZEQ und das Hamburg Center for Health Economics (hche, Beteiligung im Roll-out) begleitete Projekt wird von der Techniker Krankenkasse im Rahmen der Unterstützung von Projekten im Gesundheitsmanagement in der Pflege gefördert.

Neben der Teilprojektleitung und der Projektmanagerin (bereits ab der Konzeptionsphase) wurden pflegerische und ärztliche Vertreter in die Projektgruppe berufen, die von ZEQ als externe Beratung begleitet wurde. Hinzugeladen wurden themenabhängig weitere Experten und Gäste, z. B. der Gesamtprojektleiter des Transformationsprojekts 6 (zur Abstimmung mit den anderen Teilprojekten), sowie Vertreter des SP-Expert-Teams, des Personalrats für Nicht-Wissenschaftliche Angestellte und des Controllings und die Gleichstellungsbeauftragte. Ferner wurden drei Modellstationen bewusst aus verschiedenen Fachrichtungen für die Pilotphase bestimmt: Station 1H, 3H (mit etwas zeitlicher Verzögerung zusätzlich die "Schwersterstation" 3F) und C4b.

Die interdisziplinäre Intensivstation 1H fokussiert die Behandlung postoperativer internistischer und nichtoperativer Patienten im Erwachsenenalter. Die insgesamt 24 Mitarbeiter betreuten während der Pilotphase neun Betten, wobei die Station regulär über zwölf moderne Beatmungsplätze mit Geräten für invasive und nicht-invasive Beatmung verfügt, die wegen Bettensperrungen in der Pilotphase aber nicht vollumfänglich belegbar waren.

Die Station für Hämatologie und Onkologie C4b führt kurative, adjuvante und palliative Chemotherapien durch. Auch fachbezogene diagnostische und forschungsgeleitete Fragestellungen werden hier bearbeitet. Die insgesamt 24 Mitarbeiter betreuten während der Pilotphase zwanzig Betten.

Die Stationen für Allgemeinchirurgie 3H und 3F sind dem Zentrum für operative Medizin: Allgemein-, Viszeral- und Thoraxchirurgie (ZOM) zuordenbar. Während die Station 3H seit Projektbeginn mit 28 Betten und 22 Mitarbeitenden an der Pilotphase und den damit verbundenen Interventionen teilnahm, wurde die Station 3F mit 28 Betten und 20 Mitarbeitern erst im Dezember 2021 hinzugenommen. Diese Hinzunahme erfolgte aufgrund der engen fachlichen Zusammenarbeit zwischen den beiden Stationen und wegen des personellen Austausches, bis hin zu gemeinsamen Dienstplänen.

Auf der Basis der Evaluation der Pilotphase auf den Modellstationen und einer ggf. erforderlichen Konzeptanpassung sollte dann der Roll-Out über alle Stationen des UKE erfolgen (Abb. 16.1). Der hier gezeigte zeitliche Ablauf wurde gegenüber der ursprünglichen Planung durch die besondere Situation während der Zeit der Corona-Pandemie um etwa ein Jahr verzögert.

1. **Konzeptentwicklung Modellstationen**

Im Zeitraum Oktober 2019 bis Januar 2020 wurden eine Auftaktveranstaltung und sechs Workshopeinheiten durchgeführt, dabei ging es im ersten Workshop zunächst darum, eine Grundidee zu entwickeln, welche Dienstzeitmodelle denkbar wären und wie wichtige Eckpunkte im stationären Tagesgeschehen zwischen dem ärztlichen Dienst und dem Pflegedienst in Form transparenter und verbindlicher Tagesstrukturpläne als Basisinstrument abgestimmt werden können (Synchronisation). Diese Eckpunkte sollten dem Stationsablauf Halt geben und waren daher auch bei der Gestaltung von Dienstzeiten, die vom Standard abweichen und

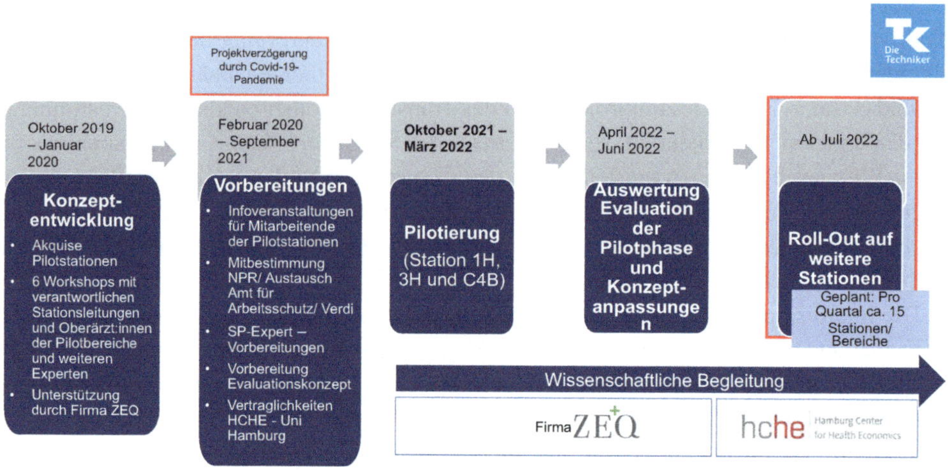

Abb. 16.1 Projektplan Teilprojekt 2 "Harmonisierung von Dienstzeiten und Prozessen"

beim Einsatz von Pool-Mitarbeitern zu berücksichtigen. Die Themen wurden in den Workshops mit den Leitungen der Stationen 3H, 1H und C4b und den oberärztlichen Vertretern der beteiligten Kliniken erörtert und abschließend im Konsens festgelegt.

Der Projektplan zur Konzepterstellung sah im weiteren Verlauf in zwei Schritten Feedback-Schleifen mit Rechtsabteilung und Personalrat sowie mit weiteren Experten vor. Nach diesem „Feinschliff" der Konzepte folgten eine detaillierte Umsetzungsplanung für die Modellstationen und vor dem Start der Pilotphase Informationsveranstaltungen für alle Mitarbeiter (Abb. 16.2).

Zentrale Grundsätze, die in den Workshops festgelegt wurden, waren:

- Durch definierte Abstimmungszeitpunkte zwischen Arzt und Pflege muss erreicht werden, dass die dazwischenliegenden Zeitintervalle weitgehend störungsfrei ablaufen. Dadurch erhalten die Mitarbeiter die Chance, ihre Arbeit in diesen Zeitfenstern autark zu gestalten. Sie können ihre Tätigkeiten effizienter durchführen und haben auch besser die Möglichkeit, in eine Pause gehen.
- Die in den Workshops entwickelten Grundideen sollen im weiteren Projektverlauf in Schablonen überführt werden. Diese Schablonen sollen zu einer einheitlich(er)en Stations- und Personaleinsatz-Organisation führen. Dabei war zu erwarten, dass sich die Schablonen für internistische, chirurgische und intensivmedizinische Stationen voneinander unterscheiden.
- Die vereinbarten Regelungen gelten nicht für Außenlieger. Damit werden die zu erwartenden Effekte umso mehr eingeschränkt, je mehr Patienten auf fremde Stationen gelegt werden.

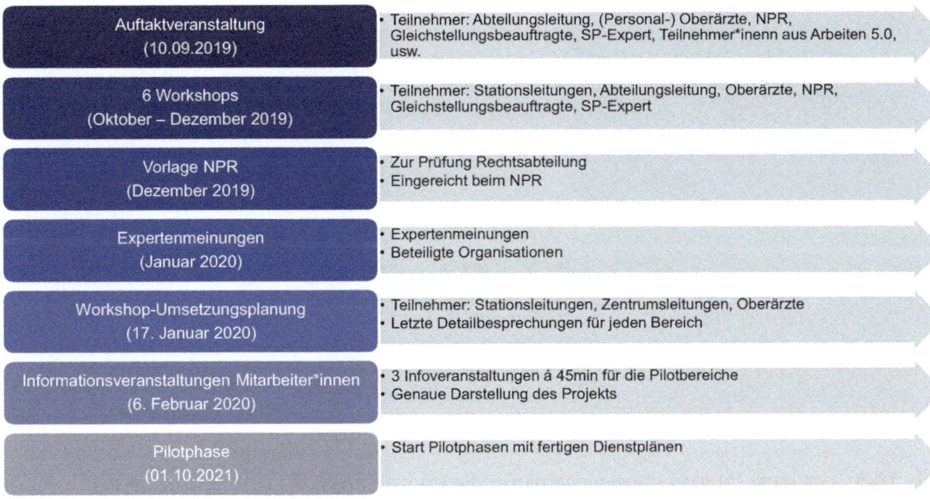

Abb. 16.2 Projektplan Konzeptentstehung

- Alle Komponenten des Teilprojekts 6.2 können zusätzlich zu den bisherigen Diensten gewählt werden und bedingen keine Umstellung des bisherigen Dienstplansystems.

Als Ergebnis der ersten Workshop-Reihe entstand eine Auswahl an Interventionsbausteinen als inhaltlicher Rahmen, die für die Pilotstationen jeweils individuell ausgestaltet werden sollten (Abb. 16.3). Wichtig ist hier noch einmal der Hinweis, dass die Inanspruchnahme der Bausteine für flexible Dienstzeiten und Organisationsformen durch die Mitarbeiter stets auf freiwilliger Basis erfolgte, während die Umsetzung der Bausteine zur Prozessoptimierung berufsgruppenübergreifender Tätigkeiten für die Pilotstationen verpflichtend war.

2. **Die Interventionsbausteine im Einzelnen**

Baustein 1 „Flexible Arbeitszeit"
Die Mitarbeiter haben das Recht, ihren Frühdienst zeitverzögert anzutreten und den Spätdienst vorzeitig zu beenden. Die Anmeldung erfolgt bei der Stationsleitung bis spätestens 1 Tag vorher, die Arbeitszeit beträgt 7,7 h, bei Überstunden ist nach Rücksprache auch ein früheres Ende/ein früherer Beginn möglich. Das Besetzungsschema gestaltet sich wie in Abb. 16.4 dargestellt.

Baustein 2 „Kurzdienste"
Die Kurzdienste umfassen immer vier Stunden. Ein Spätdienst wird aufgeteilt in zwei Kurzdienste im Früh- und Spätdienst. Die Schichtleitung legt fest, welche Tätigkeiten der

Abb. 16.3 Geplante Interventionsbausteine für die Pilotstationen

Dienste		Mindestbesetzung Pflegekräfte je Station		
		1H	3H	C4b
Frühdienst	Bis 7 Uhr	3	2	2
	Bis 8 Uhr		3	3
	Ab 8 Uhr	5	4	4
Spätdienst	Bis 19 Uhr	5	3	4
	Bis 20 Uhr			3
	Ab 20 Uhr	3	2	2

Abb. 16.4 Umsetzung der flexiblen Arbeitszeiten auf den drei Pilotstationen

Mitarbeiter mit der flexiblen Arbeitszeit übernimmt und sorgt dafür, dass der Mitarbeiter mit der flexiblen Arbeitszeit eine Übergabe erhält (Abb. 16.5).

Kurzdienste	Früh	Spät
Station 1H	8:00 – 12:00 oder 9:00 – 13:00	15:00 – 19:00 oder 16:00 – 20:00
Station C4b	9:00 – 13:00	15:00 – 19:00
Station 3H	8:00 – 12:00	16:00 – 20:00

Abb. 16.5 Kurzdienste auf den Pilotstationen

Baustein 3 „Langer Nachtdienst“
Auf den Pilotstationen wird ein langer Nachtdienst mit einer Nettoarbeitszeit von 11 h eingeführt. Jeder Mitarbeiter soll freiwillig entscheiden können, ob er einen langen Nachtdienst machen möchte. Der Einsatz im langen Nachtdienst kann über mehrere Tage bei der gleichen Pflegefachperson liegen oder täglich wechseln. Dabei kann es zu einer Mischform aus langen und normalen Nachtdiensten auf Station kommen (Abb. 16.6).

Baustein 4 „Zwei-Schichtsystem am Wochenende“
Auf den Pilotstationen wird ein Zwei-Schicht-System für Pflegefachpersonen am Wochenende mit einer Nettoarbeitszeit von 11,25 h eingeführt (Gesamt-Anwesenheitszeit: 12 h). Die Dienste könnten versetzt geplant werden, um eine Übergabe zu gewährleisten. Zwei mögliche Kombinationen werden schematisch für einen Zwei-Schicht-Dienstplan in Abb. 16.7 verdeutlicht (Abb. 16.8).

Abb. 16.6 Langer Nachtdienst auf den Pilotstationen

Station	Uhrzeit
C4B	19:00 Uhr bis 6:45 Uhr
3H	19:15 Uhr bis 7:00 Uhr
1H	19:17 Uhr bis 7:02 Uhr

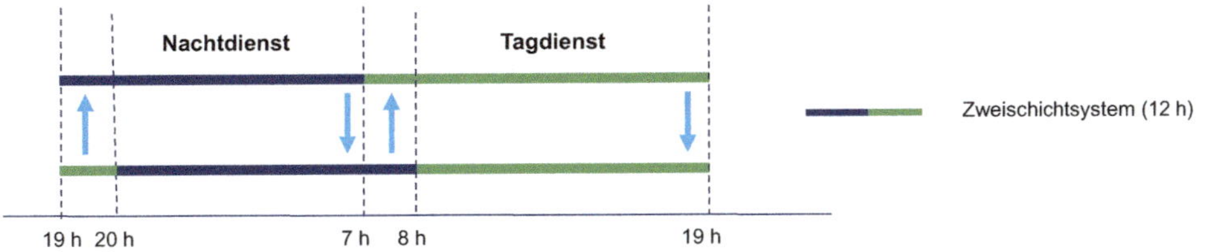

Abb. 16.7 Illustration zwei Zwei-Schicht-Dienstpläne

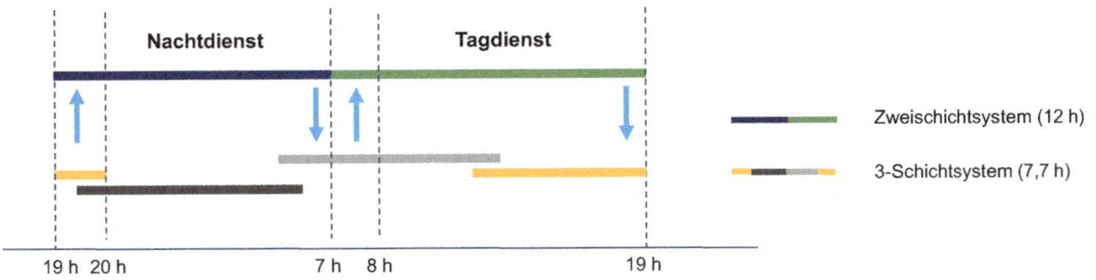

Abb. 16.8 Illustration ein Zwei- und ein Drei-Schicht-Dienstplan kombiniert

Langer Tagdienst	Beginn	Ende	Länge (netto)
Station 3H	7:00	17:45	10 Stunden
Station C4b	6:15	17:00	10 Stunden

Abb. 16.9 Umsetzung des Langen Tagdienstes auf zwei Pilotstationen

Baustein 5 „Langer Tagdienst (Normalstation)"
Im Tagdienst kann auf den Normalstationen C4b und 3H ein 10-h-Dienst mit einem Ende für 17:00 Uhr bzw. 17:45 Uhr geplant werden. Die Zeit bis zum Nachtdienst wird durch einen Kurzdienst übernommen (Abb. 16.9).

Baustein 6 „Mobile Arbeit"
Jeder Mitarbeiter kann Mobile Arbeit beantragen und genehmigt bekommen. Es gibt eine Unterscheidung in ortsgebundene und nicht ortsgebundene, sowie in zeitgebundene und nicht zeitgebundene Tätigkeiten. Es darf nicht mehr als die Hälfte der Gesamtarbeitszeit in Mobiler Arbeit erledigt werden, es können sowohl administrative als auch patientendatenbezogene Aufgaben in Mobiler Arbeit erbracht werden. Mobile Arbeit während der regulären Dienstzeit ist nur in Absprache mit der Stationsleitung möglich. Es werden klare Ergebnis- und Zeitziele definiert: Was muss am Ende der Schicht bzw. am Ende des Tages bzw. am Ende der Woche erledigt sein – egal ob vor Ort oder von zu Hause aus? Die benötige IT-Infrastruktur wird geschaffen. Die Pilotstationen erhalten je zwei Notebooks, die Mobile Arbeit sowie KIS1- und KIS2-Kennungen wurden jeweils beantragt. Der Mitarbeiter, der Mobile Arbeit verrichtet, muss telefonisch oder zumindest per E-Mail erreichbar sein. Abb. 16.10 zeigt den Umsetzungsplan für die Mobile Arbeit.

Kurzfristig am gleichen Tag	Nicht tagesgebundene Tätigkeiten
ePA-CC, PKMS	Dienstplanerstellung
Pflegeplanung und Pflegebericht	Kostenvoranschläge organisieren
Pflegeüberleitungsbogen	Konzeptionelle Arbeit (z.B. Erstellung von VA und anderen Dokumenten für die Qualitätssicherung)
Entlassplanung für den nächsten Tag	Erstellen von Zeugnissen (Auszubildende, Mitarbeiter)
Langfristige Sozialdienstplanung	Erstellen von Einarbeitungskonzepten
Anträge auf Haushaltshilfe, Pflegegrad	Öffentlichkeitsarbeit (z.B. Erstellen von Flyern/ Internetauftritt)
	E-Learning (ist bereits gelebte Praxis)
	Erstellen von wissenschaftlichen Arbeiten, Recherchen (z.B. ANP)
	Reparaturanträge

Abb. 16.10 Umsetzungplan für die Mobile Arbeit auf den drei Pilotstationen

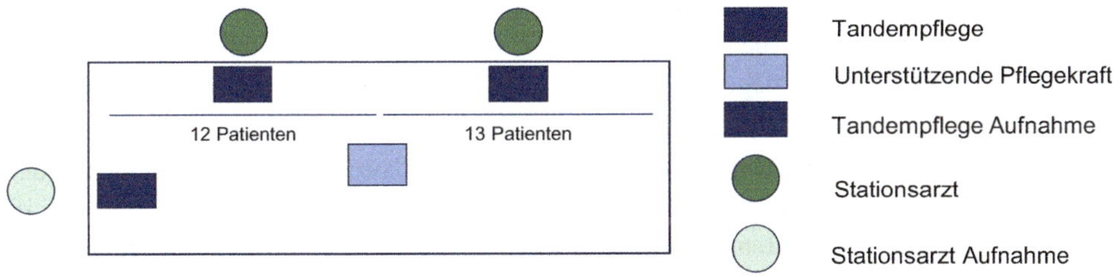

Abb. 16.11 Umsetzungplan für das Arzt-Pflege-Tandem auf der Pilotstation C4b

Baustein 7 „Arzt-Pflege-Tandem"

Es werden Tandems aus je einem Arzt und einer Pflegefachperson gebildet, die für die gleichen Patienten zuständig sind. Die restlichen Pflegefachpersonen übernehmen unterstützende Arbeiten. Den Patienten werden gleich viele Pflegefachpersonen wie Ärzte zugeordnet (Kontinuität, Wechsel zwischen den Pflegefachpersonen), die Aufgaben der Tandem-Pflegefachpersonen (Normalstation) und Schichtleitung (Intensivstation) werden definiert. Abb. 16.11 zeigt das Zuordnungsschema für das Arzt-Pflege-Tandem für die Station C4b.

Dabei werden je einem Arzt-Pflege-Tandem durchschnittlich die Hälfte der auf der Station ausgenommenen Patienten fest zugeordnet. Darüber hinaus gibt es ein Tandem für die Aufnahme. Eine Pflegefachperson unterstützt die Tandems.

Baustein 8 „Morgendliches Kurzbriefing"

Die Pilotstation 1H hatte breits ein Morgendliches Kurzbriefing etabliert. Das Kurzbriefing, an dem alle Stationsärzte und Pflegefachpersonen der Station sowie die dort tätigen MFA zum Dienstbeginn der Ärzte teilnehmen, soll nicht länger als 5–10 min dauern (Abb. 16.12).

Inhalte des Briefings sind wichtige Abstimmungen zwischen Arztdienst und Pflegedienst auf Basis von Vorkommnissen der Nacht sowie die gegenseitige Information zu kurzfristigem, relevantem Personalausfall, sofern das die Stationsorganisation der jeweils anderen Berufsgruppe beeinflusst.

Montag	Dienstag	Mittwoch	Donnerstag	Freitag	
08:15	08:15	08:15	08:15	08:45	C4b

Montag	Dienstag	Mittwoch	Donnerstag	Freitag	
06:45	07:00	07:00	07:00	07:00	3H

Abb. 16.12 Umsetzungplan für das Morgendliche Kurzbriefing auf den Pilotstationen C4b/3 H

Baustein 9 „Visiten“

Bei den Visiten verfolgen die Stationen den Grundsatz, dass verpflichtend eine gemeinsame Visite von Arzt und Pflegefachperson am Patientenbett erfolgen soll. Jede Station legt einen Standard-Visitenbeginn fest und soll von diesem täglich nicht mehr als 10 min nach vorne und 30 min nach hinten abweichen. Der Standard-Visitenbeginn muss nicht an jedem Werktag identisch sein. Die Ärzte kündigen der Stationsassistenz oder Stationsleitung die Visiten 10–15 min vor Visitenbeginn an. Diese geben die Information an die betroffenen Pflegefachpersonen weiter. Die Zeitdauer zwischen Visitenbeginn und Visitenende soll die Formel „Anzahl der visitierten Patienten × 5 min“ (Intensivstation: 10 min) nicht wesentlich überschreiten. Dazu muss sich die Station so organisieren, dass die Visite ungestört und kontinuierlich abläuft. Zeitintensive Arzt-Patientengespräche sollen auf einen späteren Zeitpunkt im Tagesverlauf gelegt und vom zuständigen Arzt alleine durchgeführt werden (auf Wunsch kann die Pflege bei dem Gespräch dabei sein).

Für die Stationen C4b und 3H soll an Werktagen gelten: Die Visite am Bett beginnt zwischen 7:45 und 8:15 Uhr (3H) bzw. 9:20 und 10:45 Uhr (C4b) und ist bis 11:30 Uhr abgeschlossen, bis 12:00 Uhr sind die Visiten-Anordnungen dokumentiert. Für die Intensivstationen wird festgelegt, dass die Visiten am Bett um 10:00 Uhr beginnen (1H) und bis 12:00 Uhr abgeschlossen sein sollen, bis 12:30 Uhr sollen die Visiten-Anordnungen dokumentiert sein.

Sofern die aktuellen Visiten länger sind, muss die Station eruieren, welche Inhalte aus der Visite herauszunehmen und separat zu erbringen sind. Der visitierende Arzt gibt, wenn möglich, sein Telefon bei der visitenbegleitenden Pflegekraft oder am Stationsstützpunkt ab. Die Pflegefachperson bzw. die Stationsassistenz beantwortet den Anruf und gibt ihn nur in dringlichen Fällen an den visitierenden Arzt weiter. Für das Tandem-Modell wird vereinbart, dass die Pflegefachpersonen auf Station sich so organisieren sollen, dass während der Woche (Werktage) möglichst keine Wechsel der Tandem-Pflegefachperson erfolgen. Wenn das Tandem-Modell ausnahmsweise nicht umgesetzt werden kann, gilt: Die visitenbegleitenden Pflegefachpersonen informieren sich so untereinander, dass eine unterbrechungsfreie pflegerische Begleitung der Visite erfolgt. Die Anzahl der Wechsel soll so gering wie möglich gehalten werden. Im Rahmen der Visite wird von der teilnehmenden Pflegefachperson erwartet, dass sie die Visitenteilnehmer aktiv über den Status des Patienten unterrichten kann. Das gilt auch für Pool-Pflegefachpersonen, sofern sie zuvor an der pflegerischen Übergabe teilgenommen haben. Die obenstehenden Regelungen gelten nicht für Außenlieger. Außenlieger werden unmittelbar nach Abschluss der Stammstation visitiert.

Baustein 10 „Pausenregelungen“

Ziel ist, dass die Pflegefachpersonen in der Tagschicht 30 min Pause machen können. Die Tagesstrukturpläne als ein Ergebnis des Projekts sollen die gesetzlichen Anforderungen an die Einhaltung von Pausenzeiten hier wirkungsvoll unterstützen. Des Weiteren tragen auch die Prozessanpassungen (wie beispielsweise die Visite oder auch die Absprache zu berufsgruppenübergreifenden Tätigkeiten) zu einer besseren Strukturierung bei und ermöglichen eine verlässliche Pausenplanung. Es müssen aber nicht zwingend alle Pflegefachpersonen gemeinsam in die Pause gehen (können). Die Sicherstellung der Pausenzeit im Früh- und Spätdienst erfolgt zukünftig durch die neu einzurichtenden Kurzdienste. Die Kurzdienste übernehmen die Pausenauslösung.

Baustein 11 „Absprachen zu berufsgruppenübergreifenden Tätigkeiten"
Für geplante gemeinsame Tätigkeiten von Arzt und Pflegefachperson (z. B. Punktionen) wird eine Zeitabsprache vereinbart, die mindestens 30 min vorher erfolgen soll. Dadurch entsteht für die Mitarbeiter die Möglichkeit, ihren Arbeitsablauf autark zu gestalten (auch: in die Pause zu gehen).

Baustein 12 „Tagesabschlussbesprechungen"
Vor Dienstende des Arztes erfolgt eine Besprechung offener Fragen zwischen Arzt und Pflegefachperson: Auf Station C4b findet eine Regelbesprechung zwischen pflegerischer Schichtleitung und Stationsarzt zum Ende der Dienstzeit des Stationsarztes statt, für Station 3H ist eine Tagesabschlussbesprechung für 17 Uhr festgesetzt. Auf der Station 1H wird dieses nicht benötigt, da immer ein Arzt vor Ort ist. Es ist Aufgabe der Stationsleitung, das Pflegeteam darin zu schulen, offene Fragen nur dann außerhalb der Regelbesprechungen mit dem Arzt zu klären, wenn sie akut sind oder eine Intervention nach sich ziehen könnten.

3. **Pilotierung und Evaluation Modellstationen**

Zu Beginn und am Ende der Pilotphase wurde ein Fragebogen in schriftlicher Form unter den pflegerischen und ärztlichen Mitarbeitern der betroffenen Stationen verteilt. Inhaltlich erfasste dieses Instrument die Mitarbeiterzufriedenheit, die Arbeitsbelastung, die Arbeitgeberattraktivität und die Vereinbarkeit zwischen Berufs- und Privatleben. Der Zeitraum der Prä-Erhebung beschränkte sich auf zwei Wochen vor dem 1. Oktober 2021, die Post-Erhebung dauerte vier Wochen und endete am 30. April 2022. Die verwendeten Fragebögen wurden durch ZEQ in enger Zusammenarbeit/Rücksprache mit dem Projektteam des UKE konzipiert und ausgewertet. Die Zustimmung zu den Item-Inhalten konnte mit Hilfe einer fünfstufigen Likert-Skala von „trifft voll zu" bis „trifft gar nicht zu" geäußert werden, mit einer zusätzlichen Möglichkeit, keine Aussage zu tätigen.

Nach der ersten Hälfte (21. Januar 2022) und gegen Ende der Evaluationsphase (21. April 2022) wurden jeweils drei Fokusgruppeninterviews durch ZEQ durchgeführt. Hierzu wurde in einer Gruppe mit ärztlichen und pflegerischen Führungskräften der Pilotstationen und im Anschluss mit jeweils zwei Gruppen mit Mitarbeitern der Pilotstationen ein halbstandardisiertes, qualitatives Interview geführt. Die Ergebnisse dieser Erhebung bildeten hemmende und fördernde Faktoren der Maßnahmenumsetzung, sowie die subjektiv wahrgenommenen Vor- und Nachteile der Innovationen ab. Die Änderungswünsche aus der Mitarbeiterperspektive konnten insbesondere nach der ersten Erhebung dazu genutzt werden, die Maßnahmen weiter anzupassen. Da hier sowohl Ärzte als auch Pflegende eingebunden waren, konnte während des Interviews zusätzlich ein interdisziplinärer Austausch hergestellt werden.

Begleitend über die komplette Evaluationsphase hinweg füllten die pflegerisch tätigen Mitarbeiter der Pilotstationen werktags Dokumentationsbögen bezüglich der eingeführten Innovationen aus, um deren Nutzung und Umsetzung sowie die begleitenden täglichen Umstände abbilden zu können. Hierbei beantworteten die Mitarbeiter am Ende jeder Schicht (Frühdienst, Spätdienst, Nachtdienst) Fragen zur Möglichkeit der Inanspruchnahme der jeweiligen Bausteine (insbesondere Arzt-Pflege-Tandems, Visiten-Regelung, morgendliche Kurzbriefings, Pausenregelung, Absprachen bei berufsgruppenübergreifenden Tätigkeiten und Tagesabschlussbesprechungen). Eine Beispielfrage lautete „Konnten alle weniger dringenden Fragen während des Dienstes durch die Schichtleitung gesammelt und gebündelt mit dem ärztlichen Dienst besprochen werden?". Je nach abgefragtem Baustein wurde die tägliche Situation des vergangenen Dienstes durch weitere Fragen zusätzlich eruiert. Ein Freitextfeld zu jedem Fragenblock machte es möglich, dass die Mitarbeiter sonstige Gründe für eine verhinderte Umsetzung der Maßnahmen schildern konnten.

Der Aufbau dieser Dokumentationsbögen wurde schicht-, stations- und verlaufsspezifisch durch ZEQ an die Gegebenheiten und Wünsche der Mitarbeiter und Projektleitungen des UKE angepasst. Die Auswertung der täglichen Dokumentationsbögen erfolgte stationsspezifisch und geclustert in die sechs Projektmonate, welche wiederum zur besseren Interpretation in zwei gleichgroße Quartale zusammengefasst wurden.

Begleitend über die gesamte Dauer der Evaluationsphase fanden sechs Projektbesprechungen pro Station in Form von Evaluationsworkshops statt. Diese Workshops standen unter der Leitung und Moderation von ZEQ. Sie wurden mit den Verantwortlichen der Pilotstationen (Stationsleitung, Oberarzt) und ggf. Multiplikatoren und dem Projektteam der Pilotstationen im Abstand von ungefähr vier Wochen durchgeführt. Flankierend hierzu wurden Dienstplanungsdaten zum Nutzungsverhalten der neuen Dienstarten evaluiert und in den Workshops diskutiert.

Abb. 16.13 gibt einen Überblick über die eingesetzten Evaluierungsinstrumente.

Zentrale Erkenntnisse der Umsetzungs- und Evaluationsphase waren:

- Das Angebot innovativer Dienstzeiten in Verbindung mit stationsbezogenen Prozessanpassungen war zeitgemäß und wurde als notwendig eingestuft.
- Zahlreiche Mitarbeiter schätzten die neu gewonnene Flexibilität und insbesondere die frei wählbaren Angebote des Arbeitgebers aufgrund ihrer persönlichen Lebenssituation. Darüber hinaus bestand die Hoffnung, dass die neuen Dienstzeiten in Kombination mit optimierten Prozessen die Attraktivität auf Bewerber positiv beeinflussen könnte.
- Die interdisziplinäre Zusammenarbeit wurde gestärkt. Der Austausch unter den Berufsgruppen zeigte bereits nach den ersten beiden Evaluationsworkshops Verbesserungen. Bisher nicht diskutierte Gründe für Unzufriedenheit konnten angesprochen und gemeinsame Lösungen erarbeitet werden. Es konnte eine konstruktive Gesprächskultur etabliert werden. (Beispiele: Visite, Stationsabläufe, Kommunikationswege etc.).

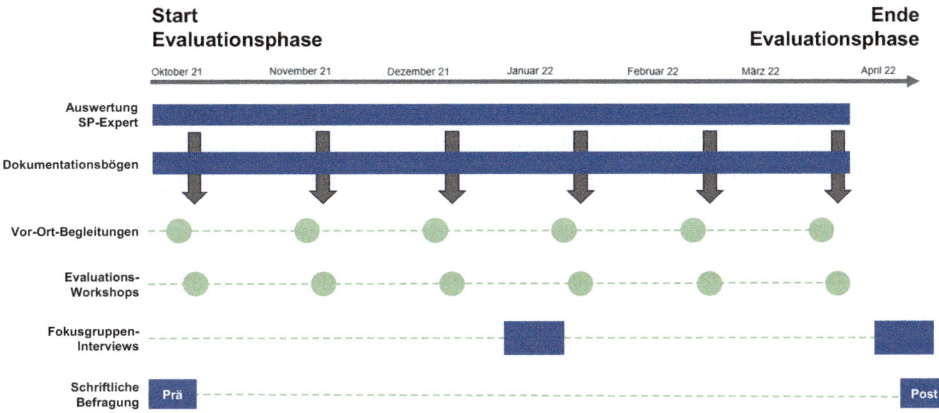

Abb. 16.13 Übersicht über die Evaluierungsinstrumente

- Die gemeinsam erarbeiteten Lösungsvorschläge wurden in die Praxis umgesetzt. Gewinnbringende Anpassungen wurden von den Stationsmitarbeitern wertgeschätzt, weil diese in die Entwicklung der Lösungen aktiv mit einbezogen werden. Dies führte zu einer hohen Akzeptanz.
- Der Einbezug der Mitarbeiter bildete eine tragende Säule bei der Einführung der Prozessbausteine und Dienstzeiten. Es war ausdrücklich erwünscht, möglichst viele Anregungen und Wünsche der Mitarbeiter zu berücksichtigen, damit durch die Interventionen eine Verbesserung in der alltäglichen Arbeit erfahrbar gemacht werden konnte.
- Ein wesentlicher Beitrag war zudem die Unterstützung durch die Projektleitung und deren offene Kommunikationskultur. Die Mitarbeiter konnten jederzeit mit Wünschen, Anregungen und jedweden Bedenken an die Verantwortlichen herantreten und Gehör finden. Anpassungswünsche wurden zeitnah realisiert und in die Teams kommuniziert. Dies wurde in besonderer Weise hervorgehoben.
- Es konnte ein hoher Grad an Verbindlichkeit und Durchdringung erzielt werden. Durch die Partizipation hatten die Mitarbeiter das Gefühl, wertgeschätzt zu sein und arbeiteten aktiv und konstruktiv an der Optimierung mit. Sie äußerten eine hohe Verbundenheit mit dem Arbeitgeber und identifizierten sich stark mit dem Beruf. Die Mitbestimmung konnte deutlich gesteigert werden, weil die Mitarbeiter das Gefühl hatten, etwas bewegen zu können. So konnte eine hohe Umsetzungstreue verzeichnet werden. (Beispiel: Tätigkeitsprofile, Abläufe, Vereinbarungen etc.)
- Die bisherige Unzufriedenheit schien untrennbar mit unzureichendem Einfluss einherzugehen. Die Mitarbeiter äußerten in einigen Reflexionsrunden, dass sie keinen Einfluss hatten auf Veränderungen, die sie als notwendig, zeitgemäß und wichtig erachten.
- Die Stationsleitungen spielten eine zentrale Rolle bei der Umsetzung. Sie wurden als Partner für Verbesserung wahrgenommen, weil schnelle Erfolge erzielt werden konnten, die die Mitarbeiter als gewinnbringend einstuften. (Beispiel: gemeinsame Visite des

ärztlichen und pflegerischen Dienstes, die Einhaltung von Absprachen, Umsetzung der Dienstplanwünsche der Mitarbeiter etc.)

- Die Mitarbeiter erfuhren, dass eine stetige Weiterentwicklung die Arbeitssituation positiv beeinflussen kann. Im Projekt wurden Belastungssituationen erkannt und im interdisziplinären Team gemeinsam ausgeräumt, wo es möglich war.
- Ein entscheidender Faktor für eine erfolgreiche, nachhaltige Umsetzung war das Commitment der Ärzte.

Derzeit befindet sich das Projekt nach erfolgreich abgeschlossener Pilotphase im Roll-out über alle Stationen des UKE.

Die Digitale Station 17

Christian Bamberg, Max Korff, Tessa Fleckenstein, Eva Wißmann, Nina Forler, Christina Mundinger und Katrin Faiß

Inhaltsverzeichnis

C. Bamberg (✉) · M. Korff · T. Fleckenstein · E. Wißmann · N. Forler · C. Mundinger · K. Faiß
ZEQ AG, Mannheim, Deutschland
E-Mail: christian.bamberg@zeq.de

M. Korff
E-Mail: max.korff@zeq.de

T. Fleckenstein
E-Mail: tessa.fleckenstein@zeq.de

E. Wißmann
E-Mail: eva.wissmann@zeq.de

N. Forler
E-Mail: nina.forler@zeq.de

C. Mundinger
E-Mail: christina.mundinger@zeq.de

K. Faiß
E-Mail: katrin.faiss@zeq.de

C. Bamberg et al. (Hrsg.), *Moderne Stationsorganisation im Krankenhaus*,
https://doi.org/10.1007/978-3-662-67158-0_17

Niemand zweifelt mehr daran, dass die Digitalisierung das Gesundheitswesen verändern muss und wird. Wie diese Veränderungen aber tatsächlich aussehen werden und insbesondere konkret die Versorgung der Patienten auf einer Station im Krankenhaus beeinflussen wird, dazu bestehen oft recht diffuse Einschätzungen. Was bis vor wenigen Jahren noch visionär und nach Science-Fiction klang, wird nach und nach Realität. Als Beschleuniger dieser Entwicklung in Deutschland dient das Krankenhauszukunftsgesetz (KHZG), das die umfassende Digitalisierung im Krankenhaus finanziell fördert und sogar mit negativen Anreizen dauerhaft dafür sorgen will, dass detaillierte Anforderungen an den digitalen Versorgungsprozess erfüllt werden. Dadurch sind für alle Krankenhäuser klare inhaltliche und technische Ziele verbindlich und die Kunst wird darin bestehen, diese nicht nur mit IT-Lösungen „von der Stange" umzusetzen, sondern die Prozesse, deren notwendige Veränderung die vorangegangenen Kapitel beschrieben haben, mit diesen digitalen Lösungen bestmöglich zu unterstützen oder sie idealerweise komplett neu, sprich „digital zu denken" und zu organisieren. Welche Lösungen sich zur Umsetzung in den einzelnen stationären Teilprozessen anbieten und wie Patienten, Mitarbeiter und Prozesse davon profitieren, soll in diesem Kapitel orientierend dargestellt werden.

17.1 Das Krankenhauszukunftsgesetz gibt den Rahmen vor

Im Frühjahr 2020 wurden während der ersten Hochphase der Covid-19-Pandemie die eklatanten Rückstände in der Digitalisierung der Gesundheitsversorgung für alle sichtbar. Innerhalb kürzester Zeit wurde deutlich, dass die Rückstände sowohl für die Bewältigung dieser und künftiger Pandemien als auch für eine qualitativ hochwertige und moderne Gesundheitsversorgung schnell nachzuholen sind. Innerhalb kürzester Zeit, nämlich bereits im Oktober 2020, präsentierte das Bundesministerium für Gesundheit (BMG) das so genannte Krankenhauszukunftsgesetz (in Wahrheit ein Artikelgesetz, welches eine Reihe bestehender Krankenhausgesetze, das SGB und weitere Verordnungen ändert), welches die Einrichtung des Krankenhauszukunftsfonds (KHZF) beim Bundesamt für Soziale Sicherung (BAS) vorsieht. Die Defizite in der Digitalisierung des Gesundheitswesens sollen mit der Förderung von insgesamt 4,3 Mrd. € durch Bundes- und Landesmittel aus dem KHZF innerhalb von knapp fünf Jahren systematisch aufgeholt werden.

Vereinfacht dargestellt setzt die Förderung gezielt auf die Verbesserung der digitalen Unterstützung und die Verfügbarkeit und Transparenz über den Verlauf einer Krankenhausbehandlung hinweg. Dieser Verlauf – auch Patient Journey genannt – wird über 11 so genannte Fördertatbestände abgebildet. Jeder Fördertatbestand umfasst einen oder mehrere wichtige Kernprozesse der stationären Krankenhausbehandlung und formuliert Muss-Kriterien, die künftige digital unterstützte Lösungen erfüllen müssen. Dabei sind 11 Fördertatbestände definiert worden:

Förder-tat-bestand (FTB)	Beschreibung	Zahl der Muss-Kriterien
1	Anpassung der technischen/ informationstechnischen Ausstattung der Notaufnahme eines Krankenhauses an den jeweils aktuellen Stand der Technik	3
2	Patientenportale: digitales Aufnahme-, Behandlungs- und Entlass-/ Überleitungsmanagement	18 (9/6/3)
3	Digitales Pflege- und Behandlungsmanagement (Dokumentation-/ Spracherkennung)	18 (12/6)
4	Teil- und vollautomatisierte klinische Entscheidungsunterstützungssysteme	11
5	Digitales Medikationsmanagement	11
6	Digitale Leistungsanforderung	9
7	Leistungsabstimmung und Cloud-Computing	2 bzw. 3
8	Digitales Versorgungsnachweissystem für Betten zur Verbesserung der Zusammenarbeit zwischen Krankenhäusern und anderen Versorgungseinrichtungen	4
9	Informationstechnische, kommunikationstechnische und robotikbasierte Anlagen, Systeme oder Verfahren und telemedizinische Netzwerke	2
10	IT- und Cybersicherheit	1 oder in Kombination bis zu 4
11	Anpassung von Patientenzimmern an die besonderen Behandlungsformen im Fall einer Epidemie	2

Weiterhin ist für die Krankenhäuser von besonderer Bedeutung, dass die Nicht-Erfüllung der Fördertatbestände 2 bis 6 ab 2025 Sanktionen in Höhe von bis zu 2 % der stationären Rechnungsbeträge nach sich ziehen. Die Logik dahinter ist, dass diese FTB am stärksten in die Kernprozesse der stationären Krankenversorgung „einzahlen" und hier die Patienten den größtmöglichen Nutzen erfahren können. Eine Grafik gibt eine beispielhafte Übersicht über die Erfüllung der jeweiligen Muss-Kriterien eines Krankenhauses in den sanktionierten Fördertatbeständen wieder (Abb. 17.1).

Im Beispiel wird deutlich, dass es Fördertatbestände gibt, deren Erfüllung noch gar nicht gegeben ist (da sie ganz neu vom Gesetz aufgegriffen werden und Krankenhäuser hier bisher noch keine wesentlichen Entwicklungen entfaltet haben konnten) und andere Fördertatbestände bereits weit entwickelt oder zumindest in der direkten Bearbeitung sind.

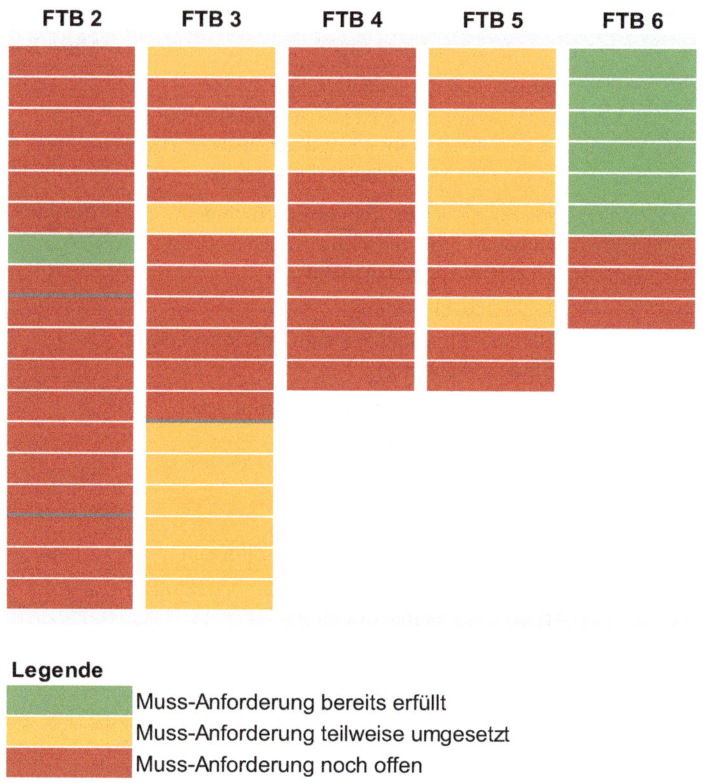

Abb. 17.1 Status der Erfüllung der Anforderungen in den sanktionierten Fördertatbeständen

Tatsächlich zeigt sich, dass die meisten der Förderanträge in Deutschland von den Krankenhäusern in diesen Tatbeständen gestellt wurden und insbesondere der FTB 3 mit großem Abstand den ersten Platz in Hinblick sowohl auf die Zahl der Anträge als auch auf die Höhe der bewilligten Fördermittel belegt. Kein Wunder, steht doch hier die digitale (auch sprachbasierte), ortsunabhängige Dokumentation und jederzeitige Verfügbarkeit und Transparenz der erhobenen Daten für das klinische Personal während der Behandlung im Vordergrund. Oftmals werden in Maßnahmen zum Fördertatbestand 3 auch Inhalte aus den anderen Fördertatbeständen kombiniert, beispielsweise die Integration der digitalen Medikation in die Fieberkurve oder abteilungsspezifische Dokumentations- und Datenmanagementsysteme wie etwa ein PDMS auf der Intensivstation.

Neben den Muss-Kriterien gibt es noch diverse Kann-Kriterien, die mit den beantragten Projekten erfüllt werden können – die bisherige Erfahrung zeigt jedoch, dass diese bei der Wahl und der Planung der Digitalprojekte kaum Berücksichtigung finden.

Eine wichtige Rolle hingegen spielen weitere übergeordnete Grundvoraussetzungen, die für alle geförderten Maßnahmen und Digitallösungen gelten und unabhängig vom jeweiligen Fördertatbestand zu erfüllen sind:

- Einsatz von international anerkannten syntaktischen und semantischen Standards (z. B. HL7, DICOM, LOINC, SNOMED CT u. a.) zur Herstellung einer durchgehenden einrichtungsinternen und -externen Interoperabilität,
- Nutzung von offenen und standardisierten Schnittstellen gem. § 291 und 371 ff. SGB V (z. B. MIO der KBV, sog. FHIR-Definitionen oder IHE-Integrationsprofile, HL7),
- Berücksichtigung von Maßnahmen zur Gewährleistung der Informationssicherheit nach dem aktuellen Stand der Technik,
- Einhaltung datenschutzrechtlicher Vorgaben,
- Übertragbarkeit der generierten und für Patienten relevanten Daten in deren ePA nach § 341 SGB V,
- Nutzung von Diensten und Anwendungen der Telematik-Infrastruktur (sofern verfügbar).

Das Gesetz adressiert mit seinen inhaltlichen und technischen Anforderungen die richtigen Aspekte, die für den Aufbau der digitalen Prozesse in der Patientenversorgung umzusetzen sind. Was gut gefällt: die starke Ausrichtung der Fördertatbestände an der Patient Journey und die konsequente Einforderung der Grundvoraussetzungen an Interoperabilität und standardisierte Schnittstellen sowie die Einbindung in die Dienste der Telematik-Infrastruktur.

Was noch verbessert werden kann: die Erhöhung der Flexibilität in der Definition der Maßnahmen zur Informationssicherheit, ein längerer Umsetzungszeitraum und die nachhaltige finanzielle Sicherung der Lösungen.

17.2 Digitale Lösungen beeinflussen die Stationsprozesse

Patientenportale im stationären Aufnahmeprozess

Der Aufnahmeprozess – und in diesem Zusammenhang auch der Einsatz von Patientenportalen – ist aus Stationssicht eng an die Entlassung und das Belegungsmanagement gekoppelt. Wenn ein Patient digital über das Portal seinen Aufnahmetermin buchen können soll, muss die Station prospektiv die Entlassungen planen, Entlasstermine verbindlich festlegen und die Aufnahmebereitschaft für neue Patienten durch die Meldung freier Betten im System signalisieren. Doch das reicht für eine Terminbuchung durch den Patienten noch nicht aus. Die strukturierte, digitale Information zum geplanten und dann auch sicher bestätigten Entlasstermin der jeweiligen Stationen ist die Basis für die übergeordnete, digital gestützte Kapazitätsplanung des Belegungsmangements – die einzelne Station kann nicht wissen, welche Belegung prospektiv vor dem Hintergrund einer optimierten Bettenauslastung des gesamten Krankenhauses geplant ist. Durch eine Abfrageliste im Portal muss der Patient mit seinem Terminwusch so gelenkt werden, dass das Planungssystem des Belegungsmanagements das passende Bett in der „richtigen“ Fachabteilung auf der „richtigen“ Station finden und für den Patienten reservieren kann. Des Weiteren ist die Terminanfrage vieler Patienten bei genauerem Hinsehen eine Terminserie, bestehend aus Einzelterminen für den Aufnahmetag selbst, den Tag der prästationären Vorbereitung sowie den OP-Termin, der für einen stationären Eingriff dann mit der Anforderung an ein Bett verknüpft ist. Passt nur einer dieser Termine nicht (mehr) in die Terminserie, dann kann ein Patientenportal dem Patienten gegenüber keine verbindliche Terminbuchung garantieren.

Digitales Aufnahmemanagement

Die Patiententerminierung ist einer der Prozesse, in dem jedes Krankenhaus noch wahre Vielfalt lebt. Während z. B. die Dokumentation auf Station in den allermeisten Häusern schon längst in papierbasiert oder digital aufgeteilt ist, bietet insbesondere der Prozess der Terminfindung ein letztes Feld des Wildwuchses auf den sonst schon gezähmten Äckern des Krankenhauses. Wird bei der Terminplanung über Excel gearbeitet, Outlookkalender oder Post Its? Ist es das Stationsbuch, ein großes Whiteboard oder doch der Stationskalender im KIS?

Ob Sie mit Ihrer Schätzung richtig liegen, werden Sie vermutlich erst feststellen können, wenn Sie auf den betreffenden Stationen stehen und nachfragen. Denn eine abschließende Klärung, wie stationäre Aufnahmen tatsächlich von den jeweiligen Stationen geplant und terminiert werden, ist nur in wenigen Fällen schnell möglich. (Wohlgemerkt: Eine große Ausnahme bilden hierbei alle Häuser, die bereits eine zentrale stationäre Aufnahme umgesetzt haben. Dazu später mehr).

Das KHZG will nun dabei unterstützen, diesem Wildwuchs ein Ende zu bereiten. Durch Patientenportale im Sinne des FTB 2 sollen Patienten von zu Hause aus Termine buchen und Daten übermitteln können. Die administrativen Kräfte im Krankenhaus sollen entlastet, der Informationsfluss verbessert werden. Das klingt schön, wird aber in vielen Häusern erst grundlegende Bodenarbeit erfordern. Wenn diese jedoch geleistet ist, verspricht das Patientenportal immense Vorteile.

Die Anforderungen, um ein solches Patientenportal erfolgreich einführen und umsetzen zu können, sind simpel: Sollen digital Termine gebucht werden können, muss erstens der Buchende wissen, wo der Termin stattfinden soll, und zweitens müssen alle Terminmöglichkeiten digital einsehbar oder mindestens anfragbar sein.

Bereits die erste Anforderung, die Buchung des korrekten Termins, ist in Krankenhäusern ohne digitale Unterstützung derzeit noch mit viel händischer Arbeit, Online-Recherche und Telefonaten verbunden.

Digital wird dieser Prozess gelenkt und deutlich ressourcensparender dargestellt: Etwa durch ein Fragebogenformular, in dem man als Terminbuchender immer spezifischere Fragen zum Grunde des Termins beantworten soll, oder man wird via Stichwortsuche von Algorithmen und klugen Vorschlägen zur (hoffentlich) richtigen Adresse gebracht. Dieses

Vorgehen ist ein sehr guter Ansatz, der Erfolg ist jedoch stark von dem genauen Aufbau dieser Abfrage abhängig.

Wenn ein Patient nicht genau weiß, wohin er muss, ist bereits die Wahl der richtigen Fachrichtung oder Klinik ein Problem. Hier kann jedoch eine gute Kundenkommunikation und Benennung stark unterstützen. Während unspezifische Kliniknamen wie „Med. Klinik II“ oder Fachtermini wie „Viszeralchirurgie“ Patienten mehr Fragen als Antworten aufgeben können, erhöhen auch für Laien verständliche Auswahloptionen wie „Bauch und innere Organe“ die Wahrscheinlichkeit, dass der Patient sich tatsächlich am richtigen Ort einen Termin bucht.

Der Vorgang des Terminbuchens selbst funktioniert allerdings nicht mit dem eingangs geschilderten Mix aus Terminierungsmedien. Ein mehrwertstiftendes Patientenportal erfordert, dass alle Termine stets aktuell, digital und in strukturierter Form zur Verfügung stehen. Terminkalender müssen folglich vereinheitlicht und in einem Termin- und Ressourcenmanagement digital konsolidiert werden. Auch müssen die unterschiedlichen Terminoptionen mit Logiken hinterlegt werden. Im Mittelpunkt steht die Frage: Was hat der gebuchte Termin für Implikationen? Wird dadurch das letzte Bett vergeben und die nächst Aufnahme ist erst in 5 Tagen wieder möglich? Ist absehbar, dass der Termin mit Folgeschritten wie z. B. der Reinigung des Raums verbunden ist?

Das komplette Vorgehen ist sowohl eine prozessuale als auch eine technische Hürde, bietet jedoch vielfältige Chancen: Wenn in den meisten Häusern der Prozess der Terminierung und Planung vollumfassend aufgrund eines Patientenportals überdacht wird, bieten sich Möglichkeiten für weitere Effizienzsteigerungen. Insbesondere eine Zentralisierung der Aufnahme- und Terminierungsprozesse im Sinne einer umfassenden Aufnahmeplanung (Termine für Aufnahme, OP bzw. Intervention/Untersuchung, Prämedikation und Bett „aus einer Hand“) kann in vielen Fällen Mehrwert stiften: Der Prozess wird, durch eigens dafür geschaffene Strukturen für das Management von Belegung und Aufnahmeplanung professionalisiert und in den Abteilungen und Stationen können fehlerbehaftete, ressourcenbindende und oft wenig patientenorientierte Prozesse bald der Vergangenheit angehören.

Patientenportale und das KHZG – der Mehrwert liegt außerhalb der Muss-Kriterien

Nur wenige Krankenhausprojekte in Deutschland sind derzeit so wenig vom tatsächlichen Bedarf als vielmehr aus fördermittelbedingten Gründen getrieben wie die Einführung von Patientenportalen.

Das kommt auch daher, dass der FTB 2 einer der sehr klar ausformulierten FTB mit vielen konkreten Anforderungen an die digitalen Lösungen ist. Konsequenz daraus ist wiederum, dass sich viele Häuser auf diesen Anforderungen ausruhen und sie zum einzigen Kern ihrer Projekte und Konzepte machen.

Stattdessen gilt es, sich zu überlegen, welche Anwendungsszenarien man über ein Patientenportal abbilden möchte und wie dies realistisch umzusetzen ist. Die momentanen Formulierungen im KHZG stiften kaum patientenseitigen Mehrwert. Digitale Lösungen, die sich eng am KHZG orientieren, werden dies ebenfalls nicht tun. Das führt dazu, dass diese Lösungen von den Patienten vielleicht noch zur digitalen Terminbuchung genutzt werden, danach aber nie wieder Anwendungen finden. Das Haus zahlt somit 100 % Preis für die Nutzung von vielleicht nur 5 % Funktionalität.

Es ist darum dringend zu empfehlen, vor der Beschaffung eines Patientenportals eine breite Markterkundung zu machen, und sich die unterschiedlichen Ansätze präsentieren zu lassen. Besonders abseits der Muss-Kriterien trennt sich die Spreu von Weizen.

So vielfältig wie die Einsatzszenarien für ein Patientenportal, sind auch die möglichen Mehrwerte für Patienten und Krankenhausmitarbeiter.

Durch ein Patientenportal, das beispielsweise durch Verknüpfungen zum Infotainment, digitaler Essensbestellung und Kommunikation mit der Pflege mehr Features im Behandlungsmanagement anbietet als nur das KHZG-Minimum, lässt sich in Bezug auf Komfortaspekte die Zufriedenheit steigern. Zusätzliche, laienverständliche und behandlungsbezogene Informationen (z. B. Informationsmaterial, Aufklärungsergänzungen, Videos zu Verhaltensweisen) werden auch das subjektiv bewertete Behandlungsergebnis verbessern (messbar z. B. ebenfalls über die Portale anhand von Patient Reported Outcome Measurements, PROMs). Auch die Hinweise zu anstehenden oder verschobenen Terminen in der Behandlung (siehe KHZG-Anforderung) werden durch Patienten wahrgenommen werden, weil das Portal auch nach der initialen Terminbuchung genutzt wird und Mehrwert stiftet.

In einigen – teilweise sogar als Medizinprodukt klassifizierten – Patientenportalen kann der Behandler langfristig digital mit Patienten zusammenarbeiten, über Monitoring Komplikationen frühzeitig erkennen und gegenlenken und die Therapietreue erhöhen. Entsprechende Features sind insbesondere für Fächer mit langfristiger Patientenbetreuung, wie Onkologie, Diabetologie oder Psychiatrie, interessant.

Patientenportale groß gedacht: Ein Exkurs

Bisher schildert dieses Kapitel einen Prozess, bei dem die Patienten erst das Krankenhaus der Wahl identifizieren und dann einen Termin buchen. Dies ist der Fall, wenn Patienten keinen großen Zeitdruck haben oder aus bestimmten Gründen zu nur einem ausgewählten Krankenhaus möchten. Oft ist die Logik jedoch umgekehrt: Patienten suchen den nächstmöglichen Termin – wo, ist zweitrangig. Das deutsche Gesundheitssystem und das KHZG bieten auf diese Frage noch keine institutionellen Antworten. Einige Portalhersteller schließen diese Lücke, indem die Terminkapazitäten aller auf dem Portal angemeldeten Ärzte verglichen und den Patienten die zeitlich passendste Option angezeigt wird. Die Wirkkraft dieser Funktionalität ist somit stark abhängig von der Anzahl der auf dem Portal registrierten Ärzte. Es wird schnell deutlich, dass derartige Ansätze sowohl strukturell als auch technisch wesentlich weiter reichende Voraussetzungen erfordern: Wenn Patientenportale den Patienten in dieser Hinsicht einen Mehrwert stiften sollen, geht die Denkrichtung beispielsweise hin zu zentralen Melderegistern oder Vermittlungsplattformen.

17.3 Die Digitale Patientenkurve während der Behandlung

Die klassische „Fieberkurve" ist ein zentrales Element im Alltag auf Station, hier laufen alle Informationen gebündelt zusammen, hier werden alle wichtigen Entscheidungen, Therapien, Medikamente, Vitalparameter und vieles mehr an zentraler Stelle festgehalten. Die Fieberkurve ist damit gleichsam das Dashboard der stationären Patientenbehandlung, wird berufsgruppenübergreifend genutzt und mit Inhalten gefüllt. Das alles gilt in gleichem Maße für die digitale Patientenkurve. Zusätzlich kommen hier Vorteile zum Tragen: nämlich die Lesbarkeit und Verfügbarkeit an allen PC-Arbeitsplätzen. Somit kann jeder, der Zugriff auf die Patientenakte hat, nun auch zeitgleich mit anderen Kollegen auf diese Informationen zugreifen und ggf. Informationen ergänzen. Durch ihre zentrale Rolle in der stationären Patientenbehandlung ist die Fieberkurve integraler Bestandteil von sehr vielen Prozessen auf Station. Beim Umstieg von der Papierkurve hin zu einer digitalen Patientenkurve ist es daher unerlässlich, die Inhalte und den Umfang der digitalen Patientenkurve bestmöglich in die Abläufe auf Station einzupassen. Welche Informationen sollen in welcher Reihenfolge in der Kurve ersichtlich sein? Durch die Fülle an Informationen muss ebenso dafür gesorgt werden, dass sowohl die Ärzte als auch die Pflege spezifische Sichten bzw. Reiter mit den wichtigsten Informationen für diese Berufsgruppe zur Verfügung haben. Zudem ist es ratsam, dass es möglichst keine oder nur begrenzte fachabteilungsspezifische Ansichten und Formulare in der digitalen Patientenkurve gibt, da sowohl Patienten als auch das Personal die Fachabteilungen wechseln können. Eine einheitlich gestaltete digitale Patientenkurve macht Rotationen, Bereitschaftsdienste auf fremden Stationen oder Springerdienste bei Ärzten und Pflegekräften deutlich einfacher und führt zu weniger Fehlern sowie einem leichteren Auffinden der relevanten Informationen.

Die digitale Patientenkurve interagiert mit vielen anderen Modulen, vor allem mit der Medikation, aber auch mit dem Pflegeprozess und der Pflegedokumentation. Sie integriert Befunde aus den diagnostischen und therapeutischen Leistungen, die während eines stationären Aufenthalts anfallen, ebenso wie die erfassten Vitalparameter. Alle diese Schnittstellen müssen bei der Konzeption einer digitalen Patientenkurve von Anfang an mitbedacht werden, sie müssen integriert in der Kurve angezeigt und einfach und schnell zugreifbar oder, je nach Rolle, schnell bearbeitbar sein. Aber auch langjährig eingespielte Abläufe wie beispielsweise das Ausarbeiten der Visiten, welches in der analogen Welt oft durch die Pflege erfolgt, muss prozessual neu gedacht und aufgesetzt werden, durch mobile Visiten und eine direkte Eingabe der Medikationsänderungen oder Therapieanpassungen durch den Arzt noch in der Visite, da die Pflegekräfte in der digitalen Welt keine ärztlichen Anordnungen anlegen können sollten. Es gilt daher auch, die Organisation der Visiten zu überdenken. Neben diesen organisatorischen Aspekten müssen auch die technischen und infrastrukturellen Voraussetzungen dafür geschaffen werden, wie etwa ein flächendeckend stabiles WLAN oder der Einsatz von mobilen Geräten, wofür die dann eingesetzte Software auch ausgelegt sein muss. Dieser Punkt kommt leider in den Planungen oft zu kurz, was dann dazu führt, dass Informationen noch auf Papier mitgeschrieben und dann erst mit einem großen Zeitversatz digital erfasst werden, wenn das Personal daran denkt, bevor es in den Feierabend geht. Gleiches gilt auch für die Erhebung und Erfassung von Vitaldaten: was bringt die digitale Fieberkurve, wenn manuell erhobene Werte wie Blutdruck, Puls, Temperatur, Blutzuckerwerte zunächst händisch am Patienten notiert werden, um dann am Stationsstützpunkt am PC eingegeben zu werden? Hier kann vernetzte Medizintechnik helfen: so genannte Spot-Check-Monitore übermitteln die digital erhobenen Vitalparameter direkt an das KIS und können in der Fieberkurve dargestellt werden. Sowohl die Identifikation des richtigen Patienten als auch der erhebenden Mitarbeiter sind gewährleistet, Fehler bedingt durch Übertragung, schlechte Lesbarkeit oder Unvollständigkeit können auf ein Minimum reduziert werden.

Die Einführung einer digitalen Patientenkurve ist das zentrale Element beim Fortschritt der Digitalisierung im Krankenhaus, da hier im Durchschnitt der größte Anteil der stationären Behandlung stattfindet und die meisten Berufsgruppen in der Behandlung der Patienten arbeitsteilig zusammenwirken. Wenn sie erfolgreich, zielführend und nachhaltig implementiert wurde, wird sie nach und nach dazu führen, dass Ärzte und Pflegekräfte immer mehr Digitalisierung fordern und immer weitere Dokumente oder Abläufe digital unterstützt werden sollen, um Medienbrüche zu vermeiden und effektiver arbeiten zu können.

17.4 Digitale Medikationsprozesse

Arzneimitteltherapiesicherheit bildet eine mächtige Stellschraube zur Verbesserung der Qualität der stationären Versorgung: Bis zu 80 % aller Behandlungsfehler bei Krankenhausaufenthalten werden Medikationsfehlern zugeschrieben. Digital unterstützte Medikationsprozesse können helfen, diese zu vermeiden und Mitarbeitende zu entlasten.

Die Sichtbarkeit der Arzneimitteltherapiesicherheit (AMTS) ist im letzten Jahrzehnt stetig gestiegen: Seit Inkrafttreten der Änderung der Richtlinie 2001/83/EG am 1. Juli 2012 handelt es sich bei Medikationsfehlern nun auch um unerwünschte Nebenwirkungen. Somit wurden Medikationsfehler ein Bestandteil der Pharmakovigilanz. 2020, mit Veröffentlichung der Förderrichtlinie zum Krankenhauszukunftsgesetz (KHZG) rückte die digitale Unterstützung des patientensicheren Medikationsprozesses im Fördertatbestand FTB 5 abermals sprunghaft ins Bewusstsein der Krankenhausträger.

Wie sieht der „gute" Medikationsprozess aus?

Der Bundesverband Deutscher Krankenhausapotheker (ADKA) gibt die Richtung vor und definiert den guten Medikationsprozess als Closed Loop Medication Management (CLMM). In seiner besten Umsetzung wird CLMM eng begleitet durch Stationsapotheker und setzt digitale Unterstützung voraus:

„(...) Es (*Anm. der Verf.: CLMM*) beschreibt einen in sich geschlossenen Medikationsmanagementprozess für den stationären Bereich, (...): die wirksame, sichere und kostengünstige Arzneimitteltherapie aller Patientinnen und Patienten im Krankenhaus. Für alle Berufsgruppen, die am Medikationsprozess beteiligt sind, sollen die Informationen und Ergebnisse einzelner Schritte in diesem Prozess zu jeder Zeit verfügbar und nachvollziehbar sein. Voraussetzung für einen geschlossenen Medikationsprozess ist die digitale Abbildung in einem einheitlichen System, das in die elektronische Patientenakte integriert ist. (...)".

Auf welche Effekte zielt Closed Loop Medication Management ab?
Für Patienten steigt bei Umsetzung des CLMM die Arzneimitteltherapiesicherheit, Medikationsfehler können reduziert, Ursachen dieser Fehler, bspw. Medienbrüche, beseitigt werden.

Durch die o. g. Ziele gibt es Ansatzpunkte, um die Wirtschaftlichkeit der Verordnung von Medikamenten zu verbessern, Medikamentenverbräuche lückenlos zu dokumentieren und korrekt abzurechnen.

Ein gut implementierter digitaler Medikationsprozesses kann Mitarbeitende entlasten und zur Attraktivität des Krankenhauses als Arbeitgeber beitragen.

Schritte im Medikationsprozess lassen sich eindeutig den betreffenden Akteuren zuordnen. Kontrollen können automatisiert und dichter erfolgen.

Wie sieht das ideale Szenario der digital unterstützten Medikation aus?
Zur Umsetzung des CLMM existieren mehrere Varianten, wobei als Goldstandard die Unit-Dose-gestützte Umsetzung mit Stationsdispensern gilt. In dieser Endausbaustufe liefern apothekenseitig installierte Unit-Dose-Roboter patientenindividuell geblisterte Medikationstüten an Stationsdispenser. Dies bietet wesentliche Erleichterungen für das Stationspersonal:

- Die Blister sind mit einem patientenspezifischen Bar- oder QR-Code versehen, welcher Patientenstammdaten und Medikationsdaten enthält. Automatisiert werden an jedem Schnittpunkt strukturierte Daten aus dem Code an Kontroll- oder nachnutzende Systeme übermittelt.
- Die Dokumentation der einzelnen Schritte im Medikationsprozess erfolgt lückenlos und automatisiert. Sie ist jederzeit und ortsunabhängig verfügbar sowie vollkommen papierfrei.
- Die Auslieferung der Blister geschieht in einem wohldefinierten Rhythmus und die täglichen stationären Abläufe sind entsprechend strukturiert. Übergeordnet müssen die Zeitfenster aller mit Unit Dose zu versorgenden Stationen aufeinander abgestimmt werden, um Spitzen- und Nulllastzeiten der Blisterauslieferung zu vermeiden.

Wie können reale Umsetzungsszenarios aussehen?
Zum heutigen Zeitpunkt wächst die Zahl der Kliniken mit Unit-Dose-gestützter digitaler Medikation zwar stetig, befindet sich allerdings bundesweit noch immer im einstelligen bis niedrigen zweistelligen Prozentbereich aller Krankenhäuser.

Durch das KHZG, wachsendes Augenmerk auf vermeidbare Medikationsfehler und zunehmenden Fachkräftemangel in der stationären Pflege hat der Ausbau des Unit-Dose-gestützten Closed Loop Medication Management in den letzten Jahren ein Momentum erfahren.

Nicht für alle Krankenhäuser ist dieser Goldstandard der digitalen Medikation jedoch zielführend. Infrastrukturelle, bauliche, monetäre oder prozessuale Voraussetzungen können einen digitalen Medikationsprozess ohne Unit-Dose zunächst erstrebenswerter erscheinen lassen. Auch hier sind – eine gründliche Vorbereitung der Implementierung vorausgesetzt – bereits kurzfristig positive Effekte erreichbar. Dies können beispielsweise eine Steigerung der Patientensicherheit oder eine Verbesserung der Wirtschaftlichkeit von Verordnungen sein.

Entscheidender Unterschied zum Unit-Dose gestützten CLMM ist, dass Stellprozesse und zahlreiche Kontrollschritte in der Verantwortung der Mitarbeiter im stationären Bereich verbleiben. Die oben genannten positiven Effekte können also den Preis eines höheren Dokumentationsaufwandes der Station haben.

Sollen alle dargestellten Effekte maximal ausgeschöpft werden, so sollte in der Endausbaustufe der digitalen Medikation der Goldstandard des CLMM angestrebt werden. Lassen die Rahmenbedingungen des einzelnen Standorts diese Zielsetzung nicht zu, so ist beispielsweise der Zusammenschluss mehrerer Kliniken denkbar, um eine gemeinsame Unit-Dose gestützte Versorgung zu etablieren.

Best practise zur Umsetzung der digitalen Medikation
Maßgeschneidert auf die individuellen Rahmenbedingungen eines Hauses sollten bei der Umsetzung des Vorhabens stets die unten genannten Handlungsfelder betrachtet werden. Zunächst sollte eine Standortbestimmung durchgeführt und gemeinsam mit Nutzern, Anwendern und Verantwortlichen ein Zielbild samt den erwarteten Effekten/Ergebnissen entwickelt werden. Dieses Zielbild sollte von einem Umsetzungsplan in Phasen flankiert werden.

Handlungsfelder, die bearbeitet werden sollten, sind:

- Die Strategie der Klinik: Welche kurz-, mittel- und langfristigen strategischen Effekte erwartet sich das Krankenhaus vom Vorhaben digitale Medikation? Wurden sowohl interne als auch externe, durch das Krankenhaus zu beeinflussende, als auch unbekannte Variablen betrachtet?
- Rahmenbedingungen: Welche Rahmenbedingungen der Umsetzung existieren? Welche Limitierungen bestehen bei Investitionsbudget, Möglichkeiten zur Deckung der langfristigen Betriebskosten, baulichen Voraussetzungen, personeller Situation etc.?

- Mögliche Veränderung der Rahmenbedingungen: Können Limitierungen aufgelöst oder umgangen werden? Welche Lösungsszenarien können skizziert werden?
- Interne Prozesse: Bedacht werden sollte, dass jede digitale Transformation eng mit einer Betrachtung und Transformation der abzubildenden und abhängenden Arbeits- und IT-Prozesse und Rollen verquickt ist. Dies kann empfindliche Auswirkungen auf die Fluktuation der Mitarbeiter haben. Es ist daher empfehlenswert, alle Nutzer und Anwender frühzeitig für das Vorhaben und die damit verbundenen Veränderungen zu gewinnen.
- Prozessuale und organisatorische Veränderungen: Die Einführung des digitalen Medikationsprozesses zieht tiefgreifende Veränderungen nach sich. Die Mitarbeiter sind hier früh in die Gestaltung der neuen Prozesse einzubinden, um die Akzeptanz zu erhöhen. So sind beispielsweise Medikamentenanamnese, Visiten, Medikamentenprüfungen, der Stellprozess, die Entlassvorbereitung und die Dokumentation die wichtigsten Beispiele, in denen sich sowohl Tätigkeiten als auch Zuständigkeiten (z. B. in der Verteilung zwischen Ärztlichem Dienst und Pflegedienst) verändern werden. Zudem wird ein Stationsapotheker oder ein Unit-Dose-System zu deutlichen organisatorischen Anpassungen auch im Ärztlichen Dienst und Pflegedienst führen, insbesondere im Bereich des Personalbedarfs und der Personaleinsatzplanung.
- Technische Integration: Ein weiteres Beispiel stellt die Schnittstelle der digitalen Medikation zur digitalen Patientenkurve, zum PDMS auf den Intensivstationen, zum Notaufnahmesystem, zum Labor, zur Warenwirtschaft etc. dar. Übergabepunkte müssen hier vor Implementierung genau definiert werden. Die Machbarkeit der Schnittstellenimplementierung muss IT-seitig geprüft werden. Medienbrüche sollen weitestgehend vermieden werden.
- IT: Der digital unterstützte Medikationsprozess ist keine Systeminsel; er weist zahlreiche Schnittstellen zur weiteren Systemlandschaft auf. Eine konsequente Integration und Systempflege im laufenden Betrieb sind unabdingbar. Das Erfordernis personeller Ressourcen muss frühzeitig adressiert, der Bereich IT eng mit einbezogen werden.

17.5 Der digitale Pflegeprozess auf Station

Der Pflegeprozess wird definitionsgemäß durch die Pflegefachkräfte verantwortlich koordiniert und umgesetzt. Das bedeutet allerdings nicht, dass er von den Handlungen der anderen Berufsgruppen einer Station entkoppelt ist. Dadurch gilt auch für die digitale Unterstützung, dass sämtliche Aktivitäten und insbesondere die Informationen darüber allen Mitgliedern im Behandlungsprozess transparent sein müssen. Der Pflegeprozess besteht vereinfacht aus den folgenden Stufen:

- Anamnese und Assessment

- Pflegediagnosen
- Pflegeplanung und Durchführungsdokumentation
- Evaluation

Moderne Pflegedokumentationssysteme bilden diese Stufen umfänglich und im Detail ab, stellenweise werden sie durch pflegewissenschaftlich entwickelte Methoden und Kataloge wie z. B. ePA (effiziente Pflegeanalyse), LEP (Leistungserfassung von Pflegeleistungen) oder Nanda (Pflegediagnosen nach der Liste der North American Nursing Diagnosis Association) ergänzt.

Andere Elemente der digitalen Dokumentation wie etwa die Patientenakte mit der Verlaufsdokumentation, die Fieberkurve und die Medikation sind eng mit dem Pflegedokumentationssystem verwoben. Allerdings umfasst die Pflegedokumentation detailliertere und fachspezifischere Ziele als die Inhalte in der Patientenakte. Mit einem Pflegedokumentationssystem werden alle Informationen und Daten dokumentiert, die während des Pflegeprozesses erhoben werden (Stammdaten, Aufnahmebogen, Pflegeplanung, -bericht, Durchführungsnachweise, Leistungsnachweise, Screenings und Protokolle, Bilanzen, Wunddokumentation, etc.). Hier zeigt sich schon direkt die notwendige Integration mit den anderen digitalen Lösungen auf den Stationen: durch kluge Integration der verschiedenen Spezialsysteme oder gar umfassende Gesamtlösungen ist sicherzustellen, dass Daten idealerweise nur einmal erhoben werden und so an allen Stellen verfügbar sind, wo sie im Teilprozess benötigt werden. Beispielsweise sind bestimmte Informationen wie Unverträglichkeiten oder Vitaldaten für den Pflegeprozess von Bedeutung, so dass diese auch in der Pflegedokumentation verfügbar sein müssen, auch wenn sie an anderer Stelle dokumentiert werden. Gleiches gilt auch in die andere Richtung – durchgeführte Pflegemaßnahmen müssen auch in der Verlaufsdokumentation oder Fieberkurve z. B. für die Visite dem ärztlichen Dienst transparent sein, auch wenn sie primär im Pflegedokumentationssystem erhoben wurden.

Bereits im Rahmen der pflegerischen Anamnese, welche direkt mit den Patienten „am Patientenbett" digital erfolgt, müssen relevante Informationen via Schnittstellen an die unterschiedlichen Systeme weitergeleitet werden. Aus der Anamnese ergibt sich automatisch ein Vorschlag für Pflegediagnosen und damit verbundene Pflegemaßnahmen/ Pflegeplanungen. Dies stellt eine deutliche Zeitersparnis dar und reduziert die Doppelarbeit, welche beim Papierformat vorherrschte. Im Rahmen der Papierdokumentation in Kombination mit einer hohen pflegerischen Auslastung wurde die Anamnese häufig mit einem geringen Stellenwert versehen. Auch die wöchentlich vorgesehene Evaluation auf Aktualität der Anamnese fiel häufig weg. Durch die digitale Pflegedokumentation werden die Bedeutung und positive Auswirkungen einer vollständigen und aktualisierten Erhebung hervorgehoben. Nicht nur die Ableitung auf Pflegediagnosen und pflegerische Maßnahmen erleichtert die Arbeit, sondern auch die digitale Informationsweiterleitung zu anderen Berufsgruppen (z. B. Ärztlicher Dienst, Sozialdienst).

Ein weiterer großer Vorteil ist die prospektive und überwiegend automatisierte Vorbereitung des Entlassprozesses. Pflegerische Überleitungsbögen und Wunddokumentationsbögen müssen nicht mehr auf doppelseitigen Papierbögen vom Anamnesebogen abgeschrieben werden. Informationen werden automatisch übertragen und durch den pflegerischen Status am Entlasstag ergänzt.

Bei der Konzeption des digitalen Pflegeprozesses sind neben diesen inhaltlichen und technischen Fragen noch weitere Aspekte zu berücksichtigen:

Nutzerorientierung

Neben der oben beschriebenen Datenintegration ist darauf zu achten, dass Spezialpflegedokumentationssysteme von der Oberfläche her eng in die bekannten und bestehenden Lösungen eingebettet werden können und nicht parallel verschiedene Systeme auf einem Bildschirm verwendet werden müssen. Ein solches Vorgehen mag vermeintlich die Spezialisierung der Pflege hervorheben, hat aber im Gesamtbehandlungsprozess der Patienten Nachteile, insbesondere in Bezug auf die berufsgruppenübergreifende Informationsweitergabe. Ein Beispiel: Während der gemeinsamen Patientenvisite von Stationsarzt und Pflegefachkraft sind nicht nur Vital- und Laborparameter aus der Fieberkurve relevant, sondern auch die ärztliche und pflegerische Dokumentation (z. B. Visitendokumentation, Pflegebericht) oder beispielsweise die Wunddokumentation. Die letztgenannten Informationen müssen ohne Systemwechsel und Verzögerungen abrufbar sein und sich somit gegenseitig ergänzen.

Mobilität

Um die Pflege bei der Dokumentation effektiv zu unterstützen und zeitlich zu entlasten, sollte auf die Möglichkeit der mobilen Dokumentation z. B. die Wunddokumentation am Patientenbett, geachtet werden. Dies erleichtert unnötige Schritte wie das Übertragen von handgeschriebenen Notizen oder das Zuordnen von Fotos einer nicht mit dem System vernetzten Digitalkamera zum betreffenden Patienten. An dieser Stelle stehen pflegerische Führungsfachkräfte in der Verantwortung den Mitarbeitern die Vorteile der direkten digitalen Dokumentation aufzuzeigen und zur Nutzung mobiler Endgeräte anzuhalten. Der digitale Pflegeprozess darf nicht durch laminierte Anamnesebögen, welche später digital abgetippt werden, zu einem ineffizienten Ablauf umgewandelt werden. Stattdessen muss die direkte Erhebung und Dokumentation am Patientenbett zur Normalität für alle werden.

Standardisierung

Durch die Nutzung von Standardterminologien und Klassifikationen lässt sich die Datenqualität dramatisch erhöhen und vergleichbar machen. Mit einheitlichen Datenmodellen können moderne Pflegedokumentationssysteme auch Entscheidungen automatisiert vorbereiten bzw. unterstützen, indem z. B. Vorschläge für weitere Maßnahmen gemacht werden.

Automatisierte Ablaufsteuerung
Eine integrierte automatisierte Ablaufsteuerung unterstützt die Pflegefachkräfte dabei, die Übersicht über geplante und noch durchzuführende Maßnahmen mittels Checklisten und Erinnerungsfunktionen zu behalten. Kleine Post-its mit ausstehenden Maßnahmen oder auch der papiergebundene Übergabezettel gehören damit mittelfristig der Vergangenheit an.

Datennutzung
Neben den Vorteilen, welche sich in der aktiven Versorgung der Patienten ergeben, können die erhobenen Daten weitergehend genutzt werden. Die erhobenen Informationen aus dem Pflegeprozess erleichtern die Qualitätssicherung, geben wichtige Hinweise für die Personalplanung und -steuerung und erleichtern und unterstützen die datengetriebene Steuerung der Stationsabläufe.

17.6 Der Arztbrief-Prozess muss ganz neu gedacht werden

Der Prozess der „Arztbriefschreibung" ist vom Grundsatz her in den letzten Jahrzehnten unverändert geblieben und muss für eine Digitalisierung vollkommen neu gedacht werden. Schon der Begriff „Arztbriefschreibung" deutet den Anachronismus an, mit dem dieser Prozess auch heute noch gestaltet ist und im Wesentlichen folgenden Anforderungen gerecht werden soll:

- Zum Ende des Patientenaufenthalts formuliert der Stationsarzt im Rückblick auf den Behandlungsverlauf mit hohem manuellem Aufwand „elektronisch" den Brief, indem er alle relevanten Informationen zur Epikrise, insbesondere Diagnosen, Untersuchungsergebnisse bzw. OP-Berichte und Befunde (oftmals lediglich im pdf-Format in das Krankenhausinformationssystem eingebunden!), nach einem abteilungsspezifischen Standard zusammenträgt,
- diesen dann häufig noch zum Schreiben an ein Sekretariat oder Schreibbüro übermittelt,
- anschließend zur Vidierung in einer ersten Korrekturschleife an den Ober- und final an den Chefarzt weiterleitet, um den Brief dann
- bei Entlassung des Patienten ausdrucken und dem Patienten in einem verschlossenen Briefumschlag für den weiterbehandelnden Arzt mitgeben zu lassen.

Der Arztbrief ist eine wesentliche Dienstleistung der entlassenden Fachabteilung und wird – fast schon im Sinne eines „hoheitlichen Dokuments" – als fachliches und gestalterisches Aushängeschild angesehen. Die Zielgruppe des Arztbriefes ist der zuweisende und den Patienten weiterversorgende ärztliche Kollege – diesem wird „über dessen Patienten berichtet". Krankenhausintern bildet der Arztbrief eine wichtige Grundlage für die

Abrechnung. Für den Patienten selbst und dessen Angehörige, die nicht Zielgruppe des Arztbriefes sind, ist der Arztbrief in der Regel die einzige – wenn auch nur eingeschränkt verständliche – Informationsquelle, auch mit Blick auf den poststationären Verlauf.

Bei einem erheblichen Teil der Patienten liegt der Arztbrief zum Entlasszeitpunkt noch nicht vor oder ist bestenfalls „vorläufig", weil beispielsweise noch nicht alle Befunde verfügbar sind.

Welche Feststellungen lassen sich als Konsequenz des oben skizzierten Vorgehens bei der Arztbriefschreibung wiederkehrend treffen?

Der Arztbrief wird aus der Sicht der entlassenden klinischen Abteilung geschrieben („Senderorientierung") und berücksichtigt zumeist nicht vollumfänglich die Informationsbedarfe des niedergelassenen Arztes („Empfängerorientierung"). Am Beispiel der Medikation lässt sich dieses Dilemma aufzeigen: In Folge der Anamnese bei stationärer Aufnahme eines Patienten wird dessen Medikation häufig auf die „Hausmedikation" der Klinik umgestellt. Empfiehlt der Klinikarzt im Medikationsplan nun bei Entlassung des Patienten die Fortführung eines Medikaments, das der niedergelassene Arzt nicht verschreiben kann, bringt das diesen dem Patienten gegenüber in Erklärungsnot. Idealerweise erhält der niedergelassene Arzt in Form eines „One-Pagers" alle für ihn relevanten und verwertbaren Informationen zur Weiterversorgung seines Patienten!

Die niedergelassenen Ärzte beklagen zudem häufig eine unzureichende und vor allem auch eine zu späte Information durch die Klinik – im Falle des „klassischen" Arztbriefprozesses liegt der Arztbrief entweder noch nicht in der Praxis vor, wenn der Patient den Einweiser poststationär erstmals aufsucht oder der Patient selbst ist gar der Überbringer des Arztbriefes!

In den letzten Jahren sind in vielen Kliniken Versuche unternommen worden, den Prozess der Arztbriefschreibung in Teilen insbesondere mit dem Ziel der Verringerung des Aufwands für den Arzt zu optimieren, dabei wird beispielsweise mit Textbausteinen oder mit dem Diktat über digitale Spracherkennung experimentiert – der Prozess selbst bleibt aber unverändert. Im Ergebnis wird bei genauem Hinsehen dadurch das anachronistische Vorgehen bei der Arztbriefschreibung auch nicht digitalisiert, sondern allenfalls „elektrifiziert".

Wie sieht nun eine echte Digitalisierung des Arztbriefes aus?

Zuerst darf ein Umdenken stattfinden: Aus dem „Arztbrief" wird die „Entlassinformation" und aus dem „Dokument" ein „elektronisches Datenpaket". Somit muss zum Ende des Patientenaufenthalts nichts mehr geschrieben oder diktiert werden, sondern alle relevanten Informationen befinden sich als strukturierte Daten bereits im System.

Zu einer „digitalen" Entlassinformation gehören neben den Inhalten auch die Schreibmodalitäten, sowie der Korrektur- und Unterschriftenprozess. Dadurch ist die Umsetzung eines tatsächlich digitalen Briefes nicht nur von der Anschaffung und Implementierung einer Softwarelösung, sondern von der Existenz und insbesondere dem datentechnischen Zusammenspiel, der Interoperabilität, verschiedenster Softwaremodule abhängig.

Das Schaffen der Voraussetzungen für einen guten „digitalen“ Prozess beginnt bereits mit der administrativen Aufnahme, ein gutes Stück, bevor ein Patient tatsächlich das Bett auf einer Station bezieht. Die Daten, die zu Beginn des Patientenaufenthaltes strukturiert in das Primärsystem gelangen, wie beispielsweise der Hausarzt, der einweisende Arzt, diverse Mitbehandler oder Informationen zu eventueller Schweigepflichtbindung, bilden den Rahmen für einen Brief, der sich im bestmöglichen Fall zu großen Teilen aus vorhandenen Daten automatisch generieren lässt.

Anamnese, Befunde, Laborwerte, Diagnosen, Medikationsangaben, OP-Informationen etc. beschreiben Informationen und Daten, die während eines Patientenaufenthaltes im Krankenhaus erhoben und generiert werden. Geschieht dies noch auf Papier, so ist spätestens im Arztbriefprozess der Schritt der oft zeitaufwendigen Digitalisierung notwendig, sei es per Diktat, Spracherkennung oder Tastatureingabe. Außerdem ist die Papierakte zwingend zum Verfassen des Briefes notwendig, was zu Aktenstapeln in Arztzimmern führen kann. Ein im Primärsystem einsehbarer PDF-Export von Befunden geht hier nicht weit genug, da einmal in ein PDF-gegossene Informationen die Struktur verlieren und nur noch in der Gesamtheit des Dokumentes existieren. Informationen in einem PDF-Dokument benötigen entweder einen Kopiervorgang oder eben doch wieder das Abtippen oder Diktieren und somit die Neuerfassung. Strukturierte Daten können dagegen, entsprechend einer so konfigurierten Briefvorlage, automatisch an die richtigen Stellen übernommen werden.

Auf einer digitalen Station, oder für den Arztbrief gesprochen: in einem digitalen Krankenhaus, liegen die notwendigen Daten bereits strukturiert[1] im Primärsystem vor, orts- und zeitunabhängig einsehbar, ohne Papierakte. Es existieren demnach diverse Sub- und Spezialsysteme, die interagieren, Daten strukturiert austauschen und diese somit für nachgelagerte Prozesse effektiv verfüg- und nutzbar machen. Die Möglichkeiten für menschliche Fehler werden reduziert, Aktenstapel im Arztzimmer entfallen und bisher durch „Digitalisierung“ gebundene Arbeitszeit, sei es auf ärztlicher Seite auf Station oder in einer Schreibzentrale, kann anderweitig genutzt werden.

Neben den Inhalten können auch die Schreibmodalitäten durch Digitalisierung effizienter und vielseitiger gestaltet werden:

- Manche Autoren präferieren zum Verfassen der ärztlichen Epikrise das schnelle Zehnfingerschreiben.
- Die Mehrheit jedoch stützt sich auf einen Diktatprozess. Eine digitale Diktatsoftware erhöht durch Statusmeldungen unter anderem die Transparenz für Autoren und erleichtert die Abläufe in der Schreibzentrale. Wartezeiten, Nacht- und Wochenendintervalle

[1] Als strukturierte Daten werden Informationen verstanden, die in einer einheitlichen, standardisierten Form vorliegen und in der Regel in Datenbanken/Tabellen gespeichert werden. Diese Daten sind in der Regel eindeutig definiert und organisiert, wodurch sie leicht zugänglich, durchsuchbar und analysierbar sind.

ohne Schreibkräfte, sowie bestimmte tägliche Abgabezeitpunkte für Diktate, damit diese noch geschrieben werden, wirken weiterhin einschränkend.

- Die Nutzung einer Spracherkennung kann das komplett selbstständige Verfassen von Arztbriefen unterstützen. Die Dokumente werden vom Autor direkt fertiggestellt, unabhängig von einer Schreibzentrale. Moderne Spracherkennungssoftware ermöglicht heutzutage nicht nur sehr gute Erkennungsraten auch bei Akzenten und Dialekten durch KI-gestütztes Lernen und individuelle Sprachprofile, sondern bietet von Textbausteinen und Sprachbefehlen bis zu Steuerungsbefehlen innerhalb von Dokumenten einen breiten Baukasten an. Jedoch gilt zu bedenken, dass eine Spracherkennung nur dann das volle Potenzial entfalten kann, wenn den Autoren durch den Umstieg vom Diktat auf einen Prozess ohne Schreibkräfte kein signifikanter Mehraufwand z. B. durch noch nicht vollständig erfolgte „Digitalisierung" von Papier- und PDF-Befunden entsteht und durch sinnvolle Nutzung von Sprachbefehlen der vielfache Wechsel Mikrofon und Maus minimiert wird.

Der Korrekturlauf ist neben der eigentlichen Erstellung der zweite zeitaufwendige und oft noch papierlastige Teil im Arztbriefprozess. In den meisten Primärsystemen existiert daher eine Funktion der hierarchischen oder statusgebundenen Briefschreibung. Dies ermöglicht das „Versenden" eines Dokumentes an die Arbeitsliste der nächsten Instanz. Bei einem durch den Assistenten mit Spracherkennung erstellen Brief ist die nächste Instanz der für die inhaltliche Korrektur zuständige Oberarzt. Per Klick kann das Dokument an diesen weitergeleitet werden und im System Korrekturen, Anmerkungen und Kommentare eingefügt und der Brief anschließend entsprechend wieder zurück oder weiter zur finalen Freigabe geschickt werden. Der Ausdruck und die Korrektur auf Papier werden obsolet. Die Voraussetzung zur erfolgreichen Umsetzung eines digitalen Korrekturlaufes ist eine klare Urlaubs- und Vertretungsregelung, sowie ein entsprechend strukturiertes Rollen- und Rechtekonzept im Primärsystem.

So entsteht final der digitale Brief, eine Zusammenfassung des Patientenaufenthaltes durch eine Selektion vorhandener Daten, der patientenspezifischen ärztlichen Epikrise und einer Unterschrift, die heute bei weitem nicht mehr zwingend analog erfolgen muss. Spätestens mit der flächendeckenden Einführung und insbesondere Nutzung von KIM (Kommunikation im Medizinwesen) bekommt die digitale Unterschrift einen neuen Stellenwert.

Die diversen Möglichkeiten der Umsetzung eines digitalen Arztbriefprozesses haben direkten Einfluss auf die Organisation einer Station. Durch eine digitale Akte entfällt die Notwendigkeit, dass dem Briefautor oder -korrektor eine Papierakte vorliegen muss. Die gleiche digitale Akte kann zeit- und ortsunabhängig von mehreren Personen genutzt werden. Die Nutzung einer Spracherkennung ermöglicht Autoren eine deutlich flexiblere Zeiteinteilung, wann ein Brief geschrieben wird. Feste Zeitpunkte, zu denen ein Diktat der Schreibzentrale vorliegen muss, damit der Brief bis zum nächsten Tag transkribiert ist, entfallen. Neben der Abgabefrist entfällt auch die Wartezeit auf den geschriebenen

Brief ersatzlos. Das Dokument kann direkt nach Erstellung in den digitalen Korrekturlauf gegeben oder für Patienten ausgedruckt werden. Die Nutzung der Arbeitslisten im Primärsystem ermöglicht auch ortsunabhängiges Arbeiten von verschiedenen PCs oder Stationen, ohne in Fächern nach gedruckten Briefen schauen zu müssen. Insgesamt kann durch die Nutzung von digitalen Möglichkeiten die Briefschreibung deutlich schneller und komfortabler gestaltet werden und der Fokus auf den transportierten Informationen und nicht der prozessualen Umsetzung einer zeitaufwendigen Erstellung liegen.

Hier bietet sich auch die Chance, den Arztbrief als echte Entlassinformation über den einweisenden Arzt hinaus auf andere Anspruchsteller auszuweiten und zielgruppengerecht aufzubereiten: Insbesondere Patienten und Angehörige könnten von „Verhaltensregeln" zum poststationären Verlauf, z. B. in Bezug auf Mobilisierung, körperliche Belastung oder Kostaufbau enorm profitieren!

17.7 Die Entlassung

Die Entlassung bzw. deren Vorbereitung hat vor dem Hintergrund der bereits dargestellten Aufnahme- und Belegungsprozesse eine besondere Bedeutung für die Stationsabläufe. Wichtig ist nicht nur, dass die Entlassung bereits mit der Aufnahme beginnt, sondern über den Verlauf der Behandlung laufend im Blick gehalten und immer weiter präzisiert wird. Hierzu ist die Visite das entscheidende Forum. Ärzte, Pflegekräfte und ggf. weitere Behandelnde führen die Visite gemeinsam mit dem Patienten durch. Via Tablet oder Laptop können im Patientenzimmer sowohl wichtige Informationen in der Patientenakte aufgerufen als auch direkt dokumentiert oder per Spracherkennung diktiert werden. Dadurch, dass das Klinikinformationssystem bereits anhand aller vorliegenden Informationen laufend im Hintergrund Diagnosen und Prozeduren (vor-)kodiert bzw. Vorschläge hierzu liefert, liegen dem Arzt auch aktuelle Informationen zur Verweildauersteuerung vor. Bereits bei Aufnahme und im Verlauf der stationären Behandlung wird mit dem Patienten der jeweilige Nachsorgebedarf abgestimmt und ggf. hier schon Termine zur Wiedervorstellung oder die Anmeldung in nachbehandelnden Einrichtungen in die Wege geleitet. Hierfür spielen die oben dargestellten Patientenportale wieder eine wichtige Rolle. Sie dienen als Medium, über das Patienten die für sie relevanten Informationen und Termine dargestellt bekommen. Mit der Vorbereitung der Entlassung bekommt in den Patientenportalen das Modul „digitales Entlassungs- und Überleitungsmanagement" eine wichtige Rolle für die Klinik- und Stationsabläufe. Die Portale nutzen sogenannte Überleitungs- oder auch Vermittlungsplattformen, über die der Bedarf an ambulanten/stationären Nach- bzw. Weiterbehandlungsplätzen sowie Nachsorgeplätzen angemeldet werden. Die relevanten Patientendaten (medizinisch, pflegerisch, organisatorisch) werden auf der Plattform angezeigt. Ebenfalls auf der Plattform registrierte Nachsorgeeinrichtungen können den Bedarf mit ihren Angeboten abgleichen und bei einem Match die

Übernahme des Patienten digital abstimmen und in die Wege leiten. Im Idealfall entfallen auf diese Weise viele bisher manuell und persönlich abgestimmte Schritte (z. B. das Faxen von Pflegeüberleitungsbögen, Terminkoordinationen).

Die Projekterfahrung zeigt, dass ein ganz wesentlicher Schritt zu einer wirkungsvollen Belegungssteuerung die Transparenz über die geplanten und tatsächlichen Entlassungen der Stationen ist, um die Aufnahme neuer Patienten zielführend zu steuern. Hier können gut abgestimmte Prozesse und digitale Lösungen echten Mehrwert schaffen. Sobald auf Basis der medizinischen Einschätzung die Entscheidung zur Entlassung getroffen wird, muss dies im Termin- und Ressourcenmanagement der Klinik spätestens am Tag vor der Entlassung als sicher gekennzeichnet werden, was wiederum folgende Schritte auslöst:

1. Das Belegungsmanagement der Klinik erhält über die Termin- und Ressourcenübersicht des KIS die Information, dass das Bett des Patienten am Folgetag frei wird und erneut verplant werden kann. Der gesamte Entlassungs- und Aufnahme- bzw. Belegungsprozess ist über diese Termin- und Ressourcenverwaltung einheitlich und digital abgebildet.
2. Die Generierung eines automatisiert erstellten Arztbriefes und des Medikationsplans wird angestoßen. Beides kann via Spracherkennung ergänzt und korrigiert werden und wird mit weiteren Begleitinformation (z. B. laienverständlichen Verhaltensweisen) im Patientenportal bereitgestellt oder an die ePA des Patienten übermittelt.

17.8 Einführung eines PDMS auf Intensivstation

Auch in der Intensivversorgung spielen Papierakten und -kurven aktuell noch eine – zu große? – Rolle.

Die papierbasierte Dokumentation im intensivmedizinischen Bereich birgt vermeidbare Risiken und bindet in hohem Maße Ressourcen; digital unterstützte Workflows hingegen eröffnen die Perspektive der Steigerung der Qualität und Patientensicherheit, der Wirtschaftlichkeit und der Entlastung der Mitarbeiter. Konsequenterweise entscheiden sich Krankenhäuser zunehmend für die Einführung von Patientendatenmanagementsystemen (PDMS).

Welchen Nutzen bietet ein PDMS?
Bei PDMS handelt es sich um auf Bedarfe von Intensivstationen zugeschnittene IT-Systeme, welche die intensivmedizinische Versorgung lückenlos digital abbilden und unterstützen. Die Systeme integrieren sich in die bestehende Applikationslandschaft und sind in der Lage,

strukturierte Daten uni- oder bidirektional auszutauschen. Beispiele der Unterstützung im klinischen Alltag sind nachstehend aufgeführt:

- Mitarbeitern wird das Arbeiten durch maßgeschneiderte Darstellungen und ergonomische Sichten erleichtert; die Zeitachse kann nun beispielsweise ohne Brüche eingesehen werden.
- Schlüsseltätigkeiten wie Medikation inklusive Arzneimitteltherapiesicherheitsprüfung, Bilanzierung, Scoring und Abrechnung werden zu Teilen automatisiert und durch Plausibilitätsprüfungen und/oder Kontrollschritte zusätzlich gesichert.
- PDMS erlauben die Berücksichtigung aktueller Labor- und Medikationsdaten und den Clinical Decision Support (CDS) im Therapieprozess.
- Auswertungen können in definierter Frequenz zur Verfügung gestellt und strukturiert in nachnutzende Systeme, beispielsweise zur Qualitätssicherung, zur statistischen Auswertung, zum Nachweis fachlicher Weiterbildung oder in Data Lakes, ausgeleitet werden.
- Gerätedaten können vom PDMS automatisiert und in hoher zeitlicher Dichte in die Datenbank des Systems übertragen werden. Krisen des Patienten können durch entsprechende Parametrisierung automatisiert in hoher zeitlicher Auflösung erfasst und auch MD-sicher festgehalten werden.
- Die intensivmedizinischen Daten sind orts- und zeitunabhängig verfügbar. Dies eröffnet auch telemedizinische Perspektiven.

Zusammenfassend kann mit Hilfe eines PDMS ein erheblicher Zugewinn an Patientensicherheit und Zeit, für alle Mitarbeiter der Station, realisiert werden. Die Wirtschaftlichkeit der intensivmedizinischen Versorgung profitiert erheblich durch eine zeitdichte, lückenlose und automatisierte Dokumentation. Perspektiven zur Erhöhung der Reichweite intensivmedizinischer Expertise eröffnen sich.

Vorgehen zur Einführung eines PDMS

Strategische Überlegungen: Welche Funktion erfüllt das PDMS in der Strategie des jeweiligen Krankenhauses, welche erfüllt es im Rahmen der IT-Strategie? Welches Gewicht wird diesem System kurz-, mittel- und langfristig zugeschrieben und welche ökonomischen, prozessualen und klinisch-pharmazeutischen Aspekte sollen berücksichtigt werden?

Einbezug der Mitarbeiter: Die Unterstützung der Mitarbeiter ist ein wichtiger Erfolgsfaktor des Vorhabens. Erwartungen und Vorbehalte müssen gemanagt werden. Es hat sich als zielführend erwiesen, die Mitarbeiter frühzeitig interaktiv in die Planungsphase mit einzubeziehen.

Erwartungsmanagement: Spätestens bei Initialisierung des Vorhabens sollten die am stärksten herbeigesehnten Effekte im Zielzustand definiert, aber auch Vorbehalte und Ängste geäußert werden können. Nutzern, Anwendern und Entscheidern sollte hier Raum gegeben werden.

Struktur der Projektgruppe: Alle potenziell durch das PDMS zu versorgenden Bereiche mit charakteristischen eigenen Workflows und Anforderungen sind präzise gegeneinander abzugrenzen. Alle von der Einführung des PDMS umfassten Bereiche und Berufsgruppen sind durch Vertreter in der Projektgruppe zu repräsentieren.

Für die klinischen und pharmazeutischen Kernprozesse sind in der Regel folgende Bereiche relevant: die Erwachsenenintensivmedizin, die Pädiatrie, die Neonatologie, die zentralen Funktionsbereiche der Anästhesie und die dezentralen Funktionsbereiche der Anästhesie; Berufsgruppen, die ebenfalls in die Planungsphase zum PDMS einbezogen werden sollten, sind die Apotheke, das Medizincontrolling, die Medizintechnik, die IT und das Qualitätsmanagement.

Ausgangssituation und Zielbild: Die Kernprozesse im Zielbild mit dem zukünftigen PDMS werden in interaktiven Workshops mit den o. g. Vertretern erarbeitet. Zuvor wird die aktuelle Ausgangssituation in Hospitationen und Interviews vor Ort erhoben.

Delta-Analyse: Herausgearbeitet in allen Betrachtungsebenen wird das Delta zwischen Ausgangs- und Zielzustand.

Enge Begleitung im Roll-out: Echtbetriebsbeginn und Roll-out sind über einen ersten Zeitraum von drei bis vier Wochen jeweils eng getaktet zu begleiten.

Lessons learnt

Systembetrieb: Über das ganze Projekt hinweg ist ein enger Austausch mit den Bereichen IT und Medizintechnik erforderlich. Im laufenden Betrieb erfordert das PDMS die gezielte Allokation von Ressourcen und ein durchdachtes Betriebs- und Servicemodell. Die Rahmenbedingungen zu Gerätebeschaffungen und die Anbindung ans System sind MT- und IT-seitig vor Beschaffung des Systems zu definieren, damit Pflegeaufwände im laufenden Betrieb gering und die Investitions- und Betriebskosten überschaubar bleiben.

Medizinprodukt und Auflagen zum Systembetrieb: Früh sollten die regulatorischen Anforderungen und die Auflagen an den Systembetrieb des PDMS (Medizinprodukt Klasse IIa) konfrontiert und diesen mit entsprechenden Strategien (organisatorische Maßnahmen; best practise des Anbieters; Managed Services) begegnet werden.

Rekrutierung von Projektmitarbeitern: Häufig unterschätzt bei der Beschaffung eines PDMS wird die Rekrutierung von Mitarbeitern in den verschiedensten Themenfeldern des Projekts. Eine erfolgreiche Implementierung und eine nachhaltige Etablierung bedingen einen sehr frühzeitigen Start der Werbungsphase für Key User als Vermittler zwischen Anwenderbereich und IT sowie IT-Fachkräfte zum Betrieb des Systems und für das Projektmanagement, da über die gesamte Implementierung hinweg eine gute Qualität des Projektmanagements und die Kontinuität in der Projektmatrix des Auftraggebers gewährleistet sein sollten.

Ökonomisches Potenzial zur Amortisierung des Systems: Das Potenzial zur Amortisierung des Systems wird in der Regel noch unterschätzt. In enger Zusammenarbeit mit allen Beteiligten ist im Zuge der Parametrisierung (Pflichtenheftphase) die Feinjustierung der abrechnungsrelevanten Workflows vorzunehmen.

Clinical Documentation Challenge (CDC): Die Chance der CDC im Sinne eines „Usability Labors" unter vergleichbaren Bedingungen und Anforderungen für alle Hersteller sollte unbedingt wahrgenommen werden.

17.9 Fazit: Treiber dieser Visionen sind nicht die Krankenhäuser allein

Erstmals seit vielen Jahren wird mit dem Krankenhauszukunftsgesetz ein großflächig angelegter Ordnungsrahmen für die Digitalisierung speziell im Krankenhaus gesetzt, der mittels Bonus (Förderung der zügigen und inhaltlich passenden Umsetzung) und Malus (Sanktionen bei Nichterfüllung der Anforderungen) die richtigen Anreize bietet, die Versorgung auf den Stationen durch den zielgerichteten Einsatz von digitalen Technologien grundlegend zu verändern, bessere Arbeitsbedingungen zu schaffen und dem Fachkräftemangel bei Ärzten und Pflegekräften Strategien entgegenzusetzen.

Der wesentliche Treiber für die Realisierung solcher Chancen sind die Krankenhäuser selbst. Folgende Faktoren sind dabei maßgeblich:

- Das Committment des Krankenhausmanagements, die Digitale Transformation auch als Chance zu begreifen und sie als einen wichtigen Faktor in die strategische Unternehmensplanung aufzunehmen.
- Das Verständnis aller Mitarbeiter, dass IT-Lösungen kein Selbstzweck sind, sondern immer mit dem Ziel verbunden sind, die Patientenversorgung mit der sinnvollen Nutzung digital erhobener und verfügbarer Daten und Informationen zu verbessern.
- Die Bereitschaft, sich auf die Digitalisierung einzulassen und aktiv nach Ideen zu suchen, mit welchen die Arbeit im Krankenhaus positiv und nachhaltig verändert werden kann.
- Die Motivation, Prozesse auch „radikal" zu verändern oder ggf. ganz neu zu denken.

Weiterhin nehmen viele Kliniken zwei andere Aspekte (noch) nicht besonders ernst, die mehr und mehr zu Entwicklungstreibern werden:

- Die Patienten selbst werden ihrerseits maßgeblich dazu beitragen, dass sich neue Technologien in der Patientenversorgung und im Krankenhaus etablieren, wenn für sie die Vorteile der Nutzung überwiegen. Sie werden dazu beitragen, dass das Krankenhaus seine Prozesse zunehmend an den Patientenbedürfnissen ausrichtet und dort digitalisiert, wo der Patient sich den meisten Nutzen verspricht; unter Umständen auch über aus heutiger Sicht persönliche Datenschutzbedenken hinaus (z. B. Terminmanagement, Cloud-basierte elektronische Patientenakten, Übermittlung von durch mobile Geräte und Sensoren erhobenen Daten).

- Tech-Unternehmen wie Alphabet, Amazon, Apple etc., aber auch eine relevante Zahl von Start-Ups, entwickeln neue Techniken und Verfahren, die die Patientenversorgung über alle Sektoren hinweg verändern werden und damit auch die Geschäftsmodelle und Organisationsprinzipien der Krankenhäuser. Es ist auch denkbar, dass völlig neue Anbieter Teile der Patientenversorgung übernehmen, weil z. B. die Patienten an andere Systeme der Krankenversorgung angebunden sind (Versicherer, App-Anbieter mit medizinischer Leistungserbringung usw.). Da diese Unternehmen meist schneller und technisch hoch innovativ sind und sich auf Speziallösungen konzentrieren können, werden sich auch die traditionellen KIS-Hersteller auf die gesetzlich vorgeschriebene Interoperabilität mit diesen Systemen einlassen (müssen).

Die Krankenhäuser sind also gefordert, sehr genau die jeweiligen Erwartungen und den Nutzen für den Patienten, die eigenen Prozesse und die Mitarbeiter laufend zu identifizieren und zu evaluieren. Diese Ergebnisse können der Initialzünder sein für eine Digitalisierungsstrategie, die den Weg zum digitalen Krankenhaus beschreibt und plant.

Nicht zuletzt ist bei der Entwicklung von Strategien zur digitalen Transformation in den Krankenhäusern besonders zu beachten, dass die Entwicklungsstufen sinnvoll und sorgfältig geplant werden. So ergeben einzelne und isoliert betrachtete Lösungen nur wenig Sinn, auch wenn einzelne Akteure die Umsetzung der für sie den größten Nutzen stiftenden Module/Tools mit großem Druck forcieren. Insgesamt muss eine von diesen „Wunschzetteln" unabhängige Planung erfolgen, die die bestehende Applikations-, Systemlandschaft und Infrastruktur berücksichtigt und auch die erforderliche Veränderung in der Organisation von IT und Medizintechnik „mitdenkt". Zuletzt sei erwähnt, dass die Umsetzung solcher digitalen Transformationsstrategien sowohl im technischen als auch im kulturellen Kontext erhebliche Ressourcen beansprucht – sowohl finanziell als auch personell. Auch wenn das Krankenhauszukunftsgesetz so viele Fördermittel für die Digitalisierung bereitstellt wie noch nie zuvor: ist das Geld erstens nur für einen kurzen Zeitraum vorgesehen und wird meist nur dem Anschub dienen – die Folgekosten sind beträchtlich und müssen von den Kliniken wohl mehrheitlich selbst getragen werden – und zweitens können zwar auch personelle Ressourcen davon finanziert werden, die es aber schlichtweg in der benötigten Qualität und Anzahl nicht gibt! Im Klartext: im Bereich der IT- und Medizintechnikbereiche der Kliniken wird der Ressourcenbedarf kontinuierlich deutlich steigen und der Wettbewerb um fähige IT- und Klinikprofis ist in vollem Gange. Damit das Gesetz nicht nur ein „Krankenhausvergangenheitsaufholgesetz" ist, sondern seinen eigentlichen Namen auch verdient, muss auch die Finanzierung darüber hinaus sichergestellt werden. Um zudem die Prozessunterstützung der Digitalisierung maximal auszuschöpfen, bedarf es kompetenter Prozessprofis, die die klinischen Abläufe verstehen und als „Transmissionsriemen" zwischen Technikern und Klinikern den entscheidenden Beitrag zur Akzeptanz und letztlich auch zum Erfolg der oben beschriebenen Szenarien leisten.

Quellen

„Closed-loop Medikationsprozess: ‚eine frühe Nutzerbewertung‘“, PD Dr. Claudia Langebrake, Universitätsklinikum Eppendorf, 44. Wissenschaftlicher Kongress der ADKA, Berlin, 9. Bis 12. Mai 2019

Bundesverband Deutscher Krankenhausapotheker (ADKA), www.adka.de

Stichwortverzeichnis

C. Bamberg et al. (Hrsg.), *Moderne Stationsorganisation im Krankenhaus*,
https://doi.org/10.1007/978-3-662-67158-0

Batch number: 10126022

Printed by Printforce, the Netherlands